21 SHI JI JIAO SHI JIAO YU KE CHENG GUI HUA JIAO CAI

21世纪教师教育课程规划教材

根据教育部教师教育课程标准（试行）编写

XIN BIAN JIAO YU XUE

新编教育学（第二版）

王坤庆 主 审

伍德勤 杨国龙 主 编

彭国元 赵 辛 副主编

Jiao shi Jiao yu

华东师范大学出版社

图书在版编目(CIP)数据

新编教育学(第二版)/伍德勤,杨国龙主编.—上海:华东师范大学出版社,2013.2

ISBN 978-7-5675-0338-0

Ⅰ.①新… Ⅱ.①伍… ②杨… Ⅲ.教育学-高等学校-教材 Ⅳ.①G40

中国版本图书馆CIP数据核字(2013)第030633号

21世纪教师教育课程规划教材

新编教育学(第二版)

主　　编　伍德勤　杨国龙
责任编辑　朱建宝
特约编辑　刘　娟
审读编辑　郑英明
装帧设计　众邦文化

出版发行　华东师范大学出版社
社　　址　上海市中山北路3663号　邮编200062
电话总机　021-62450163转各部门　行政传真021-62572105
客服电话　021-62865537(兼传真)
门市(邮购)电话　021-62869887
门市地址　上海市中山北路3663号华东师范大学校内先锋路口
网　　址　www.ecnupress.com.cn

印 刷 者　武汉武铁印刷厂
开　　本　787×1092　16开
印　　张　19
字　　数　461千字
版　　次　2016年8月第二版
印　　次　2016年8月第一次
书　　号　ISBN　978-7-5675-0338-0
定　　价　38.00元

出 版 人　朱杰人

21世纪教师教育课程规划教材

21 SHI JI JIAO SHI JIAO YU KE CHENG GUI HUA JIAO CAI

编审委员会

BIAN SHEN WEI YUAN HUI

主审/顾问：

刘华山 华中师范大学心理系教授、博士生导师，教育部理科教学指导委员会委员

郑日昌 北京师范大学心理系教授、博士生导师，教育部普通高等学校学生心理健康教育专家指导委员会委员

郭元祥 华中师范大学教育学院教授、博士生导师，教育部基础教育课程改革课程专家组成员

王坤庆 华中师范大学教育学院教授、博士生导师，全国教育哲学专业委员会副主任

张文兰 陕西师范大学新闻与传播学院副院长，教育部高等学校教育技术学专业教学指导委员会委员

编委会成员：（以下排名不分先后）

伍德勤	范安平	周　速	耿建民	江　芳
吴才智	杨国龙	王国英	包　卫	彭国元
瞿建国	程　坤	江秋玮	毛　丹	喻　瑶
王　健	王灿明	童腮军	秦　亮	杜宁娟
滕　瀚	田　斌	庞秀玲	陈秀珍	郑传芹
杜国莉	蒋湘祁	彭　彬	温艳玲	高　芹
赵　辛	贺伟婕	李秋谭	李　江	陶丽苹
张建彬	张玉孔	宋洪芳	陈庆方	丁洪霞
李丽君	张凌燕			

序

摆在我面前的是一本出版社转来的书稿，这是一批在一线工作的同志智慧的结晶。他们不仅有丰富的教育教学经历，更对基础教育发展有切身的感受与体会。他们辛勤劳动的成果，一定是具有严谨的学术价值和实践价值的。因此，抱着对学术的尊重和对他们这种精神的敬重，我认真拜读了全书，而后掩卷沉思，在卷首写下几段话，也是表达了对作者所获得的学术成果的祝贺之情。

目前在国内教育学教材并不缺乏的情况下，本书的编者为了使教材更贴近教师教学和学生学习，在编写体例和内容精选上，颇费了一番心思，使整本书内容新颖，形式独到，摒弃了以往教材的沉闷刻板的作风，兼顾了学术著作的严谨性，沿用了现今教育学界最前沿的研究成果和实践资料。如：在每章前后都附有教育名言、教育名家简介和教育名著导读等，这对刚接触教育学的青年学生来讲，无疑是一种基本训练。使他们能够通过本课程的学习，掌握教育学的基本知识和最新理论，了解相关的教育名家、名言，并能拓展专业知识、开阔眼界，为将来当好一名教师奠定理论和思想的基础。

在这里，特别强调的是思想基础，即教育观念的基础。现在，很多师范院校的教育类课程都比较侧重于对学生进行教师职业技能的训练，当然，这是非常务实的，若一个教师不会备课、讲课，还如何传道授业解惑呢？但我始终认为，如果教师只知道运用技巧去给学生传授知识，那最终不过是教书匠，而不是具有创造才能的智者和开拓者。尤为重要的是，我国当前基础教育传授给学生的理念，更多的是单纯的理论，而不是通过知识让学生获得智慧的启迪，因此，新型教师不仅要有熟练的教育技巧，更要有自己独到的教育思想和教育智慧，这样，他才不至于仅仅是个"经师"而在"人师"面前止步。纵览中外教育名家，没有一个只是靠娴熟的教育技巧而成为人们敬慕的教育家，他们更多的是以独特的教育智慧和独到的教育见解而被人们称颂。应该说，本书在传达教育思想观念方面是做了有益的尝试。

此外，本书在相关资料的收集整理上也是花了心血的，大部分材料都是来自最新的资料，如关于我国基础教育发展现状的概括、关于科学发展观对教育的影响、关于国际教育界新近倡导的教育理念、关于学生的权利和义务的论述……都是整合了当前最新信息,结合目前基础教育现状,精选整理出来的,对学生了解当前基础教育发展现状和未来发展趋势都很有帮助。

至于本书在其他方面的长处,就不一一赘述了。当然,作为一本教材,它还有进一步完善的空间,有些内容的安排有待进一步推敲,仍需继续探索。今时今日的教育学又面临着新的时代和社会的挑战。为了应答这种挑战,我们不仅需要回顾与审视历史,更需要研究现实与未来,这样才能做出更高品质的教材,为培养未来的教师做出贡献。是为序。

王坤庆

前　言

本教材自2009年出版以来，受到广大师范生和一线大中小学教师的欢迎。他们普遍认为，本教材理论联系实际，信息量大、可读性强，特别是名著、名师的推介和开放性思考题的设计为读者留下了拓展学习的空间和方向。同时，不少读者也给我们提出了进一步提高教材质量的建议和意见。根据大家的意见和教育部新近颁发的《教育部关于大力推进教师教育课程改革的意见》(教师[2011]6号)和《小学教师专业标准(试行)》与《中学教师专业标准(试行)》等有关文件精神，编委会通过认真商讨，决定在保持原教材编写的指导思想、基本框架和特色的基础上，适当增删内容和对部分内容进行修改或重写，以便与时俱进，不断贴近中小学教育实际以满足广大师范生和一线教师的实际需要。具体修改内容如下：

首先，对"章"的内容做了适当调整。删除了原第五章"教育途径"和第十章"教育方法"，增加了"课堂教学"和"班级管理与学业评价"两章(即现在的第九章和第十一章)。原"教育途径"中的部分核心内容在现在的第三章"教育与人的发展"中有所体现，原"教育方法"中的主要内容分别编入现在的第九章"课堂教学"和第十一章"班级管理与学业评价"中。其次，增加了部分"节"的内容，尤其是增加了反映国外当代基础教育改革与发展方面的内容。如：在"教育制度与法规"一章增加了第四节"国外当代典型的教育制度与法规简介"，在"教育原则"一章增加了第三节"国外当代教育思潮"，在"课程"一章增加了第三节"国外当代基础教育课程改革"等，目的是想让读者在更广阔的视野中认识我国的基础教育改革和学习现代教育理论。同时还增加了教育信息技术与课堂教学整合、课堂教学的诊断与评价、学生自主学习与学习习惯的培养等内容。第三，更换了部分案例和资料(包括推荐的名著)，如用朱永新著的《新教育之梦》替代了赫尔巴特的《普通教育学》。第四，认真修改了原教材中的部分内容和思考题，尽可能使理论表述准确、简练，思考题更具开放性和启发性。

本次修订工作仍由伍德勤、杨国龙教授牵头和统稿，对各章修改的具体分工是：第一章、第七章(伍德勤)；第二章、第八章(滕瀚)；第三章(赵辛)；第四章、第九章(杨国龙)；第五章、第六章(彭国元)；第十章(高芹)；第十一章、第十二章(温艳玲)。

在本书修订过程中，我们同样参考了部分专家和同行的最新研究成果，在此深表感谢！本书得以再版也离不开华东师范大学出版社编辑的支持和帮助，在此一并致谢！

编者

2013年3月

目　录

第1章 教育与教育学

☆逸居而无教，则近于禽兽。

——孟子

☆教育学是一种教人以道德的艺术。

——(德)黑格尔

☆如果在大学里有医学系甚至财经系，而没有教育系，那就只能证明，一直到现在人还是对他的身体和荷包的健康比对他的精神的健康看得重些，对未来一代的财富比对他们的优良教育要关心得多。

——(俄)乌申斯基

“教育学”是各师范专业必修的一门课程，是帮助未来教师获得必要的教育理论素养、必需的专业知识，以及基本的解决教育问题的工作原则和方法的一门课程。但是要弄明白教育学的内涵，首先要认识教育的内涵。所以，本章将探讨教育的涵义与特征、教育的产生与发展，以及教育学的研究对象与发展历程、学习教育学的意义与方法等问题。

第一节　教育的涵义与特征

一、教育的概念

古往今来，人们对“教育”一词做过种种不同的解释。在我国古代，就有所谓“修道之谓教”(《中庸》)，“以善先者谓之教”(《荀子》)，“教也者，长其善救其失者也”(《学记》)，“教，上所施，下所效也；育，养子使作善也”(许慎《说文解字》)。在西方，也有所谓“美德是由教育来的”(苏格拉底)，“教育的最大秘诀是：使身体锻炼和思想锻炼互相调剂”(卢梭)，“教育就在于依靠自然法则，发展儿童道德、智慧和身体各方面的能力”(裴斯塔洛齐)，教育就是要培养具有“完美德性”的人(赫尔巴特)，“教育即生活”、“教育乃是社会生活延续的工具”、教育乃是“人的经验的改造”(杜威)，等等。这些解释说明，教育是培养人的一种社会活动，它同社会发展、人的发展有着密切的联系，这是古今中外的教育所具有的共同的、固有的属性。只要社会存在，教育作为培养人的属性是不会改变和消失的。

但在现代社会，要给“教育”下个准确的定义不是一件容易的事。我国现代的《中国教育词典》对教育的定义是：“教育之定义，有广狭两种：从广义而言，凡是以影响人类身心之种种活动，俱可称为教育；就狭义而言，则唯用一定方法以实现一定之改善目的者，始可称为教育。”《中国大百科全书·教育》则认为：“从广义上说，凡是增进人们知识和技能、影响人们的思想品德的活动，都是教育。狭义的教育，主要指学校教育，其含义是教育者根据一定社会的要求，有目的、有计划、有组织地对受教育者的身心施加系统的影响，把他们培养成为一定社会所需要的人的活动。”这一定义，目前在我国的教育理论界影响较大。但从实践的层面看，“教育”一词还有一层意思，有人称之为“偏义的概念”，即将“教育”一词与“教学”一词并用时，则“教育”一词往往是专指思想品德的教育。如讲“教学的教育性”原则时，“教育”一词就是从这个层面来理解的。另外，“教育”一词还可以作为动词来使用，表示教育者对受教育者施加影响的具体行为。例如，某个孩子有问题，老师说“我来教育教育他”。这里的“教育”就是动词。所以，要想准确地把握“教育”一词的涵义，必须考虑其使用的语言环境。

“教育”概念同其他概念一样，它的内涵也是在不断发展变化的。但作为现代社会的教育，反映其本质特征的定义该如何下呢？目前，我国教育理论界在理解教育的本质内涵时，还是偏向于狭义的教育——学校教育。联合国教科文组织颁发的《国际教育标准分类》中给“教育”的定义也是如此：“‘教育’不是广义的一切教育活动，而是有组织地和持续不断地传授知识的工作。”但狭义的教育是人类社会发展到一定历史阶段的产物，综观人类社会的教育发展，它显然不能反映教育的本质特征。尤其是现代社会，教育已成为学校教育、家庭教育和社会教育“协同作战”的一个庞大的系统工程。只有广义的“教育”才能充分地表达“教育”这个古老的概念在现代社会所拥有的新的更为广泛的涵义。一句话，现代的“教育”就是：教育者根据一定社会和个人的要求以及受教育者身心发展的规律，对受教育者所进行的一种有目的、有计划地传授知识技能，培养思想品德个性，发展智力和体力，以便把受教育者培养成为一定社会和个人所期望的那种人的活动。它既包括学校教育，也包括社会教育和家庭教育。

二、教育的本质

就教育的本质而言，我国的教育理论工作者从 20 世纪 70 年代末开始进行了积极的探索，形成了不同的观点。主要有上层建筑说、生产力说、文化说、社会化说、双重属性说和多重属性说等。

“上层建筑说”认为，教育与社会的思想道德、政治一样，是建立在经济基础之上，并反作用于经济基础，为经济基础服务。教育属于上层建筑的范畴，历史性和阶级性是其根本的社会属性。

“生产力说”认为，教育是劳动力和科技再生产的重要手段，属生产力的范畴。特别是生产力的发展越来越依赖于教育的现代社会，“教育就是生产力”的这一属性更加凸显。

“文化说”认为，教育是一种文化现象，是社会文化继承、传递和发展的必要条件和主要方式。教育的本质就是教育者与受教育者间的文化传承。

“社会化说”认为，教育是促进个体社会化的过程，是教育者以一定的外在的教育内容向受教育者主体转化，即将外在的社会性知识、观念和技能内化为受教育者个体的素质，从而使其适应社会。

“双重属性说”认为，教育具有上层建筑和生产力的双重属性，任何强调某一方面的观点都是片面的。但持这一观点的人又分为两类：一类认为，教育中的一部分属于上层建筑，如思想道德与政治教育，一部分属于生产力，如科技教育、金融教育等；另一类认为，教育从整体上说是上层建筑与生产力的统一，不可分割。

“多重属性说”认为，教育不单单与社会的上层建筑和生产力相关联，而且与社会生活的各个方面都有联系，教育的本质是社会的生产性、阶级性、文化性和实践性等多种属性的融合。

上述观点从不同侧面反映了教育的本质，但都是从教育功能的角度进行思考的，具有一定的片面性。探讨教育的本质应从教育内部的特殊矛盾关系进行。一般而言，教育活动是由教育者、教育目的、教育内容、教育方法、受教育者五个基本要素构成。这五个要素组成了教育过程中的种种矛盾和关系，但其核心是围绕“培养人”这一主题。不仅“培养什么样的人”和“如何培养人”要受到社会诸多因素的制约，而且人又必然具有多种社会功能，所以教育必然具有社会性。因此，我们认为教育的本质就是培养人的社会活动。教育通过人影响社会，社会通过教育影响人。

三、教育的基本特征

教育的特征是对教育本质更为具体的进一步认识。纵观人类教育的发展过程，不难看出，无论是宏观教育还是微观教育，尽管不同的发展阶段各有不同的特点，但又存在着许多共同点，即表现出如下一些基本特征。

（一）社会的永恒性

教育的社会永恒性指，只要人类存在，教育就会永远存在。教育是人类生存和发展的基本条件之一，它伴随人类的产生而产生、发展而发展。所以，从教育的历史发展事实和未来的发展想象我们可以认定，不管是什么样的社会，包括未来的共产主义社会，都离不开人类的教育活动。教育与人类社会同在。

（二）世界的普遍性

教育的世界普遍性是就现时的世界而言的，即不管国家大小、制度如何，也不管其民族文化的差异多大，世界各地无处不在办教育。也可以说，只要有人的地方就必然有教育的行为。特别是在现代社会，随着国际化水平的日益提高，具有较多共性的人类教育活动的国际交流与借鉴也越来越频繁、越来越普遍。

（三）历史的继承性

教育的历史继承性是指不同历史时期的教育前后相继，后一时期教育必然是对前一时期教育的继承与发展。即使是社会制度截然不同的两个历史阶段，其教育的继承性也很明显。例如，我国古代教育家孔子所提倡的启发式教学，直到现在仍为教育者所推崇；我国古代发明的考试制度，不仅沿用到现在，也被后来的西方国家所继承。

(四)发展的差异性

教育发展的差异性是指不同历史时期的教育、不同国家或地区的教育存在不同的历史形态和发展水平。例如,古代社会的教育凸显教学手段落后和受教育权的不平等性,而现代社会的教育,不仅教学手段越来越多样化和科技化,而且受教育对象已普及到全民,接受规定年限的学校教育是每个公民的权利和义务。同一时期不同地区教育发展的差异性也同样显而易见,如不同国家之间、不同民族之间、城乡之间等。

(五)文化的民族性

任何教育都是在具体的民族或国家中进行的,无论是在思想还是在制度上,无论是在内容还是在方法手段等方面都有其民族性的特征,特别表现在运用民族语言教学、传授本民族的文化知识等方面。只有保证教育的民族性,才能保证人类文化的多元性。但是,教育必须处理好民族性与世界性的关系。

(六)阶级的不平等性

在阶级社会中,教育具有阶级性。由于阶级之间是不平等的,所以在阶级的社会中,教育不可能是平等的。特别是在政治上居于统治地位的阶级,必然居于教育的统治地位,必然要垄断教育的指导思想,规定教育的性质方向,把持教育的领导权,规定符合自己的阶级利益的受教育权等。

第二节　教育的产生与发展

一、教育的产生

关于教育的起源问题,历史上有过生物学起源论和心理学起源论之争。教育的生物学起源论的提出者是法国的社会学家利托尔诺(1831—1902)。他在《各人种的教育演化》一书中认为,教育不仅存在于人类社会之中,在人类产生以前,教育早就在动物界中存在了,如大动物对小动物的爱护和照顾。他把生物竞争的本质说成是教育的基础。动物为了保存自己的物种,出于一种自然所赋予的本能,要把自己的"知识"和"技巧"传授给幼小的动物。人类的教育,不过是继承了动物界已存在的教育形式而已,人类的教育就其本质而言,与动物并无区别。后来,英国教育家沛西·能(1870—1944)在其《教育原理》一书中也说:"教育从它的起源来说,是一个生物学的过程,不仅一切人类社会——不管这个社会如何原始——有教育,甚至在高等动物中间也有低级形式的教育。"①

教育的心理学起源论的代表人物是美国的孟禄(1869－1947)。他从心理学观点出发,批判了教育的生物学起源论。认为教育起源于儿童对成人无意识的心理模仿,心理模仿是教育活动的基础。

① (英)沛西·能著,王承绪等译:《教育原理》,北京:人民教育出版社,1992年版,第38页。

这两种观点都具有片面性，都忽视了教育的社会性。所以，社会主义国家，特别是前苏联的一些教育理论工作者，因受马克思主义思想的影响，提出了教育的劳动起源说。认为人类最早为了生存下去，就必须进行劳动和创造，而"劳动是从制造工具开始的"（恩格斯语）。这种制造和使用工具的经验不是天生的，一般的只有年长者才具有。因此，新生的一代为了生存必须向年长者学习劳动的知识和技能。这就是教育的起源。我国教育理论界也多持此观点。但我们认为，劳动起源说也有片面之处。在原始社会，也即人类之初，劳动绝不是人类生活的唯一，劳动创造物质产品，其目的还是供人们消费，同时人类之初也同样有精神生活。为了人类的生存和发展，年长者不仅要向下一代传授生产劳动的经验，而且还必须传授生活的经验，包括社会习俗、行为标准、各种仪式以及御敌思想。所以我们认为，就此观点而言，讲"社会起源"比讲"劳动起源"更贴切，即"社会起源说"。

很显然，教育的生物学起源论、心理学起源论、劳动起源说各有道理，又各有不足。片面强调教育产生的生物因素和心理因素，而忽视其社会因素，是远远不够的；但只强调教育产生的社会因素，而完全忽视其生物和心理的因素也是不全面的。新生的一代生下来以后首先是要接受他们生活的现实基础，即已有的生产经验与生活经验。但任何教育都离不开个体的行为和心理需要，也离不开个体的生理基础。总之，教育是与人类同时产生的。具体而言，它是因人类生存的需要而产生于社会生活，产生于生产劳动，也产生于个体的身心发展的需要之中。

二、教育的发展

教育的发展，是一个历史的过程，是随着物质生产方式的变化发展而变化发展的，是一定社会的生产力与生产关系的反映，与一定社会的生产力和生产关系密不可分。我国学者以前习惯根据生产关系的特性，把教育的发展分为原始社会的教育、奴隶社会的教育、封建社会的教育、资本主义社会的教育和社会主义社会的教育几个阶段。而西方一般是根据生产力发展的特征而把教育的发展分为游猎时代的教育、农业时代的教育、工业时代的教育、信息时代（或智力时代）的教育几个阶段。教育既与生产关系有着密切的关系，又与生产力关系密切，所以，教育发展的阶段既不能只根据生产关系，也不能只根据生产力来划分。因此，我国目前的教育学教材和教育著作都是依据时间概念来划分教育的发展阶段的，即把人类教育的发展分为原始教育、古代教育和现代教育三个阶段。并进而将古代教育分为奴隶社会的教育和封建社会的教育两类，将现代教育分为资本主义社会的教育和社会主义社会的教育两类。

我们认为，教育与生产力和生产关系固然关系密切（后面要专门探讨这个问题），但都不能互相替代，教育的发展有其自身的特性，划分教育发展的阶段应根据教育自身发展的规律和特点来进行，而按时间概念来划分也同样不能反映教育自身发展的规律和特点。因此，我们根据教育自身发展的规律和特点将人类教育的发展分为生活化教育、专门化教育、扩大化教育和普及化教育四个阶段。

（一）生活化教育阶段

这是指专门的教育机构——学校产生以前的教育。这一时期的教育是与人类社会生活融为一体的。年长者便是教师，少年儿童便是学生；教育活动是在社会生活和生产劳动的过程中进行的，通过口口相传、示范模仿学习简单的生产劳动的方法和社会生活的经验等；此时的教育是全民的、平等的，甚至是终生的。也可以说，它是原始形态的教育普及化阶段。这就是原始社会教育的本质特征。

（二）专门化教育阶段

学校的产生标志着教育进入了专门化阶段，教育活动成了社会的一种职业。据古埃及史料记载，约公元前2500年左右，古埃及就有了宫廷学校，在那里由祭司教宫廷高官的孩子学习初等算术和几何。这是教育史学界普遍公认的最早出现的学校。但20世纪30年代发掘的古巴比伦的史料说明：在古巴比伦南部有个小城叫索美尔，约建于公元前3500年，发现遗址中有房间、大厅、座椅，有砖制的墨水瓶，还有大量的楔形文字的公文档案等。人们猜测这很可能是一所宫廷学校的遗址，但资料还不太充足。我国大约是公元前2000多年前的夏朝时正式出现学校，到西周时学校教育有了较完整的上下系统。这在当时的世界是很先进的。这个阶段不仅产生了专门的教育机构——学校，而且产生了专门的教育者——教师，和专门的受教育者——学生。但能够受学校教育的是贵族和富户人家的子弟，教育具有明显的阶级性和等级性。学生主要是学习伦理道德知识和统治管理之术，学校教育与生产劳动相脱离，并采取个别教学的方式。同时，文字的产生，也大大改进了教学的方法。但广大劳动人民的教育仍沿袭生活化时期教育的传统，即在生产和生活过程中进行生产和生活的知识与经验的教育。

（三）扩大化教育阶段

这一阶段是在生活化教育阶段和专门化教育阶段基础上的又一次飞跃，其标志是班级上课制的产生。这一时期教育的主要特征是教育的对象扩大了，教育的内容扩大了，教育的途径扩大了。它起始于工业革命前后，由于社会文化的发展，科技的进步以及生产力的巨变，学校教育不能再为上层社会的统治者所垄断了，广大劳动人民要想适应机器大生产的需要，就必须提高自己的文化素养，受专门的技术训练；统治者为了创造更多的财富，获得更大的利润，也不得不让生产劳动者接受一定的学校教育。这样，学校教育的对象就扩大了。从事物质财富生产的劳动人民有了受正规教育的机会，但这仍然是局部的，尚未普及到全民。大部分劳动人民，尤其是农业劳动者还是只接受生活化的教育。同时教育的内容扩大了，学校教育不再是只教伦理道德知识和统治之术，自然科学知识和生产技术知识也被正式列入学校的课程，而且显得越来越重要。学校教育与生产劳动又走向结合的道路。由于在教学的组织形式上普遍采取了班级上课制，极大地推动了教育事业的发展。

（四）普及化教育阶段

教育的普及，是针对全民来说的，不只是指适龄儿童必须接受规定年限的义务教育，而且包括面向成人的开放式教育。所以，各国政府义务教育法的制定、终身教育概念的提出与实施以及现代化教学手段的广泛运用是教育进入普及化阶段的标志。第二次世界大战以后，尤其是20世纪60年代以后，随着生产力的发展和民主运动的开展，各国都纷纷制定了普及教育的政策、法令或措施，开始了教育普及化运动。人们对学校教育的需要就像对空气和水一样，不可缺少。接受学校教育不再只是要做“人上人”或是人生的一种“点缀”，而是生活的必需，是社会发展的必需。接受系统的学校教育是每个公民应有的权利和义务，为每个公民创造受教育的机会是每个国家和政府的职责。自从1970年法国教育家保罗·朗格朗在其代表作《终身教育引论》一书中提出终身教育的思想以后，世界各国大力推进"继续教育"和"终身教育"。也就是说，教育不仅要普及到每个人，而且要普及到人的一生。在教育手段上，由于科技的迅猛发展，教育手段日益现代化，如广播、电视、计算机网络以及现代的出版物等广泛用于教育领域，这大大提高了教育效果和效率，促进了教育的普及化。人们可以根据自己的需要随时随地吸取各种教育信息，就像"开放大学"、"没有围墙的学校"、"网络大学"那样，真可谓教育的信息无处不在、无时不有。在教育内容上，几乎涉及人类知识的所有领域，各种各样的学校和专业应有尽有。可以说，人类所有的知识都能在学校里找到。尤其是1944年美国人赖德提出"知识爆炸"的概念和1957年前苏联人造地球卫星上天以后，世界各国开始普遍重视人的智力开发和能力培养，这又为教育增添了新的内容。而且随着时代的发展，教育普及的程度也越来越高，有的国家开始迈向普及高等教育的时代。①

三、当代教育发展的特点

当代世界教育的发展日新月异，但面临的新问题也不少。特别是近二、三十年来，各国政府都在积极采取教育改革的措施，以促进教育快速和谐发展，其共同的特点表现在如下几个方面。

（一）教育优先发展的思想已成为共识

当今世界，知识越来越成为提高综合国力和国际竞争力的决定性因素，人力资源越来越成为推动经济社会发展的战略性资源。2006年8月，在中共中央政治局第34次集体学习的会议上，胡锦涛总书记在认真听取专家所做的《世界教育发展趋势和深化我国教育体制改革》的报告后，再一次强调：必须坚定不移地实施科教兴国战略和人才强国战略，切实把教育摆在优先发展的战略地位；坚持把教育摆在优先发展的战略地位，是我们党和国家提出并长期坚持的一项重大方针。许多国家的经验也充分证明，优先发展教育，是发展科技、开拓经济前进和促进社会发展的有力保证。这种重视教育的先导作用、优先发展教育的做法，已越来越被世界各国所接受。

（二）立足于人的全面发展，强调科学教育与人文教育的统一

科学教育强调自然科学的教育，强调职业训练，认为教育是谋生的手段，偏重追求功利和物质的东西，从而忽视学生品德、个性的培养；人文教育强调社会科学与人文学科的教育，认为"课程的全部重点必须从事物世界转移到人格世界"，强调培养"人性"，偏重追求精神的东西，从而忽视职业教育。在教育发展史上，曾出现过片面强调人文教育或科学教育的现象，导致社会发展出现偏差。社会发展的事实告诉我们，科学和人文共生互动、相得益彰。科学求"真"、人文求"善"。科学精神是社会物质文明发展之源；而人文精神则是社会精神文明发展之基。当今的教育既要信奉科学，又要崇尚人道，强调在科学和人文的相互协调、相互补益中促进人和社会在物质与精神两方面的和谐发展。

① 伍德勤主编：《高师教育学教程新编》，合肥：安徽大学出版社，2003年版，第39—42页。

(三)教育的民主化、法制化与高程度的普及化倾向日益明显

追求教育民主化是当今世界教育发展的潮流之一。各国都在努力使全体公民得到越来越多的教育机会,受到越来越充分的民主教育。教育民主化追求人人都有受教育的权利,在教育机会面前人人平等,人人都应受民主的教育。同时,教育的法制化程度越来越高。不仅是义务教育,就是职业教育、终身教育,甚至包括教育经费的投入等,都逐步通过立法予以保障。随着经济的发展,各国教育的普及程度也越来越高,有的国家开始迈入普及高等教育的新阶段。

(四)教育内容日益综合化和个性化

人类的教育内容是沿着综合—分化—再综合的路线发展过来的。原始社会,教育内容融于各种社会生活和简单的生产劳动之中,并未分化出来。近代科学的发展使各门科学进一步分化,并形成各门具体的学科,从而使教育内容走向分化。到了现代信息社会,各门知识的融合与交叉越来越明显,教育内容的综合化便成为教育发展的必然要求。例如,我国基础教育新课程改革中增设的综合实践活动课就是时代要求的反映。同时,在强调教育要尊重和培养人的个性的背景下,教育内容的个性化倾向也日趋明显。一方面突出学生在教育过程中的主体地位,倡导小班化教学;另一方面强调因材施教,倡导弹性学制和多元化的评价体系。另外,还普遍提倡学校应有自己的特色和个性。如我国基础教育新课程改革中倡导的校本课程就是其个性化的体现。

(五)继续教育和终身教育已成为各国的共同追求

随着20世纪60年代终身教育思想的出现以及知识经济时代的到来,许多国家开始把建立“终身学习的社会”作为教育改革的主要目标。1976年,美国通过了《终身教育法》。随后,各州相继通过了终身教育或推动专门人才接受继续教育的法律。联邦教育部内还专设了终身教育局,以协调全国的终身教育事务。我国20世纪90年代以后,也逐步建立起了终身教育的制度,如规定中小学教师每五年必须接受一次继续教育等。也就是说,在现代社会教育是一个终身的过程,即一个现代人应该活到老学到老。一般而言,终身教育采取正规教育和非正规教育相结合、学历教育与非学历教育相结合的手段。

(六)教育的信息化与国际化水平越来越高

随着科学技术的迅猛发展,世界各国教育的信息化水平越来越高。主要表现在多媒体技术、计算机网络教学和远程教育等方面,这大大提高了教学的效率。同时,随着世界的日益开放,教育的国际化程度也越来越高。主要表现在人员交流、财力支援、信息交换和教育机构的国际合作、跨国的教育活动和研究活动等方面,这也大大促进了各国教育的发展。

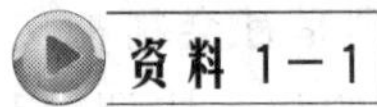

我国中长期教育改革和发展目标

到2020年,基本实现教育现代化,基本形成学习型社会,进入人力资源强国行列。

实现更高水平的普及教育。基本普及学前教育;巩固提高九年义务教育水平;普及高中阶段教育,毛入学率达到90%;高等教育大众化水平进一步提高,毛入学率达到40%;扫除

青壮年文盲。新增劳动力平均受教育年限从12.4年提高到13.5年；主要劳动年龄人口平均受教育年限从9.5年提高到11.2年，其中接受高等教育的比例达到20%以上，具有高等教育文化程度的人数比2009年翻一番。

形成惠及全民的公平教育。坚持教育的公益性和普惠性，保障人民享有接受良好教育的机会。建成覆盖城乡的基本公共教育服务体系，实现基本公共教育服务均等化，缩小区域差距。努力办好每一所学校，教好每一个学生，不让一个学生因家庭经济困难而失学。切实解决进城务工人员子女平等接受义务教育问题。保障残疾人受教育权利。

提供更加丰富的优质教育。教育质量整体提升，教育现代化水平明显提高。优质教育资源总量不断扩大，人民群众接受高质量教育的需求得到更大满足。学生思想道德素质、科学文化素质和健康素质明显提高。各类人才服务国家、服务人民和参与国际竞争能力显著增强。

构建体系完备的终身教育。学历教育和非学历教育协调发展，职业教育和普通教育相互沟通，职前教育和职后教育有效衔接。继续教育参与率大幅提升，从业人员继续教育年参与率达到50%以上。现代国民教育体系更加完善，终身教育体系基本形成，促进全体人民学有所教、学有所成、学有所用。

健全充满活力的教育体制。进一步解放思想，更新观念，深化改革，提高教育开放水平，全面形成与社会主义市场经济体制和全面建设小康社会目标相适应的充满活力、富有效率、更加开放、有利于科学发展的教育体制机制，办出具有中国特色、世界水平的现代教育。

我国中长期教育事业发展主要目标规划表

指标	单位	2009年	2015年	2020年
学前教育				
幼儿在园人数	万人	2658	3400	4000
学前一年毛入园率	%	74.0	85.0	95.0
学前两年毛入园率	%	65.0	70.0	80.0
学前三年毛入园率	%	50.9	60.0	70.0
九年义务教育				
在校生	万人	15772	16100	16500
巩固率	%	90.8	93.0	95.0
高中阶段教育				
在校生	万人	4624	4500	4700
毛入学率	%	79.2	87.0	90.0
职业教育				
中等职业教育在校生	万人	2179	2250	2350
高等职业教育在校生	万人	1280	1390	1480
高等教育				
在学总规模	万人	2979	3350	3550
在校生	万人	2826	3080	3300
其中：研究生	万人	140	170	200
毛入学率	%	24.2	36.0	40.0
继续教育				
从业人员继续教育	万人次	16600	29000	35000

（选自《国家中长期教育改革和发展规划纲要(2010—2020)》）

第三节　教育学的研究对象与发展历程

一、教育学的研究对象

任何一门学科都有它特定的认识对象和研究的特定领域。教育学就是研究教育现象中的各种矛盾及其发展变化规律。研究教育现象中的各种矛盾就是研究教育问题，研究解决教育问题的途径和方法，进而揭示其规律性的东西。教育问题可分为教育系统内部各因素之间相互作用时所产生的内部问题和教育与其外部各系统之间相互作用时所产生的外部问题，如掌握知识与发展智力的关系问题、教师与学生的关系问题、教育与社会文化的问题、教育的民族化与国际化问题等。还可以根据问题的大小将教育问题分为宏观的教育问题、中观的教育问题与微观的教育问题。教育问题也是在不断发展变化的，旧的问题解决了，新的问题又会出现，所以教育工作者要不断研究教育问题、解决教育问题，在研究和解决教育问题的过程中揭示教育规律。从而引导教育工作者按规律办事，提高教育效率。教育规律是指教育领域内部事物之间以及内部事物与外部事物之间存在的一种必然的本质的联系。事物是发展的，所以事物之间的规律也是发展变化的，教育规律也是如此。因此，人们必须不断认识教育规律。教育规律既可以分为内部规律与外部规律，也可以分为宏观的教育规律、中观的教育规律与微观的教育规律。教育理论界一般认为，教育有两条最基本的宏观的教育规律：一是教育与社会发展相互制约的规律；二是教育与教育对象的发展相互制约的规律。教育与社会政治发展相互制约的规律，教育与人的智力发展相互制约的规律等，则属中观的教育规律。而熟能生巧、温故而知新等乃属微观的教育规律。由于人们对教育规律的认识存在很大的差异，而且个体认识的教育规律是否正确必须接受教育实践的检验，因此在认识层面上对教育规律的系统把握较困难。所以，在我国的教育理论界很少有人系统地论述教育规律，而主要是通过与教育实践更为贴近的教育原则（或教学原则）和方法来体现。本教材也是如此。

而教育学作为一门学科，它的产生较晚。它是随着人类教育活动经验的积累以及人类思维和知识的发展，人类的教育思想和教育理论发展到一定阶段的产物。它既受国家教育方针政策的影响，又受已有的教育思想和教育实践的制约。教育学不等于教育方针政策和教育经验，也不是教育思想和教育理论汇编，它是根据一定社会（或国家）确定的教育方针和教育实践的需要，由教育理论工作者从自己的认识水平出发，通过对教育思想的理性概括和教育实践经验的感性认知，并按照一定的思维规则而得出的带有规律性的教育理论体系。它能对教育的实践（包括教育决策）起指导作用。它既可以用教材的形式来体现，也可以用专著的形式来体现。作为一门学科，教育学也是在不断发展和变化的，其内涵在不断延伸。就当今社会而言，教育学的内涵已存在广义和狭义之分：广义的教育学是泛指对教育领域的各种问题的研究及其成果，如我国划分的 11 个大的学科门类中就有“教育学”，下面分有多个二级学科——学前教育学、高等教育学等；狭义的教育学一般是指师范院校所开设的一门必修课程——教育学，有的也叫普通教育学。因此，教育学的研究对象也有广义和狭义之分。

(一)广义教育学的研究对象

广义的教育学是泛指对教育领域的各种问题的研究及其成果,所以与教育有关的问题都可以成为广义教育学的研究对象。随着教育学科的发展,它已出现了许多新的研究领域和学科分支。如教育哲学、教育经济学、教育社会学、教育传播学、教育未来学、教育技术学、教育管理学、比较教育学、社会教育学、家庭教育学、学前教育学、初等教育学、中等教育学、高等教育学、特殊儿童教育学以及各学科教育学等,可谓科目繁多。以上这些都是广义教育学的研究对象。所以,教育学的研究对象也越来越复杂。

(二)狭义教育学的研究对象

狭义的教育学主要是指广大中小学教师和师范院校师范生学习的普通教育学,即结合中小学教育实际来研究和阐述教育的一般原理和基础教育的基本理论。它涉及教育的本质、教育与社会的发展、教育与人的发展、教育目的、教育制度、教育者和受教育者、教育途径、教育内容、教育原则和方法,以及教育科学研究方法等。本书基于狭义教育学的研究范畴来展开对各问题的探讨。

二、教育学的发展历程

与其他学科一样,教育学也有一个产生、发展和不断完善的过程。概括地说,它的发展历史既漫长又短暂。说它漫长,是因为早在几千年前,我们的先哲们对教育问题就有过精辟的理论阐述;说它短暂,是因为作为一门现代意义上的独立的学科,教育学也只有两百多年的历史。下面就简述这一学科产生和发展的脉络,使读者对它的发展过程有一个粗略的印象。具体的内容可参阅教育史著作。

(一)教育学的萌芽时期

萌芽时期的教育学也就是奴隶社会和封建社会的教育学,它是教育理论的萌发和产生的时期。这一时期,教育学还没有从哲学中分化出来,成为一门独立的学科。这段历史很长,在这漫长的岁月里,教育学虽然没有形成独立的学科,但有不少思想家和教育家,以自己的哲学观点为基础,结合政治观和伦理观等来探讨教育方面的问题,总结概括教育经验,积累了丰富的教育遗产。中国出现了孔子、墨子、孟子、荀子、董仲舒、朱熹、王守仁等一批大教育家;西方出现了苏格拉底、柏拉图、亚里士多德、昆体良、奥古斯丁、托马斯·阿奎那等一批大教育家。他们的教育思想是他们整个思想体系中的一个重要组成部分,其论述教育思想的言论主要是散见于他们论述哲学、政治学和伦理学等的著作中以及后人记载他们教育言行的文献中。

在这一阶段,尽管人们对教育的认识还没有形成系统的理论体系,也没有形成教育学的话语体系,但诸多的教育思想仍闪烁着历史的智慧和时代的光芒:如孔子(公元前551—公元前479)的"有教无类"、"因材施教"、"不愤不启,不悱不发"(《论语·述而》)、"学而不思则罔,思而不学则殆"、"温故而知新"(《论语·为政》)、"学而不厌,诲人不倦"(《孟子·公孙丑上》)的教育思想;孟子(约公元前372—公元前289)的"饱食、暖衣、逸居而无教,则近于禽兽"、

“富岁子弟多赖，凶岁子弟多暴，非天之降才尔殊也，其所以陷溺其心者然也。”(《孟子·告子上》)、“尽信《书》，则不如无《书》”的教育思想；荀子(约公元前314－公元前217年之间)的“涂之人皆可以为禹”(《荀子·性恶》)、“青，取之于蓝而青于蓝”(《荀子·劝学》)、“国将兴，必贵师而重傅；贵师而重傅，则法度存。国将衰，必贱师而轻傅；贱师而轻傅，则人有快(肆意)，人有快则法度坏”(《荀子·大略》)的教育思想；朱熹(1130—1200)的读书六法：循序渐进、熟读精思、虚心涵泳、切己体察、着紧用力、居敬持志；以及苏格拉底(公元前469—公元前399年)的“谈话法”，亚里士多德(公元前384—公元前322年)的“我爱老师，我尤爱真理”等。

在教育学的萌芽时期，也出现了一些把教育作为一种独立形态的对象来加以考察的著作，如我国古代的《劝学篇》、《学记》，古罗马昆体良的《论演说家的教育》等。《劝学篇》是《荀子》中的首篇，是我国最早专论学习的著作；《学记》是《礼记》中的一篇，可以说是世界上第一篇教学专论；《论演说家的教育》一书中，有一部分是论述语言学的问题，其中一部分是专论教育问题，它被称为是西方最早论述教育问题的专著。但这些专门针对教育问题进行论述的著作，仍然是停留在经验概括或简要阐述的层面上，还没有专门的教育学术语和独立的理论体系，教育学的话语体系和学科体系还没有形成。

(二)教育学的独立与发展时期

随着资产阶级思想和资本主义生产方式的产生和发展，为了适应教育对象和教育内容扩大的需要，资产阶级教育家在总结前人教育经验和自己教育实践的基础上，逐步建立了新的教育学理论体系，使教育学终于从哲学中分离出来，成为一门独立的学科。一般认为，使教育学从哲学的母体中分离出来的是英国著名的哲学家培根。1623年，他发表了《论科学的价值和发展》一文，在对科学的分类中，他首次把教学的艺术作为一个独立的领域提出来了。[①] 而捷克教育家夸美纽斯1632年出版的《大教学论》，是适应资本主义发展的第一本教育学，它的出版标志着独立形态的教育学的诞生。

夸美纽斯一生写了大量有关教育学的著作，其中《大教学论》是近代最早的一部对后世有深远影响的教育学巨著。在这本著作中，他提出了普及初等教育，建立适合学生年龄特征的学校教育制度的思想；论证了班级授课制的重要意义；规定了广泛的教学内容，即提出了“泛智教育”思想——“把一切事物教给一切人类”；他还提出了教学的便利性、彻底性、简明性与迅捷性的原则，并高度评价了教师的职业：“教师是太阳底下最崇高的职业”。但他的思想中也充满着种种矛盾，而且带有浓厚的宗教色彩，认为“敬畏上帝是智慧的开端与结尾”，《圣经》是学生“最甜最好的乳汁”。但不管怎样，他仍是近代独立形态的教育学的奠基人，为教育学的发展作出了不可磨灭的贡献。

在夸美纽斯之后，又出现了一批杰出的教育理论家，他们都对教育理论和教育学科的发展作出了巨大贡献。例如，1693年，英国教育家洛克(1632—1704)出版了凝聚自己毕生心血的《教育漫话》，提出了完整的绅士教育的理论体系；1762年，法国思想家卢梭(1712—1778)出版了其后享誉全球的文学体裁的教育学著作《爱弥儿》，阐述了自然主义教育思想；瑞士教育家裴斯泰洛齐(1746—1827)发表了教育小说《林哈德与葛笃德》，提出了全面、和谐

① 郑金洲：《教育通论》，上海，华东师范大学出版社，2000年版，第362页。

地发展人的一切天赋力量和能力的教育目的观以及教育必须与生产劳动相结合的思想，并明确提出了“人类教育心理学化”的观点；1806年，德国教育家赫尔巴特(1776—1841)出版了《普通教育学》一书。他是第一个运用心理学原理来研究和解释教育问题的教育家，并以伦理学和心理学为基础建立了教育学的新体系。在《普通教育学》中，他建构了完整的、独立的教育理论体系，形成了独有的教育学话语体系和研究典范。他提出教育的目的在于培养具有“完美德性”的人，并把教育分成管理、教学、训练(德育)三部分，强调严肃的纪律和教师的绝对权威。他将教学过程分成“明了”、“联想”、“系统”和“方法”四个阶段，而伴随这四个阶段的心理状态是“注意”、“期待”、“探究”和“行动”。他还提出了“教学的教育性”原则等。他使教育学的理论体系趋于成熟，影响较大。因此，他被世人公认为“现代教育学之父”及“科学教育学的奠基人”。他也是传统派教育理论的重要代表人物。

在这一阶段，教育学也成为大学里培养教师的重要课程。随着教育的普及，师范教育应运而生。在师范教育中，教育理论的培训开始受到重视。最早是德国的格斯纳(1691—1761)开风气之先，他于1753年左右在哥廷根创办了一个“教育学研讨班”，开设了教育理论方面的讲座。此举后来演变为普鲁士各大学的一个惯例：哲学系教授必须轮流给学生开设教育学讲座，每周两小时。康德在哥尼斯堡大学期间就先后四次讲授教育学。赫尔巴特继康德后被任命为哥尼斯堡大学哲学和教育学讲座教授。教育学走进大学的讲坛，意味着教育学跟哲学等其他学科一样开始登上“大雅之堂”。从而，教育学逐步成为一门具有现代意义的独立学科。①

(三)教育学的繁荣时期

赫尔巴特的教育学形成之后，多数的教育研究者将之视为经典，并形成了赫尔巴特教育学一统天下的局面。这种情况在19世纪的中后期发生了变化。由于一些新兴的学科如社会学、人类学等的出现以及原有的科学与哲学的进一步发展，使得传统教育学以哲学和心理学作为其理论基础的状况发生了动摇。19世纪末20世纪初，教育学的发展呈现一种多样化的景象，实验教育学、文化教育学、实用主义教育学、批判教育学等不同的教育学派由此产生。在这些学派中，实验教育学和实用主义教育学占有重要的地位。

实验教育学的代表人物是德国教育学家梅伊曼(1862—1915)和拉伊(1862—1926)，代表作有梅伊曼的《实验教育学纲要》和拉伊的《实验教育学》。实验教育学反对理性主义的研究传统，坚持将科学主义作为教育研究的主要理论基础，把实验心理学的观察、实验、统计方法引入教育教学研究。实验教育学的主要观点是：第一，反对以赫尔巴特为代表的强调概念思辨的教育学，认为这种教育学对检验教育方法的优劣毫无用途；第二，提倡把实验心理学的研究方法和成果应用于教育研究，从而使教育研究真正“科学化”；第三，把教育实验分为三个阶段：首先就某一个问题构成假设，然后根据假设制定实验计划再进行实验，最后将实验结果应用于实际，以证明其正确性；第四，认为教育实验和心理实验的差别在于心理实验是在心理实验室进行的，而教育实验则要在真正的学校环境和教学实践中进行；第五，主张用实验、统计和比较的方法探索儿童心理发展过程的特点及其智力发展水平，用实验数据作为改革学制、课程和教学方法的依据。实验教育学所强调的定量研究成为20世纪教育学研

① 靳玉乐主编：《现代教育学》，成都：四川教育出版社，2006年第2版，第5页。

究的一个基本范式。[①]

实用主义教育学是20世纪初在美国兴起的教育思潮，其代表人物是美国哲学家、教育学家杜威(1859—1952)和克伯屈(1871—1965)等人。代表著作有杜威的《民主主义与教育》和《经验与教育》、克伯屈的《设计教学法》等。实用主义教育学也是在批判以赫尔巴特为代表的传统教育学的基础上提出和发展起来的。其基本观点是：第一，教育即生活，教育的过程和生活的过程是合一的，而不是为将来的某种生活做准备；第二，教育即个人经验的增长，教育在于让学生在真实的情境中增长自己的经验，这是教育的最终目的；第三，学校的课程是以学生的经验为中心的，打破了原来以学科为中心的课程体系；第四，教育教学中不再以教师为中心，教师只是学生成长的帮助者，学生才是教育教学的中心；第五，在教育教学过程中，要注重儿童的创造性的发挥，提倡让儿童在学习的过程中独立探讨与发现。实用主义教育学是以美国实用主义文化为基础的，它对以赫尔巴特为代表的传统教育理论进行了深刻的批判，推动了教育学的发展。[②]

另外，在20世纪中叶美国还出现了结构主义教育理论。其代表人物是布鲁纳(1915—)。20世纪60年代出版了他的研究报告《教育过程》。他是在反思杜威的教育思想的过程中提出了自己的结构主义课程观。他强调课程和教材结构的重要性，要求按照学科知识的基本结构来设计课程，把学科的基本概念和基本原理作为教材的中心。他认为儿童智力发展有很大潜力，只要课程设计得当，他坚信“任何学科都能以理智诚实的形式有效地教给任何年龄的儿童”。因此，课程和教材可以加深难度。但他强调，课程教材难度的加深不能依靠教师的灌输和学生被动的学习来实现，而应该通过启发诱导，尽可能让学生自己去发现，所以他特别倡导运用发现法进行教学。他的思想对世界基础教育的课程改革产生了较大的影响。

除此之外，西方社会还出现了改造主义教育、要素主义教育、存在主义教育、永恒主义教育等诸多的教育理论流派。

特别值得一提的是，在这一时期，出现了以前苏联为代表的社会主义社会的教育理论。前苏联教育家凯洛夫(1893—1978)1939年主编出版了第一本社会主义国家的教育理论著作《教育学》。他基本上是按马克思主义的哲学观、教育观对历史上的教育作了批判地继承，对未来的教育作了新的构想。他较为科学地论述了教育的历史性、阶级性和教育在社会与人的发展中的作用等本质问题，对共产主义教育的目的和任务第一次作了较全面的论述，并对教学过程、原则、方法、组织形式、学校管理以及儿童年龄特征与教育等问题进行了系统阐述。他还首次把教育学分成基本原理、教学论、德育论和学校管理四个部分。这些都是对社会主义教育理论体系的一个重要开创。但该著作也有不足之处，如较多地受到传统派教育思想影响，强调教师主导作用，而忽视学生主动性；强调系统知识的学习，而忽视能力和智力的发展。另外，前苏联还出了一批具有世界影响的大教育家。例如马卡连柯(1888—1939)提出了集体主义教育理论，代表作有《教育诗》、《塔上旗》等；苏霍姆林斯基(1918—1970)提出了“德、智、体、美、劳全面和谐发展”的教育思想，代表作有《给教师的建议》、《要相信孩子》、《培养集体的方法》等；赞科夫(1901—1977)提出了“发展教学论”，代表作有《教学与发展》、《和教师的谈话》等。

---

① 全国十二所重点师范大学联合编写：《教育学基础》，北京：教育科学出版社，2002年版，第19页。

② 郑金洲：《教育通论》，上海：华东师范大学出版社，2000年版，第364页。它也被称为现代派教育理论。

其间，我国的教育理论也得到了长足的发展，也涌现了一批很有影响的教育家。例如，蔡元培（1868—1940）提出了“以美育代宗教”的教育思想，陶行知（1891—1946）提出了生活教育理论，黄炎培（1878—1965）提出了职业教育思想，陈鹤琴提出了学前教育思想等。

总之，这一时期的教育学异彩纷呈，不仅在教育理论的基础上存在很多差异，在教育研究方法和一些具体的教育主张方面也存在很多分歧。没有哪种理论能够做到一统天下，甚至在某些国家和地区，教育学的发展呈现学派林立的局面。这正是教育学发展到繁荣时期的标志。

（四）当代教育学的发展特点

当今的世界更加开放，更加多元，也更加包容。教育学经过繁荣时期的发展后，也出现了发展的“瓶颈”问题。似乎该探讨的都探讨了，未探讨的一时也探讨不出新的结论来。于是人们又开始反省教育学学科自身的发展问题，试图从中找出突破口，于是出现了元教育学。当今的社会，不仅对待传统的教育思想（不只是传统派的教育思想）和外域的教育理论十分宽容，而且也给予了探讨教育新问题的人们充分的自由空间。当代教育学的发展至少表现出如下特征：

首先，表现在教育学理论基础的不断扩大与理论体系的多元化。随着时代的发展，诸如人类学、文化学、新的脑科学、生态学以及生命哲学、解释理论、后现代主义等一批新理论的出现及其在教育学中的应用，明显地扩大了教育学的理论基础和学科领域，并给教育学带来了新的活力与生机。同时，教育学的理论体系也日趋多样化。例如，我国教育理论界就曾围绕教育学的“逻辑起点”问题展开激烈的讨论，是以“教育目的”为逻辑起点构建教育学理论体系，还是以“教育对象——学生”为逻辑起点构建教育学理论体系，还是以“教育者——教师”为逻辑起点构建教育学理论体系，等等。

其次，表现在教育学加强了对自身的反思，元教育学理论产生。教育学发展到现代阶段，令人眼花缭乱，有时让人无所适从。所以，有人对教育学的科学性提出质疑。因此，有必要对教育学本身进行反思与研究。这种对教育学本身的反思与研究，就是元教育学理论。元教育学理论以教育学本身作为研究对象，其研究内容包括教育学研究的逻辑起点，教育学的发展历史、逻辑结构以及学术话语等。元教育学理论的出现，使教育研究者对自身的教育研究有一个清楚的认识和清晰的定位。但元教育学的研究仍需加强，包括教育学的一些范畴、概念尚需进一步规范。

最后，表现在传统派教育理论与现代派教育理论从对立走向融合。人类的教育思想，若简单地加以分类，就可以分为传统派教育理论与现代派教育理论两大类。由于现代教育派是作为传统教育派的对立者面世的，所以两者似乎水火不相容。就是在我国今天的新课程改革中，还有人试图用现代派的教育理论代替传统派的教育理论。实践证明，这是行不通的。自从现代派教育思想产生后，就一直想击败传统派教育思想。但至今，传统教育派思想仍然很有市场，这说明它必然有其合理的因素，而现代派教育理论也不是十全十美。自它产生时起，就一直面临着批评与修正。所以，从世界教育理论的发展趋势看，传统派教育理论与现代派教育理论走向融合是其特征之一。

当然，当代教育学的发展还会有一些其他的特征或问题，如国际化与民族化的问题、继承与创新的问题，等等。

第四节 学习教育学的意义与方法

一、学习教育学的意义

这首先是取决于教育本身的重要性。一个国家和民族的命运取决于一个国家的科技发展水平和人民的文化素养。很显然，它离不开人才的培养，离不开教育。在教育科学发展的今天，在人们对教育的需要就像对空气和水的需要一样的今天，办教育、从事教育工作单凭经验已经不能适应时代的要求了。不仅教师、教育行政干部要学习教育理论，懂得教育规律、掌握教育方法；家长以及其他社会工作人员也应该学习、了解教育理论，以促进教育事业的发展，从而促进社会的进步。

尤其作为一名教师，学习和研究教育学是必不可少的。教师肩负着为国家造就人才的光荣任务，他的工作直接关系到未来一代的成长。他既可以为国家、社会大力开发智力资源、创造精神财富，但也可能会扼杀人才，造成巨大的智力资源浪费。比如，同样的两个平行班级，起点一样，即开始的水平相当，只是教师不同，为什么几年之后，甚至一年、一学期之后，两个班的水平就有了明显的差距呢？为什么有的教师，学生们感到平易近人，愿意向他请教问题，乐于和他谈心，甚至终身难忘；而有的教师，学生们则敬而远之，甚至怀恨一生呢？这些都与教师本人的教育素养有关，即看他是否形成了自己的教育信念和教师的品格，是否树立了正确的教育观点、掌握了科学的教育方法。而要想形成正确的教育信念、观点和方法，就必须通过教育理论的学习和教育实践的训练，而且这些都是经常性的，只有这样才能克服教育工作的盲目性，提高工作的自觉性，从而提高教育质量。

作为教育行政干部，也必须学习教育理论，使自己成为教育的行家，这样才能制订正确的教育规划，正确而有效地领导和检查教育工作，促进教育事业的发展。

作为学生家长也应该学习教育理论。随着社会的发展，教育不仅是社会的事情，更是父母的事情。在我国古代就有“养不教、父之过”之说。父母不仅是儿童的第一任教师，也是终身教师。一个人的成长与家庭教育有着密切的关系。但教子也必须有方，必须遵循一定的规律和法则，讲究一定的艺术。所以，父母也必须不断地丰富自己的教育素养。特别是我国的独生子女家庭，一般都缺少教育经验的积累，所以必须重视教育理论的学习。教育好自己的孩子，不仅是为自己造福，也是对国家的贡献。所以，我们主张，要像普及心理学知识和普及法律知识那样来普及教育学知识。这是关系到家庭幸福和国家未来的大事。

资料 1－2

第一流的教育家

陶行知

我们常见的教育家有三种：一种是政客的教育家，他只会运动，把持，说官话；一种是书生的教育家，他只会读书，教书，做文章；一种是经验的教育家，他只会盲行，盲动，闷起头来，办……办……办……第一种就不必说了，第二、第三两种也都不是最高尚的。依我看来，今日的教育家，必定要在下列两种要素当中得了一种，方才可以算为第一流的人物。

1. 敢探未发明的新理

我们在教育界做事的人，胆量太小，对于一切新理，小惊大怪。如同小孩子见到生人，怕和他接近。犹如小孩子遇了黑房，怕走进去。究其结果，它的一举一动，不是乞灵古人，就是仿效外国。也如同一个小孩子吃饭、穿衣，都要母亲帮助，走几步路，也要人扶着，真是可怜。我们在教育界任事的人如果想自立，想进步，就需胆量放大，讲试验精神，向那未发明的新理贯射过去；不怕辛苦，不怕疲倦，不怕障碍，不怕失败，一心要把那教育的奥妙新理，一个个发现出来。这是何等的魄力，教育界有这种魄力的人，不愧受我们崇拜！

2. 敢入未开化的边疆

从前的秀才以为"不出门能知天下事"，久而久之，"不出门"就变做"不敢出门"了。我们现在的学子，还没有解脱这种风气。试将各学校的《同学录》拿来一看，毕业生多半是在本地服务，那在外省服务的，已经不可多得，边疆更不必说了。一般有志办学的人，也专门在有学校的地方凑热闹，把那边疆和内地的教育，都置之度外。推其缘故，只有一个病根，这病根就是怕。怕难，怕苦，怕孤，怕死，就好好的埋没了一生。我们还要进一步看，在这些地方，究竟是谁的山河？究竟是谁的同胞？教育保国究竟是谁的责任？要晓得国家有一块未开化的土地，有一个未受教育的人民，都是由于我们没尽到责任。责任明白了，就放大胆量，单身匹马，大刀阔斧，做个边疆教育的先锋，把那边疆的门户，一扇一扇地都给它打开。这又是何等的魄力！有这种魄力的人，也不愧受我们崇拜。

敢探未发明的新理，即是创造精神；敢入未开化的边疆，即是开辟精神。创造时，目光要深；开辟时，目光要远。总起来说，创造，开辟都要有胆量。在教育界，有胆量创造的人，即是创造的教育家；有胆量开辟的人，即是开辟的教育家，都是第一流的人物。大丈夫不能舍身试验室，亦当埋骨边疆尘，岂宜随便过去！但是这种人才，究竟要到什么时候才能出现？究竟要由什么学校去造就？究竟要用什么方法养成？可算是我们现在最关心的问题。

（资料来源：原载 1919 年 4 月 21 日《时报·教育周刊·世界教育新思潮》第 9 号）

二、学习教育学的方法

第一，要以正确的思想为指导，并结合我国具体国情来学习教育学。我们是社会主义国家，各门学科都要以马克思主义思想为指导，尤其是人文学科更要这样，要坚持用马克思主义观点来分析、研究教育问题。同时，也不排斥运用其他各种科学的思想和方法论来指导我们的学习。

第二，要理论联系实际。教育学是一门实践性很强的理论学科，在学习时，必须联系实际才能融会贯通。所以，要通过教育观察、见习、参观、访问和调查等获得一定的感性认识来配合学习理论知识，并充分利用现代化教学手段来与教育实践沟通。同时，要学会运用教育理论知识分析解决教育的实际问题。

第三，要坚持"古为今用，洋为中用"的方针。必须科学地吸收古今中外有用的先进的教育经验和理论为我所用。教育是人类共有的社会现象，不管是什么社会，它都有很多值得相互学习的共同的东西。有不少古代的东西今天仍然有用，也有不少外国的东西值得我们学习。但在学习古今中外的教育理论、教育经验时要防止机械学习，生搬硬套。

第四，要学好教育学，还必须学习哲学、社会学、伦理学、美学、心理学、生理卫生学、人口学等与人的发展有关的知识。这些都是教育学的理论基础，是学习和掌握教育理论的知识前提。另外，还应该多看一些人物传记。因为它可以栩栩如生地告诉你一个人是怎样成长的，是如何取得成功的。这有助于我们对教育思想、教育理论的理解和掌握。

第五，要经常运用反思法，总结经验教训，提升教育理论水平。一方面通过对自己儿时受教育经历的回忆，站在受教育者的角度反思教育的成功经验或失败教训；另一方面通过对自己以往工作的总结，站在教育者的角度反思教育的成功经验或失败教训。这样，才能有效地提升自己的教育理论水平和教育实践能力。

【教育名著简介】——《学记》

《学记》是我国古代典籍《礼记》中的一篇，也是世界最早的一篇专门论述教育、教学问题的论著，因此，有人认为它是“教育学的雏形”。[①]《学记》是我国先秦时期儒家教育和教学活动的理论总结。尽管全文才1229个字，但内容却颇为丰富，主要包括关于教育作用与教育目的，教育制度与学校管理，教育、教学的原则与方法等几大部分。其主要思想仍具有很强的现实意义。全文如下：

发虑宪，求善良，足以謏(xiǎo)闻，不足以动众。就贤体远，足以动众，未足以化民。君子如欲化民成俗，其必由学乎。

玉不琢，不成器；人不学，不知道。是故，古之王者，建国君民，教学为先。《兑(yuè)命》曰：“念终始典于学”，其此之谓乎！

虽有佳肴，弗食不知其旨也；虽有至道，弗学不知其善也。是故，学然后知不足，教然后知困。知不足，然后能自反也；知困，然后能自强也。故曰：教学相长也。《兑命》曰：“敩(xiào)学半”，其此之谓乎！

古之教者，家有塾，党有庠，术有序，国有学。

比年入学，中年考校。一年视离经辨志；三年视敬业乐群；五年视博习亲师；七年视论学取友；谓之小成。九年知类通达，强立而不反，谓之大成。夫然后足以化民易俗，近者说服而远者怀之，此大学之道也。记曰：“蛾子时术之”，其此之谓乎！

大学始教，皮弁祭菜，示敬道也。宵雅肄三，官其始也。入学鼓箧，孙其业也。夏楚二物，收其威也。未卜禘不视学，游其志也。时观而弗语，存其心也。幼者听而弗问，学不躐等也。此七者教之大伦也。记曰：“凡学，官先事，士先志”，其此之谓乎！

大学之教也：时教必有正业，退息必有居学。不学操缦，不能安弦；不学博依，不能安诗；不学杂服，不能安礼；不兴其艺，不能乐学。故君子之于学也，藏焉修焉，息焉游焉。夫然，故安其学而亲其师，乐其友而信其道，是以虽离师辅而不反。《兑命》曰：“敬孙务时敏，厥修乃来”，其此之谓乎！

今之教者，呻其占毕，多其讯言，及于数进而不顾其安。使人不由其诚，教人不尽其材。其施之也悖，其求之也佛。夫然，故隐其学而疾其师，苦其难而不知其益也，虽终其业，其去之必速。教之不刑，其此之由乎！

大学之法：禁于未发之谓豫；当其可之谓时；不陵节而施之谓孙；相观而善之谓摩。此四

---

① 毛礼锐主编：《中国教育史简编》，北京：教育科学出版社，1985年版，第247页。

者，教之所由兴也。

发然后禁，则扞格而不胜。时过然后学，则勤苦而难成。杂施而不孙，则坏乱而不脩。独学而无友，则孤陋而寡闻。燕朋逆其师，燕辟废其学。此六者，教之所由废也。

君子既知教之所由兴，又知教之所由废，然后可以为人师也。故君子之教喻也：道而弗牵；强而弗抑；开而弗达。道而弗牵则和；强而弗抑则易；开而弗达则思。和易以思，可谓善喻矣。

学者有四失，教者必知之。人之学也，或失则多，或失则寡，或失则易，或失则止。此四者，心之莫同也。知其心，然后能救其失也。教也者，长善而救其失者也。

善歌者使人继其声；善教者使人继其志。其言也，约而达，微而臧，罕譬而喻，可谓继志矣。

君子知至学之难易而知其美恶，然后能博喻，能博喻然后能为师，能为师然后能为长，能为长然后能为君。故师也者，所以学为君也。是故择师不可不慎也。记曰："三王四代唯其师"，此之谓乎！

凡学之道，严师为难。师严然后道尊，道尊然后民知敬学。是故君之所不臣于其臣者二：当其为尸，则弗臣也；当其为师，则弗臣也。大学之礼，虽诏于天子无北面，所以尊师也。

善学者师逸而功倍，又从而庸之。不善学者师勤而功半，又从而怨之。善问者如攻坚木：先其易者后其节目；及其久也，相说以解。不善问者反此。善待问者如撞钟：叩之以小者则小鸣，叩之以大者则大鸣；待其从容，然后尽其声，不善答问者反此。此皆进学之道也。

记问之学，不足以为人师，必也其听语乎。力不能问，然后语之。语之而不知，虽舍之可也。

良冶之子，必学为裘；良弓之子，必学为箕；始驾马者反之，车在马前。君子察于此三者，可以有志于学矣。

古之学者，比物丑类。鼓无当于五声，五声弗得不和；水无当于五色，五色弗得不章；学无当于五官，五官弗得不治；师无当于五服，五服弗得不亲。

君子曰：大德不官，大道不器，大信不约，大时不齐。察于此四者，可以有志于学矣。三王之祭川也，皆先河而后海，或源也，或委也，此之谓务本。

（资料来源：孟宪承编：《中国古代教育文选》，北京：人民教育出版社，1979年版）

【教育名家简介】——孔子

孔子（约公元前551—公元前479年）是我国春秋末期的思想家和教育家，儒家学派的创始人。他倡导"仁"的学说，提倡德治和教化。他从"为政以德"的思想出发，认为"道之以政，齐之以刑，民免而无耻；道之以德，齐之以礼，有耻且格"（《论语·为政》）。在孔子看来，治国安民，最根本的还是教育。孔子还提出了"庶"、"富"、"教"的思想。认为一个国家有了众多的人口，就要努力发展经济，使它富起来，富有了就要加强教育，提高道德文化水平。他还从教育与人的发展关系上论证了教育的作用。他说："性相近也，习相远也。"（《论语·阳货》）"我非生而知之者，好古敏以求之者也。"（《论语·述而》）承认人的成长是由后天的环境和教育起着决定作用。

孔子所主张的教育内容主要有四项：历史文献、行为规范、待人忠诚与信实。即《论语·述而》中说的："子以四教，文、行、忠、信。"孔子还说："弟子入则孝，出则悌，谨而信，泛爱众而亲仁。行有余力，则以学文。”(《论语·学而》)意思是说，弟子回到家里要孝顺父母，外出要敬爱兄长，做事谨慎小心，讲究信用，要广泛爱护大众而亲近有仁德的人。这样做了之后，还有多余的精力，就用来学习文化知识。这就是说，首先是道德教育，其次才是文化知识的教育。其具体的教育内容就是“六经”，即《诗》、《书》、《礼》、《乐》、《易》、《春秋》。有人说，《诗》相当于文学课，《书》相当于政治课，《礼》相当于道德伦理课，《乐》相当于音乐艺术课，《易》相当于哲学课，《春秋》相当于历史课。这种说法虽不贴切，但也不无道理。在这些教育内容中，孔子最重视诗和礼的教育。他说：“兴于诗，立于礼，成于乐。”(《论语·泰伯》)“不学诗，无以言”，“不学礼，无以立”(《论语·季氏》)。这些内容比西周时代的教育内容更加充实，与现实生活的联系更加密切。

另外，孔子创办私学，从教约半个世纪，积累了丰富的教学经验。他非常注重学、思、用相结合，提出了“学而不思则罔，思而不学则殆”、“学以致用”和“温故而知新”等命题。并提出“有教无类”、“因材施教”、“循循善诱”、“不愤不启，不悱不发，举一隅不以三隅反”等教学思想。还倡导教师要有“以身作则，为人师表”、“教学相长，不耻下问”、“学而不厌，诲人不倦”的品格。并鼓励学生要有“当仁不让于师”的精神。这些思想都散见于《论语》一书中。

汉代以后，孔子学说成为我国两千多年封建文化教育的正统，影响极大。他被后人称为“师祖”。清朝康熙皇帝称他为“万世师表”。他的思想对世界，尤其是对东南亚各国也产生了深远的影响，今天仍然具有现实意义。

(资料来源：伍德勤、贾艳红、袁强：《中外教育简史》，合肥：安徽大学出版社，2002年版)

思考与探讨

1. 回忆自己儿时受教育的一段难忘的经历或事件。

2. 到中小学做一次实证调查，看中小学教师对教育理论的态度(或做访谈，或自己设计问卷调查)。

第2章 教育与社会

☆大学之道，在明明德，在亲民，在止于至善。

——《大学》

☆教化立而奸邪皆止者，其堤防完也；教化废而奸邪并出，刑罚不能胜者，其堤防坏也。古之王者明于此，是故，南面而治天下，莫不以教化为大务。

——董仲舒

☆要有良好的社会，必先有良好的个人，要有良好的个人，就要有良好的教育。

——蔡元培

社会亦称人类社会。它是以共同的物质生产活动为基础而相互联系的人类生活有机体，是人与自然之间和人与人之间双重关系的统一。社会是一个复杂的整体系统，教育是其中的一个子系统。

教育与社会的关系是教育自身与其外在各现象之间关系的一个基本关系。教育作为一种独立的社会现象，处于社会结构之中，它不可能不受社会大系统的制约。同时教育作为社会结构的构成要素，对社会的各个环节及其构成要素必然具有重要的影响。这种影响有时是正向的，有时是负向的。正向的教育影响可以促进社会的发展，而负向的教育影响则可能延缓和阻碍社会的发展。正确认识教育与社会的关系有助于我们正确看待教育的基本社会功能，有助于分析和把握教育活动的种种社会背景，有助于深刻认识社会中的种种教育现象和教育中的种种社会现象，使我们在进行教育活动时能按照教育的本质规律进行。一般而言，经济、政治、文化是社会的三个关键层面。因此，我们就从教育与经济、教育与政治、教育与文化三个方面来论述教育与社会的关系。

第一节 教育与经济

一、"经济"的概念

经济是一个含义比较广泛的概念。在古代汉语中是治理国家、拯救黎民百姓的意思。现代西方语言中,"经济"一词来源于希腊语 aikovopia,原意是家庭管理。在我国现代生活中,经济这一概念在生活中,则表示节约、合算的意思。理论中,经济通常有以下三种含义:(1)表示经济制度或生产关系。如政治和经济,政治是经济的集中表现等。这里的经济指的就是在一定生产力基础上的生产关系,它是作为经济基础与作为它的上层建筑的政治相对应的。(2)表示物质资料的生产。如发展经济、保障供给。这里的经济指的就是发展生产。(3)表示生产、交换、分配和消费的总和,如经济活动、经济情况、经济增长等。无论是选取何种含义,经济都是构成社会生活的主要内容,是人类生存和社会发展的基础。① 我们这里讲的教育与经济的关系,主要是指教育与经济制度的关系以及教育与物质资料生产的关系。

二、教育与经济的关系

教育与经济的关系,简单地说,经济制约教育,教育反作用于经济。随着社会的发展,教育与经济的关系越来越密切,这表现在经济决定教育发展的同时,经济的发展也越来越离不开教育的发展和进步。

(一)经济对教育的制约性

按照经济的含义,可以把经济对教育的制约性区分成社会生产力对教育的制约性和社会经济制度对教育的制约性。

1. 社会生产力对教育的制约性

(1)经济发展水平为教育发展提供物质保障。教育投入,需要一定的经济发展水平作为保障。经济水平的提高、经济力量的增强,不仅为教育提供足够的教育场地、教育设施等物质保障,还为教育发展提供人力保障。所以,经济发展的水平直接影响教育事业发展的规模和速度以及办学的物质条件。同时,教育的发展也必须适应经济的发展水平,不能过度超越于经济发展。否则难以使两者协调发展。

(2)经济发展水平制约着人才培养的规格。社会物质生产对劳动力数量和质量有一定的客观需求。在社会生产力发展的不同水平中,这种要求是很不相同的。在原始社会,人们进行生产的手段主要是自己的身体,人既是制作和使用简单工具的劳动者,又是天然的劳动工具本身。劳动能力的生产和发展,主要是体力的自然增长和实际锻炼过程。到了封建社会,劳动能力的生产和发展,主要表现为对农业和手工业技艺的掌握和提高。这个过程是子承父业、师徒授受方式的世代相传和劳动实践经验的积累过程。这个时候,人的劳动能力的

① 李绪萬、徐东林主编:《简明经济学百科辞典》,北京:中国青年出版社,1991年版,第3页。

形成，尚不需要学校教育的专门培养。工业革命使得人们开始依靠知识代替和延伸人的体能进行生产。这要求生产劳动者要学习和掌握系统的科学技术知识，单靠在直接的生产劳动中进行简单的培训已难以适应。社会生产力开始直接向学校教育提出它的要求，使学校教育把培养从事机器工业生产的工人和技术人员作为自己的重要任务。随着科技的发展，劳动智力化程度的不断提高，对生产者劳动能力的规格要求也在不断提高。今天的物质生产劳动者，不仅要有技术，而且还要有较高的综合素质和创新精神，以适应不断变化的物质生产的需要。

(3)经济发展水平制约着教育的内容。教育内容总是随着生产力的发展而不断地充实和更新的。学校所传授的知识必须反映所处历史阶段的经济发展水平，才能适应生产力发展，满足经济发展的需要。

古代，生产技术只是作为一种直接的生产经验被劳动者本人所掌握，体现在直接的生产方法中，而这种生产方法的习得完全可以靠"学徒制"来实现。因此，古代的学校教育内容中很少反映生产技术。相应地，学校教育也主要涉及政治、哲学、伦理、宗教、音乐等人文学科的一部分内容及语言、文字等工具性课程，即使安排某些自然科学内容也往往是为了形成学生的一定的思想观念，把它看作人文学科的一部分。例如，西欧中世纪的僧侣学校开设的算术、几何、天文学等课程，都是为了帮助学生形成宗教的信仰。14 世纪，科学技术知识在生产中的应用日益广泛，生产力发展向学校教育提出了新的要求。比如，近代欧洲的学校教育内容，从文艺复兴开始到 16 世纪中叶，在算术、几何、天文学的基础上增加了地理学和力学，到 19 世纪，又增加了代数、三角、植物、动物、物理、化学等。另外，随着现代工业生产的发展，越来越要求人们严守纪律、讲究效益、团结协作、敢于创新、尊重他人、珍惜时间。因此，这些与生产力发展水平相适应的新伦理观又成为学校重要的教育内容。

(4) 经济发展水平制约着教育的手段、方法以及组织形式。经济发展水平不仅影响学校教学仪器设备的数量，也影响其质量。随着经济的发展、生产力水平的提高和科学技术的进步，教学仪器设备可以不断优化与更新，从而不断改善教育的手段。例如，与手工生产相适应，教育手段就是黑板加粉笔。自近代工业出现以来，幻灯机、电影机等也进入了教育领域。特别是在当代，现代化教育手段的出现和迅速发展(如广播、电视、电脑和网络教学等)，不仅提高了教育效果，而且改进了教育的组织形式和教育方法。借助于现代化教育手段进行远程教育，学生既可以在学校学，也可以呆在家里学，速度可快可慢。这为教育的普及与提高提供了有利条件。

2. 社会经济制度对教育的制约性

社会经济制度简称为经济制度，是人类社会发展一定阶段上的生产关系的总和。经济制度是一个社会最根本的制度，它对教育的制约表现在以下几个方面。

(1)经济制度制约着教育制度。教育制度是指一个国家各级各类教育机构与组织的体系及其管理规则。教育的基本经济功能是为经济发展提供劳动力和专门人才，这就需要根据经济的要求制定教育目标、确定教育内容、改善管理方式。所以，经济制度决定着教育制度的基本模式，有什么样的经济制度就有什么样的教育制度。例如，长期以来我国实行的是计划经济体制，这种经济体制下劳动力和专门人才的培养，是通过高度集中统一的有计划、按比例的培养渠道和方法实现的，由此也就形成了高度集中统一的教育体制。我国在从计划经济向市场经济转变的时期，教育体制也就必然发生转变。1993 年的《中国教育改革和发展纲要》明确提出：我国教育体制改革的目标是建立起与社会主义市场经济相适应的教育新体制，包括多元的办学体制、多渠道的投资体制、政校分离的管理体制、自主招生和择业的招生和毕业生分配体制。由此可见经济制度对教育制度的巨大制约作用。

(2)经济结构制约着教育结构。教育结构，是教育机构总体的各个部分的比例关系和组合方式，包括教育纵向系统的层次与层次之间的比例关系和衔接关系，以及教育横向系统的类别与类别之间的比例关系和相互衔接。经济结构中的产业结构、职业结构、技术结构、消费结构、分配结构的变革，会引起各类人才需求结构的变化，进一步会引起各级各类教育的比例关系变化。例如，初等教育、中等教育、高等教育的比例关系，普通中等教育和职业中等教育的比例关系，正规教育与非正规教育的比例关系，高等教育内部不同层次院校、不同专业之间的比例关系，都要随经济结构的变化而变化。

3. **教育的经济适应性和适度超越性**

教育的经济适应性，是指一定历史阶段内的教育活动必须与其当时的经济发展水平相适应，不能脱离时代的经济发展水平进行教育活动。教育的经济适应性是由教育的经济制约性所决定的。一般而言，有什么样的经济发展水平，就有什么样的教育与其相适应。脱离当时的经济水平而进行教育的种种改革难免陷入教育改革的误区。具体而言，教育的经济适应性包括教育要适应本国、本地区的社会生产力水平和本国、本地区的社会经济制度。如果教育一旦脱离本国的经济发展水平，那么会形成所谓的"人才过剩问题"，浪费本国有限的社会经济资源，从而使得教育促进经济发展的功能不能发挥，甚至延缓本国经济的发展。

教育对经济的适度超越性，是指教育在适应一定的经济水平的同时，要对经济发展具有合理的超越性。这种超越性体现在：第一，对教育经费的投入要在国民经济增长的情况下，优先增加教育经费的投入；第二，教育内容的变化、教育手段的更新、教育制度的改革、教育结构的调整要适度优先于经济结构的调整，为未来的经济发展预先储备人才。

发展中国家的人才过剩问题

发展中国家的教育系统往往是根据与工业化国家相符的需要加以组织的，因而培养出过多的高水平毕业生。索马里培养出的大学毕业生约为它所能雇佣的5倍。科特迪瓦毕业生的失业率高达50%。

(资料来源：(法)德洛尔：《教育——财富蕴藏其中》，北京：教育科学出版社，1996年版第58－59页)

(二)教育的经济功能及正确认识

1. **教育的经济功能**

教育的经济功能是指教育对一定社会经济发展所起的作用。主要表现在以下几个方面。

(1)教育再生产劳动者，为社会经济发展培养合格的劳动者和专门性人才。劳动力是社会经济建设的主体，是生产力中最重要、最活跃的因素。诚然，劳动能力的发展具有一定的生物学属性，但是后天的教育和训练对人的劳动能力的获得与提高具有极为重要的作用。

马克思曾指出："要改变一般的人的本性，使它获得一定劳动部门的技能和技巧，成为发达的和专门的劳动力，就要有一定的教育和训练。"①教育将科学知识、生产技能传授给受教育者，从而把可能的劳动力转化为现实的劳动力。从而使教育成为社会各种劳动力再生产的重要手段。教育再生产劳动力的具体表现是：

第一，能够提高劳动者的科学知识素养与劳动技能素养，提高劳动技能、技巧的熟练程度，从而提高工作效率。教育能把一个一般性的劳动者转变为专门性的劳动者，把较低水平的劳动者提升为较高水平的劳动者。同样，教育也可以使劳动者从一种劳动形态转变为另一种劳动形态，如把一个体力劳动者培养成一个脑力劳动者。

第二，教育能提高劳动者的道德素养，尤其是职业道德素养。现代劳动需要劳动者具有极高的职业精神和道德素养，如团队合作精神、自强拼搏精神、诚实守信精神等都需要专门化的教育培养。

第三，能提高劳动者学习知识和技能的能力，缩短学习新技术或掌握新工种所需的时间。随着科技的高速进步、知识的蓬勃发展，劳动者要不断地掌握新技术、学习新方法，而教育通过提高人的一般学习能力以促进劳动者适应生产的高速发展变化。

(2)教育再生产科学技术，促进劳动手段和劳动对象的更新。近代以来，科学技术迅猛发展，有力地促进了现代经济的发展，以致有人提出了"科学技术是第一生产力"的论断。教育与科技进步具有极其密切的关系，教育对科学技术的更新与发展起到促进作用，进而促进劳动手段、劳动技术和劳动对象的更新。

首先，教育是传递和传承科学知识的最基本和最重要的手段。科学知识的再生产需要科学知识的积累和传递，这是科学知识发展的基本前提。而教育通过传递和积累科学技术从而发挥再生产科学技术的功能。教育对已有的科学技术加工，成为简约化的知识体系，为新一代人所掌握和继承，得以世代相传，不断丰富，并为新的科学发明和技术创新打下扎实的基础。

其次，教育能够发展科学。教育，尤其是高等教育通过创造和发明新的科学技术从而发挥再生产科学技术的功能。高等学校由于科研力量比较集中，学科门类比较齐全，研究后备力量充足，学术思想活跃，信息来源丰富等特点，从而成为科学研究的一个重要方面。不仅高等教育，即使是中等、初等教育，各种形式的群众性的科普教育，在推动生产技术的更新方面都起到了一定的作用。

(3)作为直接经济手段的教育投资。作为直接经济手段的教育投资有两层含义：宏观层面的国家教育投资和微观层面的个人教育投资，即教育的公共受益和个体受益。宏观层面，由于技术进步和现代化的压力，在大多数国家中，为了经济目的而对教育提出的需求不断增多。国家出于经济发展的目的，重视教育经费的投入。近年来，为了增加劳动力素质方面的应变能力，各国和各企业都纷纷重视继续教育，把继续教育作为"经济增长加速器而设计"。正如《教育——财富蕴藏其中》一书中所说："对劳动力大军施行继续教育也成为一种战略性投资。这种投资要求动员各类社会角色积极参与：除教育系统外，还特别需要私人培训人员、雇主和领薪者代表的参与。因此，人们注意到，在许多工业化国家，用于继续教育的经费

① 《马克思恩格斯选集》，第二卷，北京：人民出版社，1995年版，第174页。

大幅度增加。”①就微观层面而言，个体通过教育投资可能增加各种就业机会，获得较高的个人收益，这一点在高等教育方面表现得更为突出。“教育对个人的经济效益，不在于它提高了个人的生产率，而在于它是决定一个人到头等或次等劳动力市场的重要因素。”②

但是，无论教育具有何种经济功能，我们都应当时刻明白：教育通过它的教育对象——潜在的劳动者来实现它的经济功能。作为直接经济手段的教育经济功能，如国家教育经费投入在整个国民生产总值所占的比例问题，教育经费的公共投入与教育经费的市场筹集的比例问题，严格地来说是经济现象和财政现象，而不是一种教育现象。

2. 正确看待教育的经济功能

正确看待教育的经济功能，有助于我们深刻认识教育中的种种经济现象，进而有助于我们正确认识种种教育改革和教育发展现象。正确看待教育的经济功能就要求我们深刻理解教育经济功能的主要特征：间接性、高效性、长效性和滞后性。教育经济功能的间接性特征是指教育促进经济的发展，是通过培养教育对象——劳动者而实现的，它不直接创造社会物质财富。一段时间以来，由于各种社会思潮的影响，把教育生产等同于经济生产，把教育投入等同于经济投入，形成了“教育市场论”和“教育产业化”等在内的诸种经济取向的教育观念。这些教育观念忽略了教育经济功能的间接性特征，出现了教育的个人受益和社会受益失调问题，致使一些地区一度出现新一轮的“读书无用论”、“教育无能论”等消极观点。

教育经济功能的高效性特征具有两方面的涵义。其一是指劳动力增值功能具有高效的特征。教育使沉睡于人体内的潜能得以激活，可以成倍地提高人的劳动能力。现有研究表明：一个受过初等教育的工人可以使劳动生产率提高30%；一个熟练工人进修一年可以提高劳动生产率1.6倍。其二是指劳动力再生产方式的高效性。制度化的教育方式由于有目的、有计划、有组织地对受教育者施加教育影响，因而教育再生产科学技术具有极大的高效性。正如马克思所说：“再生产科学所必要的劳动时间，同最初生产科学所需要的劳动时间是无法相比的，例如学生在一小时内就能学会二项式定理。”③

尽管教育再生产科学技术和再生产劳动力具有高效性特征，但是由于培养劳动力的周期性限制，教育的经济功能往往具有较为明显的滞后性。同时，教育再生产劳动力和再生产科学技术一旦发挥功能，它的作用将是长效的。

总之，教育的经济功能是越来越显著的。20世纪五、六十年代兴起的人力资本理论认为，人力资本也是一种生产要素资本，是经济增长的重要源泉。随着人力资源理论的兴起，人们发现了教育的巨大经济效益。人们也越来越认识到，教育适度的超前发展，即“教育先行”，非常有利于经济的发展。《学会生存》一书中这样描述：“多少世纪以来，特别在发动产业革命的欧洲国家，教育的发展一般是在经济增长之后发生的。现在，教育在全世界的发展正倾向先于经济的发展，这在人类历史上大概还是第一次。”④但教育发展一定要注意不能过于超前，否则会带来一些社会问题，甚至有碍于经济的发展。

---

① （法）德洛尔著：《教育——财富蕴藏其中》，北京：教育科学出版社，1996年版，第57页。

② 毕淑芝、王义高主编：《当今世界教育思潮》，北京：人民教育出版社，1999年版，第14页。

③ 《马克思恩格斯全集》（第26卷），北京：人民出版社，1972年版，第237页。

④ 联合国教科文组织国际教育发展委员会编著：《学会生存——教育世界的今天和明天》，北京：教育科学出版社，1996年版，第35页。

三、教育在我国社会主义经济建设中的作用

由于历史原因，教育在我国社会主义建设中的经济功能曾一度被忽略。改革开放以前，教育的经济功能非常微弱，教育再生产科学技术和教育再生产劳动力的规模都较小。改革开放后，随着社会主义市场经济体制的建立和知识经济时代的到来，教育的经济功能凸显，教育作为国家重要的基础投资和作为个人提高自己劳动能力的私人投资日益受到广泛的重视。

我国是拥有13亿多人口的大国。人口既可以是经济发展的负担，也可以是经济发展的动力，开发和利用人才资源是保证经济和社会发展的共同经验。如何把人口压力转化为人才优势？关键在于教育。教育是提高人的素质、把人口压力转化为人才优势的根本途径，也是经济持续增长、科技发展创新、社会全面进步的必要条件。因此，我们必须把教育放在优先发展的战略地位。通过教育培养科技人才、培养现代经济管理人才。同时，通过培养人才加速科技的进步，使社会生产与经济运行走向科学化、现代化，从而促进我国的物质文明建设。

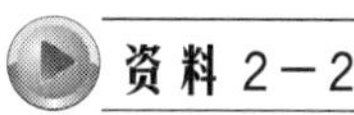
资料2－2

《中共中央关于推进农村改革发展若干重大问题的决定》节选

（2008年10月12日中国共产党第十七届中央委员会第三次全体会议通过）

推进农村改革发展的指导思想和目标任务

新形势下推进农村改革发展，要全面贯彻党的十七大精神，高举中国特色社会主义伟大旗帜，以邓小平理论和“三个代表”重要思想为指导，深入贯彻落实科学发展观，把建设社会主义新农村作为战略任务，把走中国特色农业现代化道路作为基本方向，把加快形成城乡经济社会发展一体化新格局作为根本要求，坚持工业反哺农业、城市支持农村和多予少取放活方针，创新体制机制，加强农业基础，增加农民收入，保障农民权益，促进农村和谐，充分调动广大农民的积极性、主动性、创造性，推动农村经济社会又好又快发展。

根据党的十七大提出的实现全面建设小康社会奋斗目标的新要求和建设生产发展、生活宽裕、乡风文明、村容整洁、管理民主的社会主义新农村要求，到2020年，农村改革发展基本目标任务是：农村经济体制更加健全，城乡经济社会发展一体化体制机制基本建立；现代农业建设取得显著进展，农业综合生产能力明显提高，国家粮食安全和主要农产品供给得到有效保障；农民人均纯收入比2008年翻一番，消费水平大幅提升，绝对贫困现象基本消除；农村基层组织建设进一步加强，村民自治制度更加完善，农民民主权利得到切实保障；城乡基本公共服务均等化明显推进，农村文化进一步繁荣，农民基本文化权益得到更好落实，农村人人享有接受良好教育的机会，农村基本生活保障、基本医疗卫生制度更加健全，农村社会管理体系进一步完善；资源节约型、环境友好型农业生产体系基本形成，农村人居和生态环境明显改善，可持续发展能力不断增强。

建设社会主义新农村的工作重点

(1)繁荣发展农村文化。社会主义文化建设是社会主义新农村建设的重要内容和重要保证。坚持用社会主义先进文化占领农村阵地，满足农民日益增长的精神文化需求，提高农

民思想道德素质。扎实开展社会主义核心价值体系建设，坚持用中国特色社会主义理论体系武装农村党员、教育农民群众，引导农民牢固树立爱国主义、集体主义、社会主义思想。推进广播电视村村通、文化信息资源共享、乡镇综合文化站和村文化室建设、农村电影放映、农家书屋等重点文化惠民工程，建立稳定的农村文化投入保障机制，尽快形成完备的农村公共文化服务体系。扶持农村题材文化产品创作生产，开展农民乐于参与、便于参与的文化活动，建立文化科技卫生"三下乡"长效机制，支持农民兴办演出团体和其他文化团体，引导城市文化机构到农村拓展服务。重视丰富农民工文化生活，帮助他们提高素质。广泛开展文明村镇、文明集市、文明户、志愿服务等群众性精神文明创建活动，倡导农民崇尚科学、诚信守法、抵制迷信、移风易俗，遵守公民基本道德规范，养成健康文明生活方式，形成男女平等、尊老爱幼、邻里和睦、勤劳致富、扶贫济困的社会风尚。加强农村文物、非物质文化遗产、历史文化名镇名村保护。发展农村体育事业，开展农民健身活动。

(2)大力办好农村教育事业。发展农村教育，促进教育公平，提高农民科学文化素质，培育有文化、懂技术、会经营的新型农民。巩固农村义务教育普及成果，提高义务教育质量，完善义务教育免费政策和经费保障机制，保障经济困难家庭儿童、留守儿童特别是女童平等就学、完成学业，改善农村学生营养状况，促进城乡义务教育均衡发展。加快普及农村高中阶段教育，重点加快发展农村中等职业教育并逐步实行免费。健全县域职业教育培训网络，加强农民技能培训，广泛培养农村实用人才。大力扶持贫困地区、民族地区农村教育。增强高校为农输送人才和服务能力，办好涉农学科专业，鼓励人才到农村第一线工作，对到农村履行服务期的毕业生代偿学费和助学贷款，在研究生招录和教师选聘时优先。保障和改善农村教师工资待遇和工作条件，健全农村教师培养培训制度，提高教师素质。健全城乡教师交流机制，继续选派城市教师下乡支教。发展农村学前教育、特殊教育、继续教育。加强远程教育，及时把优质教育资源送到农村。

(3)促进农村医疗卫生事业发展。(略)

(4)健全农村社会保障体系。(略)

(5)加强农村基础设施和环境建设。(略)

(6)推进农村扶贫开发。(略)

(7)加强农村防灾减灾能力建设。(略)

(8)强化农村社会管理。(略)

第二节　教育与政治

一、"政治"的概念

政治是指阶级社会中各阶级为维护和发展本阶级的利益而采取的策略、行为、手段和组织形式。对于国家中占统治地位的阶级来说，政治就是对统治权的维护和国家的管理。

政治是经济的集中表现。政治制度实质上是统治阶级经济利益的集中反映。教育国有化后，教育便成为国家的一项重要事务，教育直接地受政治的制约，形成了教育的"政治"属性。但正如教育与经济间的关系一样，教育与政治之间并不是只有单向的制约关系，它们之间也是彼此影响的。

二、教育与政治的关系

一定社会的教育要反映一定社会政治的要求，为当时的政治服务，或者说政治制约着教育，同时，教育又反作用于一定社会的政治。

（一）政治对教育的制约性、教育的政治适应性和适度独立性

1. 政治对教育的制约性

由于政治是经济的集中体现，因此，经济基础对教育的制约作用，在许多方面是通过政治来实现的。因此也有“政治经济制度决定教育”这个提法。政治对教育的制约性主要体现在以下几个方面：

（1）政治决定教育的领导权和受教育权。从人类社会的发展史看，在政治上占统治地位的阶级出于巩固统治秩序、培养合乎本阶级要求的人才需要，一般都会利用在政治、经济和思想等方面的统治地位，控制绝大部分文化教育机构，掌握教育的领导权，使教育能够完全按照自己的要求来进行。

首先，统治阶级利用国家政权的力量来掌握教育权。通过国家所颁布的政策和法令，通过规定办学的宗旨和方针，并以强制的手段监督执行，就可以把教育纳入所规定的轨道。其次，教育经费是教育事业得以开展的基础，通过拨款等形式，国家也有效地控制了教育权。统治阶级还以思想上的优势力量来影响控制教育，通过教科书的编写和各种读物的发行，通过任免和派遣教育行政人员和教师，以及对教师施加思想上的影响，从而在实际中影响教育的发展方向。

政治也决定着教育机会和受教育的权利。不同阶级在政治、经济上不平等，反映在教育中，便形成了不平等的受教育权利。社会成员中哪些人能够享受学校教育，受什么程度的教育，受教育机会怎样分配，这些都是由一定社会的政治制度所直接决定的。

在奴隶社会，奴隶被完全剥夺了受学校教育的权利；在封建社会，劳动者及其子女也极少有受学校教育的机会，即使在社会上层人士内部，受教育的权利和机会也是极不平等的。例如，我国唐代国子学的招生对象是“文武三品以上子孙，或从二品以上曾孙，勋官二品、县公、京官四品带三品勋封之子”；四门学的招生对象为“500 人为勋官三品以上无封、四品有封及文武七品以上子，800 人为庶人之俊异者”，而律学的招生对象却是“八品以下子及庶人之通其学者”。[①] 到了资本主义社会，资产阶级政治逐步倡导教育权利平等和教育机会均等。尤其工业革命后，科学技术开始广泛应用于生产，要求一般劳动者掌握一定的文化和技术，加上工人阶级为自己获得平等的受教育权而进行的积极斗争，使教育机会均等的要求逐步发展成为一个普遍的政治原则和教育原则。第二次世界大战后，教育机会均等的内涵更为丰富，包括：①进入各级各类学校的机会均等；②受教育过程中的机会均等，包括教育者平等、公正地对待所有的受教育者并使每一个受教育者在原有基础上得到应有的发展；③取得

① 孙培青主编：《中国教育史》，上海：华东师范大学出版社，2000 年版，第 154—155 页。

学业成功的机会均等，即社会应保证各阶层的子女在各级各类教育中所占比率大致相当；④在物质、经济、社会或文化方面处于最底层者应尽可能通过教育系统本身得到补偿；⑤不只是在获得知识方面，更主要是在获得本领方面机会均等；⑥在终身教育方面的机会均等；⑦在国际范围内缩小富国与穷国在教育资源分布、教育设施发展、学业成功率和学业证书价值上的不平等。[①] 1948 年 12 月联合国大会通过的《世界人权宣言》规定："人人都有受教育的权利，教育应当免费，至少在初等和基础阶段应如此。"[②]

(2)政治决定教育目的的性质和教育内容。教育的基本任务之一便是促成人的社会化，因此必须依据一定社会关系的要求去培养人。在一定的社会中，培养具有怎样的政治方向、思想意识的人，取决于当时社会的经济情况，并由政治制度所决定。因此，政治提出了对教育的要求，规定了教育的目的。在阶级出现之后，统治阶级总是力图按照他们的经济利益和政治要求，通过教育有目的、有计划地影响下一代。我国社会主义社会的政治性质决定了教育必须与生产劳动相结合，培养为社会主义现代化建设服务、德智体等方面全面发展的社会主义事业的建设者和接班人。

在政治决定教育目的的前提下，教育内容也受到政治的制约。为了对下一代施加有效的影响，政治十分注重教育内容中所体现的思想内容及方式。在思想品德教育内容方面，政治的作用更为直接和明显，规定了受教育者应具有什么样的思想品德，为实现教育目的应选择什么样的教育内容进行政治、道德教育。在我国，有关文件就规定"国家在受教育者中进行爱国主义、集体主义、社会主义的教育，进行理想、道德、纪律、法制、国防和民族团结的教育"等。

(3)政治制度制约教育制度。在阶级社会里，统治阶级的利益与要求总是集中反映在政治制度中，然后通过政治制度对其他制度产生决定性的制约作用。纵观世界教育史，可以清楚地发现，有什么样政治制度的国家就必然具有与之相适应的教育制度。从当今世界各国的情况看，政治制度对教育的决定作用主要通过三种方式体现出来：一是通过强制性的法律手段。无论哪一个国家在推行义务教育时，都要伴随着强制性的法律条文。二是通过限制性的规定制约教育，各国在实行强制性教育手段的同时，加强对教育的督导作用，对教育的数量和质量给予限制性的规定，有的甚至有明确的指标系数。三是通过鼓励性政策发展教育，为了适应现代科技飞速发展的要求，各国都非常重视以政策鼓励人们发展教育，以更新知识、更新观念。

政治制度的具体组织形式对教育制度的组织形式也产生着直接的制约作用。例如，在政治上实行高度中央集权的法国，在教育上也是一套完整的中央集权制；在政治上实行地方分权的美国，在教育上各州、各校都有较大的自主权利。我国自秦汉以后，在政治制度上基本确立了权力高度集中的组织形式，在教育制度方面也就相应地形成了从属于封建大一统政治的垂直隶属型的教育组织系统，官学一直受到国家重视，只有在政府无暇顾及教育事业时，私学才能得到发展机会。

(4)政治体制改革制约教育体制改革。政治的统帅与支配地位，一方面决定了政治制度对其他各种制度的制约作用，另一方面也决定了它的变革必然能带动与促进其他方面的变

① 扈中平主编：《现代教育理论》，北京：高等教育出版社，2005 年版，第 66 页。

② 顾明远主编：《教育大辞典（增编合订本）》，上海：上海教育出版社，1998 年版，第 753 页。

革，自然也包括教育体制的改革。从我国古代大大小小的教育体制改革来看，教育体制改革总是与政治改革紧密相连的。汉武帝为了建立政治大一统的封建帝国，在教育上采取了兴太学、重选举与独尊儒术三大改革措施；隋末农民大起义，不仅打垮了魏晋以来的士族制度，也打垮了维护士族利益的“九品中正”选士制，从而为唐朝学校制度的完善与考试制度的建立奠定了基础；清朝末年，废科举、兴学校以及新学制的颁布也是戊戌新政推动的结果。近代世界史上的一些进步的政治革命与改革，如日本的明治维新、法国的大革命、前苏联的十月革命、第二次世界大战后许多社会主义国家的建立与新中国的成立等，无不直接地推动了教育体制的改革与发展。

（5）政治意识形态钳制教育思想。政治意识形态是指用来维护一定政治制度的一套比较完整而系统的思想信条。它是通过政治文化、政治价值、政治观点与政治信仰等形式表现出来的。政治意识形态是政治制度的灵魂与核心。同政治制度相比，它对教育的钳制作用更复杂、更深刻。教育领域的一切活动都受到一定的教育思想的支配，政治意识形态对教育的控制就是通过对教育思想的钳制来实现的。政治意识形态对教育思想的钳制有两种方式：一种是在阶级社会里，统治阶级总是通过制定教育宗旨、制定教育政策、颁布教育法令、确定教育内容、委派学校校长、订立校规校训等途径对教育思想（包括一所学校的办学思想）进行直接地钳制。在统治者看来，教育就是向年轻一代传输某种意识形态的工具，目的在于使他们获得符合统治阶级利益要求的政治文化，形成与他们未来必须充当的社会角色相符的政治观念与政治行为习惯。例如，我国的封建教育不遗余力地向受教育者灌输封建专制思想、安命守分思想、忠孝仁义等一套观念，目的就在于把受教育者培养成封建社会政治制度的卫道士；资本主义教育则拼命向学生灌输个人至上、金钱万能思想，以及资本主义制度永恒等观念，目的在于把年轻一代都培养成拥护资本主义政治制度的社会成员。

另一种是间接的钳制方式，表现在统治阶级通过各种途径，使政治意识形态对教育者的哲学、宗教、伦理等思想观念产生影响，进而影响到他们的教育思想。例如，在我国，封建统治阶级借助儒家思想办教育，在传播封建政治意识、培养封建官僚、维护封建政治制度方面起了不可估量的作用。同时，由于一切教育活动都是由教育者组织的，教育者的政治价值、政治观念与政治信仰对形成和改变学生的政治价值与政治观念具有极其广泛、极其深刻的影响力。此外，政治意识形态对教育思想的深刻影响，还表现在某种政治意识形态一旦被人们接受，并转化为民族的政治心理与政治传统以后就具有相对的独立性。例如，我国社会主义经济基础已经建立了近半个世纪，而人们传统的封建政治意识仍然顽强地表现在教育中。

2. 教育的政治适应性和适度独立性

教育的政治适应性和适度独立性是指在教育改革和教育发展过程中，教育要适应相应的政治制度，反映统治阶级的阶级要求，维护统治阶级的阶级利益，也要对政治具有适度的独立性。这种适度的独立性有利于教育政治功能的发挥，有助于按照教育规律办事，也有助于教育的改革和发展。教育对政治的适度独立性主要是指教育思想相对于政治意识形态而言，要具有自己的独立性和批判性。教育者要敢以一种对社会、国家、民族和学生个人负责的态度去思考、纠正教育活动中的种种不良习气。

从历史上看，教育与政治的关系经历了两个大的阶段：从“教育从属于政治”到“教育相对独立于政治”。古代社会，教育融合于政治之中，教育活动是从属于政治的。比如，我国历史上曾经出现较长时间的“官学合一”、“以吏为师”现象。古代的中西方社会，统治阶级均采用专制的暴力统治，并以教育作为暴力统治的辅助手段，使得教育成为政治活动的附庸。

近代以来，教育与政治的关系发生了变化。一方面，近代资本主义社会的形成，是以否定封建专制统治和特权阶级利益为特征的，并以"民主、自由、平等"等作为资产阶级民主政治的口号，这就使得资本主义教育有可能不再是专制统治的附庸；另一方面，近代教育思想的先驱极力主张"教育自由化"、"教育中立"、"教育世俗化"、"学校与宗教分离"等思想，也为教育不再依附于某种政治提供了可能；而更直接的原因是近代学校系统的成型，教育组织正规化、教育活动制度化，标志着教育已成为社会分工中的一个独立部门。这就使得教育活动与政治活动有了明显的区别，教育人员与政治人员之间的分工愈益明确，从而使得"教育相对于政治独立"成为可能。

（二）教育的政治功能及正确认识

教育具有重要的政治功能。在社会稳定时期，统治阶层通过培养认同统治阶级政治理念的人以及培养合格的政治人才来维护统治；在社会发生变革时期，各个阶层都积极通过教育争取支持本阶层政治理念的人群。在历史上，教育的政治功能往往被置于教育的其他功能之上。教育的政治功能也一度被当作教育的基本属性。我国在"阶级斗争为纲"的年代，教育几乎完全成为政治的附庸。那么教育具有哪些政治功能，我们又应该怎样正确的看待教育的政治功能呢?

1. 教育的政治功能

（1）教育具有维系社会政治稳定的功能。教育的政治功能首先表现在它对维护社会政治稳定起着十分重要的作用。"建国君民，教学为先。"从历史发展角度看，任何国家、任何社会，其维护社会统治、维系政治稳定的基本途径无一不是通过教育。即使是通过加强法治的手段实施社会政治控制也是与加强教育密切相关的。教育维系社会政治稳定的功能主要体现在两个方面：

其一，教育为社会培养各种政治人才。政治人才是指社会各个部门、各个领域的领导者与管理者。各级各类的政治人才都需要通过教育培养。教育通过国家制定的教育制度，可实现对受教育者的选择和分配，从而使原有的社会政治关系得以延续和发展，达到为政治培养所需人才的目的。这一点，我们只需从不同学历的人在社会中能获得不同层次的社会地位就可以看出来。在发达国家，居于政府机关领导地位的高级官员，普遍具有较高学历。据英国学者的分析：1964 年的内阁成员中，43％的成员曾就读于公学，61％的成员毕业于牛津大学或剑桥大学。下院议员中，1970 年时 74.9％的保守党下院议员曾就学于公学；工党的下院议员中，21.6％的成员曾就读于公学。文官是通过考试录用的，在 1944—1952 年间录用的文官中 56％的人在公学上过学，有 17％的人在直接拨款的中学上过学。1960—1964 年间的情况基本上没有变化。[①] 同样，我国各级党政现任领导人也普遍具有较高学历。通过系统的学校教育，培养具有较高科学文化水平和管理才能的政治领导者，已成为世界各国共同的发展趋势。教育为政治培养人才还表现在有目的地设置专门学校，达到为统治阶级培养接班人的目的。现代社会的某些专门学校或学院，其目标就是培养政治领导，如军事院校、政治院校等。

---

① 瞿葆奎主编：《教育与社会发展》，北京：人民教育出版社，1989 年版，第 398—400 页。

其二，教育培养具有一定政治素质的社会公民，能够促进年轻一代的政治认同。这是教育维系社会政治稳定功能的另一突出表现。统治阶级总是通过教育造就公民，使年轻一代接受一定社会的政治意识形态，适应一定社会政治，获得一定社会的政治认同感。社会主义教育代表着劳动人民的意志，主要对学生进行马克思主义思想政治教育，从而培养出具有先进政治思想的人。正如邓小平指出的："毫无疑问，学校应该永远把坚定正确的政治方向放在第一位。"[①]进入21世纪以来，我国对青少年一代的思想政治教育工作高度重视，先后颁布了《中共中央国务院关于进一步加强和改进未成年人思想道德建设的若干意见》、《中共中央国务院关于进一步加强和改进大学生思想政治教育的意见》、《普通高等学校辅导员队伍建设规定(教育部24号令)》，强调"学校是对未成年人进行思想道德教育的主渠道，必须按照党的教育方针，把德育工作摆在素质教育的首要位置，贯穿于教育教学的各个环节。要把弘扬和培育民族精神作为思想道德建设极为重要的任务，纳入中小学教育的全过程"、[②]强调"加强和改进大学生思想政治教育，提高他们的思想政治素质，把他们培养成中国特色社会主义事业的建设者和接班人"[③]等等。

(2)教育具有促进社会政治改革的功能。在社会发展的历史过程中，社会政治的稳定往往是相对的，伴随着社会经济的发展与变革，社会政治的变革也会发生。从总体上看，社会政治变革是不断趋于前进与进步。教育则是促进社会政治变革的主要因素之一。教育对于社会政治变革具有强烈的反作用。

其一，教育的普及化推进社会政治变革。现代社会教育的普及化是现代社会政治变革的重要标志，同时又是推进社会政治变革的重要力量。教育的普及，作为一种社会教育意识，表明社会政治的平等与开放。教育的普及，深深地蕴藏着一种变革社会、促进社会发展的力量。教育普及化水平的不断提高有力地推动社会政治的变革与进步。

其二，教育可以促进社会政治民主化。政治民主化是现代社会政治发展的必然趋势。这依赖于教育的推动。教育通过传播先进的思想、弘扬优良的道德、形成正确的舆论、同时产生进步的政治观念，以促进社会政治民主化。教育事业的发展和全体国民科学文化水平的不断提高是实现社会政治民主化的重要前提与保证。对此，杜威有过精辟的论述。杜威说："如果没有我们通常所想的狭义教育，没有我们所想的家庭教育和学校教育，民主主义便不能维持下去，更谈不到发展。教育不是唯一的工具，但它是第一的工具，首要的工具，最审慎的工具。通过这种工具，任何社会团体所珍视的价值，其所欲实现的目标，都被分配和提供给个人，让其思考、观察、判断和选择。"[④]

其三，教育参与社会政治活动，促进社会政治的变革。在中国，教育参与社会政治活动，促进社会政治变革，具有悠久的历史。明代的书院是一种教学研究机构，但是经常褒贬时政，如著名的明天启年间的东林书院便是如此。东林书院在江苏无锡，原为宋代理学家杨时讲学之所，后废为僧寺，顾宪成罢官回到无锡，得到乡绅的帮助，修复东林书院，与高攀龙等人在其中讲学。这里遂成为本地区"抱道忤时"的士大夫"清议"朝政之所。他们反对当权太监魏忠贤，要求某些政治改革。据《明史·顾宪成传》说，顾宪成、高攀龙等讲学东林书院，"是时士大夫抱

① 《邓小平文选》(一九七五——一九八二)，北京：人民出版社，1983年版，第101页。

② 《中共中央国务院要求加强未成年人思想道德建设》(2004年2月22日)。

③ 中共中央国务院：《关于进一步加强和改进大学生思想政治教育的意见》，《人民日报》(2004年10月15日)。

④ (美)杜威：《今日世界中的民主与教(1938)》，载《人的问题》，上海：上海人民出版社，1986年版，第27页。

道忤时者，率退处林野，闻风响附，学舍至不能容……讲习之余，往往讽议朝政，裁量人物，朝士慕其风者遥相应和。由是东林名大著，而忌者亦多”。[1] 后来书院被毁，但知识分子的“家事国事天下事，事事关心”的政治关怀却流传至今。

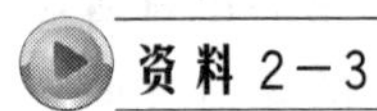

20 世纪的学生政治运动

近代以来，由于政治腐败、社会矛盾激化，不断出现高等学校反对当政集团的事件。在20世纪，教育主动参与政治，主要的表现之一是风起云涌的学生政治运动。1917年蔡元培任校长之后，北京大学实际上成了政府之外的另一个重要的政治中心。各种各样的政治思潮在北大出现和传播，多个有政治色彩的杂志（如《新青年》、《新潮》、《国民杂志》、《每周评论》、《进化》等）在北大出版，使北大成为一个政治舞台。1919年，在外部事件的影响下，终于爆发了五四学生运动。此后，全国各地高等学校多次掀起了反对帝国主义和国民党政府的学生运动。

从20世纪50年代开始，学生政治运动在世界各国不断发生。从华沙到巴黎、马德里，从布宜诺斯艾利斯、仰光到美国的校园，都出现了零星的学生抗议活动。到60年代，这些零星的抗议活动，终于汇聚成了广泛的和持续的学生政治运动风潮。1960年初，东京学生对日本与美国联合的政策不满，成功地阻止了美国总统艾森豪威尔访问日本。在美国，黑人学生与一些白人学生不断为反对种族隔离而斗争。在欧洲和拉美，学生抗议美国封锁古巴。在德国、南非、英国，一些大学的教职员集会，抗议政府的腐败、种族隔离和核试验。1964年8月，巴基斯坦卡拉奇的学生示威抗议美国入侵越南，这个问题在这以后的几年中，成为世界范围内学生运动的主题。

（资料来源：马凤岐：《教育政治学》，北京：人民教育出版社，2002年版，第65页）

2. 正确看待教育的政治功能

正确看待教育的政治功能首先就要正确把握教育的政治功能的被动性和有限性特征。也正是因为教育政治功能的被动性特征，使得教育容易成为政治的附庸。因此，相对于教育的其他社会功能，我们要赋予教育政治功能更多的主体性，使其保证具有相对于政治的独立性，以便更好地维护社会政治稳定，促经社会政治民主化。

其次，正确看待教育的政治功能，就要坚持不懈地追求教育民主和教育平等，使得教育真正关注不同阶层、不同群体的政治生活、经济生活和精神文化生活，使得教育真正成为维系社会政治稳定、引导社会政治变革的重要力量。

再次，正确看待教育的政治功能，就要注意到教育政治功能的有限性，不放大教育的政治功能，避免“教育万能论”倾向。教育发展史也充分证明了：“教育救国论”是行不通的。政治制度变革的根本原因不是教育政治功能的发挥，而是社会生产力和生产关系的这一根本矛盾的推动，没有任何前提地把教育看成是改造社会的根本手段和推动社会发展的根本动力的看法，是有失偏颇的。

---

① 毛礼锐：《中国古代教育史》，北京：人民教育出版社，1983年版，第317—318页。

三、教育在我国社会主义政治文明建设中的作用

我国社会主义政治文明建设主要是社会主义民主和法制建设，它是我国社会主义现代化建设的重要组成部分。它为我国社会主义的物质文明建设和精神文明建设提供可靠的政治保障。在我国社会主义政治文明建设中，党和政府历来重视教育的政治功能，强调思想政治教育的重要性。自20世纪50年代以来，我国在中小学普遍开设了政治理论课和思想品德教育课；在大学开设马克思主义理论课和思想政治课(简称“两课”)，以及“形势与政策”教育课，进行爱国主义、集体主义、社会主义教育。这些学校政治类课程的开设基本实现了教育维系社会政治稳定的功能。另外，我国的学校教育也通过创新型政治人才的培养、教育观念的变革、优良文化的传承和传播来促进我国的社会政治民主化建设，促进我国社会政治的改革。

第三节 教育与文化

一、“文化”的概念

文化是众多学科的研究对象，由于不同学科对其研究的重点不同，便形成了众多的文化定义，如社会学关注的是文化的普适与对弱势群体的关怀，人类学关注的是地区、国家、种族之间文化的差异等。在众多的文化定义中，一般都把文化分为物质文化和精神文化两部分，而把重点放在精神文化方面。即把文化分成广义和狭义两种。关于广义文化，比较普遍的认识是指人类在社会历史实践过程中所创造的物质财富和精神财富的总和。关于狭义文化，则较普遍地把它看作为社会精神文化，即社会的思想道德、教育、文学、艺术、宗教、传统习俗等及其制度的一种复合体。

在对文化的研究中，一般认为文化有如下特点：第一，文化为人类所独有，是人区别于动物的主要标志。第二，文化是后天习得，是人在后天社会环境中经由学习和创造而得来的，并非是人先天性的与生俱来。第三，文化为一定社会群体所共有，文化是作为类的存在物而存在的。第四，文化是复杂的整合体。①

二、教育与文化的关系

教育是一种特殊的文化现象，文化的多样性和独特性决定教育的丰富性和独特性。文化影响教育目的的制定和教育内容的选取；教育又起到继承、保存和创新文化的作用。

(一)文化对教育的制约性、教育的文化适应性及独特蕴涵性

1. 文化对教育的制约性

(1)文化的多样性和独特性决定教育的丰富性和独特性。任何社会、任何民族都有自己

① 郑金洲：《教育文化学》，北京：人民教育出版社，2000年版，第1—3页。

独特的文化，用以区别其他民族和其他社会。区别不同社会文化的主要特征是文化特质和文化模式。文化特质即指文化的构成要素，它主要有行为习惯、思维方式、价值观念、世界观、风俗、传统等。文化模式是指种种文化特质相互结合的形式。在不同社会的不同时期，由于文化特质的具体内容及文化特质之间的联系方式不同，因而构成不同社会的不同历史时期特定的文化。以国家而言，就有中国文化、印度文化、英国文化等；就民族而言，就有中华民族文化、阿拉伯文化等不同的文化特质和文化模式。

不但在不同的社会有不同的文化，就是在同一社会里还有各种不同的亚文化。所谓亚文化，简单地讲是指在一个社会的某个社会阶层、社会团体或某些地域的人所特有的行为习惯、思想方式、风俗、价值观念等。比如在中华民族这个大家庭中，就有汉民族文化与少数民族文化的区分。少数民族文化和汉民族文化相对于中华文化来讲就属于亚文化。

世界文化的多样性决定了教育的丰富性和多样性，各民族、各阶层文化的独特性相应地决定各民族教育的独特性。例如，汉代之后，儒家思想在我国社会文化生活中占据支配地位，构成中华民族文化传统的重要组成部分，与之相适应，我国的教育传统体现出与西方教育十分不同的特点：重视人与社会的协调，强调社会本位，重视人伦观念，强调师道尊严，等等。即便是发展水平和社会制度相同的国家和民族，由于文化传统不同，他们的教育也呈现出不同的特点，如德意志民族重理性思维，美利坚民族则崇尚实际等。

(2)文化传统对厘定教育目的的影响。文化在人们的社会生活中无所不在，潜移默化地对人们产生影响。文化是在人类自身的发展过程中逐渐沉淀和积累而形成的，这是一个绵延不断的过程。先前存在的文化是后来新兴文化的基础，而新兴文化则是先前文化的发展。因此，对每种社会来说，都存在一个文化传统。什么是文化传统？传统是复杂的历史构成，是一定区域、一定社会生活共同体中人们在历史过程中，通过生成、积累，而稳定了的心理、艺术、道德、社会组织形式等方面因素与特征的组合体。具有超稳定性和多层次性。传统文化不仅表现在一些思想家的著作里，而且渗透在民族心理素质、思维方式、风俗习惯等诸多方面。构成文化传统的内在要素大致有四个方面：民族创造力的表现形态；民族共同的心理素质；民族所特有的思维方式、行为方式；民族所特有的价值观念。[①]

民族文化传统是一个民族区别于其他民族的本质特征的表现，它使教育目的具有鲜明的民族性。例如，自古以来，我国各民族一贯重视社会伦理道德教育，而西方各民族则非常重视宗教意识的培养。

(3)文化传统直接影响教育内容。文化对教育的影响，最直接的方面，就是教育内容的选择。处于不同文化背景中的教育内容是显然不同的。比如农业文化和商业文化，它们对教育内容的要求显然不同，学校教育内所开设的内容也显然不一样。再比如大陆文化和海洋文化两种文化背景中，后者教育内容中的科技文化、航海文化显然高于前者。

我国的传统文化自春秋以来，几乎一直是以儒家思想为主体，注重调和人与社会关系的思想也一直支配着教育的内容，它所造就的重人伦及“学而优则仕”的教育传统，体现在教育内容的选择上，就是我国历来重视伦理道德教育，“四书五经”在封建社会成为主要的教育内容。即使在近现代，仍有部分改革者不断呼吁增加“读经”内容。

① 鲁洁主编：《教育社会学》，北京：人民教育出版社，1990年版，第129页。

2. 教育的文化适应性和独特蕴涵性

教育的文化适应性是指在教育改革和发展过程中，教育要适应本国、本地域、本民族的文化传统，反映国家、民族的文化传统和文化特色，使教育改革适应民众的文化心理。坚持教育的文化适应性在教育改革和教育发展中具有重要的意义。首先，在当前教育交流国际化趋势下，在借鉴国外的教育改革与发展经验时，我们不得不考虑教育的文化适应性问题，这就是所谓的“教育国际化与本土化问题”。在教育改革过程中，盲目地照搬、照抄国外经验，脱离本国、本民族的文化传统和文化心理，是不可取的。

教育的文化独特蕴涵性，是指教育作为一种特殊的文化现象，它蕴涵在文化之中，同时在教育实施的过程中，也正是受教育者“文化”的过程。国家、民族、地域的文化特质，如风俗、习惯、道德也蕴涵在这一过程中实现。

（二）教育的文化功能及正确认识

1. 教育的文化功能

（1）教育具有传承文化的功能。人类文化的传承固然可以以物或物化观念的形态存在，但更多地是以人的活动形式、心理行为方式存在。无论是何种文化的传承，都需要以人对文化的理解为中介。人对文化的理解则需要依赖于教育。教育自它产生之日起就是传承文化的重要手段。文化是教育的内容，教育是传承文化的手段。社会通过教育将人类文化一代一代地传下去，文化借助于教育得以延续和发展。

（2）教育具有创新文化的功能。文化不是自然赋予人类的，而是人类社会实践生活的结晶。人类文化随着人类社会生活实践的发展而不断地丰富和发展。文化创新是新的文化特质的增生过程。教育对创造和更新文化起着重要的作用。教育不仅通过自身的科研机构进行科学研究，创造和更新文化，更重要的是教育能培养出大量具有创新精神和实践能力的人。这些人能创造性地解决人类当前所面临的难题和未来可能发生的问题，使世界文化以过去无法比拟的速度发展。同时，教育自身的发明和创新，也构成了世界文化总量迅速增加和新文化特质增生的重要组成部分。一部教育史充分证明，世界上许多伟大的教育家如孔子、荀子、孟子、夸美纽斯、赫尔巴特、杜威等，他们提出的许多新的教育思想和教育方法，对人类社会的文化创新以及人类社会的发展都作出了巨大贡献。

（3）教育具有普及文化的功能。教育普及文化的功能表现在：其一，实施义务教育以后，教育承担了对每一个适龄青少年基础文化的普及任务，使人人具有学习文化的能力；其二，教育有责任为全社会、全民族的文化水平的提高作贡献；其三，教育还是推广新文化、新技术的重要手段。《教育——财富蕴藏其中》一书写道：“大学的任务是培养大量青年从事研究工作或其他专业性工作。此外，它还应成为满足日益增多的、以自己的好奇心寻求使生活更有意义的人的求知的源泉。这里所设想的文化，是广义的文化，它包括从最严密的科学到诗歌的所有精神领域和想象领域。”①不仅高等教育具有普及文化的功能，其他各种类型的教育都具有文化普及的功能。

（4）教育具有文化选择功能。教育能有选择地进行文化的传递、传播。没有文化选择，教

① （法）德洛尔著：《教育——财富蕴藏其中》，北京：教育科学出版社，1996年版，第126页。

育就不成其为教育,特别是作为专门教育机构的学校来说,更是如此。文化选择贯穿了教育的始终。并不是所有文化都是教育内容,教育往往根据一定社会经济、政治的要求来选择、加工、整理文化。但是,在教育的文化选择功能中,存在着矛盾,即文化的庞杂与教育时间的有限。这个矛盾也客观地要求在进行教育活动的时候,必须对文化进行选择。

教育的文化选择具有两种取向:一是按社会的需要选择文化,二是按教育的需要选择文化。首先,教育所选择的是具有一定社会价值的文化。不同性质的社会具有不同的价值取向,教育的文化选择标准也不一样。如中国古代适应经济与政治的需要,教育所选择的就是以儒学为主的文化,教育领域的一切取舍均以儒学为标准。近代,我国虽深受西方文化的冲击,但在相当长的一段时期内教育仍容纳不了巨大进步的科学技术,甚至将西方的科技讥讽为"奇技淫巧"。在中世纪的欧洲,学校把与基督教信仰无关的知识一律视之为无用,学校所教学的哲学、数学、文学、艺术等无不是神学的婢女。另外,教育的文化选择又以教育的价值为其取向,也就是说,在教育过程中所选的文化要有可能为学生所接受,要有利于他们能力的发展、知识的增长、品性的陶冶、体质的增强。总之,它要满足人的自身发展的需要,为此就必须按照教育的规律,作出具有教育学意义的选择。这也是教育的文化选择与其他各种文化机构的选择的不同之处。

(5)教育的文化分层功能。文化分层是依据一定的文化标准来区分人们在整个社会活动与社会关系中的位置状况。文化分层功能是教育的一个重要文化功能。在中国古代,通过"学而优则仕"将受教育者进行分层。在现代社会,每个青少年在他们正式作为一定社会文化共同体的一员之前,都必须先经过学校的选择。教育之所以具有文化分层的功能,是因为不同层次和类型的教育赋予不同的个体以一种特殊的"身份文化"和"角色认同",从而使其能够在一定的社会文化共同体内扮演相应的角色。

在古代社会,教育成为有闲阶级的特权。受教育机会的不平等,造成教育的文化分层功能的扭曲,它只能在十分狭窄的范围内间接地体现其存在,往往与由家世、门第等原因造成的文化分层交织在一起,很难体现出它独立的文化分层功能。随着人类社会的发展,现代教育的文化分层作用已经大大拓展。由于能力、知识、经验、德行、健康等通过后天教育获得的品质开始成为社会文化分层的依据,所以,以严格的教育水平、教育类型来确定社会成员的社会文化地位已经成为普遍的现象。所谓的"教育取人"、"学历社会"等都反映了教育的文化分层功能。

(6)教育具有对文化的整合功能。教育在文化发展中的另一个重要作用是促进多元文化的融合。一般来说,每个国家的文化都是多元的,不同的阶级有不同的文化,不同的民族有不同的民族文化,各地区之间的文化也是有差别的。当代国家、民族都需要继承本民族的优良文化传统,同时也需要吸收外来的先进文化,由此促进本民族与其他民族文化的融合。所谓文化整合,是指各种不同的文化要素或形式相互适应、协调从而成为一个有机整体的过程。它大致包括三方面的内容:不同的文化要素或形式在意义上构成一种逻辑的或美感的协调;文化规范表征与行为的协调;不同的文化制度风俗等,彼此间在功能上建立起互相依赖的关系。教育担负着实现文化整合的重要使命。"教育不但应致力于使个人意识到他的根基,从而使他掌握有助于他确定自己在这个世界中的位置的标准,而且应致力于使他学会其他文化。"①

① (法)德洛尔著:《教育——财富蕴藏其中》,北京:教育科学出版社,1996年版,第35页。

鲁道夫·斯塔文哈根在《多文化世界的教育》中这样写道："在一个日益多文化的世界里，教育应对的挑战是巨大的。当地球上的居民感到世界化过程确实存在时，'我的邻居可能不再是同我一样的人'的想法便遽然而生。对于许多人来说，这种发现可能构成对人的一种打击，因为它……表明种族多样性突然闯入了生活。"①这正反映了世界多元文化日趋整合的特点，教育要为此做好准备。

2. **正确认识教育的文化功能的基本特征**

教育的文化功能首先具有稳定性、系统性和持久性特征。教育，特别是制度化的学校教育，它的文化功能是一种系统的、稳定的、持久的功能。一方面，学校教育把文化传统直接传授给受教育者；另一方面，学校作为社会文化的中心阵地，自觉不自觉地向社区、社会辐射文化，起到"移风易俗"的作用，这种辐射是稳定而持久的。

其次，教育的文化功能具有自发自觉的主动性特征。教育的政治功能，是被社会所赋予的，具有被动性特征，而教育的劳动力再生产和科学技术再生产，虽然具有一定的主动性，但没有教育的文化功能那样自发自觉，具有明显的主动性特征，教育的文化功能自发自觉地贯穿在整个人类教育史之中。不管是在何种历史时期，也不管进行的教育活动是否具有政治、经济基础，教育总是自觉地进行保存、传承和发展文化，并自发的发挥作用。

再次，教育的文化功能还具有保守性特征。"教育体系倾向于构成一种时间上和空间上密封的体系"，"它们主要关心它们自己的生存和成功"。② 教育的一个重要功能是重复地把从祖先那里继承下来的知识传给下一代，因而它所注重的是巩固现有的结构并促使个人按照现有的社会从事活动，具有相当大的惯性。教育系统本身这种倾向于稳定保守的特性，使得它在观念行为方式等方面首先是适应由来已久的社会要求，而对变化的反应较为迟钝。"对变化的某种抗拒是一切教育体系固有的因素，——教育体系的保守性是自然的，不容易克服的"。③ 应该说教育系统的保守特性在一定程度上是文化保守特性的反映。而且，文化的传承与延续也要求教育的文化功能具有一定的保守性。

三、教育在我国的社会主义文化建设中的作用

我国社会主义文化建设是一个复杂的社会问题，它不仅与我国社会主义物质文明建设和政治文明建设息息相关，而且与传统文化和外来文化紧密联系。特别是改革开放以后，随着国际交流的频繁增加，不同文化的碰撞带来了诸多的社会文化问题，经济发展的同时却出现了文化的荒漠。因此，文化建设在当今的社会主义中国尤其重要。党和政府也一直在大力推进社会主义先进文化建设，强调以科学的理论武装人、以正确的舆论引导人、以高尚的精神塑造人、以优秀的作品鼓舞人，倡导大力发展先进文化、支持健康有益文化、努力改造落后文化、坚决抵制腐朽文化，努力形成体现中国先进生产力发展要求、体现中国先进文化前进方向、体现中国最广大人民根本利益的理论指导、舆论力量、精神支柱和文化条件。④ 而教

---

① 同上书，第 222 页。

② 联合国教科文组织编著：《学会生存》，北京：教育科学出版社，1996 年版，第 92 页。

③ （美）拉塞克著，马胜利等译：《从现在到 2000 年教育内容发展的全球展望》，北京：教育科学出版社，1996 年版，第 282 页。

④ 中共中央宣传部理论局：《科学发展观学习读本》，北京：学习出版社，2006 年版，第 77 页。

育在我国社会主义文化建设中必然发挥着前所未有的作用。近些年来，党和政府一直强调：建设社会主义的物质文明和精神文明，必须以教育为基础，必须优先发展教育。学校，特别是高等学校不仅具有选择、传播、保存文化的功能，同时也具有创新和发展文化的功能，而这些功能都是文化建设所必需的。所以，社会主义先进文化建设必须依靠教育，而教育也必须为我国社会主义先进文化建设做出应有的贡献。

资料 2－4

2011年我国教育、科学技术和文化事业发展概况

全年研究生教育招生56.0万人，在学研究生164.6万人，毕业生43.0万人。普通高等教育本专科招生681.5万人，在校生2308.5万人，毕业生608.2万人。各类中等职业教育招生808.9万人，在校生2196.6万人，毕业生662.7万人。全国普通高中招生850.8万人，在校生2454.8万人，毕业生787.7万人。全国初中招生1634.7万人，在校生5066.8万人，毕业生1736.7万人。普通小学招生1736.8万人，在校生9926.4万人，毕业生1662.8万人。特殊教育招生6.4万人，在校生39.9万人，毕业生4.4万人。幼儿园在园幼儿3424.4万人。

全年研究与试验发展(R&D)经费支出8610亿元，比上年增长21.9%，占国内生产总值的1.83%，其中基础研究经费396亿元。全年国家安排了952项科技支撑计划课题，524项“863”计划课题。累计建设国家工程研究中心130个，国家工程实验室119个。累计建设国家地方联合工程研究中心101个，国家地方联合工程实验室116个。国家认定企业技术中心达到793家。省级企业技术中心达到6824家。实施新兴产业创投计划，累计支持设立61家创业投资企业，投资创业企业108家。全年受理境内外专利申请163.3万件，其中境内申请147.9万件，占90.5%。受理境内外发明专利申请52.6万件，其中境内申请40.4万件，占76.7%。全年授予专利权96.1万件，其中境内授权86.4万件，占89.9%。授予发明专利权17.2万件，其中境内授权10.6万件，占61.5%。截至年底，有效专利274.0万件，其中境内有效专利220.2万件，占80.4%；有效发明专利69.7万件，其中境内有效发明专利31.8万件，占45.7%。全年共签订技术合同25.6万项，技术合同成交金额4763.6亿元，比上年增长21.9%。全年成功发射卫星19次。天宫一号目标飞行器和神舟八号飞船成功发射并实现空中交会对接。载人深潜器“蛟龙”号成功完成5000米海试。

年末全国文化系统共有艺术表演团体2481个，博物馆2571个，全国共有公共图书馆2925个，文化馆3276个。广播电台197座，电视台213座，广播电视台2153座，教育电视台44个。有线电视用户20152万户，有线数字电视用户11455万户。年末广播节目综合人口覆盖率为97.1%；电视节目综合人口覆盖率为97.8%。全年生产电视剧469部14939集，动画电视261444分钟。全年生产故事影片558部，科教、纪录、动画和特种影片131部。出版各类报纸467亿份，各类期刊33亿册，图书77亿册(张)。年末全国共有档案馆4107个，已开放各类档案10376万卷(件)。

(选自《中华人民共和国2011年国民经济和社会发展统计公报》)

第四节 教育与人口

人口是指一定社会、一定地理区域的人的数目,它是一个复杂而客观的社会实体,具有一定数量、质量与结构。人口包含着性别、年龄、种族、民族等自然构成,也包含着婚姻、家庭、职业、阶级和信仰等多种社会构成。可以说,一切社会活动、社会关系、社会现象和社会问题都同人口发展过程相关。作为社会活动之一的教育,与人口有着密切的关系,一方面教育直接影响着人口质量和数量,另一方面,人口对教育有着深刻的复杂影响。认识教育与人口的关系,有助于深刻理解教育和社会之间的关系,也有助于正确认识教育的功能,厘定科学的教育发展任务,制定合理的教育发展政策。

一、人口对教育的影响

人口对教育的影响主要体现在人口变化对教育的影响上,人口变化包括数量的变化、结构的变化和人口分布变化。人口变化有自然变化、迁移变化,无论何种原因引起的人口变化对教育对均会产生重要的影响。人口数量变化中的出生率、死亡率和增长率会对教育规模和教育结果产生一定影响,如出生率和适龄儿童数量变化会直接影响到学前教育、义务教育的规模以及相应的教育资源配备。人口的迁移流动和相应分布变化也对教育产生重要影响,如流动儿童的教育对教育均衡化发展的要求,城镇化、工业化和农业现代化过程中农村劳动力转移培训对职业技术教育发展的影响,农村中小学学校布局的合理性及其调整问题均体现了人口的地理分布对教育发展的深刻影响。

(一)人口数量变化制约教育规模和教育发展速度

教育规模的变化虽然与多种因素有关,但人口总量的变化是一个根本性的原因。人口数量变化的指标一般包含有出生率、死亡率和人口总量,其中人口总量变化对教育规模、教育发展速度有着重要影响。如果人口出生率高于死亡率,人口总数增加,那么每一个新增成员都是一个终身学习者,对于终身教育体系来说,受教育对象不断扩大,潜在的教育需求增加。为了满足新增成员的教育需求,保证新增成员的教育质量,就需要增大教育投入、扩大教育规模。在人口总量增加,教育投入不变或增加不足的情况下,人均受教育经费减少,人口总量变化对教育的发展速度影响将十分显著。

(二)人口年龄结构和职业结构影响着不同类型教育的结构调整

人口年龄结构变化必然会影响着各级各类教育的规模和比例构成。不同时间段内,人口呈现出不同的年龄结构特征,这就要求教育部门适时调整相应层级的教育类型,使各级各类教育比例构成与人口年龄构成相互匹配,使有限的教育资源能最大程度的利用起来。例如 20 世纪 80 年代以来我国计划生育成效显现,出生人口下降以及人口城乡结构、人口产业分布等三大变化促进了基础教育布局结构、师资资源配置的变化。对于基础教育而言,青少年人口是教育的主要需求者,这个群体在总人口的数量和比例发生变化,意味着需要接受教育的适龄人口发生变化，这对教育的需求产生重要影响，迫使教育结构不断调整。

除小学和中学教育外，未来的人口变动也会影响到高等教育的规模。我国高等教育适龄人口在2009年后开始下降，这将会对高等教育的入学率产生影响。如果能够在高等教育适龄人口数量下降的同时保持高等教育的扩展速度，中国有望在20年后达到高等教育毛入学率50%的水平，进入普及高等教育阶段。但是，如果不能解决普通高中入学率持续走低的状况，届时中国的高等教育将面临生源不足的困境。

而对于职业教育而言，劳动力人口数量的变化会直接影响着职业教育和继续教育的发展规模，劳动力人口数量的减少会使得企业要求劳动力具有更高的劳动技能，迫使要合理安排职业教育规模和提高职业教育质量，以满足劳动力对职业技术教育的需要。而对于老年人口而言，当老龄人口比例加大，老龄化负担加重时，年轻人口必须大幅度提高生产率才能应对这种变化，这也要求劳动年龄人口有更高的受教育水平和接受更多的培训，增加劳动力的职业技术教育需求。

人口的职业结构的变化趋势指示着教育结构的调整方向。职业结构变化有着自身的规律，这就是随着生产力的发展，劳动力必然出现由第一、第二产业向第三产业转移的趋势。职业结构的这种转化趋势要求教育对自身的类型结构、专业结构与课程结构等作出相应的调整。

21世纪以来我国产业结构不断升级、从业人员产业分布变化，促进了职业教育专业结构、层次结构变化，也促使从业人员的结构不断优化，为了使从业人员素质适应这一新形势、新要求，我国职业教育加速了发展步伐和结构调整的力度。人口的职业结构性变化对职业教育、职业培训提出了新的需求，促进了职业教育的结构性调整。

（三）人口质量影响着教育质量和教育发展任务

人口质量主要体现在人的科学技术水平、文化修养和思想觉悟、道德水准等精神因素。人口的质量对教育质量的影响表现为直接和间接两个方面：直接影响是指入学者已有的水平（个体发展的重要的内部条件）对教育质量的总影响；间接影响是指年长一代的人口质量影响新生一代的人口质量，从而影响以新生一代为对象的学校的教育质量。他们通过遗传和对青少年的养育过程来影响受教育者，还通过对学校教育的期望和协调程度来影响学校教育的目标、内容、方法等。其次，全社会人口的各方面素质，尤其是人口的文化结构，作为大的背景对学校教育起着间接的作用。①

人口的文化技术结构的状况影响着不同时期的教育任务。当前我国人口文化技术素质普遍偏低的状况已成为现代化建设的障碍。为了尽快改变这种状况，迫切要求教育在巩固"普及九年义务"工程的同时，加速普及高中阶段教育，进一步提高农村地区中等职业教育普及率，大力促进城市高等职业教育发展；稳步发展高等教育，着力构建国家创新体系，重视培养高层次创新人才，构筑完善的全面终身学习体系，不断提高国民的整体素质。

（四）人口流动和人口分布直接影响教育发展质量

我国当前进入快速城镇化时期，工业化、城镇化和农业现代化同时发生，劳动力资源在

① 金一鸣，教育原理，合肥：安徽教育出版社，1995：106－107

全国范围内配置，社会流动加速，农业人口向非农业转移、农村人口向城镇人口迁移流动已经成为历史的必然。流动人口迅速增加的态势，决定了流动人口子女的教育问题将会突出。由于居住地不稳定，人户分离，社会地位的不确定等原因，许多流动人口家庭不能像非流动人口家庭那样抚养教育自己的孩子，导致其子女的教育和健康成长出现问题。

人口分布不均对教育的制约。我国东部人口过密与西北部人口过少的状况，制约着各地区教育事业的发展和教学质量的提高。人口过密的地方，容易造成教育拥挤现象，如学额过满、教学资源紧张等。人口过密的地区，还容易形成亚文化群体，青少年往往为争夺生活空间而发生摩擦，甚至出现越轨乃至犯罪行为。人口过少，造成教育人口分散。在一些人烟稀少的老少边穷地区，学生上学非常困难。小学生上学往返一次一二十里地。同时，由于教育人口分散，不得不采用复式教学、巡回教学等方式，制约着教育质量的提高。当前由于教育人口分布发生的变化，出现了适龄儿童减少而关闭合并了小学，使学生上学的距离拉长，由此又会引发学生上学的交通问题，增加了学生上学的成本，从而影响学生完成学业。这个问题在交通不方便的山区农村更为突出。

认清人口变动对教育的影响，准确把握学龄人口波动的规律，可以及时合理地制定相应对策或调整教育资源，减轻学龄人口波动带来的负面影响。资料 2—5 是美国人口学家就人口变动对教育规划的影响展开的讨论。

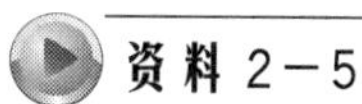

资料 2—5

人口变动对教育规划的影响

〔美国〕20 世纪 40 年代以后的出生波动引发了各年级不同幅度的学生人数波动。大波之后是小波，然后又是大波的“回声”，反复以往。这种波动给教育设施和人员的规划带来了困难。地方教育系统的有效长期规划取决于规划者对生育水平的预测或对生育水平合理范围的预测。全国范围的短期预测相对容易，要对一个较小地理范围做 5 年以上的预测则相当困难。由于各地要有自己的教育规划，需要比较确定地预测当地生育水平。

出生人数波动引起的入学人数波动会由于家庭的迁移而缓解或加剧。预测入学人数必须考虑地区内的人口流动。对迁移模式及其影响因素的了解有助于对形势的分析。例如：有小学学龄子女的家庭迁移率相对较低，但有学龄前儿童和高中学龄子女的家庭迁移率相对高，以及大学适龄青年的高迁移率。

人口年龄结构和社会经济结构的变化往往会对服务和设施改善产生新的需求，包括旧学校的改造和新学校的修建。在人口状况发生改变的情况下，这些服务和设备更新的费用有时会难以满足。在青年人数下降、老年居民增多的地区，投资教育就显得更加困难。原因之一是常住居民会认为改善教育及其设施是不必要的纳税负担，因为他们已经没有在校子女了。退休者是从市中心向郊区迁移的重要组成人群，他们也会以同样的理由拒绝增加本地区教育经费。

（资料来源：Jacob S. Siegel. Applied Demography，Applications to Business，Government，Law，and Public Policy. Academic Press，2002，第 54～57 页（转引自 蔡昉 郑真真 都阳，人口变动对教育的影响，中国人口信息网，http://www.cpdrc.org.cn/yjwx/yjwx_detail.asp? id=3302，2012 年 8 月 13 日）。

二、教育对人口的影响

教育对人口的影响，体现在提高人口质量，影响人口增长，促进人口的社会分层和社会流动方面，优化人口结构。

（一）教育能提高人口质量

人的素质是包括生物属性和社会属性。生物属性是先天的，而社会属性发生是后天的，人口质量主要反映的是后天的社会属性，主要体现在人的科学技术水平、文化修养和思想觉悟、道德水准等精神因素。一定程度上，人口质量提高过程中科学文化知识的掌握、思维能力、创造力等这一切都需教育。提高各级各类正规教育质量是提高人口素质的关键。应从切实抓好普及初等义务教育入手，保证入学率、巩固率、合格率达到规定的要求，为提高人口素质打下良好基础。初中后教育既是普及教育的延续，又是高等教育的基础，还是社会劳动后备力量的储备所。提高初中后阶段的教育质量是提高整个民族人口素质的重要环节。高等教育承担着培养各级各类高层次科学技术人才、管理人才的重任，提高高等教育的质量，不仅能有效地提高各类专门人才的素质和国际竞争力，而且能极大地推动我国科技文化的迅速发展。成人是人口的主体，大力发展成人教育，是建成人力资源大国的关键途径。

（二）教育能控制人口的增长

教育是控制人口增长的有效途径。通过教育，可以改变人们的生育观念和生育选择。人的生育行为是受生育观念支配的，而生育观念的形成，既与经济发展水平有关，也与人们的受教育程度有关。文化程度越低的妇女，越容易受诸如“早婚早育”、“多子多福”、“传宗接代”、“重男轻女”等旧观念影响，结果往往形成早育、多生、贫困的恶性循环。文化程度越高的妇女，她们往往从事专业性较强的工作，对工作追求相对较高，受传统生育观念影响较小，易于接受和掌握现代科学所提供的避孕节育方法，愿意优生优育。同时还可以通过实施人口教育，直接影响年轻一代生育观的形成。所谓“人口教育”是指对一定年龄阶段的青年实施关于家庭、社会、国家及世界人口形势的教育，目的在于使他们获得人口学的基本知识，包括受孕、优生、遗传、营养卫生、生育保健、人口政策等，培养他们对家庭的计划生育、国家的人口计划的理智态度与责任感，树立符合社会主义现代化建设需要的生育观。

（三）教育能调节促进社会分层和流动，优化人口结构

教育能促进社会流动，改善人口结构，调整人才构成与流动，使得社会中的人口流动和分层由无序流动为有序流动，使人口结构趋于合理化。社会流动与教育直接相关，教育质量的高低直接制约和影响着社会流动功能的实现。一般而言，一个人受教育程度越高，其参与社会流动的可能性就越大，教育具有促进社会分层和社会流动的功能，社会成员为提升自身经济社会地位，势必追求更高水平和更高质量的受教育机会。另一方面，我国当前在工业化、城镇化和现代化建设的发展期，这个过程中仍有大量农村农业劳动力需要转移和流动，这需要教育部门为他们提供专门性的教育服务，为农业剩余劳动力转移和农民工培养提供教育服务、为城乡职工流动提供教育服务，以提高他们的职业适应能力。“十二五”时期，我

国城市化将进入“快车道”。城市化与教育之间存在良性互动关系。根据相关研究，农村居民教育水平每提高10%，能多引导6%—7%的农民进入城镇从事非农产业。教育水平的提高是农村人口走进城市、加快城市化进程的一个先决条件。[①] 社会流动的加速迫切需要我国教育管理体制提供优质高效、公平的教育服务。为劳动力转移和社会流动提供教育服务，其实质问题涉及到教育公平和社会正义实现。教育公共服务公平化是理顺收入分配关系、促进社会公平、正义、和谐的重要制度安排。加快教育发展，可以使劳动者减少失业风险，更重要的是，通过教育，劳动者可以获得更高的“自我配置能力”，获取更高的收入，[②]以此改善国民收入分配格局。

【教育名著简介】——《教育——财富蕴藏其中》

《教育——财富蕴藏其中》是雅克·德洛尔先生任“国际21世纪教育委员会”主席时代表委员会提交给联合国教科文组织的报告，该报告在广阔的国际经济、政治、文化背景上论述教育的作用及有关问题，反映了“国际21世纪教育委员会”对未来教育面临的挑战的研究和思考，涵盖了教育改革和发展的各方面内容，是一本理解教育，特别是理解教育与社会关系的经典著作。

该书特色明显，影响广泛，是教育学经典著作之一，提出了许多影响深远的教育观念以及可行性较强的教育对策。特色在于：着眼于教育的外部背景，立足于未来讨论了教育的经济、政治、文化背景及其作用和相关的问题，对教育的内部要素及其过程论述较少，精辟阐述了教育与经济、教育与文化、教育与政治的关系。该书以报告的形式呈现，内容包括5个部分：序言、前景、原则、方针、结束语。内容涵盖了教育改革和教育发展的主要方面，并从理论与实际的结合上提出了对策建议。对当今的教育改革起到了深远的影响。

该书创造性的论述了教育的社会作用，强调：“教育在社会发展和人的发展中起基础性作用”，“教育是社会的核心，是提高社会生活质量的基本手段”；而在阐述教育的政治功能时，报告强调：“教育是更深刻、更和谐的人的发展并从而减少贫困、愚昧、排斥、压迫和战争的一种主要手段”；而在论述教育的经济功能时，该书指出：“教育是对未来的一种关键投资”，“教育投资是能产生长远效益和回报的经济投资和政治投资，是一种社会性投资”，“在21世纪到来之际，教育和各种培训已成为发展的首要推动力”。该书面对未来社会的发展，提出了被广泛接受的“教育的四大支柱”，即：学会认知(learning to know)、学会做事(learning to do)、学会与他人共同生活(learning to live together)、学会生存(learning to be)。

① 朱劲松，2010：“我国农村教育水平与城市化率实证研究”，《商业时代》，2010，14。

② 赖德胜、李长安，2010：“转变经济发展方式：教育改革发展新课题”，《中国教育报》，2010—07—06。

【精彩片段选读】

应使教育政策尽可能多样化,并在设计这一政策时要确保它不会成为产生社会排斥的一个补充因素。

教育不能独自解决社会关系破裂(在存在这种破裂的地方)产生的问题。但是可希望教育为强化共同生活的愿望做出贡献,这种愿望是社会团结和民族特性的基本成分。

由于技术进步和现代化的压力,在大多数国家中,为了经济目的而对教育提出的需求不断增多。在国家与国家所做的比较,显示出人力资源的重要性,也显示出为了提高生产力而进行教育投资的重要性。因而,技术进步的速度与人的干预的质量之间的联系变得越来越明显,培养能够利用新技术和具有革新意识的经济人才的必要性也越来越突出。现在需要人们拥有新的技能,教育系统则应该满足这一需要;为此,教育系统不仅要确保十分必要的学校教育年限或职业培训年限,而且要培养科学家、革新者和高水平的技术干部。

在本报告中,委员会决定把与生命有共同外延并已扩展到社会各个方面的这种连续性教育称之为"终身教育"。委员会认为终身教育是进入21世纪的关键所在,也是必须适应职业界的需要和进一步控制不断变化的个人生活的节奏和阶段的条件。

终身教育是不断造就人、不断扩展其知识和才能以及不断培养其判断能力和行动能力的过程。它应使每个人了解自己及其环境,并在职业界和居住区发挥作用。知识、技能、共同生活知识和生存知识是同一个现实的四个密切相关的方面。终身教育是日复一日的经历,并穿插有为了解复杂的数据和事实付出巨大努力的时刻,它是多方面努力的产物。尽管它要求重复或模仿动作和做法,但它也是一种独特的学习途径和个人的创作途径。它把非正规学习与正规学习结合在一起,把发挥天资与掌握新技能结合在一起。它要求竭尽全力,但它也会带来探索的欢乐。它是每个人的独特经历,但也是最为复杂的一种社会关系,因为它同时属于文化范畴、工作范畴及公民的权利与义务范畴。

终身教育建立在四个支柱的基础上:学会认知、学会做事、学会共同生活、学会生存。

学会认知,途径是讲掌握足够广泛的普通知识与深入研究少数学科结合起来。这也就是说学会学习,以便从终身教育提供的种种机会中受益。

学会做事,不仅获得专业资格,而且从更广泛的意义上说,获得能够应付许多情况和集体工作的能力。这还意味着要在青少年的各种社会经历或工作经历范围内学会做事;这类经历可能因地方或国家的具体情况而属于自发性的,也可能由于学习和工作交替进行的教育的发展而属于正式的。

学会共同生活,其途径是本着尊重多元性、相互了解和平等价值观的精神,在开展共同项目和学习管理冲突的过程中,增进对他人的了解和对相互依存问题的认识。

学会生存,以便更充分地发展自己的人格,并能以不断增强的自主性、判断力和个人责任感来行动。为此,教育不应忽视人的任何一种潜力:记忆力、推理能力、美感、体力和交往能力。

教育已成为所有人的事情。它涉及全体公民,公民们今后都是学校实行教育的积极参与者,而不再仅仅是被动的享受者。每个人均可在各种教育环境中学习,甚至可在教育社会中轮流充当学生和教员。由于毫不犹豫把非正规教育与正规教育结合起来,教育已成为社会的经常性生产任务,全社会都应对教育负责,只有通过教育,社会才能面目一新。

(资料来源:(法)德洛尔著:《教育——财富蕴藏其中》,北京:教育科学出版社,1996年版,第87、89、92、101页)

【教育名家简介】——高震东

高震东，山东潍坊人，1930年出生，1948年旅居台湾，1978年在台湾新竹创建"忠信高级工商学校"，为"忠信教育法"创始人。著有《中国特色的不排外不媚外的忠信教育法》、《中国地理山脉水系歌诀》、《竹苞九史》、《离骚新写》等。

高震东先生的教育思想主要体现在"忠信教育法"上。忠信教育法是其在"台湾忠信高级工商学校"的教育实践基础上，对其多年办教育的经验，特别是职业教育的经验总结，高震东先生对社会的思考、对教育的思考以及对学生个人发展的思考，具有明显的社会关怀和人文关怀的特征。他的教育思想完全源于中华传统文化，他自称"忠信教育法"是不带西洋色彩的教育法。他提出的一些教育理念，如"天下兴亡，我的责任"、"爱自己的孩子是人，爱别人的孩子是神"、"道德教育是一切教育的根本"等理念广为人知。从1990年开始，他应邀到大陆各地义务讲授中华文化与中国教育及素质教育，前后演讲二百多场次，听众达数十万人次，令人震撼。忠信教育理念的主要特征如下：

(1)"教育要以国家社会的利益及前途为归向"，要求学生树立"天下兴亡，我的责任"的理念。

"以学生的利益及成就为前提，以国家社会的利益及前途为归向"，教育要培养学生"利社会利群利他"的行为，要能担当起社会责任，具有为国家、为社会、为集体、为个人积极负责的精神。

忠信高级工商学校时刻让学生明白"为什么要读书?""为什么要学技能?"，使学生认识求学是有目标、有方向的。读书不是利己的自私行为，而是利他利群的互助行为，即为国家需要而求学问，为社会需要而学技能。

(2)注重中国传统文化教育，强调"德育是一切教育的根本"，把中国传统伦理文化和社会现实中的教育实践结合起来。他说："智育没有德育做基础，智育就是犯罪的帮凶；体育没有德育做基础，体育就是暴力的前卫；群育没有德育做基础，群育就是社会动乱的根源；美育没有德育做基础，美育就是腐化的催化剂。"

在具体的德育实践上，他把"忠、孝、仁、义、信、和"这些中国传统伦理范畴和现实社会生活相结合，提出了"忠民爱国，信守不渝的忠贞观念；孝顺父母，尊敬长上的伦理观念；天下兴亡，我的责任的积极负责观念；吃中国饭，说中国话，穿中国服饰，过中国节庆的文化振兴观念；勿以善小而不为，勿以恶小而为之的敬业观念；为国家需要而求学问，为社会合作而学技能的利他利群观念。"

(3)注重教育的经济功能，强调教育经济功能的间接性特征。

高震东先生从事教育实践的主要地方是"忠信高等工商学校"，该学校有两个显著的性质，一是私立性质，二是职业性质。前者是作为直接经济手段的教育投资，但是容易忽略教育发展的客观规律，产生一种教育中的经济主义趋向，稍不注意就会发展成只注重经济利益，而忽略教育的经济功能的间接性特征；后者是教育的经济功能的直接体现——为社会输送合格的劳动者，把潜在的劳动力资源变成现实的劳动力资源。在正确看待教育经济功能的基础上获得长期效益。为了保证学校向社会输送合格的劳动者，忠信学校的学生如果没有考取技术执照，学校就让学生永不毕业，但是留级不收学费，直到考取为止。

(4)职业教育的基本途径是专业教育与实践教育相结合，落实"以技术为本"的职业教育思想。

职业教育的直接任务是学生的就业，而就业不是靠文凭，而是靠真本领。在职业技术教育上，“忠信教育法”强调学生必须考取技术执照，在教学过程中，“实施建教合作”，即让学生到工厂实习，用工厂的设备、材料，达到教学目的。学习知识、培养能力不仅仅要从书本上学，更重要的还要从实践中学，而且学习的根本目的是为了用。“实施建教合作”就是把教学实践放在重要的地位，保证学生在课本中学习的专业课程能够在实践中进行操作，使专业教育与实践教育相结合。在学生进入正式职业前，要求必须对学生“实施入场前的基础训练”。

（资料来源：丁广举主编：《忠信教育法及其评要》，北京：华夏出版社，1999年版）

思考与探讨

1. 当前，各种类型的私立学校及教育培训机构纷纷成立。从幼儿园到大学，从各种类型的辅导班到各种类型的职业培训学校，教育显得如此繁荣，教育的经济功能显得如此重要。这些私立学校和培训机构都收费较高。请你根据所学“教育与经济的关系”来分析这种现象。

2. 教育的个人投资受益是每个家庭都关心的社会问题。当前，在广大的农村，出现了农村家庭因为子女接受高等教育而经济严重负债的现象，以致出现了“教育无用论”。也有很多农村家长说现代大学生“种田不如老子，养猪不如嫂子，花费超过几家子”。请你应用本章的知识进行思考与分析。

3. 教育的政治功能有哪些？你是怎样理解教育对政治的适应性以及教育对政治的相对独立性的？

4. 怎样理解教育的文化制约性和教育的文化功能？如何充分发挥教育在我国社会主义先进文化建设中的作用？

第3章 教育与人的发展

☆教育工作的实践使我们深信，每个学生的个性都是不同的，而要培养一代新人，首先要开发每个学生的这种差异性、独立性和创造性。

——(前苏联)苏霍姆林斯基

☆当教师把每一个学生都理解为他是一个具有个人特点的、具有自己的志向、自己的智慧和性格结构的人的时候，这样的理解才能有助于教师去热爱儿童和尊重儿童。

——(前苏联)赞科夫

☆一株树在最初的几年中就从自己的树干中发出了它以后要有的一切主要的枝芽，而以后它们仅仅是繁茂起来而已。同样，我们想赋予一个人一生所有的那些东西，也应当在这个最初的学校中赋予他们。

——(捷克)夸美纽斯

教育是培养人的社会活动。教育的对象是人，教育的作用就在于通过影响人的身心发展，促进社会的延续和发展。可见，社会的发展离不开人的发展，而人的发展是由教育所决定的。然而，是不是所有的教育都能促进个人的发展呢？实践证明，并非如此。要想真正的发挥教育的作用，我们必须深入、全面地了解影响人的发展的各种因素以及人身心发展的规律，只有这样，我们才能更好地发挥教育促进个体发展的功能。

第一节　人的发展的涵义

一、人的发展的涵义

许多学科都从不同角度对人的发展的涵义进行过研究。从教育学的角度来分析人的发展，当然也离不开其他学科的研究，如心理学、生物学、社会学、人类学等。人作为教育的对象具有一定的复杂性，我们不能简简单单地仅从某一个方面来研究人，而是要从总体上把握。这样一来,我们就必须从不同的角度全面分析人的发展的内涵。

(一)人的发展是个体的发展

发展是哲学术语,指事物由小到大,由简到繁,由低级到高级,由旧物质到新物质的运动变化过程。既有正向的变化,也有负向的变化;既有量的变化,又有质的变化。传统的人的发展观,往往关注的是人从出生到发育成熟这期间个体的成长与发展。从 20 世纪 60 年代后期开始,受系统科学方法论的影响,以及心理学、社会学的不断发展,许多研究者开始把人的毕生作为人发展的研究对象,于是出现了毕生发展观。

毕生发展观认为,人的发展是整个生命发展的过程,从生命的孕育到生命的终结,人的一生都处在不断的发展变化中。因而,人的发展是指个体从胚胎、出生、成熟、衰老直至死亡的整个生命进程中的连续不断的有规律的变化过程。

人的发展可以分为婴儿、幼儿、童年、少年、青年、成年和老年等不同年龄阶段。而其中,青少年阶段是个体生长和发育变化最快、可塑性最大的时期,也是教育的关键期。因此,教育学中对教育与人的发展关系的研究,是以青少年时期为主。还有一点需要把握的是,每一个人都是独特的个体,教育学不可能一个个研究具体的个体,它只能从抽象的、共性的角度来研究人的一般发展过程。

(二)人的发展是指身心两个方面的发展

每一个个体都是一个完整而独立的系统,在这系统中又有两个子系统,分别为“身”和“心”两个方面,也可理解为生理和心理两个方面。因而,人的发展就应当包括生理和心理的发展。

人的生理的发展包括两个方面:一是机体各种组织系统的正常发育,如骨骼、肌肉、心脏、神经系统、呼吸系统等的发育成熟;二是机能的增长,表现为体质的增强。

人的心理的发展也包括两个方面:一是认知的发展,即感知觉、记忆力、观察力、注意力、思维力、想象力等的发展,它是个体认识客观世界的心理因素;二是意向的发展,即需要、兴趣、情感、意志、性格等,这是个体在认识客观世界的基础上对客观世界的态度。

作为完整而独立的系统,身和心是完全统一在一起的,如大脑是生理的一种重要器官,同时是心理得以产生的基础。生理的发展和心理的发展往往能够相互制约、相互影响,如神经系统的发展,制约着心理的活动及其发展,先天愚型的儿童由于神经系统出现缺陷会制约其心理的发展。同样,心理过程和特征也会影响生理的发展。研究表明,积极健康的心理状态有益于身体健康发展,消极不健康的心理状态使人容易患生理疾病。因此,人的发展过程中要注重身心和谐统一的发展。

二、几种关于人的发展观

人的发展到底是先天遗传的结果,还是后天环境的影响?对这个问题的争论在历史上从未间断过,学术界历来都有各种不同的看法,概括起来有三类,即遗传决定论、环境决定论和二因素论。

(一)遗传决定论

遗传决定论者认为人的发展是由人的先天不变的遗传所决定的,个体的发展及其个性品质早在生殖细胞的基因中就已经被决定了,后天环境和教育的影响只能对这些先天遗传能力起到加速或延缓的作用,而不能完全改变它。因此,人的发展过程也就是人的先天遗传素质自我发展和自我表露的过程。

英国遗传学家高尔顿(F.Galton)1869 年在《遗传的天才》一书中说:“一个人的能力,乃由遗传得来,其受遗传决定的程度,如同一切有机体的形态及躯体组织之受遗传的决定一样。”他坚持以遗传的观点来解释个体的差异。

美国心理学家、教育家霍尔(G.Stanley Hall)也是遗传决定论的支持者,他提出过著名的复演说。这个理论是运用当时的生物复演说和生物进化论的观点来说明个体心理发展。霍尔提出个体心理的发展过程就是在或多或少复演人类进化的过程。在人类的活动方面表现出了许多复演规律,如儿童的追逐打闹活动是狩猎本能的复演,少年期打猎、捕鱼、爬山、游泳、划船、争斗等游戏复演了祖先的野外生活。因此,个体发展的性质、特点是在人类进化历史过程中以固定形态存在的,而这种固定形态是先天遗传的结果。霍尔还说过这样一句话“一两的遗传胜过一吨的教育”。他把人的发展过程完全归结为生物学上的成熟,强调遗传的作用,而认为后天的教育影响对于人的发展是无足轻重的。

高尔顿和霍尔是遗传决定论最主要的代表人物,从他们的观点中不难看出,遗传决定论者把人的发展完全归结为遗传因素,这是不科学的。人的发展是一个复杂的过程,遗传因素只是其中一个不可缺少的因素,而不是决定因素。

资料 3-1

高尔顿名人家谱调查法

高尔顿采用名人家谱调查法进行研究,他从英国分别选取了两组人群作为调查对象,一组为名人组,包括英国的部分著名的科学家、艺术家、文学家、政治家、法官、军官等共 977 人;另一组为对照组,包括人数相等的普通人。之后调查这两组人群的亲属中有多少人成名。结果发现,名人的亲属中有 332 人也非常出名,而对照组中普通人的亲属只有 1 个是名人。为什么会有如此大的悬殊呢?高尔顿认为,这个调查结果正是说明了人的能力是由遗传决定的。然而对这一次的研究结果,许多教育家、心理学家都提出了反对意见,认为调查过程由于没有排除一些包括环境在内的干扰因素,把能力上的差距归结为遗传因素是没有说服力的。高尔顿为了证明自己的观点,随后又进行了一个比较调查,这一次高尔顿选取的调查对象分别是名人的孩子和教皇的养子,结果发现教皇的养子成名的比率不如名人之子多,而这两者的生长环境相仿,高尔顿认为之所以有这种结果,是因为人的发展是由遗传而不是环境决定的。

(资料来源:桑标主编:《当代儿童发展心理学》,上海:上海教育出版社,2003 年版,第 75 页)

(二)环境决定论

环境决定论认为在人的发展中起绝对影响作用的是生活环境和后天获得的教育引导。

环境决定论极端重视环境和教育在人的发展中的作用，忽视遗传素质和儿童的年龄特征的作用，认为人的发展完全是外界影响的被动结果。

环境决定论的思想从哲学上可追溯于英国经验决定论者洛克(J.Locke)的"白板说"，他在《教育漫话》中指出，人出生时犹如一块"白板"，不具备任何知识，人的"理性和认识"是来自后天的教育和经验。人的发展，取决于他从环境中获得多少经验，或受到多少教育。他说："我敢说我们日常所见的人中，他们之所以或好或坏，或有用或无用，十分之九都是他们的教育决定的。人类之所以千差万别，便是由于教育之故"。人们也将洛克的这一观点称为"教育万能论"。

环境决定论最早的代表人物是行为主义的创始人、美国著名心理学家华生(J. B. Watson)，他从行为主义的刺激—反应(S—R)的观点出发，十分强调外显的刺激与反应之间的联结，认为只要提供了某一外在刺激(S)就可以预言有机体一定会有相应的反应(R)。同时，根据已知有机体的反应可以推断先行的刺激。华生认为依据经典条件反射理论，即通过刺激与反应的联结的方法可以塑造儿童的行为。他说："给我一打健康的婴儿，如果让我在由我所控制的环境中培养他们，不论他们的前辈的才能、爱好、倾向、能力、职业和种族情况如何，我保证能把其中任何一个人训练成我选定的任何一种专家：医生、律师、艺术家、富商，甚至乞丐和盗贼"。可见儿童在什么样的环境中生长，就会成为什么样的人。

环境决定论确信在儿童的发展过程中，其后天的生活经验和教育环境影响起着决定性的作用，因而环境决定论又被称之为"养育论"。与遗传决定论相比，它更关注儿童生长的后天环境条件、成人的教养内容和教育方法。就这一点而言，环境决定论发现了对儿童发展影响力更大的一项变量。因而，对儿童教育实践而言其影响远远大于遗传决定论。但不足的是，它走向了另一个极端，也是一种片面的关于人的发展观。

(三)二因素论

由于遗传决定论和环境决定论的片面性都比较明显，在人的发展问题的争论中就出现了第三种观点，这就是二因素论。二因素论也称为辐合论，它企图克服前两种理论的片面性，主张人的发展是由遗传和环境两个因素所决定的。20 世纪 30 年代以后，这种观点逐渐被大多数学者所接受，他们分别从不同的方面对遗传因素和环境因素在人的发展过程中的相互联系、相互影响的动力作用进行了阐述。

德国心理学家斯腾，在《早期儿童心理学》一书中提出"合并原则"。他认为心理的发展不能单纯地归结为是天赋潜能的逐渐显现或是后天对外界影响的接受或反映，实质上应为"内在的品质及外在的环境合并发展的结果"。

美国机能主义心理学家吴伟士(R. S. Woodworth)提出"相乘说"。他说："遗传和环境的关系，不似相加的关系，而较似相乘的关系。个人的发展依赖于他的遗传与环境两方面，就像矩形的面积依赖于高也依赖于长一样。"他认为决定心理的发展不能简单地说遗传因素和环境因素哪个作用更大，人的心理发展应该等于遗传和环境的乘积。目前，西方许多心理学者都持这种观点。

关于人的发展问题，遗传决定论、环境决定论都片面地把影响人发展的某一方面的因素作为决定性或唯一性的因素，这都不科学。那是不是说我们把遗传因素和环境因素相加或相乘就等于人的发展呢？答案是否定的。人的发展是一个漫长而复杂的过程，其中影响人身心发展的因素很多。

第二节　影响人身心发展的主要因素

影响人身心发展的因素很多，我们认为人具有生物性、社会性和主体性三个基本属性，因而影响和制约人身心发展的主要因素相应有生物因素、环境与教育因素以及主体因素等。

一、生物因素

人在发展的过程中，会受到生物学规律的制约，生物学上人的生理结构、生理机能、生理需要等特性都会制约人的发展，而这些特性一方面受先天遗传素质的制约，一方面又取决于后天的生理素质。

（一）先天遗传素质的影响

遗传素质，是指生物的亲代能产生与自己相似的后代的现象，包括有机体的构造、感官和神经系统等方面的生理解剖上的特点。人作为有生命的机体，研究人的发展不能脱离人的生物本性。在人的身心发展中，以及在人的个性特质的形成中，人的生物本性必然会反映出来。

1. 遗传素质为人的身心发展提供了可能性

人的发展总是要以遗传获得的生理结构组织、一定的生命力为前提。没有这个前提，任何发展都不可能。例如，色盲是由遗传得来的，后天不能补救，所以色盲不能成为画家，也不能从事需要辨别颜色的工作；生来就是聋哑的人，不可能成为歌唱家；一个无脑畸形儿，无论教育条件多么优越，也无法使他和正常人一样得到应有的心理发展。

还有一点必须指出的是，人通过先天遗传获得的发展能力对人的形成有极其重要的意义。国内外都做过对儿童和猴崽同时进行教育的实验，结果表明，猴子不能学会说话，不能养成直立行走和劳动的技巧，不能掌握行为的标准和规则，它们的发育受到了生物学条件的限制，不可能超越生物学的规律。而儿童之所以能掌握许多知识技能，是因为人类物种遗传素质提供了前提条件。

关于遗传问题的研究发现，人的外在体征的遗传制约性比行为能力的遗传制约性大。比如，人的眼色、头发等受父母遗传最为明显。在人的智慧成长方面，许多学者发现 IQ 之间的相似性与遗传基因之间的相似性的确存在相关。一个来自八个国家的“智慧”测验反映的相关系数表明，遗传特性越接近，智慧的相关程度就越高。那么，通过以上的研究是不是就说明只要父母 IQ 高，子女 IQ 就一定高，以后就一定能成为社会栋梁呢？我们认为，遗传素质只是提供了人发展的可能条件，一个人是否成功、成才与他的知识、才能、思想、爱好、性格、道德品质等有密切的关系，而这些都是在后天环境和教育的影响下，在主体积极的社会实践中形成的。如果离开了后天的社会生活环境，遗传素质再好也不能变为现实。

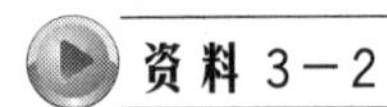

资料 3－2

神童的悲剧

1977 年，中国教育界发生了一起轰动事件：13 岁的江西男孩宁铂被中国科技大学录取，他是新中国成立以来大学录取的年龄最小的学生。宁铂是江西赣州八中高二的学生，智力超常，2 岁半就能背诵数十首毛泽东诗词，5 岁上学，6 岁开始学习《中医学概论》和使用中草药，8 岁熟读《水浒传》并精通围棋，9 岁已能吟诗作赋。随后，11 岁的谢彦波，12 岁的干政等一批神童被相继发现。在人们看来这些神童前途无量，是中国将来的科学家，但是谁也没想到当年的神童宁铂，了断尘缘，遁入空门，出家当了和尚。而另两位神童：谢彦波和干政，一个“自我封闭”，一个“有心理问题”。这则案例说明并不是所有神童的天赋都能得到充分发展，一个重要的因素来自后天环境的影响，这些神童由于受到社会广泛的关注，成人的严格要求给他们带来巨大的心理压力，他们过早地失去了纯真的童年时代，这样使得身心的发展不平衡、不和谐，最终导致了这一结果。因而早年的智力状况并不能预测将来的成就，有时成功的人并不一定是老师、家长认为非常聪明、成绩优异的人，而是具有优良性格品质的人，而优良性格品质的形成离不开后天的环境和主观努力。

（资料来源：叶辉著：《中科大少年班的反思》，新浪网“观察与思考”专题，2007 年 2 月 1 日 ）

2. 遗传素质的成熟程度制约人身心发展的过程和阶段

人的遗传素质是随年龄的增长而按照某种规律逐渐成熟发展的，人体各部分的器官和机能都是一个不断完善的发展过程，如少年儿童大脑和心肺功能的发育、身高体重的增加、骨骼的变化、性的成熟等都是遗传素质的发展过程。遗传素质的成熟程度制约着人的身心发展过程及其年龄阶段，同时，它为一定年龄阶段的身心发展特征的出现提供了可能和限制。儿童心理学研究证明，儿童思维与他们大脑的重量、脑电波和脑神经结构的发展有密切联系。人的平均脑重量的发展趋势为：新生儿期为 390 克；八九个月时为 660 克；两三岁时为 990—1 011 克；九岁儿童为 1 350 克；到了十二三岁时，儿童的大脑平均重量为 1 400 克，已和成人差不多了。所以，中学生的学习和接受能力不比成人差。同时，大脑平均重量的发展趋势与儿童思维发展的速度水平也是一致的。儿童的性发育一般也在十二三岁到十四五岁，所以，初中生就处在青春发育期，教育者尤其要注意和重视他们的身心发展。

资料 3－3

双生子爬梯实验

美国心理学家格塞尔曾做了一个著名的双生子爬梯实验。被试是一对出生才 48 周的同卵双胞胎 T 和 C，先让 T 每天进行 40 分钟的爬梯训练，而 C 不进行训练。6 周后对 T 和 C 进行测试，发现 T 爬 5 级梯只需 26 秒，而 C 则需要 45 秒。从第 7 周开始，格塞尔对 C 连续进行了 2 周的爬梯训练，结果 C 超过了 T，只用了 10 秒种就爬上了 5 级梯。格塞尔认为个体的身心发展是按照其基因规定的顺序有规则、有秩序地进行的。成熟是某种行为和能力产生的必要条件，是人的身心发展的一种准备状态。所谓准备，是指由不成熟到成熟的生理机制的变化过程。只要准备好了，学习自然就会发生，所以在个体生理机能未成熟之前，学习和训练是没有意义和没有成效的。

（资料来源：桑标主编：《当代儿童发展心理学》，上海：上海教育出版社，2003 年版，第 14 页）

3. 遗传素质的差异影响着人身心发展的个别差异

遗传素质是有差异的，不论是人体的生理构造、形态，还是人的感官和神经系统方面都是如此，它们制约着人的身心的发展。

俄国生理学家巴甫洛夫研究发现，高级神经活动具有强度、灵活性、平衡性三个特征，依据这三个特征的不同，他把高级神经活动的类型分为四种：强而不平衡型（兴奋型）、强平衡灵活型（活泼型）、强平衡而不灵活型（安静型）、弱型（抑制型）。而高级神经活动类型与气质类型具有一一对应关系。巴甫洛夫指出，兴奋类型相当于胆汁质，活泼型相当于多血质，安静型相当于黏液质，抑制型相当于抑郁质。人的大脑高级神经活动的类型和气质的不同，会影响人才能的发展。如黏液质和抑郁质的人，生性安静，动作迟缓，不易激动，表现为内倾向性格等。而高级神经活动的类型受遗传素质影响。

心理学的研究也表明，人的智力也是存在差异的，而这种差异又呈正态分布，智商高的人和智商低的人都占极少数，绝大多数人的智商都属中等。

4. 遗传因素具有一定的可塑性

前面我们谈到，遗传素质为人的身心发展提供了可能性，其成熟程度制约人身心发展的过程和阶段，其差异影响着人身心发展的个别差异，那是不是表示人的发展就要受制于遗传素质的影响，不可更改呢？并非如此！随着环境、教育和实践活动的作用，人的遗传素质也会逐渐发生变化。

遗传因素对人的影响在整个发展过程中总体上呈减弱趋势。一方面是因为随着个体的发展，影响个体发展的其他因素逐渐增多、增强，从而使遗传的影响在总体上相对减弱；另一方面是由于社会的分工，一个人长期从事某一方面的实践，经常接触某一方面的事物，就能够更好地掌握这方面的规律。所以，长期进行某一方面的特殊训练，可以使大脑两半球的有关部位所形成的暂时神经联系高度完善，脑的反应能力随之充分提高。因此，一个人的神经系统，虽然生来就被某些属性所制约，但是它本身却具有极大的可塑性。在不同的教育和环境的影响下，某一神经活动的特征可以得到发展或抑制，遗传素质可以向着肯定或否定的方向发展。同时，即使是某些低能或弱智儿童，在特殊的教育的作用下，也能获得一定发展。例如，弱智的天才指挥家——舟舟，是一个先天愚型儿童，从小在歌舞剧院长大，由于其善于模仿，通过后天的教育和培养，其潜移默化受到了艺术上的熏陶和感染，成为了一名弱智的天才指挥家。

（二）个体的后天生理因素对自身发展的影响

个体自身条件中的后天生理因素是指个体出生以后在发展过程中逐步形成的个体生理上的特征，包括身体的生长发育水平与健康状态。后天的生理因素对人的影响非常巨大。比如，后天由于车祸导致残疾的人，不可能像正常人一样跑跳，从事各种活动，他们的发展会受到制约。当然，并不是生理有缺陷的人就不能成才，只不过个体要付出更多的努力才行，有时这种生理特点还会成为人发展的动力。人类历史上也曾涌现出了不少这样的人物。

二、环境因素

环境包括自然环境和社会环境。自然环境对人发展有一定的影响，从群体的角度来看，人类赖以生存的地理环境，有高山平地，有沙漠草原；有的严寒酷暑，有的四季如春等，这种种复杂的自然地理环境，对人的生活习惯和性格，都有一定的影响。不同的地理区域形成了不同的人种，也使不同区域的人形成了不同的性格。

然而，人是一切社会关系的总和，环境影响人，主要是通过社会环境实现的。社会环境包括个体所接触的物质文明、精神文明，以及社会生产力的发展水平、社会物质生活条件以及社会的政治、经济制度和道德水平等。人一生下来就受到各种社会环境的影响，在这种影响下，个体获得一定的生活经验和生存技能。个人身心的发展，与他生活的社会环境是分不开的。社会环境是人身心发展的外部条件，能自发地影响人的身心发展。

环境也是不断发展的，它的发展也对人的发展提出了客观要求，因而也推动着人的身心发展，成为人身心发展的动力。环境在人的发展中的作用主要表现在以下两点：

（一）环境是人身心发展不可缺少的外部条件

人具有社会性的特点，人的发展永远不能离开赖以生存的社会环境。儿童的机体的发展，特别是脑的发展是在主体和客体的相互接触和相互交往的过程中产生内部矛盾运动而发展起来的。在人类社会中，每个社会成员之间都结成一定的社会关系。人从一出生就生活在一定的人与人的关系体系中，由于人们生存的地域环境不同，生活习惯不同，价值观念也不一样，在人们的相互交往和相互影响下，就可能形成人们某些相近的思想认识和行为习惯，这就是社会刻板印象。事实证明，人的成长如果脱离了人类的社会环境，不仅不能正常发展，就连作为人的发展的基础也会遭到破坏。

（二）环境推动和制约着人身心发展的进程

人的发展离不开人类生存的环境，环境是人发展的必要条件，而人又具有个别差异，这种差异性一方面表现在个体生长环境的不同以及环境对个体发展的影响与制约上。一般来说，良好的社会生活条件，可以加速年轻一代身心发展的进程；相反，不良的社会生活条件，可以阻碍年轻一代身心发展的进程。也即环境对个体发展的影响有积极和消极之分，古人云："近朱者赤，近墨者黑；声和则响清，形正则影直"。孟母三迁的故事说的就是这个道理。在现代社会，许多家长也非常注意给子女创造一个良好的学习环境。

在同一环境中，我们会受到多种不同因素的影响，在这些影响中有积极和消极之分，我们必须正确认识和利用环境。教育者不仅要认识到环境中有什么，及其作用力的强弱程度，更要认清其作用性质，并努力增强环境中各种积极因素对人的影响，克服消极因素，促进个体的发展。

三、教育因素

教育，比起环境对人的自发影响来说，对人的发展影响更直接、更有效。教育因素包括家庭教育、学校教育和社会教育。

(一)家庭教育

家庭教育就是以家庭为单位进行的教育,一般是指在家庭生活中,亲子互动为主要特征,父母作为教育者,按照社会要求和一定的期望和目标,通过一定的活动方式,教育和影响子女的教育活动。家庭作为社会的最基本单位,是社会的缩影,也是人生的"第一站"。个体在家庭中生活和受教育的过程,是个体实现社会化的过程。家庭教育的好坏直接影响个体的成长和发展,具体表现在以下几方面:

1. 家庭教育为社会发展提供了人力资源保障

家庭是社会的细胞,家庭教育是履行社会职能的载体。恩格斯在《家庭、私有制和国家的起源》一书的序言中写道:"根据唯物主义观点,历史中的决定性因素,归根结蒂是直接生活的生产和再生产。但是,生产本身又有两种。一方面是生活资料即食物、衣服、住房以及为此所必需的工具的生产,另一方面是人类自身的生产,即种的繁衍。"其中,人类自身的生产包含两层含义:一是通过生儿育女,世代相传,完成家庭独特的历史使命,使人类社会得以延续和发展。二是通过家庭中的养育、教育,培养具有真正意义上的"社会人"。可见,家庭教育为社会发展不仅提供了量的保障,更重要的是质的保障。因此,家庭教育是人类再生产中必不可少的组成部分,是家庭生活和社会生活的基本要素。

2. 家庭教育为个体发展打下坚实的基础,并影响人的一生

家庭教育对个人的发展是显而易见,深刻持久的。陶行知先生说过:"没有爱就没有教育。"由此看来,用爱心去感染孩子,用爱心去关怀孩子,是家庭教育之根本所在,家庭教育对个体的影响,特别是早期家庭教育在个体的一生中起着至关重要的作用。自婴儿出生后,父母除了满足婴幼儿的生理需求外,还要给予情感支持,并通过正确的方式满足其各种高级需求。一些研究表明,不良的家庭环境和错误的教养方式,常常导致儿童学业不良、品德偏差或行为异常,而且还影响儿童的社会性发展。在我国,特别是父母外出的打工的农村留守儿童在人身安全、学习成绩、品质行为、心理发展等方面也都存在着不同程度的问题。因此,现代社会的人们越来越重视家庭教育对人的的影响,通过提高父母自身的素质,树立科学的儿童观,采取正确的教育方式,潜移默化的影响个体的发展。

(二)学校教育

学校教育是专门组织的教育,是按照国家和社会的需求,有目的、有计划、有组织的系统的对受教育者施加影响,促进其德智体美劳全面发展,使其成为社会所需要的人才的教育。现代的学校教育对年轻一代的发展起着主导作用。

1. 学校教育具有明确的目的性和方向性

教育是一种有目的的培养人的社会活动。学校教育按社会对个体的基本要求,根据一定社会政治、经济和生产力发展的需要,对个体发展的方向做出社会性规范。学校教育能够通过选择适当的教育内容,采取有效的教学方法,利用集中的时间,对人进行系统的教育和训练,使人获得比较系统的文化科学知识和技能,形成一定的世界观和道德品质,使受教育者的身心发展朝着教育目的与培养目标所规定的方向发展。

2. **学校教育具有较强的组织性和计划性**

学校教育主要是通过专门的教育机构——学校进行的。学校是按照社会和阶级的要求有目的地组织起来的。它有比较完整的组织机构，又有经过专门训练的专职教育工作者，把学习者组织在专门的教育场所中按照一定的教育目的进行教育和训练。同时，学习内容和方法的选择既考虑了社会政治、经济对人才规格的需要，又考虑了知识的逻辑顺序和学生的年龄特点与接受能力，保证了人才培养的高质量与高效率。学校教育工作也是在各种严格的规章制度的制约下开展的，保证了教学的良好秩序，使教学得以顺利、有节奏地进行。

3. **学校教育可自觉地调控环境的影响**

教育环境都是经过精心选择和组织起来的。学校根据教育目的利用和调配各种社会资源，经过精心创设的校园环境和严密的学校管理制度，可以限制和排除一切不良环境因素的干扰，充分利用和发展一切积极因素的作用，以确保个体发展的正确方向。同时，根据受教育者的生活环境的不同，学校教育可以有目的、有计划地调节受教育者的家庭环境、社区环境等，使各种教育结合起来，体现教育的合力，为受教育者创造良好的外在环境，促进其身心的健康发展。

4. **学校教育能促进个体的社会化**

学校是个体社会化的重要场所，学校教育促进个体社会化的过程主要包括三个方面：

(1)促进个体思想观念的社会化

人是有思想、有意识的，人的思想观念是对客观现实的反映，是社会的产物。个体的思想观念必须符合社会的规范要求。因此，个体的思想观念本质上是社会价值规范在个体头脑中的反映。学校教育具有目的性和方向性，它代表了一定社会的要求，通过学校有计划、有组织的系统影响，将社会的价值规范和主流文化传播给受教育者，使他们形成完整的思想观念体系，促进其思想观念的社会化。

(2)促进个体行为的社会化

个体的行为要符合社会规范的要求，学校教育将社会规范系统、全面、深刻地传递给受教育者，使他们认识到社会规范的意义和内容，认识到应该做什么，不应该做什么，从而规范自身的行为。同时，学校教育具有一定的生活指导功能，它授予人在社会生活中必需的知识技能，帮助人们尽快地适应社会生活。

(3)促进个体职业意识和角色的社会化

职业是社会化的集中体现。在现代社会中，个体谋求某种社会职业通常是以接受相关的教育和训练为前提的，教育是促进人的职业社会化的重要手段。职业技术教育、高等教育和成人教育的核心要求就是培养人的职业角色意识和技能。基础教育目的是促进个体的全面发展，提高个体的综合素质，同时基础教育能根据国家的需要和学生的兴趣、爱好和能力，帮助他们确定未来的理想，积累必要的知识经验和社会生活经验，为实现自己的职业理想打下坚实的基础。

5. **学校教育能促进个体的个性化**

人具有一定的共性和特性，其中共性表现在社会性的一面，是社会化的结果；特性表现在主体性的一面，是个性化的结果。个人的个性化的形成与实现依赖于教育的作用。教育具有促进人的个性化的功能，主要表现在以下三个方面：

(1)促进个体主体意识的发展

人的主体意识是指人作为认识和实践活动的主体的自觉意识,也可以看成是人对自我的主观能动性的认识。教育正是通过对人的知识、能力的培养而提高人对自我的认识。对于个体发展而言,通过接受教育,形成道德观念,增进知识、能力,从而达到能动地适应客观世界并变革客观世界的目的。因此,教育的过程是一个不断提升自我的过程,是激发并张扬人的主体意识的过程。

(2)促进人的个性特征的发展

人的个性特征是指人的身心发展具有差异性、独特性和自主性。人的个性特征主要表现在人的个性心理上,如爱好、兴趣、世界观、能力、气质、性格等。教育特别是学校教育作为有目的的活动,能够根据学生不同的个性特点,采用不同的教学方式。因此,学校教育能够尊重个体的差异,因材施教,充分开发学生的内在潜力,形成自身的优势和特长。

(3)促进人的个体价值的实现

人的个体价值的实现与否必须通过个体在社会生活中发挥作用的大小来衡量,而实现人生价值的主观条件之一是要全面提高自身的综合素质。个体综合素质的提高有赖于系统化的学习,而学校教育就是传承社会文化、传递生产经验和社会生活经验的基本途径。学校教育可增进人的知识和技能,影响人们的思想观念,提高人的综合素质,为人自身价值的实现提供必要的条件。

(三)社会教育

社会教育的基本涵义有广义和狭义之分。广义的社会教育,是指旨在有意识地培养人、有益于人的身心发展的各种社会活动;狭义的社会教育,是指学校和家庭以外的社会文化机构以及有关的社会团体或组织,对社会成员所进行的教育。社会教育是家庭教育和学校教育的重要补充,社会教育具有广泛性、多样性、灵活性的特点,儿童可以自主自愿地参与各种社会活动,培养兴趣爱好和才能。

根据社会教育的形式,可以把社会教育分为社会教育机构、社会文化和大众传媒三个方面。下面我们就分别从这三个方面谈谈社会教育对人的影响。

1. 社会教育机构的教育影响

社会教育机构的类型有许多,包括有图书馆、博物馆、科学馆、艺术馆、音乐厅、戏剧院、纪念馆体育场所、儿童及青少年育乐设施、动物园等。这些社会教育机构是青少年儿童接受教育影响,获取信息的重要渠道,它可以丰富个体的业余生活、开阔视野、活跃思维、吸取最新知识信息。因此,为提高全民素质,社会教育机构发挥了积极作用。

2. 大众传媒的教育影响

现代社会是一个信息社会,信息的传播和普及离不开大众传媒。在社会生活领域,大众传媒深刻地改变着社会面貌,影响着人们的思想行为。大众传媒分为印刷媒介和电子媒介,它对青少年儿童的影响,往往比成人更大、更深刻。在此我们要看到大众传媒对青少年儿童的积极影响和消极影响。

在积极影响方面,大众传媒可以促进儿童的社会化的发展,激发孩子的学习兴趣,鼓励他们主动自觉地学习。尤其是电子媒介的普及,给儿童带来了全新的文化环境和了解社会的更广阔的视野，使他们从中增长了知识、经验，获得了道德观念，人际关系、审美意识等方面的教育和熏陶。同时还提高了他们形象思维的能力，激发了孩子的想象力。

在消极影响方面，表现在：第一，传播的信息中，有些会导致儿童产生不正确的社会认知；第二，一些大众传媒中渲染的暴力或“软暴力”容易引发青少年儿童的侵犯性行为；第三，过滥的广告宣传误导儿童的消费，损害儿童的身心健康；第四；长时间的上网、看电视不利于儿童创造性思维、阅读能力和人际交往能力的发展。

3. **社会文化的教育影响**

社会教育除了各种教育机构、大众传媒这些有形的教育外，我们不能忽视一些无形的教育因素对青少年儿童的影响，其中社会文化，特别是习俗文化，对人的影响是潜移默化的。习俗文化作为社会文化的一个组成部分，是在特有的自然环境、经济方式、社会结构、政治制度等因素的制约下孕育、发生并传承的。习俗文化有积极的、中性的和消极的之分。积极的和中性的习俗文化，如春节团拜、端午划龙舟、中秋赏月等，已经成为现代人必不可少的文化娱乐活动。而消极的习俗文化，如封建迷信、“人情风”、生活盲目攀比等，这些文化对精神文明建设和人们的文化娱乐生活带来消极影响，对青少年儿童的成长是非常不利的。

四、主体因素

主体因素主要是指人的主观能动性，它是人类认识、改造环境或自我的能力与活动。主体因素是在遗传、环境和教育的相互影响下，在人的发展的过程中逐步产生的。这是人与动物最大的不同。人是一个能动的个体，环境和教育的影响只是学生身心发展的外因，对人的发展的影响只有通过学生身心发展的内因才能起作用。人的主观能动性是人的一种内在需要和动力，是一种寻求发展的积极动机和渴望。比如当受教育者具备了积极的学习动机时，环境和教育的外因才能发挥相应的作用。学习者的学习积极性越高，教育的作用也就越大。在同样的环境和教育条件下，每个学生发展的特点和成就主要取决于他自身的态度，决定于他在学习、劳动实践中所付出的精力。所以，学生个体的主观能动性是其身心发展的动力。

随着人的社会经验的丰富和自我意识的不断提高，人的主观能动性将逐渐增强，人能有目的地去发展自身。这表现在个体在已有的身心发展水平条件下，有清晰的自我意识水平，能不断地进行自我教育，为自己的发展创造条件，决定自己的行为，为自身的发展预定目标，并为实现自定的目标，自觉地进行奋斗，这是人的主观能动性推动人的发展的高度体现。因此，客观环境条件无论怎样，它对人的发展的影响都必须通过人的主观努力和实践才能实现。个人对环境的态度和从事的实践活动不一样，其发展的结果就不一样。譬如，“逆境”可以毁才，但也可以成才。“同流而不合污”，“出淤泥而不染”，“君子群而不党”，“威武不能屈”等古训就是这个道理。

总的来说，从以上对影响人的身心发展的多种因素的分析，可以得出这样的结论：这些因素中的每一项对于人的发展来说都是不可缺少的。这几个因素的相互作用、相互影响，共同作用于人的发展。它们之间的相互关系不是并列的，也非同类，不能相加。在个体身心发展的全过程中，每一个因素所起的作用、所处的地位，随着个体的变化而变化。各因素之间的性质的差异、力量的强弱、不同的组合使人的发展具有不同的水平和特色。因而，我们要从动态的角度分析和研究各因素与人的发展的关系。

第三节 中小学学生身心发展的规律及教育

组成教育活动的基本要素包括教育者、受教育者及教育影响，教育活动的目的是教育者按照国家或社会的要求，有目的、有计划、有组织地对受教育者施加影响，使其身心得到发展，成为社会所需要的人。然而，教育工作不同于其他的社会工作，教育工作的对象是一群有思想、有感情的正处在快速发展中的独立的社会个体。我们怎样才能更好地帮助学生，使他们主动接受教育影响、积极认识世界，并主动发展自己呢？最关键的是教育活动必须适应个体身心发展的一般规律。所谓个体身心发展的一般规律，就是指不同个体在身心发展过程中所表现出来的共同方面，这是由个体自身的成熟规律和外部社会发展状态相互作用所决定的，是不以人的意志为转移的。

教师必须了解学生身心发展的基本规律，并应遵循和适应这些规律，这样才能更好地了解自己的教育对象，合理设计、组织教育活动，以获得最佳教学效果。

一、教育要适应个体身心发展的顺序性规律

人从出生到长大成人，身心的发展是一个由低级到高级、由简单到复杂、由量变到质变的连续不断的发展过程。个体身心的发展是具有一定顺序的，身心发展的个别过程和特点的出现也具有一定的顺序，既不能逾越，也不会逆向发展。

身体的发展是最基础的发展。就身高和体重来说，一般是身高增长居先，体重增加在后。身体的发展是沿着从头部向下肢和从中心部位向全身的边缘方向进行的，个体动作的发展也是遵循着自上而下、由躯体中心向外围、从粗动作向细动作发展的规律。一般也可以将儿童动作的发展概括为头尾律、近远律和大小律。头尾律是指孩子最先学会的是抬头、转头，然后是俯撑、翻身、坐和爬，之后才学会直立、行走、跑跳等动作。近远律是指孩子最早发展的是身体中部的动作，如头和躯干的动作，然后才是双臂和腿部四肢有规律的动作，最后才是手的动作。粗细律则表明孩子先学会运动幅度较大的动作，如先是腿和手臂的大肌肉动作，然后才逐渐学会手和脚的精细动作，如拍球、使用剪刀、一笔一画地写字等。再如儿童记忆的发展，是从机械识记到意义识记；思维的发展，是从具体形象思维到抽象逻辑思维；情感的发展，则由喜、怒、哀、乐等一般情感到道德感、理智感、美感等高级情感。

个体身心发展的顺序性规律，要求教育必须适应身心发展的顺序性，做到由浅入深，由易到难，由简到繁，由具体到抽象，由低级到高级，不可“揠苗助长”、“凌节而施”，否则就会“欲速则不达”，甚至使儿童产生厌学等教育的负效应。例如，现代人越来越重视早期教育，但值得注意的是，早期教育并不是越早越好，也不能把早期教育绝对化和神秘化。早期教育也必须以个体身心发展的顺序性作为基础，过早地进行教育，从发展的观点来看是不利的。早期教育的意义在于为个体以后的全面发展提供多方面的基础与可能。所以，不能过于夸大早期教育的目的和作用。

过早的教育是没有意义的，但这绝不意味着教育应该跟在学生发展的后面缓慢地进行。为了适应个体身心发展的顺序性的特点，教育工作必须遵循循序渐进的原则。前苏联教育

家维果茨基的“最近发展区”理论指出，“教育不应当以儿童发展的昨天，而应当以儿童发展的明天作为方向”。这就是现在提倡的发展性教育。

二、教育要适应个体身心发展的阶段性规律

在个体身心发展的过程中，都要经历不同的阶段。每一发展阶段都要占有一定的时间，在这一定的时间内主要表现为量的变化，当量变达到一定程度时就会产生质变，从而把发展推进到另一个新阶段。个体身心发展的阶段性，表现为不同年龄阶段的个体具有不同的年龄特征，也即是在发展的不同年龄阶段中形成稳定的、典型的和共同本质的特征。

以年龄作为界限，可将儿童从出生到基本成熟分为六个阶段：出生—1 岁为乳儿期；1—3 岁为婴儿期；3—5、6 岁为幼儿期；6、7—11、12 岁为童年期；11、12—14、15 岁为少年期；14、15—17、18 岁为青年初期。这六个年龄阶段既有联系又有区别。它们的联系性表现为：一方面，前一个阶段是后一个阶段的基础。个体的身心发展是按照一定的顺序展开的，不可逆向发展，这样一来，只有经历了前一个阶段的发展才可能进入下一个阶段，比如只有经过了童年期的发展才能进入少年期，没有哪个儿童是直接从幼儿跨越到少年期的。另一方面，相邻的两个阶段并无截然清晰的界限。每个阶段的发展都需要一定的时间，并表现为量的变化，当量变达到一定程度时产生质变，可是前后不同的两个阶段并不能明确的划分，并不能判定 11、12 岁的孩子就一定是童年或少年，也并不能说哪个学生今天还是童年，明天就是少年。所以，前一个阶段的后期和后一个阶段的前期的界限非常模糊。六个年龄阶段的区别在于每个阶段在身心发展水平上有本质性的差异。如童年期孩子思维特征是以具体形象思维为主；情绪的特征是比较外露的、易激动的，“破涕为笑”是常有的事。而少年期则不一样，他们的抽象思维已有很大的发展，但经常需要具体的感性经验支持；情绪的特征是易敏感冲动、强烈，对情感的体验开始向深与细的方向发展，但很脆弱。青年初期的学生以抽象思维为主，能够进行理论的推断，具有一定的批判性和创造性；情绪的特征是比较细腻和丰富，也比较深刻、稳定，同时如道德感和理智感这类高尚的情感在他们的情感生活中已占据重要位置。

个体身心发展的阶段性决定了教育工作必须根据不同年龄阶段的特点分阶段地进行。我们在确定教育目标要求、组织教育内容和采用教育方法时都必须从个体身心发展的规律出发，根据受教育者身心发展的不同阶段表现出的特点开展教育和教学工作，绝不能“一刀切”、“一锅煮”。既不能把小学生当中学生看待，也不能把初中生和高中生混为一谈。同时还应该看到，个体发展的每一个阶段又是相互联系的，前后相邻的阶段按照一定顺序有规律地过渡。因此，每一阶段是相互衔接、不能截然分开的。我们的教育工作也要考虑到这种衔接性和过渡性，做好从幼儿园与小学的衔接、小学与初中的衔接工作等。

三、教育要适应个体身心发展的不均衡性规律

个体从出生到成熟并不是按相同的速度直线发展的，往往个体身心发展的速度、成熟水平是不均衡的。这种不均衡性，从总体发展来看，主要表现在两个方面：首先，人的身心的同一方面的发展，在不同的年龄阶段，发展速度水平是不均衡的。例如，个体身高体重的增长，

在人的成长中有两个加速发展期。第一个加速发展期是出现在婴儿期(从出生时的50厘米左右增长到75厘米左右),第二个加速发展期则在青春发育期。在这两个时期,个体身高体重的发展较之其他年龄阶段要迅速得多。其次,不同方面的发展表现出不均衡性。有些方面的发展在较早年龄阶段就已经达到较高的发展水平,有些方面则要到较晚的年龄阶段才能达到较为成熟的水平。例如,感知觉是认识的低级阶段,儿童的感知觉的发展比高级形式的判断、推理等逻辑思维能力的发展要早许多。再如,身心两方面的发展也是不同步的。人的生理成熟以性机能成熟为标志,男性一般比女性的性成熟晚2—3年,由于食物营养和社会文化的影响,现代社会人的生理成熟提前了。心理上的成熟则以独立思考能力、较稳定的自我意识和个性的形成为标志。由于社会发展对个体要求的逐步提高,学习年限的延长,独立生活和工作的期限也推后,这使人的心理成熟也向后推移。这样一来,身心发展的不平衡性表现更为突出。

个体身心发展的不均衡性规律,说明在个体身心发展的过程中,各方面的发展存在"关键期"。所谓关键期,是指个体在发展过程中,某些行为和能力的发展有一定的最佳时间,如在此时给予恰当的教育,会促使其行为和能力得到更好的发展;反之,则会阻碍发展。许多教育学家和心理学家通过广泛的研究,得出以下一些教育的关键年龄:1—3岁是口语学习的关键期;4—5岁是书面语学习的关键期;5岁以前是音乐学习的关键年龄;10岁以前是外语学习和一般动作技能掌握的关键年龄,等等。

提出"关键期"这个概念并不认为超越了关键期的时间范围,某些方面的能力就不能得到发展,这只是意味着个体可能要付出更多的时间与精力,做出更大的努力,才能达到相应的水平。

四、教育要适应个体身心发展的差异性规律

个体身心发展具有一定的个别差异性,这种个别差异是由不同的遗传、环境和教育因素及个体的主观能动性的发挥不同而造成的。从外在生理上的差异来看,由于遗传因素和社会生活环境的关系,个体的长相,身高体重都是不一样的。体质上有强弱之分,生理发育也有迟有早。当今世界上身高两米以上的巨人大有人在,几十厘米高的侏儒也不乏其人。从内在心理上的差异来看,也表现在心理的各个方面。比如,儿童语言能力的发展,有的儿童7、8个月就会叫人,两岁以前就能说出完整的语句,而有的儿童一岁还不能开口,两岁只能用单个词表达意思;思维水平上,有的儿童具体形象思维能力较好,而有的儿童则抽象逻辑思维能力较好;性格上,有的儿童比较内向,深沉、好静,而有的则比较外向和好动;兴趣爱好上,有的儿童喜欢数理,有的则爱好音乐美术。国外的一个大规模的研究报告中,曾经做过这样的估计:"当一年级的教师遇到他班上年龄差不多都是六岁的孩子时,他事实上面对着一群能力不同的儿童,从他们准备状况的差异来说,实际上是从3岁到11岁"。[①] 这充分说明,个体之间存在巨大的差异。

个体身心发展的差异性要求我们在教育、教学中注意学生共性的同时,还必须研究个体身心发展的个别差异,做到因材施教。因材施教是指教师要从学生的实际情况、个别差异出

① http://www.chinesesos.com.cn

发，有的放矢地进行有差别的教学，使每个学生都能扬长避短，获得最佳的发展。要做到因材施教就必须对学生的一般知识水平、知识储备、智力水平、接受能力、学习态度和每个学生的兴趣、爱好以及身体素质等方面的特点都要充分了解，以便从实际出发，有针对性地教学。同时，在集体教学中，要善于兼顾个别学生，针对学生的个性特点，提出不同的要求，分别设计出有针对性的教学方案，使每个学生都能获得最大可能的发展，从而使个体的身心得到充分的发展。

五、教育要适应个体身心发展的互补性规律

一方面，个体的身心作为整体与环境相互作用，另一方面，个体身心各组成部分之间也相互影响。个体身心发展的互补性是反映个体身心发展各组成部分的相互关系。它主要表现在两个方面：首先，是指机体某一方面的机能受损甚至缺失后，可通过其他方面的超常发展得到部分补偿。如盲人，往往听觉、触觉、嗅觉等非常发达，通过这些方面的超常发展来获得某种补偿。个体身心发展的互补性，使人在自身某方面缺失的情况下依然能与环境协调，从而为继续生存与发展提供了条件。其次，个体身心发展的互补性也存在于心理机能和生理机能之间。人的精神力量、意志、情绪状态等心理机能对整个身心的发展能起到调节作用，它能帮助人战胜生理上的疾病和残缺，使人的身心依然得到相应的发展。

互补性的规律要求教育工作者首先自身要树立信心，相信每一个学生，特别是某些方面有缺陷或暂时落后的学生，通过其他方面的补偿性发展，都会达到个体身心发展的一般水平；其次要掌握科学的教育方法，善于发现学生的优势，扬长避短，激发学生自我发展的信心和自觉性。只有这样，教师才能更好地促进每个学生的发展。

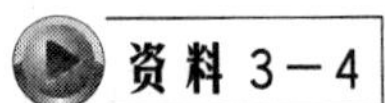

海伦·凯勒

美国著名盲聋女作家和残障教育家海伦·凯勒，1岁半时因猩红热夺去了她的视力和听力，接着，她又丧失了语言表达能力。然而就在这黑暗而又寂寞的世界里，她的导师安妮·沙利文(Anne Sullivan)通过努力，使她学会读书和说话，并开始和其他人沟通，而且以优异的成绩毕业于美国拉德克利夫学院，成为一个学识渊博，掌握英、法、德、拉丁、希腊五种文字的著名作家和教育家。她走遍美国和世界各地，为盲人学校募集资金，把自己的一生献给了盲人福利事业和教育事业。她赢得了世界各国人民的赞扬，并得到许多国家政府的嘉奖。一个人如果没有较强的心理承受能力，缺乏自我调节能力和坚强的意志，那么，较严重的疾病很可能使他丧失信心，从而阻碍个人的发展。海伦·凯勒的故事就是个体身心发展的互补性规律的最好见证。

(资料来源：《海伦·凯勒简介》，百度百科(www.baidu.com))

【教育名著简介】——《给教师的建议》

瓦·阿·苏霍姆林斯基(1918—1970),苏联教育实践家和教育理论家,出生于乌克兰共和国一个农民家庭。1936—1939年就读于波尔塔瓦师范学院函授部,毕业后取得中学教师证书。1948年起至去世,担任他家乡所在地的一所农村完全中学——巴甫雷什中学的校长。自1957年起,一直是俄罗斯联邦教育科学院通讯院士。1968年起任前苏联教育科学院通讯院士。1969年获乌克兰社会主义加盟共和国功勋教师称号,并获两枚列宁勋章和1枚红星勋章等。

苏霍姆林斯基从马克思主义关于人的全面发展理论出发,创造性地将"全面发展"、"和谐发展"、"个性发展"融合在一起,提出"个性全面和谐发展"教育思想,并将其作为学校教育的理想和目标。在他看来,所谓"个性全面和谐发展"即意味着人在品行上以及同他人相互关系上的道德纯洁,意味着体魄的完美、审美需求和趣味的丰富及社会和个人兴趣的多样。

苏霍姆林斯基强调,全面发展是指学生的身体、品德、智力、劳动和美感等方面都得到发展。忽视哪一方面或只偏重哪一方面的教育,都是片面的教育。但是,个性全面和谐发展并非要求每个人的所有方面都均衡发展,也不意味着每个人能够胜任所有的工作,能够不停地从一个职业转到另一个职业。苏霍姆林斯基对此做了清楚的说明:"全面发展的思想是跟样样都做而又不求甚解是毫不相容的。"于是,全面和谐发展就与个性发展有了必然的联系。在他看来,人的全面发展同掌握高深的知识、同积极的社会活动和劳动活动、同任意选择职业的可能性联系着。所有这一切都要求个人兴趣与社会需要相结合,职业则应适合于人的天赋和志向。因此,可以说,个性发展和全面和谐发展是一个相互联系的统一体,没有个性发展,全面发展是难以实现的。

苏霍姆林斯基写了很多充满了"人"的魅力的书:《要相信孩子》、《我把整个心灵献给孩子》、《关于人的思考》、《爱情的教育》、《让少年一代健康成长》、《怎样培养真正的人》,等等。为了解决中小学的实际问题,切实提高教育、教学质量,他专为中小学教师写了一本书——《给教师的建议》,书中有很多鲜明的教育观点,如教育者的使命就是让孩子各方面和谐发展,这种和谐发展的前提是对每一个学生个性的尊重:"和谐的教育——这就是发现深藏在每一个人内心的财富。"书中每一条谈一个问题,共100条。既有生动的实际事例,也有精辟的理论分析。这些事例很多都是苏霍姆林斯基教育、教学中的实例,叙述娓娓道来,让人着迷。它让教师明白一个道理:原来学生该这样教。

【精彩片段选读】

读书与备课

有些教师从来不抱怨没有空闲时间。他们中间的每一个人,谈到自己的每一节课,都会说是终生都在备这节课的。怎样进行这种准备呢?这就是读书,每天不间断地读书,跟书籍结下终生的友谊。潺潺小溪,每日不断,注入思想的大河。读书不是为了应付明天的课,而是出自内心的需要和对知识的渴求。如果你想有更多的空闲时间,不至于把备课变成单调乏味的死抠教科书,那你就要读学术著作。应当在你所教的那门科学领域里,使学校教科书里包含的那点科学基础知识,对你来说只不过是入门的常识。在你的科学知识的大海里,你所教给学生的教科书里的那点基础知识,应当只是沧海一粟。

一些优秀教师的教育技巧的提高,正是由于他们持之以恒地读书,不断地补充他们的知识大海的水源。

怎样使小学生愿意学习？

为了使儿童有强烈的学习兴趣，就必须使他有一种丰富多彩的、引人入胜的智力生活。我们应当经常关心的是：当儿童跨进校门以后，不要把他的思维套进黑板和识字课本的框框里，不要让教室的四堵墙把他跟气象万千的世界隔绝开来，因为在世界的奥秘中包含着思维和创造的取之不竭的源泉。换句话说，就是如果我们想让儿童高高兴兴学习的话，那就无论如何不能用学校常用的那些方法来局限儿童的智力生活，即一味地要求他识记、背诵和为了应付教师的检查而把知识再现出来。

顺便说明一下，我不希望给读者留下这样的印象，好像作者对识记和背诵抱着轻视的态度。不，没有识记和背诵，教学和智力发展就是不可思议的。但是，如果把教学变成单纯的记忆活动，那么它就变成了无的放矢的教学，因为只有在把记忆的努力和思考的努力结合起来，只有在对周围世界的现象和规律性深入思考的时候，才可能有真正的智力发展。

在课堂上怎样指导学生的脑力劳动？

我们教师曾经就课堂上的脑力劳动素养问题进行过热烈的争论。我们讨论了少年期学生的脑力劳动和教师的脑力劳动的相互联系问题，讨论了关于注意力、兴趣、知识的运用、少年期脑力劳动的特点、知识的巩固性等问题。……我们认为，不能把学生的脑力劳动看成是跟教师的一般素养、博学程度以及他的脑力劳动素养互不相关的东西。学生的劳动素养乃是教师的劳动素养的一面镜子。

在课堂上，教师不仅要想到所教的学科，而且要注意到学生，注意到学生的感知、思维、注意力和脑力劳动的积极性。教师在自己关于教材的思考上使用的精力越少，则学生的脑力劳动的效率越高。……这就对教师传授的新信息的质量提出了较高的要求：它应当准确、清晰，不应使学生对这些知识进行透彻理解和系统化时所进行的积极的脑力劳动发生紊乱。

一个好的教师，并不见得能明察秋毫地预见到他的课将如何发展，但是他能够根据课堂本身所提示的学生的思维的逻辑和规律性来选择那唯一必要的途径而走下去。这种教学观点在对少年的教育中具有重大的意义。学生向较复杂的思维过程过渡（即由接收信息很快地过渡到加工信息），要求教师给予密切的注意，采取灵活的教学方式。刻板的公式和墨守成规在学校里本来是不容许的，而用之于少年则更加有害。……

我们得出这样的结论：对于那些思考缓慢的学生，必须特别耐心。不要因为学生头脑迟钝而责备他，也不要给记忆增加过重的负担——这些都是毫无益处的。如果没有思考和研究活动，记忆也会变成“有漏洞的”东西，什么也装不住。记忆力的削弱正是在少年时期发生的，这种现象的原因是：正当一个人应该尽量多地推论的时候，却让他摆脱了思考。必须引导理解能力差和想问题不够机敏的学生去发现真理，直到他的思维豁然开朗。这一点之所以必须，不仅是为了让他们理解某一具体材料，而是标志着智力发展上的一个独特的阶段。发现的欢乐，凭借自己的努力而获得真理时的惊喜，能给人以自豪感和自我肯定、自我尊重的内心体验。

（资料来源：苏霍姆林斯基著，杜殿坤编译：《给教师的建议》，北京：教育科学出版社，1981年版，上册第7—8页；下册第27、85—92页）

【教育名家简介】——朱乐平

朱乐平，1957年出生，小学数学特级教师，中学高级教师，国家新一轮义务教育数学课程标准研制组核心成员。2001年以来，他为全国10余万人次的数学教师讲课，多次为国家级、省级名师培训班的学员做专题报告。

朱乐平集专家、教研员、数学教师多重身份于一身，经历了从民办教师到从事教师教育的教师，从小学校长到进修学校校长、教育局副局长的成长历程。他开始在小学任教，1980年到浙江省诸暨师范学校担任中师数学、数学教材教法课，研究中师生数学教学能力的培养。1990年曾去德国进修师资培训和小学数学教学半年，1990—1993年在浙江省富阳小学教师培训中心工作，组织全省进修学校数学教师和小学数学教师的继续教育，研究小学数学教师的在职进修提高。1993年9月—1995年7月，在杭州市上城区教师进修学校工作，从事小学四、五年级数学教材教法和小学数学计算机辅助教学软件开发实验研究。1995年8月—1997年7月，在杭州市胜利小学任校长，担任六年级数学课并主持浙江省九五重点课题“课堂教学中的交往与合作”实验研究。1997年8月至2004年8月，在杭州市上城区教师进修学校任校长。参与国家教育科学九五重点课题“开放题——数学教学新模式”的研究。

他是一位出色的学者。1980年以来，他一直从事小学数学教学和教师培训的研究。主持研究了多项课题，发表学术论文60多篇，有多篇论文分别获全国、省、市一等奖，并由教育音像出版社作为“中国名师”出版了“朱乐平数学课堂教学VCD专集”。他被杭州市教育局聘为市百名学科带头人指导教师；被浙江教育学院聘为兼职教授；被浙江省教育厅聘为浙江省基础教育课程改革专家委员会委员、省第三届中小学教材审查委员会委员。他把“体验数学”作为一种新理念渗透在教学过程中，让学生重新经历数学的形成与发展的过程。他认为教师的任务就是引导和帮助学生去经历这种再创造或再发现的工作；而不是把现成的知识灌输给学生。学生如果没有数学的体验，往往不能留下深刻的印象，对学习的内容就难以真正的理解，更谈不上创新。他上的数学课总是充满着乐趣和探究的氛围。

他更是一位敬业的导师。经常深入教学第一线听课、评课，全心全意地对教师进行直接的业务指导。他亲自起草，创造性地设计了“理论·实践·反思”三大板块的骨干教师脱产班研修计划，并主持举办了四期数学骨干教师脱产研修班。朱乐平老师多次为区数学骨干教师、市学科带头人、省“5522”数学名师班学员和国家级数学骨干教师培养对象“传道、授业、解惑”。还两次赴澳门，培训那里的数学教师。朱乐平老师为我国的数学教育做了许多富有成效的工作，培养了一大批数学骨干教师。

他还是一位称职的领导。他有明确的现代办学思想，能提出许多操作性很强的实施办法。他身体力行，特别重视班子和教师的学习和观念先行，特别注重现代教育技术的应用，有效地推进了学校教育现代化进程。率先推行“专题化，菜单式，互动型”的教师培训模式；他构建了“五个中心，一个办公室”的进修学校管理体系；开创了进修学校教师“项目制”工作方式；创造性的构建了上城区第三期跨世纪园丁工程中的四级培训网络。在“西湖博览会”首届“名师名校长论坛”上，他既作为名校长，又作为名师在两个论坛上都作了十分精彩的演讲，为树立上城区的教育品牌作出了贡献。

他的从教箴言是：成为一个好的数学教师可以是一个目标，生命或许不能与目标同生，但要追求与目标同灭。

（资料来源：《看名师上课——小学数学教学专辑》光盘辅助资料以及相关网站）

思考与探讨

1. 为什么说教育在人的身心发展中起主导作用?
2. 为什么教育要遵循人的身心发展的一般规律?
3. 举例说明个体的主观能动性在人的身心发展中的作用?

第4章

教育制度与法规

☆行政制度在教育上也有特别意义，因为每一个学生没有地位与位置的差别，都必须习惯于参加这种制度，使他可以成为社会中一般有用的人。

——（德）赫尔巴特

☆一旦教育成为一种普遍的权利，世界广大民众都可以得到，传播媒介的严格教育方面的价值与它的渗透力量之间的关系，就有必要加以考虑。

——（法）朗格朗

☆学校工作和班级工作应最大限度地依靠民主管理和制度管理，少一些人治，少一些无效劳动。

——魏书生

人类的教育并非从一开始就有制度，它是社会生产力、文化和教育发展到一定历史阶段的结果，它既是保障教育活动按一定的思路和规则正常运行的一套组织体系，也是规范教育事业健康发展的不可或缺的约束力量。

为保障教育制度得以落实，国家必须制定相应法规，以法律的形式，从不同角度规范教育行为，实现教育意志。所以教育法规是教育法制化、规范化的外化表现和法律保障。

第一节　教育制度与法规概述

一、教育制度的概述

（一）教育制度的概念

在《中国大百科全书·教育》卷中，对教育制度的解释有两种：一是指“根据国家性质制定的教育目的、方针和设施的总称”；二是指“各种教育机构的系统”。[①] 其他很多权威性著

① 《中国大百科全书·教育》，北京：中国大百科全书出版社，1985年版，第187页。

作、辞典中，对教育制度的概念也多从组织系统、管理机制的角度加以界定。显然，这是一种高度概括、具有极强的代表性的解释。从教育制度应有的内涵上看，除了对组织系统、管理机制的界定外，还应包含一定社会对教育的理想和价值追求，以及实现这种价值追求的组织模式方面的内容。

根据教育制度调控的范围和层次，可以将教育制度分为宏观层面的国家教育制度、中观层面的教育管理制度和微观层面的教学制度。在此，着重讨论宏观层面的国家教育制度。国家教育制度也称"国民教育制度"，指一个国家各种教育机构的体系及其实现其教育目标的保障机制。它反映着一定社会的政治经济体制、生产力发展水平、历史及民族文化传统以及对学生身心发展规律等方面的认识，并受到特定历史时期的国家教育方针、目的，教育思想和理念等多方面因素的综合影响。

在各种教育机构中，学校显然处于核心地位。因此学校教育制度(即学制)自然成为教育制度中的主要组成部分。

(二)各社会历史阶段教育制度的基本特点

古代社会，教育制度带有明显的阶级性和等级性特点。阶级性是指统治阶级的政治思想和伦理道德是唯一被认可的思想，天道、神道、人道往往和为一体，体现在教育内容中。等级性是指出身于不同社会阶层的人享有不同的受教育权利和等级，教育制度使得各阶层人群之间有着天然的不可逾越的鸿沟。在古代中国，如《孟子》里所说的，夏、商、周"设庠、序、学、校以教之，庠者养也，校者教也，序者射也。夏曰校，殷曰序，周曰庠，学则三代共之，皆所以明人伦也。"由此可见，我国古代教育从一开始就有了较为明确的教育宗旨和教育内容的规定。自西周以后，又建立了典型的政教合一的官学体系，并有了"国学"和"乡学"之分；再从秦始皇实施的"焚书坑儒"，到汉武帝采纳了董仲舒提出的"罢黜百家、独尊儒术"的建议，一步步完成了实行思想专制主义的文化教育政策和选士制度。隋唐以后的科举制度在为广大知识分子开辟了晋官为吏道路的同时，也加强了对知识分子的思想和人格的限制；宋代以后，程朱理学成为国学，儒家经典被缩减为《四书》、《五经》，并作为教学的基本教材和科举考试的依据，科学技术和文学艺术不再是科举的内容。明代以后，八股文被规定为科举考试的固定格式，不仅社会思想受到钳制，而且在形式上的创造性也被扼制。直至清光绪三十一年(1905)，清政府下令废科举、兴学堂，兴办现代学校，我国古代教育制度才算终结。古代印度的宗教教育，古代埃及的宫廷学校、职官学校，以及中世纪欧洲的教会教育、骑士教育等，都从教育内容、教育目的、受教育权等各个方面，反映着古代教育的等级性和阶级性的特点，反映着古代社会的基本社会形态和教育的价值追求。

在近代社会，特别是工业革命以后，科学技术在生产方式、生活方式上给人类带来了巨大冲击，同时也引起了教育制度的巨大变化。这些变化集中反映在以下几方面：

(1)国家加强了对教育的重视和干预，公立教育崛起。19 世纪 30 年代以后，作为工业革命策源地的英国开始加强了国家对教育的干预，1833 年议会开始拨款资助教育，并加强了对教育的监督和管理；17—18 世纪，德意志许多公国颁布学校法令，规定学校的开办权由教会转移到国家手中；1804 年拿破仑政变成功后，建立了中央集权的教育领导体制，取缔了私立学校，实行了国家对学年安排和课程设置的统一管理。

(2)初等义务教育的实施。机械化工业革命的基本完成和电器化工业革命的兴起，促使资本主义国家提出了普及初等义务教育的要求，并为其提供了物质基础。同时，初等义务教育的发展，也为各国经济、社会的持续发展提供了雄厚的人力资源保障。从18世纪中叶开始至20世纪初，德国、英国、美国、日本等国家都先后颁布、实施了普及初等义务教育的法律、法规，保证了国家实现初等义务教育的普及。

(3)教育的世俗化。随着科学技术知识不断渗透教育内容，与公立教育发展相适应，教育逐渐建立了实用、功利的教育目的，学校逐渐从宗教的控制中分离出来。有的国家甚至明确规定：宗教、政党不得干预学校教育。

(4)重视教育立法，以法治教。西方近代教育发展中的一个明显特点就是重视教育立法。教育的每次重要进展或重大变革，都以法律的形式给予规定和提供保障。这也成为随后世界各国普遍效仿的参照，并成为现代教育的重要特征。

在此阶段，各主要的资本主义国家都纷纷建立了适应资本主义经济、社会发展需求的资本主义教育制度。

20世纪以后，尤其是第二次世界大战以后，科学技术的革命日新月异，改变着世界的方方面面。教育，对于发达国家来说，是增强国家竞争力的基础；对于发展中国家来说，则是追赶现代化的法宝。因此，世界范围内的教育，在数量上得到了空前的发展，高等教育的发展也突飞猛进。随着科技的发展，"知识爆炸"时代的到来，知识更新的周期不断缩短，这不仅带来了生产力的空前发展，也带来了教育从观念到制度的深刻变革。随着幼儿教育、成人教育的发展，各种社会教育机构的建立，现代教育制度已由原来相对单一的学校教育制度发展成为以学校教育制度为主体，包括其他教育机构在内的更为完整的形态。学校教育制度也逐步由封闭走向开放。随着学习型社会的到来，正规教育和非正规教育正在互相融合，现代教育制度也正朝着终身教育制度演变着。义务教育年限在延长，普通教育和职业教育在相互渗透，高等教育正在走向大众化和多元化发展，教育制度越来越有利于进行国际交流与合作……这些变化，在反映社会生产力发展、政治力量变化、科学技术进步的同时，也反映了人类的社会理想、人生态度的不断更新，最终反映在教育制度的不断更新和变化中。

当今社会，人们越来越深刻地意识到：社会的文明和进步在很大程度上取决于人民受教育水平及其总体综合素质的提高。社会竞争所表现的政治竞争、经济竞争、科技竞争、军事竞争等，归根结柢都是人才的竞争、教育的竞争。因此，世界各国都纷纷将教育发展放到了国家发展的重要位置。作为实现国家发展战略的保障手段，通过法律这一高度专门化的社会组织和强制手段来实现对大规模教育事业的调控和发展，也成了各国实现教育目标的可靠手段。各国的发展经验表明：教育发展不能解决一切问题，但能为解决一切问题提供必要的人力资源基础和社会理性、良知的保障；经济、政治的发展能带来国家某一时期的面貌发生改变，但如果缺乏充足的人力资源与和谐的社会秩序，将无法持续经济、政治变革带来的成果。因此，教育立法就是现代教育发展中的一个理性选择，是世界各国教育发展中的一条共同经验。

二、教育法规概述

(一)教育法规的概念

在社会发展进入现代形态之前，法律并不是一种独立的社会控制要素，而是附属于行政的一种控制手段。这种倾向反映在国家、政府对社会的控制上，表现为重行政、轻法制。在我国漫长的封建社会中，在大一统的封建专制和严密的宗法制度下，法律在社会生活中发挥作用的程度和范围极其有限。因为在封建宗法制度中，有一个超乎一切法律之上的至高无上的权力——君权。封建君主拥有至高无上、主宰一切的权力，各级封建主也因此只唯上，对广大民众形成极不平等的社会关系，于是造就了封建社会的专制独裁。

在封建宗法制度下，经济生活落后，不同社会阶层之间等级界限森严，因此教育作为培养人的功能在客观上受到了极大的限制。学校教育同生产劳动之间基本上是脱节的，形成了一个很少有变化、发展的封闭系统，其内容是统治阶级必要的文化知识、教养和“治人之术”。进学校、受教育只是少数统治阶级子弟的特权，是身份的标志。

18 世纪以来的社会现代化进程给予教育的最大影响在于孕育和产生了普及的、社会化的、与现代大工业相结合的现代教育，其目的直接受到现代生产发展的影响。新的科学技术在现代生产中的不断应用使更新的、效率更高的机器设备代替了旧的生产工具，同时现代化的机器大工业要求劳动者也要掌握必要的文化知识、技术及其组织观念，这就决定了劳动者必须具备必要的知识水平。于是，普及教育的要求由理想变成了现实。但是，在法制成为治理国家的普遍原则之前，普及教育的现实要求仍然难以得到切实保障。

随着工业化、现代化进程的不断加快，尤其是以资本主义生产方式为基础的现代国家建立后，为防止社会向封建专制倒退，维护社会经济和社会生活的稳定与发展，依法治国开始成为各国维系社会发展的普遍原则。资产阶级思想家认为：法制原则是全部国家制度和社会制度的基础。据此，法律面前人人平等的观念得到普遍认同和执行，国家的事务和人们的活动都必须以法律为依据。教育作为社会发展和社会生活中的重要活动，自然也需要法律作为规范和保障，也急需一套能在宏观上规范各级各类学校教育行为、在职能上协调各级各类学校功能，且由国家层面进行主导执行的，体现国家意志的统一规范，于是教育立法出现了。教育法规的出现和执行，不仅保障了教育事业本身的健康发展，还有利于年轻一代形成根深蒂固的法制观念，从而进一步巩固了现代社会的社会意识和法制基础。随着科学技术在社会生产中的不断运用，对劳动者的知识文化、技术素养的要求也越来越高、越来越复杂，因此对培养人才的学校也就提出了更高的要求。为了使各级各类学校形成一个有机的教育系统，就更需要用更为完备、合理的法律体系来进行规范，于是，教育法也就逐渐成为一个完备的法律体系。在现代社会，教育法不仅规范着学校教育体系，甚至也规定着国家、社会、地方、学校、家庭等不同层面在教育中的权力、义务和责任。在此体系下，任何单位和个人都必须为体现国家和社会的整体利益，按照有关教育法的规定，根据规范的行动方式和程序开展教育教学活动，一切相关的人力、物力、财力的使用和管理也应有一定的规则和使用规范。只有这样，才能保证学校教育目标、方向的正确，保障教育教学活动的连续性与稳定性。

由此不难看到：教育法规是由国家制定或认可，并由国家强制力保证其实施的，调整教育活动中各种社会关系的法律规范的总和。对这一定义，可以从以下三个方面来理解：

第一，教育法规是由国家制定或认可的行为规范。这说明教育法规是国家意志在教育方面的反映，而非个人意志的结果。制定的教育法规是指由国家机关依据法定的权限和程序形成的在教育方面具有法律效力的规范性文件的总和。

第二，教育法规是国家强制力保证实施的行为规范，强制性是教育法的本质属性。教育法规的强制性表现在以国家的名义规定人们在教育活动中应该享有的权利和应当履行的义务，并有相应的国家机关保障实施。当然，这并不意味着教育法规只有通过国家的强制力才能得以实现，而是指在教育法规得不到正常实施时，需要通过国家的强制力来保证实施。

第三，教育法规是调整教育活动中各种法律性的社会关系的行为规范。这意味着教育法规调整的社会关系并不是教育活动中所有的社会关系，只有当教育活动中的某些社会关系需要以法律的形式进行规范时，这些社会关系才成为教育法所调整的范畴。主要涉及以下几类关系：各级政府在教育行政方面的职权分工关系、学校与行政机关的关系、学校与矫治员工的关系、学校与学生的关系、学校与社会的关系等。

（二）教育法规的基本特点

作为国家法律整体的一部分，教育法首先具有一般法律所具备的共同特点。强制性、普遍性和规范性就是其中的一般特征。

从其特殊性的角度看，教育法指向的调整对象是教育领域的社会关系。而教育领域的社会关系又有行政机关与学校、学校与教师、学校与社会、学校与家庭、教师与学生、教师与教师、学生与学生等主体之间管理与被管理、教育与被教育等方面的关系，这些关系是极其复杂的。总体上看，反映了教育与社会千丝万缕的联系。

总之，教育法规是现代教育发展的产物，是现代国家的一个重要的立法领域。随着现代教育的发展，它不仅表现为法律数量的大规模增长，也表现为法律地位的增强、法律调控范围的扩大，以及法律向教育领域的各个方面、各个层次所进行的大规模的功能扩张。

第二节　我国现行基础教育制度与法规

在现代教育中，学校教育制度（学制）的建立，是制度化教育的典型表征。学制是一个国家各级各类的学校的系统，它规定学校的性质、任务、入学条件、修业年限以及它们之间的关系。学制受到社会生产力发展水平和科学技术发展水平、政治制度和意识形态、人口发展状况和青少年心理特征等的制约。

从世界范围说，现代教育制度始于18、19世纪欧美国家的义务教育制度。在我国，1904年清政府以日本学制为蓝本，颁布了《奏定学堂章程》，这是我国第一个实际执行的现代学制，因该年为农历癸卯年，故称“癸卯学制”。至1911年，该学制随着清政府的覆灭而废止。1922年，中华民国全国教育联合会又以美国学制为蓝本，提出了改革学制方案——“壬戌学制”，又称“六三三学制”。这一学制虽然后来几经修改，但基本上是民国时期的学制模式。

1949年新中国成立后，中华人民共和国中央人民政府政务院于1951年颁布了《关于改革学制的决定》，确定了中华人民共和国的新学制。与以往学制相比，该学制的显著特点是：强调了全国人民特别是工农干部受教育的权利，体现了教育为工农服务的方针；规定了各类技术学校和专门学院在学制中的地位，体现了教育为生产建设服务的方针；学历教育和非学历教育在学制中都有重要地位，体现了正规教育和非正规教育同样受到重视的特点。之后我国教育制度随着时代发展，有一定的变化，但社会主义教育的基本特点一直得到保持。

1986年，我国颁布了《中华人民共和国义务教育法》，标志着我国基础教育的基础性在学制中得到法律层面上的强调和保障;高中阶段实施职业教育与普通教育的分轨,大学教育以四年制本科和二至三年的专科教育为主体等。我国教育的基本建构从此得到了法律的明确规定和保障。

一、我国教育制度的内容和范围

我国教育基本制度,由学校教育制度,义务教育制度,职业教育制度、成人教育制度、扫除文盲教育制度,国家教育考试制度、学业证书制度、学位制度,以及教育督导制度和教育评估制度构成。

(一)我国学校教育制度的基本内容

《中华人民共和国教育法》第十七条规定:"国家实行学前教育、初等教育、中等教育、高等教育的学校教育制度。"由此规定了我国学校教育制度的基本内容。

学前教育,也称幼儿教育,一般是指根据一定的培养目标和幼儿的身心发展特点,对入学前的幼儿进行的有计划的教育,是我国学校教育的预备阶段和基础阶段。我国《幼儿园管理条例》第十一条规定:"国家实行幼儿园登记注册制度,未经登记注册,任何单位和个人不得举办幼儿园"。国家中长期教育改革和发展规划纲要(2010—2020 年)对学前教育的投资和管理体制进行了明确的规定:"把发展学前教育纳入城镇、社会主义新农村建设规划。建立政府主导、社会参与、公办民办并举的办园体制。大力发展公办幼儿园,积极扶持民办幼儿园。加大政府投入,完善成本合理分担机制,对家庭经济困难幼儿入园给予补助。"至此,为我国学前教育事业的健康发展奠定了坚实的基础。

初等教育,实施初等教育的机构为小学,又称小学教育,学习年限为 5—6 年,其任务是对 6—12 周岁的少年儿童进行德、智、体诸方面的基础教育。

中等教育,是在初等教育学基础上继续实施的中等普通教育和职业教育,在整个学校教育系统中有承上启下的作用。中等教育分为初级中等教育和高级中等教育两个阶段,学习年限各 3 年,或初中 4 年,高中 3 年。教育对象是 12—18 周岁的少年或青年。

实施普通中等教育的机构是初级中学和高级中学,主要负责为高一级学校输送合格新生以及培养劳动后备力量的任务。实施中等职业技术教育的机构是初等职业学校、职业高中、中等专业学校、技工学校。这些学校既要进行必要的科学文化技术知识教育,也要开展一定的职业技能训练,担负培养初、中级专业技术人员和技术工人的任务,为公民的劳动就业做准备。

高等教育,根据《高等教育法》的规定,高等教育包括学历教育和非学历教育,教育形式主要有全日制和非全日制两种,对于非全日制教育,教育实施手段主要有广播、电视、函授及其他远程教育方式等。高等学历教育又分为专科教育、本科教育和研究生教育,其修业年限分别为专科 2—3 年,本科 4—5 年,硕士研究生教育为 2—3 年,博士研究生为 3—4 年。非全日制高等学历教育的修业年限应适当延长,高等教育由高等学校和其他高等教育机构实施。除此以外,《高等教育法》还对高等教育的入学资格,学业证书、学位和继续教育等方面加以规定,进而全面规定了高等教育的基本制度内容。

（二）与学校教育制度配套的其他教育制度

1. 义务教育制度

义务教育是国家统一实施的所有适龄儿童、少年必须接受的教育，是国家必须予以保障的公益性事业。《中华人民共和国义务教育法》对我国实行的义务教育制度作了具体的规定。在其第十一条第一款规定："凡年满六周岁的儿童，其父母或者其他法定监护人应当送其入学接受并完成义务教育；条件不具备的地区的儿童，可以推迟到七周岁。"目前，我国义务教育的学制分为"九年一贯制"、"六三制"、"五四制"等不同情况。

为确保义务教育制度的顺利实施，有义务承担相应责任的有关方面主要是：国家与社会，学校，家庭与适龄儿童、少年。

2. 职业教育制度、成人教育制度、扫除文盲教育制度

（1）职业教育制度

职业教育是指对受教育者进行从事某种职业或生产劳动需要的专门知识和操作技能的教育。《中华人民共和国教育法》第十九条中规定："国家实行职业教育制度"。

在现代社会，职业教育的发展水平和质量，往往是影响向劳动者整体素质和训练水平的重要因素，它为国家经济、社会的健康可持续发展奠定重要的人力资源基础。

（2）成人教育制度

成人教育，是指通过业余、脱产或部分脱产等途径对成年人进行的各种类型和各种层次的科学文化知识、岗位职业知识与技能的教育。《中华人民共和国教育法》第十九条第一款中规定：国家实施"成人教育制度"，第三款规定："国家鼓励发展多种形式的成人教育，使公民接受适当形式的政治、经济、文化、科学、技术、业务教育和终身教育。"

成人教育制度的实施是社会实现终身教育理念的重要的保障制度。

（3）扫除文盲教育制度

扫除文盲教育是为使不识字或识字少的成年人获得初步的阅读、写字、计算能力而进行的最基础的文化教育。《中华人民共和国教育法》第二十三条规定："各级人民政府、基层群众性自治组织和企业事业组织应当采取各种措施，开展扫除文盲的教育工作。"新中国教育的标志性成就之一，就是在这样一个人口众多的发展中国家，基本实现了扫除文盲。

3. 国家教育考试制度、学业证书制度、学位制度

（1）国家教育考试制度

国家教育考试是指由国家批准实施教育考试的机构，根据一定的考试目的，按照国务院教育行政部门所确定的考试内容、考试原则、考试程序，对受教育者的知识能力进行的测定和评价，也是检验受教育者是否达到国家规定的教育标准的重要手段。我国现行的国家教育考试包括：按国家规定进行的统一入学考试；学历认证考试；水平考试。

《中华人民共和国教育法》第二十条第一款规定："国家实行国家教育考试制度"；第二十条第二款规定："国家教育考试是由国务院教育行政部门确定种类，并由国家批准的实施教育考试的机构承办。"

（2）学业证书制度

学业证书是颁发给受教育者，表明其受教育程度及其达到的知识水平和能力的凭证，通常与国家的学制系统相联系。受教育者完成不同阶段的或不同类型的教育，可获得相应的学业证书。

《中华人民共和国教育法》第二十一条规定："国家实行学业证书制度。""经国家批准设立或者认可的学校及其他教育机构，按照国家有关规定，颁发学历证书或者其他学业证书。"学业证书的发放是一种国家的特许权力，只有经过国家批准或认可的教育机构或教育考试机构才有资格颁发学业证书，这就确保了学业证书的权威性、严肃性和有效性；同时，受教育者必须经过一定的考试或考查，经鉴定合格者，才能获得一定的学业证书。

另外，对于任何未经批准和认可的机构，擅自招生和发放学业证书，任何教育机构擅自发放超过其层次和职能范围的学业证书，都是违反国家规定的，教育行政部门有权对其依法进行惩处。

(3)学位制度

学位是国家或国家授权的教育机构授予个人的一种终身的学术称号，表明学位获得者所获得的学术或专业技术水平。

《中华人民共和国教育法》第二十二条规定："国家实行学位制度。""学位授予单位依法对达到一定学术水平或专业技术水平的人员授予相应的学位，颁发学位证书"。从 1981 年实行的《学位条例》开始，我国建立了学位制度。《学位条例》第三条规定："学位分为学士、硕士、博士三级。"我国学位又按哲学、经济学、法学、教育学、文学、历史学、理学、工学、农学、医学、管理学和军事学 12 个学科门类进行授予。

在 20 世纪 80 年代中期以后，我国学位制度又进行了一些改革与调整，增设了应用性、实践性较强的"专业学位"。如"工商管理硕士(MBA)"、"医学博士(临床)"、"教育硕士"等。这些专业学位的设立，有利于我国人才培养的多样化发展，也有利于满足我国社会主义现代化建设的多样化需求。

4. 教育督导制度和教育评估制度

(1)教育督导制度

教育督导是政府对教育工作进行宏观管理的一种形式，是政府依法治教，对教育工作实行行政监督的有效手段。

《中华人民共和国教育法》第二十四条中规定："国家实行教育督导制度"。1991 年，原国家教委颁布的《教育督导暂行规定》中规定："教育督导的任务是：对下级人民政府的教育工作、下级教育行政部门和学校的工作进行监督、检查、评估、指导，保证国家有关的教育方针、政策、法规的贯彻执行和教育目标的实现。"

(2)教育评估制度

教育评估是指各级教育行政部门或经认可的社会组织、对学校及其他教育机构的办学水平、办学条件、教育质量进行的综合或单项考核和评价，是政府对教育机构实施宏观管理的重要手段。

《中华人民共和国教育法》第二十四条规定："国家实行教育督导制度和学校及其他教育机构教育评估制度。"目前我国所进行的教育评估类型主要包括合格评估、水平评估和选优评估。

我国教育评估的领导和实施机构，是各级人民政府及其教育行政部门。各级人民政府和教育行政部门要组织党政机关部门和教育界、知识界以及用人部门参与社会评估，这是加强学校与社会联系、接受社会监督的有效方式。经批准设立的专业性行业组织和机构，可受教育行政部门的委托，对学校及其他教育机构进行适当类别的教育评估。

二、我国教育法规简介

（一）中华人民共和国教育法

《中华人民共和国教育法》（以下简称《教育法》）是由全国人大1995年审议通过的。它仅次于《中华人民共和国宪法》，与我国的《刑法》、《民法》等处于同等的法律地位，都属于国家基本法律。在我国的整个教育法律体系中，《教育法》是统帅，处于“母法”和“根本大法”的地位。

《教育法》对涉及一个国家教育的全局性重大问题，作了根本性和原则性规范，并为其他教育法规的制定提供立法依据。如教育的性质和地位、教育方针、教育的基本原则、教育基本制度、学校的法律地位、教育与社会的关系等。所以说，教育基本法是构成一个国家的教育法律体系的基础。

（二）中华人民共和国教师法

《中华人民共和国教师法》（以下简称《教师法》）从1986年开始起草，1993年10月31日颁布，1994年1月1日起施行。

从立法宗旨上看，《教师法》第一条里即进行了明确的说明，包含以下三方面内容：保障教师的合法权益，提高教师的社会地位；加强教师队伍建设，提高教师的综合素质；促进教育事业的发展。

《教师法》的颁布和实施，主要体现了三个方面的重大意义：我国教师有了维护自己合法权益的法律武器；教师队伍有了规范化的管理机制；全社会尊师重教有了法律保障。

（三）中华人民共和国高等教育法

《中华人民共和国高等教育法》（以下简称《高等教育法》）是以宪法和《教育法》为依据制定的，是全面规范高等教育领域的各种法律关系，保障和推动我国高等教育事业改革与发展的重要法律体系，是我国教育法规的重要组成部分。

《高等教育法》于20世纪80年代开始起草，1998年8月29日第九届全国人大常委会第四次会议通过，1999年1月1日开始实施。该法律的颁布实施，为高等教育事业的健康发展，为科教兴国战略的顺利实施，为促进社会主义物质文明、政治文明和精神文明的建设提供了坚实的法律保障。《高等教育法》第二条第一款中关于“在中华人民共和国境内从事高等教育活动，适用本法”。这意味着：只要在中华人民共和国境内，无论是何种组织和个人，包括境外和国外的组织和个人，只要从事与高等教育有关的活动，都适用本法。

该法律明确规定了我国高等教育的原则，在学制部分，对高等教育的类型及实施机构、学业标准、修业年限、入学条件等都做了明文规定；同时，也明确了高等教育的任务与职能、自主权及相关义务；管理体制及学生的权利、义务等，为我国高等教育的健康发展，提供了坚实的法律保障。

(四)中华人民共和国义务教育法

《中华人民共和国义务教育法》(以下简称《义务教育法》)于1986年4月12日第六届全国人大第四次会议审议通过,并与1986年7月1日开始施行。

这是我国建国以来颁布的第一部直接与教育有关的法律,它的颁布、实施,有力地推动着我国基础教育的普及和全民素质的提高。该法律的颁布实施,为保证全体国民基本素质的持续提升,为优先发展教育的基本国策得以执行,提供了法律依据;同时,也为全社会重视基础教育,维护师生合法权益,提供了可靠的法律保障。

该法律颁布实施后,我国各地九年义务教育的推进质量和范围都得到极大提高。国民人均受教育水平从1986年的4.1年,到2010年,九年义务教育普及率达到95%以上,青壮年文盲率下降到5%以下。在不到30年的时间内,我国义务教育的规模和速度走完了一些发达国家几十年、甚至上百年才走完的路程,取得了辉煌的成就。

(五)中华人民共和国职业教育法

《中华人民共和国职业教育法》(以下简称《职业教育法》)由中华人民共和国第八届全国人大常委会第十九次会议于1996年5月15日通过,自1996年9月1日起施行。

该法律的颁布实施是我国教育法制建设史上的一件大事,是深化职业教育改革和促进职业教育事业进一步健康发展的有力保障。

纵观世界各发达国家的教育结构和人力资源分布状况,不难看出:发达的职业教育为社会培养了一支高素质的劳动大军,是其中非常重要的保障因素。在我国的现代化建设进程中,同样需要规模庞大、种类齐全、训练有素的劳动者队伍。

《职业教育法》颁布实施以来。对于推进实施"科教兴国"战略,推动职业技术教育发展,提高劳动者素质,进而为全面建设小康社会,均发挥了巨大的作用。特别是我国当前正处于产业调整、升级换代的关键时期,经济发展中的技术含量提升,知识经济特征的不断凸显,都要求劳动者的文化素质、技术素质、道德素质得到整体提升。时代的发展对职业技术教育发展提出了现实的、急迫的要求。所以,《职业教育法》的颁布实施,不仅对职业技术教育领域,甚至对我国经济、社会的长期可持续发展,都奠定了重要的基础。

(六)中华人民共和国民办教育促进法

《中华人民共和国民办教育促进法》(以下简称《民办教育促进法》)于1996年10月第八届全国人大常委第二十二次会议决定制定本法,2002年1月提交全国人大常委会表决,2003年9月1日正式实施。

作为一部规范民办学校的设立和办学活动的重要法律,《民办教育促进法》为推动"科教兴国"的战略实施,促进民办教育的健康发展,维护民办学校和受教育者的合法权益,都起到了积极的保障作用。

作为一部教育法的配套法律,该法无需对教育问题面面俱到,因为民办教育所涉及的教育基本性质和共性的问题,在《教育法》、《义务教育法》、《教师法》、《职业教育法》、《高等教育法》等相关的法律中都有规定，民办教育自然也应该遵守。本法主要根据民办教育的特点做出相应的规范，解决影响民办教育发展的主要问题。其立法宗旨是：确立民办教育在社会主义教育事业中的地位和作用，体现积极鼓励、大力支持、正确引导、依法管理的方针，规范民办学校的办学行为，规范政府的管理行为，保护举办者、民办学校和师生的合法权益，促进民办学校健康有序地发展。

（七）中华人民共和国未成年人保护法

《中华人民共和国未成年人保护法》（简称《未成年人保护法》）于 1991 年 9 月 4 日经第七届全国人大常委会第二十一次会议通过，1992 年 1 月 1 日起施行。

本法所说的“未成年人”是指未满 18 周岁的中华人民共和国公民。立法的目的是保护未成年人的身心健康，保障未成年人的合法权益，促进未成年人在品德、智力、体质等方面全面发展，把他们培养成为有理想、有道德、有文化、有纪律的社会主义事业接班人。

该法律体现了保护未成年人的合法权益、尊重未成年人的人格、适应未成年人身心发展的特点，该法以教育和保护相结合等为基本原则并从家庭保护、学校保护、社会保护和司法保护等方面进行了较为全面的法律规定。

（八）中华人民共和国预防未成年人犯罪法

《中华人民共和国预防未成年人犯罪法》（简称《预防未成年人犯罪法》）于 1994 年开始起草，九届全国人大常委会第十次会议 1999 年 6 月 28 日通过，1999 年 1 月 1 日起实施。

青少年犯罪，作为当代全球性的社会问题之一，在我国也日显突出。该法律的颁布实施，体现了保护未成年人健康成长，保护学校各项教育工作顺利进行，以及维护社会秩序，形成良好的社会环境等基本原则。

围绕着“预防”这一主题，该法律体现了教育与保护相结合、目前与长远相结合、综合治理与专项斗争相结合的基本原则。

（九）学生伤害事故处理办法

《学生伤害事故处理办法》（简称《办法》）于 2002 年 6 月 25 日以规章的形式即教育部令第 12 号正式颁布，并于 2002 年 9 月 1 日起实施。

从该法的立法宗旨上看，《办法》第一条明确指出：为积极预防、妥善处理在校学生伤害事故，保护学生、学校的合法权益，根据《教育法》、《未成年人保护法》和其他相关法律、行政法规及有关规定，制定《办法》。它对加强学校安全工作、积极预防、妥善处理学生伤害事故，保护学生和学校的合法权益，以及依法处理学生伤害事故等都提供了依据。

第三节　国外当代典型的教育制度与法规简介

发达国家教育法制建设历史悠久，成效卓著。由于国家体制、民族传统以及由此形成的法律制度不同，各个国家对法的运用及所强调的侧重点并不一致。如美、加教育立法的多样性；法、日教育立法上的高度集权；德国职教法规的独树一帜；可谓各具特色。但是，各个国家通过教育立法来体现国家对教育的干预和管理这一原则，却是始终不变的共性。其主要表现为：

一是法域宽广，由初始的义务教育到如今国民教育系统的所有领域，皆有相应的立法，如日本，教育立法已遍及学前、学校、社会、产业、边远地区教育，以及教育行政、财政、职员、私立教育、师范教育等方方面面。

二是种类繁多，据不完全统计，仅国家教育立法的种类，美国联邦有成文法规 80 余种，日本则多达 180 余种。

三是内容十分丰富而宽泛，从教育行政体制设置、各级各类学校的性质、培养目标、入学条件、修业年限，到关于应开设课程、教育内容、授课时数的原则性规定；从教育经费的筹集、使用到教职员的责任、权力、利益、资格、进修、待遇、考核，以及私立教育、家庭教育等，几乎无所不包，内容极为丰富。

四是层次完整，这些国家都在宪法的教育条款下，以“教育基本法”为基础作原则性规定进行统率，以“学校教育法”为核心作一般性规定，下设各单项教育法规进行具体规范，并以“实施细则”、“实施办法”使之更加具体可行，再加上因地制宜的各级地方教育立法和日趋重要的不成文法，构成了相当完整的立法层次。

一、美国教育制度及法规简介

美国是世界上教育事业最发达的国家之一。美国教育体系早在其建国时就初具规模，经过 200 多年的发展和逐步完美，形成了今天由四个阶段构成的教育体制。即：学前教育(pre－school education)、初等教育(elementary education)、中等教育(secondary education)和高等教育(higher education)四个阶段。从学前教育、初等教育到中等教育，都属于大学前(pre－college)的教育，包括保育学校(nursery school)、幼儿园(kindergarten)、小学、初中(junior high school)和高中(high school)。

美国教育制度和大多数其他国家教育制度的一个主要不同点，是美国的教育为社会上每一个人而办，不是专为少数人而设。用税款兴办的免费教育，除了设立一般学校的科目如数学、历史、语文外，还有诸多指向生产、生活必要技能的实用性课程，如缝纫、打字、无线电与汽车修理等科目。学生可依自己的兴趣、个人未来的计划和才能，从许多科目中自行选修。美国教育的主要目的，在于发展每个孩子的才能，不管它高或低到什么程度，同时给每个孩子灌输公民意识。

在美国的教育体制中，尤其以高等教育和职业技术教育更具特色。这其中，高等教育和职业教育立法起到了不可忽视的重要作用。其相应的法律法规体系建设的基本概况是：

早在 1862 年，林肯签署了第一个大学法即《莫雷尔法》。规定由政府拨地在各州兴办农业和工艺学院，以提高农业和工业教育的地位。此法案作为第一个高等教育法案在美国高等教育发展史上具有重要意义。它表明了联邦政府通过直接向各州提供资助的方式来促进那些往往被州所忽视，而对国家发展具有重要意义的学科。根据这一法案兴办的学校被称为“土地捐赠学院”，这种学院强调直接为经济发展服务的实用性科学技术，改变了欧洲高等教育重学轻术的旧传统，在推动高等教育与社会发展密切配合、促进美国产业革命和工农业生产的迅速发展上，发挥了重要作用。

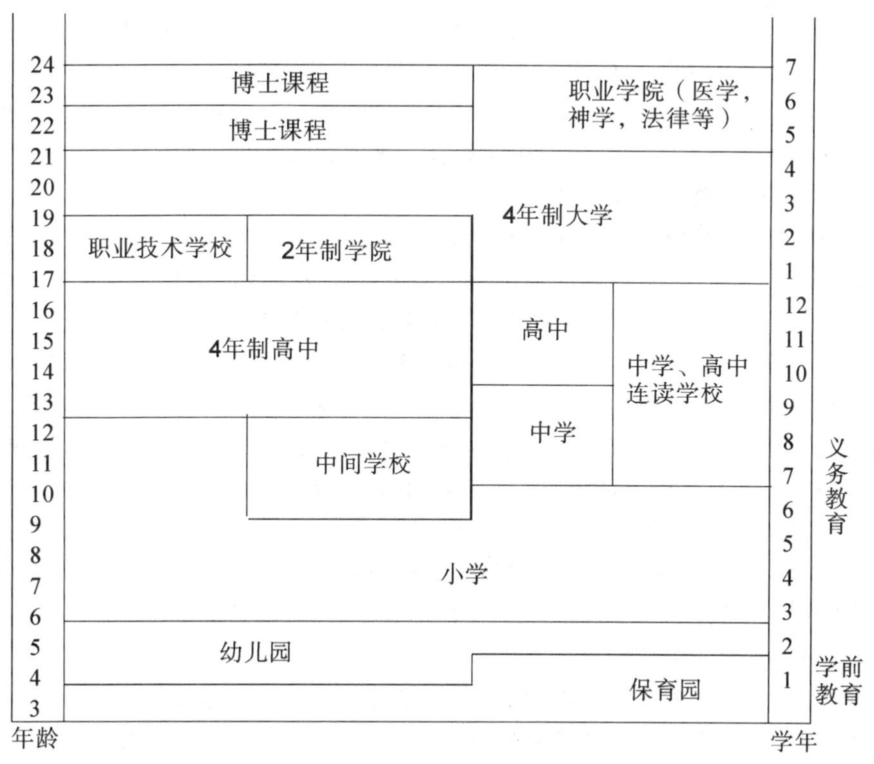

图 4—1 美国学制示意图

二次世界大战后，特别是在前苏联发射第一颗人造卫星后，美国惊呼自己教育的落后，于 1958 年制定了《国防教育法》，该法被称之为美国教育史上划时代的法律典范，对于全面推动各级学校改革，倡导利用各种现代化技术手段为教育服务产生了重要作用。此后美国又陆续制定了一系列教育法规，涉及到教育的各个方面，对美国教育的发展起到了保障和促进作用。

美国高等教育的立法基本都涉及到经费的资助问题，并且都以大量的篇幅来规定资助的项目，拨付经费的多少，如何分配、申请、使用、监督等内容。资助效力促进了高等学校的类型结构多样化，推动了学科建设和课程改革。联邦通过立法，用资金资助的方式，引导各院校尽力开设适合学生可接受的课程或可接受的方式实施教学。同时，改善了教学设施。在其后的高等教育法修正案中，一直把对高等教育机构资助作为立法拨款资助的重点，向学生贷款，支持学生完成学业。

在职业教育法方面：美国最早的职业教育法应属 1917 年的《史密斯·休斯法》(Smith—Hughes Act)，这也是世界上最早的职业教育立法。这次立法意义就在于正式确立了职业教育的内容是农业教育、家政教育和工商教育三科，明确了联邦政府发展职业教育的目标和方法。19 世纪 60 年代后美国的服务业得到了快速发展，过去以制造业为主的职教立法需要进行新的调整。1917 年的法案所确立的农业、家政和工商三科，已不适应“战后”经济高速发展以及人们对失业恐惧的现实，重新明确职业教育迫在眉睫，其中关键就是要扩展现有课程以及发展新课程。为了将社会出现或需要的新科目纳入社会的整体发展规划中，1963 年通过了新的《职业教育法》。该法案的重点从职业分类转向服务对象，其新的目标是维持、扩展和改进职业教育，使所有社区、所有年龄的公民都有平等的机会接受高质量的训练和再训练，这种训练与劳动市场的就业机会和学生需要、兴趣和能力紧密联系，更具实用性，使传统的以提供市场所需劳动力为导向的职业教育，转变成为以满足个人就业之所需为核心。与此同时，1963年的《职业教育法》将职业教育定义为“无论公立或私立学校，凡其课程设计的目的在于提供个人就业所需的技术的职业教育。这就大大扩展了职业教育的内涵，而不仅局限在原来的农业、家政和工商三科。

在课程变化发展的趋势上，随着美国科技的迅猛发展，工作岗位对从业人员学术能力和工作技能的要求越来越高，劳动者的理论理解能力和独立学习能力越来越重要。加强职业教育中的学术内容，可以使职业学校的学生有足够的理论基础以应对技术变化，为解决问题和革新技术做好准备。对于普通高中来说，增强普通教育的学术性和职业性，既可以使学生为进入大学做准备，又加强了学校教育与未来工作的联系，增强了学生的学习动机。出现了职业教育与普通教育内容融合的趋势，职业与专业的界限日渐模糊。在对1963年的《职业教育法》修改中，为使更多的人能接受职业教育，该法案将联邦的拨款适用对象大幅度放宽，除在校高中生外，还包括高中毕业生、在职训练人士、残障人士、经济困难者、有学习障碍者、提供职业教育师资培训或在职进修者，打破了《史密斯法案》以高中在校生为限的规定。这样，原本以提供市场劳动力为导向的职业教育，就转变成为以满足个人就业所需为主，完全以人的需要为原则，而非工厂的要求。

在资助上，由于经济困难是造成学生包括职教学生失学的重要原因。在1963年的法律修订中，为了保证就学人员的学业顺利进行，特提出了不仅限于高中生，也适用于一般技术学院及社区学院学生的“工读项目”(work- study program)。1984年的《帕金斯法》更是将美国职业教育带入一个新境界，开启了全民职业教育之门。该法取消了对受助学生的年龄限制，进一步大幅放宽补助对象，对因为转业或求职而需要接受职业教育的成人、妇女、单亲家长的帮助更为重视。至此，职业教育的功能可以说发生了很大的转变，由原本提供就业所需的技术，扩大到具有社会福利和社会救助的功能，使经济有困难的人通过职业教育掌握一技之长，职业教育可以说成了个人谋生乃至改善生活品质的基本手段。

1994年，又通过了《从学校到工作机会法》(STWOA)。该法的宗旨是使学生能够更顺利地向工作实现过渡。该法有三个主要改革方面：(1)以工作为基础的学习活动应包含支薪的工作经验，训练计划，实地指导；(2)以学校为基础的学习活动应包含职业探索咨询，设计的课程应符合高学术标准，并提供高等教育的学习渠道；(3)利用学生分班、学员训练、案例管理等方式建立就业及学校之间的沟通桥梁。该法规定学校要为学生提供学术教育，同时该法还鼓励学校教给学生具体的工作技能。规定行业部门负责延伸的学习机会，如提供合作学习课程，向高中学生提供实习职位。

二、日本教育制度及法规简介

自明治维新以后，日本全国的发展态势均迅速与世界发达国家接轨，在教育法规方面也不例外，并且对于日本教育的现代化发挥了很大作用。

1947年，日本公布了《教育基本法》。该法规制定了教育方针、目的、内容以及教育原则等，否定了战时军国主义教育政策，是战后日本教育改革的开端，为日本战后教育发展指明了方向。此后，又制定了《学校教育法》和《教师许可法》。为大学、短期大学、研究生院和中小学、专修学校等设立标准,并相应地规定了包括有关图书馆、博物馆等的一系列法律和法规,逐渐形成一个较为完整的教育体制。日本在重视教育,努力把教育纳入法制化轨道方面,为教育发展提供了完善的法律环境,做到了教育立法与国家教育政策的紧密结合。

由于教育立法适用面广、时间性强的特点,当需要建立或修改一项法律制度时,必须通过立法机关,经历一定的立法程序。因此,日本教育法除必须制定适用于指导教育发展基本态势的相对稳定的法律外,对于调整关系变动较快,时间性、针对性较强,适用范围较为特定,不宜于固定的立法程序制定法律的情况,一般多采用国会立法与地方立法相结合的方式,较快地以条例、规则等形式,制定中央或地方法规之类的法律文件,发挥与国家立法同样的作用,体现了立法形式的灵活性。

现代日本教育法体系,体现了一个多层次、多方位的教育立法结构。日本以《教育基本法》为支柱,制定了《学校教育法》、《社会教育法》、《私立学校法》、《教育公务员特例法》、《教育职员许可法》和《文部省设置法》等一系列法律。这一整套法律不仅构建了战后日本教育的新体制,而且使日本在战后面临思想混乱和经济困难的情况下,保障了国民受教育的权利,保证了教育管理和学校活动的正常进行,确定了教育在社会经济发展中的地位,对战后日本教育改革、科技人才的培养、国民素质的提高,及日本经济的迅速发展起到了巨大的推动作用。

【教育名著简介】——《终身教育引论》

写作背景:

保尔·朗格朗(PaulLengrand,1910—2003)是法国当代著名的成人教育家,终身教育理论的奠基者。1910年12月21日出生于法国加莱的康普兰。大学毕业后,在中小学任教多年,积聚了丰富的教育实践经验。20世纪30年代转向成人教育实验,建立职工教育中心和“民众与文化”协会,富有成效的活动奠定了其成人教育思想基础。从1948年开始供职于联合国教科文组织秘书处,1951年任联合国教科文组织成人教育科科长,后还担任继续教育科科长、终身教育科科长、教育研究所代理所长等职,1971年从联合国教科文组织卸任。著作《终身教育引论》是终身教育思想的代表作。1965年,联合国教科文组织召开第三届促进成人教育国际委员会会议,联合国教科文组织成人教育科科长保尔·朗格朗提交了“终身教育议案”,重新认识和界定教育,不再将教育等同于学校教育,而视教育为贯穿整个人生的、促进个体“学会学习”的全新概念,从而打破家庭教育、学校教育、社会教育之间彼此隔离的状态,构筑起民主化的终身教育体系。为此,终身教育思想被誉为“可以与哥白尼日心说带来的革命相媲美”,是“教育史上最惊人的事件之一”。

内容简介:

终身教育作为一种国际教育思潮,最初形成于20世纪50年代末60年代初的欧洲。进入70年代后,终身教育思想“几乎在世界范围内博得了赞许”。在《终身教育引论》中,作者保尔·朗格朗详细阐述了其对终身教育的理解。

本书分为两个部分:

第一部分,作者试图说明终身教育在各个阶段中逻辑的和有机的发展。

作者通过分析现代人所面临的各种挑战,认为传统的教育体系已经不能满足急剧变化的社会的需要,因此他主张建立一体化的终身教育体系。他说,“对于人,对于所有的人来说，生存从来就是意味着一连串的挑战。”

(2)接着分析了实行终身教育的阻碍与动力。作者认为，虽然诸多的现实挑战在呼唤终身教育，但是仍然存在阻碍教学变革的保守的力量。通过对阻碍力量的分析，他明确指出了四种对教育体系变革起决定性作用的因素：政治革命、消费者的论战、发展及其问题、成人教育。

(3)作者认为，“一个人有了一定的知识和技能以后便可以终生应付裕如，这种观念正在迅速过时并在消失之中。”“教育正处于实现其真正意义的过程之中，这种意义不在于获得一堆知识，而在于个人的发展，在于作为连续经验的结果得到越来越充分的自我实现。”这也是终身教育的总的概念范畴。

(4)根据所搭建的关于终身教育的概念框架，作者进一步阐述了终身教育的内容、范围和目标。

(5) 实施终身教育无一定的模式可循，因为各国有具体的情况、实际背景和急需解决的教育问题，但是可以遵循一定的原则。作者从影响终身教育的各方面，进行了具体的分析。

作者强调必须在思想与实践上把应用于儿童、青少年、成人的教育目标和方法联系在一起，“教育和训练的过程并不随学校学习的结束而结束，而是应该贯穿于生命的全过程。”

第二部分，作者提出若干建议，同时对前一部分中需要进一步说明的问题进行阐释，是对第一部分内容的具体化。

【精彩片段选读】

“在人生的每个阶段，都可以接触和学习许多形式的智力、体力方面的知识技能，它们的大门总是敞开着的。”

“学习的过程也是一种习惯，任何一个在青年时期掌握了一定技艺的人可以在任何时候成为新技能的初学者和实践者。”

“对于十分之九的人来说，教育就意味着学校，意味着性质特殊的、用过程、方法和专业人员体现其内容的一种活动 —— 一个只能用它自己特有的名称‘学界’来描述的世界。殊不知，学校是生活中的一个插曲，有出口的。”

“(对于大众传媒对人的影响)说到底，唯一有效的过滤器是对这些文化商品消费者良好判断能力、鉴赏能力和在知识上不受束缚的精神进行培养。必须鼓励和通过艰苦而系统的教育来训练听众和观众学会选择。他们必须从幼年、从家庭、从学校起就习惯于选择；他们必须习惯于对某种节目说“好”而对另一种节目说“不好”。还必须对用于这种娱乐和休息的时间长短做出决择。人在闲暇问题上最难但又最重要的训练，无疑是要学会把自己的时间合理地用于工作和休息，用于集体生活和独处，用于学习和娱乐。”

“终身教育的原则是：一要保证教育的连续性以防止知识过时。二要使教育计划和方法适应每个社会的具体要求和创新目标。三要在各个教育阶段都努力培养新人，使之能适应充满进步、变化和改革的生活。四要大规模地调动和利用各种训练手段和信息，这些训练和信息超出了对教育的传统定义和组织形式上的限制。五要在各种形式的行动(技术的、政治的、工业的、商业的行动等)和教育的目标之间建立密切的联系。这些原则都服从于同一条件，这就是使教育成为生活的工具，成为使人成功地履行生活职责的工具。”

“教学的人格化：如果教育要有意义，那它就必须使每个人按照他自己的性格得到发展，而且这种发展应是他自己志趣、倾向和能力的一种综合作用，而不是让他按一种只适用于特定的对象即学得快而且对学校制度顺从的“天才学生”的既定模式来发展。”

“教育的对象：教育的对象是全面的人，是处在各种环境中的人，是担负着各种责任的人，简言之，是具体的人。而现代的人却是抽象化的牺牲品。”

“教育的目标：教育的目标就是要适应个人作为一种物质的、理智的、有感情的、有性别的、社会的精神的存在的各个方面和各种范围。这些成分都不能也不应当孤立起来，他们之间是互相依靠的。”

“小组活动：为了使小组能够很好地发挥作用，极为重要的是不仅要使全体成员都具有一种共同的精神，而是要遵守若干规则。规则是在对成功与失败的观察与解释的基础上一点一点地形成出来的某种方法的实质，它们涉及到参加者的人数、房间的安排、各个成员之间的关系、活动步骤等。”

“关于教育：教育就是利用人在其形形色色的全部经验中表现出来的智能来发展人。教育的重点应放在人上，放在发展上，放在差异的重要性上。”

【教育名家简介】——魏书生

魏书生(男，出生于1950年5月4日)，是一个在普通的教师岗位上兢兢业业，醉心教育事业并取得丰硕成果的当代教育改革家。在长期的教学生涯中，发表了《班主任工作漫谈》、《教学工作漫谈》、《好父母　好家教》、《好学生　好学法》等十九部个人著作，在教育思想、教育态度、教学方法、教育管理等多方面留下丰硕成果。由于其对教育教学境界的持续追求与获得的丰硕成果，在当代教育改革中产生了重大影响。获得了从“辽宁省优秀班主任”到辽宁省“功勋教师”、“模范校长”、全国教育工会授予“中国十佳师德标兵”、国家语委授予“全国青少年德育教育先进工作者”，全国总工会授予“全国五一奖章获得者”等多项荣誉。

魏书生的奇迹和荣誉是干出来的。他从1986年起任辽宁省盘锦市实验中学校长兼书记，后又兼盘锦市教委副主任，另外还有全国教育科学规划领导小组成员、全国中学学习科学研究会理事长、全国中语会副理事长等38项社会兼职。但他始终不离教学第一线，一直坚持上语文课，并当班主任。他是教书育人的模范。在他手下，再乱的班级也会变好，再差的学生也能成才。他所教班级的学生德智体全面发展，素质高，升学考试成绩每届都名列全市前茅。十多年来，魏书生已在除台湾地区以外的全国31个省、市、自治区和港、澳地区作报告1100多场，上公开课600多次，堪称全国之冠。他热爱教书，酷爱读书，也善于写书，至今已发表了100多篇文章，主编、撰写出版了15本书。其中《班主任工作漫谈》、《家教漫谈》和《魏书生文选》(一、二卷)等著作均已重印多次，越来越受欢迎和好评。《教育改革家——魏书生》一书出版时，陈慕华、孙起孟、陈锡联、张承先、柳斌等领导同志出席了在人民大会堂举行的座谈会，对魏书生及其有关著作给予了高度的评价。国家教委副主任柳斌同志还特地为《家教漫谈》一书题了词。魏书生是我国教育界的杰出代表。他工作出色，事迹感人，讲演精彩，文章漂亮，论著不同凡响。很值得人们去认真学习和研究。

思考与探讨

根据自己对教育制度与法律法规的认识，谈谈对当前我国教育制度与法律法规的关系。

第5章

教 师 与 学 生

☆教师是太阳底下最光辉的职业

——(捷克)夸美纽斯

☆教师是人类灵魂的工程师

——(前苏联)加里宁

☆选择了教师,就选择了高尚;选择了教师,就选择了理想。

—— 于漪

☆孩子是活生生的生命,美好的生命,因此对待他们就该像对待同志和公民一样,必须了解和尊重他们的权利和义务:享受快乐的权利,担当责任的义务。

——(前苏联)马卡连柯

教师和学生是教育过程的主体,是学校教育活动中两个最基本、也是最活跃的要素。正确认识教师在教育过程中的任务、作用、劳动特点和职业素养,了解学生的本质属性、权利义务以及当代学生的时代特点,理解师生关系的基本内涵,把握新型师生关系的特点以及优化师生关系的策略,对改进教育、教学工作,提高教育质量具有十分重要的意义。

第一节 教 师

一、教师职业的产生与发展

教师职业是人类社会中最古老的职业之一。从广义上讲,自从有了人类社会,就有了教育活动,也就有了教师。我国古籍记载的伏羲氏教民以猎、神农氏教民耕种的传说,说明当时就是长者为师,能者为师,富有经验的氏族首领是教育活动的主要承担者。从狭义上讲,教师职业是随着学校产生而出现的。当教育从生产劳动与日常生活中分化出来、专门的教育机构——学校产生后,教育青少年的责任开始由氏族首领转移到专职人员身上,教师工作也开始向职业化过渡。但在学校产生的初期，教师并不完全是专职的，我国奴隶社会很长一段时间就是“政教合一”、“以吏为师”。继私学的兴起与发展，才正式出现以教育为谋生手段的教师职业。西欧各国在中世纪存在大量的教会学校，由僧侣充任教师。到了近代，不仅有专门职业的教师，而且还出现了培训教师的专门机构——师范学校，这在教师职业的发展史上揭开了新的一页，即当教师的人需要专门的机构培养。

现代社会对教师的要求越来越高。不仅各国都在采取措施吸引优秀人才进入教师队伍，而且非常重视在职教师的培训，以不断提高教师的素质。发达国家一般都规定，教师每五年必须脱产进修一次。我国 20 世纪 90 年代起也规定了中小学教师每五年接受一轮继续教育，采取集中培训与校本培训相结合的方式。对教师的学历要求也越来越高。

二、中小学教师的作用与地位

(一)教师在社会发展中的作用

教师是学校中传递人类文化知识和技能，进行思想品德教育，把受教育者培养成一定社会需要的人的专业人员。教师的作用主要表现在以下几个方面：

1. 教师是人类文化科学知识的继承者和传播者

人类长期积累下来的精神财富，包括文化科学知识、文学艺术以及社会思想、哲学观点、生活习俗等能够世代相传，保存并发展，主要是依靠教师的作用。教师是连接过去与未来的纽带，是通向人类文明的桥梁。

2. 教师是社会经济发展的促进者

中小学教师虽不直接参加物质生产，但教师通过培养人，提高劳动者素质，对社会的经济发展起着重要作用。现代劳动力的形成，主要靠教师的教育和训练。教师不仅能提高劳动者的文化素质，使劳动者具有现代生产条件下的熟练劳动的能力，而且能使他们具有对科学成果物化的能力和科学管理能力，以及职业变换的能力。教师的劳动是现代物质资料的生产和再生产的必要条件，也是劳动能力生产和再生产不可缺少的重要条件。

3. 教师是“人类灵魂工程师”

教师是人的心灵的塑造者。每个人从儿童时代步入学校起，他的智力的开发和知识的获得，道德观、人生观、个性的形成都与教师的启蒙和塑造密切相关。教师就像雕塑家一样，根据不同的教育对象，采取不同的方法，精雕细刻，塑造美好的心灵，构筑人类的精神大厦。

(二)教师在教育过程中的作用

教师是受一定社会委托以培养学生为职责的专门的教育工作者。在教育过程中教师处于教育者、组织者和领导者的地位。

关于教师在教育过程中的地位，教育史上曾有两种截然不同的观点。以赫尔巴特为代表的“教师中心说”，强调教师在学生中的权威作用，认为“学生对教师必须保持一种被动状态”，教师应主宰整个教育过程。以杜威为代表的“儿童中心说”则认为，学生的发展是一种自然的过程，教师不能主宰它，而只能顺应它，主张教学的一切活动都要围绕学生的需要和兴趣来进行。“教师中心说”虽看到了教师在教育过程中的重大作用，却将处于同一教育过程中的学生的活动完全归于一种从属的被动活动，否定了学生的自主性和能动性。“学生中心说”强调学生学习活动的主动性和独立性，却无视教师在教育过程中的作用，把教师的主导作用降到从属、顺应的地位。这两派观点都有其片面性。我们认为教师在教育过程中应起主导作用。原因在于：其一，社会对受教育者的要求，主要是通过教师来实现的，教师根据一定社会制定的方针、政策去培养人，使学生的身心朝着社会要求的方向发展；其二，教师是教育活动的组织和设计者，教育活动的确定，教育内容的安排，教育形式与方法的选择，都要靠教师根据教育目的和学生的实际来设计和决定；其三，在教育过程中，教师总是知之在先，知之较多，并熟知教育和人发展的规律，而学生则处在发展过程中，需要教师进行正确引导，以促进其全面和谐的发展。

当然，肯定教师的主导作用并不意味着否定学生在教育过程中的主动性和积极性。教师的教育对象是具有主观能动性的学生，教师是否发挥了主导作用以及程度如何，首要的是看学生的积极主动性是不是调动起来了。教师的主导作用和学生的主动性总是互为条件、互为因果的，离开了学生的主动性，教师的主导作用就失去了它的主要内涵，失去了它的对象与归宿。

（三）教师职业的社会地位

一种职业的社会地位是由多种要素构成的，主要包括政治地位、经济地位和文化地位等，但最核心的是经济地位。教师对人类的进步和社会的发展做出了巨大的贡献，理应受到全社会的尊重。中华民族历来有尊师的传统。儒家经常把师与君相提并论。孟子在跟齐宣王对话时，引用《尚书》中“天降下民，作之君、作之师”[①]的说法，把君师并列起来。荀子也讲：“天地者，生之本也；先祖者，类之本也；君师者，治之本也。”[②]荀子还说：“国将兴，必贵师而重傅；贵师而重傅，则法度存。国将衰，必贱师而轻傅；贱师而轻傅，则人有快（肆意）；人有快则法度坏。”[③]后来，读书人家便把“天、地、君、亲、师”并列刻在牌位上，供奉于厅堂中。在读书人眼里，事师如事父，弟子平时见师，肃然敬立如见大宾。但在封建社会，广大童子之师，即从事基础教育的老师常常是待遇菲薄、地位低下。正如清代文人郑板桥在《教馆诗》中写道的：“教馆本来是下流，傍人门户过春秋。半饥半饱清闲客，无锁无枷自在囚。课少父兄嫌懒惰，功多子弟结冤仇。”这是过去学馆里广大教师生活的真实写照。所以，教师的地位也是比较复杂的。我国现阶段教师的社会地位发生了根本性的变化，教师已成为“工人阶级的一部分”。特别是党的十一届三中全会以后，党和政府一再强调尊重知识、尊重人才、尊重教师，并做了大量卓有成效的工作。1985 年 1 月 21 日，六届人大常委会通过决议，确定每年 9 月 10 日为“教师节”，开展尊师活动，奖励模范教师。1993 年 10 月 31 日，八届人大常委会通过了《中华人民共和国教师法》。2006 年 6 月 29 日十届人大常委会通过的新的《义务教育法》再一次明确规定：“全社会应当尊重教师。各级人民政府保障教师工资福利和社会保险待遇，改善教师工作和生活条件；完善农村教师工资经费保障机制。教师的平均工资水平应当不低于当地公务员的平均工资水平。在民族地区和边远贫困地区工作的教师享有艰苦贫困

① 《孟子·梁惠王下》。
② 《荀子·礼论》。
③ 《荀子·大略》。

地区补助津贴。"这一系列措施，使得教师权益法制化，对切实提高教师政治、经济地位有着重要的现实意义。

资料 5－1

《中华人民共和国教师法》摘录

第三条　教师是履行教育教学职责的专业人员，承担教书育人，培养社会主义事业建设者和接班人，提高民族素质的使命。教师应当忠诚于人民的教育事业。

第四条　各级人民政府应当采取措施，加强教师的思想政治教育和业务培训，改善教师的工作条件和生活条件，保障教师的合法权益，提高教师的社会地位。

全社会都应当尊重教师。

第七条　教师享有下列权利：

(一)进行教育教学活动，开展教育教学改革和实验；

(二)从事科学研究、学术交流，参加专业的学术团体，在学术活动中充分发表意见；

(三)指导学生的学习和发展，评定学生的品行和学业成绩；

(四)按时获取工资报酬，享受国家规定的福利待遇以及寒暑假期的带薪休假；

(五)对学校教育教学、管理工作和教育行政部门的工作提出意见和建议，通过教职工代表大会或者其他形式，参与学校的民主管理；

(六)参加进修或者其他方式的培训。

第八条　教师应当履行下列义务：

(一)遵守宪法、法律和职业道德，为人师表；

(二)贯彻国家的教育方针，遵守规章制度，执行学校的教学计划，履行教师聘约，完成教育教学工作任务；

(三)对学生进行宪法所确定的基本原则的教育和爱国主义、民族团结的教育，法制教育以及思想品德、文化、科学技术教育，组织、带领学生开展有益的社会活动；

(四)关心、爱护全体学生，尊重学生人格，促进学生在品德、智力、体质等方面全面发展；

(五)制止有害于学生的行为或者其他侵犯学生合法权益的行为，批评和抵制有害于学生健康成长的现象；

(六)不断提高思想政治觉悟和教育教学业务水平。

第十条　国家实行教师资格制度。

中国公民凡遵守宪法和法律，热爱教育事业，具有良好的思想品德，具备本法规定的学历或者经国家教师资格考试合格，有教育教学能力，经认定合格的，可以取得教师资格。

第十一条　取得教师资格应当具备的相应学历是：

(一)取得幼儿园教师资格，应当具备幼儿师范学校毕业及其以上学历；

(二)取得小学教师资格，应当具备中等师范学校毕业及其以上学历；

(三)取得初级中学教师、初级职业学校文化、专业课教师资格，应当具备高等师范专科学校或者其他大学专科毕业及其以上学历；

(四)取得高级中学教师资格和中等专业学校、技工学校、职业高中文化课、专业课教师资格，应当具备高等师范院校本科或者其他大学本科毕业及其以上学历；取得中等专业学校、技工学校和职业高中学生实习指导教师资格应当具备的学历，由国务院教育行政部门规定；

（五）取得高等学校教师资格，应当具备研究生或者大学本科毕业学历；

（六）取得成人教育教师资格，应当按照成人教育的层次、类别，分别具备高等、中等学校毕业及其以上学历。

不具备本法规定的教师资格学历的公民，申请获取教师资格，必须通过国家教师资格考试。国家教师资格考试制度由国务院规定。

取得教师资格的人员首次任教时，应当有试用期。

第十五条　各级师范学校毕业生，应当按照国家有关规定从事教育教学工作。

国家鼓励非师范高等学校毕业生到中小学或者职业学校任教。

第二十五条　教师的平均工资水平应当不低于或者高于国家公务员的平均工资水平，并逐步提高。建立正常晋级增薪制度。具体办法由国务院规定。

第二十七条　地方各级人民政府对教师以及具有中专以上学历的毕业生到少数民族地区和边远贫困地区从事教育教学工作的，应当予以补贴。

第三十七条　教师有下列情形之一的，由所在学校、其他教育机构或者教育行政部门给予行政处分或者解聘：

（一）故意不完成教育教学任务给教育教学工作造成损失的；

（二）体罚学生，经教育不改的；

（三）品行不良，侮辱学生，影响恶劣的。

教师有前款第（二）项、第（三）项所列情形之一的，情节严重，构成犯罪依法追究刑事责任。

第三十八条　地方人民政府对违反本法规定，拖欠教师工资或者侵犯教师其他合法权益的，应当责令其限期改正。

违反国家财政制度、财务制度，挪用国家财政用于教育的经费，严重妨碍教育教学工作，拖欠教师工资，损害教师合法权益的，由上级机关责令限期归还被挪用的经费，并对直接责任人员给予行政处分；情节严重，构成犯罪的，依法追究刑事责任。

三、中小学教师劳动的特点

教师的劳动对象——学生，具有多变性、发展性、可塑性和差异性等特点；教师劳动的手段是运用教师本身的知识、能力、品德、智慧、情感、意志和世界观去教育影响学生；教师劳动的结果是促进全体学生在德、智、体、美诸方面全面发展。教师劳动的这种特殊性决定了教师劳动具有如下特点：

（一）复杂性

教师的劳动是复杂的劳动，它既要消耗体力，更要耗费脑力，尤其要投入极大的情感。教师劳动的复杂性主要表现在以下几个方面：

首先，教师的劳动对象是人，是有思想感情、有主观能动性的活生生的人。他们的生活经历、家庭背景不同，个性各异，可以说，每一个学生都有自己特殊的世界，造就一个人要比按固定程序生产一件物质产品复杂得多。学生身心发展的复杂性决定了教师劳动的复杂性。

其次，教师既要教书，又要育人。在教书方面，既要传授知识，又要发展学生的智力和体力；在育人方面，既包括科学世界观的形成和优良品质的培养，又包括情感的陶冶，意志性格的锻炼，行为习惯的养成。教师任务的多面性，也反映了教师劳动的复杂性。

另外，学生在成长中除受到教师的影响外，还受到社会和家庭各方面的影响。特别是当前社会信息量大而多变，社会环境影响复杂多样，家庭问题逐渐增多，更需要教师精心的观察了解，周密的调查研究，并经常根据变化的情况，随时调整教育方式方法，这无疑增加了教师劳动的复杂性。

（二）创造性

教师劳动的创造性主要不在于对未知领域的探索和发现，而在于创造性地运用教育教学规律，在复杂多变的教育情境中塑造发展中的人。

教师劳动的创造性，首先表现在因材施教上。一个班级一般都是由几十个正在成长与变化的、具有主观能动性的学生所组成，教师必须针对每个学生的具体特点，有的放矢地进行教育，才能收到良好效果。所以，教师不能用一种方法、一个模式塑造所有的学生，必须根据具体情况创造性地开展工作。

教师劳动的创造性，也表现在对教育原则的运用、教学方法的选择、教学内容的处理上。“教学有法，但无定法”。教育有规律可循，但无死框框可套。面对复杂多变的学生，在什么时候和什么情况下运用什么原则，选择什么方法等，在很大程度上取决于教师劳动的创造性。

教师劳动的创造性，还表现在教师的教育机智上。在师生交互作用中，教育情境往往是难以控制的，总会出现一些事先预料不到的情况，要求教师及时做出恰当的处理。这就需要教育机智，需要教师富有智慧地创造性地处理这些偶发事件。

此外，现代教育特别强调培养学生的创造精神，要求教师从小培养学生创造兴趣、创造思维方法，不断提高其从事创造活动的能力。所以，教师劳动的创造性特点，也有利于在教育过程中培养学生的创造意识和创造思维品质。

（三）示范性

教师劳动区别于其他劳动的一个最大特点，就在于教师主要是用自己的思想、学识和言行，通过示范的方式去影响学生。教师的这种示范作用是一种无声的强有力的教育力量，它对学生的发展起着潜移默化的促进作用。

教师劳动之所以具有示范性，还在于青少年学生富于模仿性。中小学生无论在知识、智力，还是在心理素质、思想品德等方面的发展，都处于不成熟期，独立性、自我教育能力都较欠缺。这一年龄阶段的学生对教师有一种特殊的信任和依恋情感，他们的学习往往是通过对教师的模仿来进行的。教师自身的个性心理品质、自身各方面的修养，都会在教育教学活动中成为学生学习模仿的榜样。

教师劳动的示范性，几乎表现在教育活动的各个方面。教师是学生的导师和引路人，无论是传授知识技能，还是培养品德个性，都需要教师做出示范和表率。

(四)长期性

教育是一项长期的系统工程。按现代学制,从小学到高中毕业要12年,培养专门人才到大学毕业要15年以上,而培养硕士、博士则要花20年左右的时间。教育工作的最后效果如何,不是今天或明天就能看得到的,而需要很长时间才能见分晓。所以说"十年树木,百年树人",对年轻一代的培养不是一朝一夕所能完成的,而是长期教育的结果。不仅从整体发展来看,教育具有长期性,就是从学生某一具体的身心发展的变化来看,也要经过一个长期反复的发展过程。

教师劳动的长期性,不仅在于"制造产品"的周期长,也在于"产品使用"是一个更为长期而复杂的见效过程。也就是说,教师劳动的社会效益要在学生参加工作以后才能得到体现或检验,要从学生的社会贡献来最后定论教师劳动的价值与效果。

教师劳动的长期性还表现在,教师对学生的影响不会随着学生学业的结束而结束。教师在学生身上曾经付出的劳动往往影响学生的一生,成为学生一生发展的宝贵财富。因此,不论教师对学生进行教育的实际时间是长还是短,他都必须考虑到他的劳动对学生的长远影响。中小学教师必须放眼未来,全面规划,为学生的终身发展打下坚实的基础。

(五)教师劳动方式的个体性和劳动成果的集体性

教师的劳动是一种个体和群体相结合的劳动。教师的劳动方式虽然是个体的,但劳动的结果却是集体的。学生的身心发展,不是一位教师的个体劳动能独立完成的。它既是学校、教师集体劳动的结晶,又是家庭、社会影响的结果。但教师在教育教学工作的每一个环节上,往往是依靠个人的知识和才干以个体方式独立完成的。教师的劳动是通过个体劳动的形式体现集体创造的结果。

四、中小学教师应具备的素质

中小学教师应具备的素质主要包括职业道德素养、知识素养、能力素养、教育思想素养以及身体与心理素质等几个方面。

(一)教师的职业道德素养

教师的职业道德,简称"师德",是教师进行教育工作应遵循的基本行为准则,主要包括以下几个方面。

1. 热爱祖国,忠于人民的教育事业

在当今社会,国家的兴旺在人才,人才的培养在教育。"国家兴亡,匹夫有责"。忠于人民的教育事业、热爱教育工作是师德最基本的要求,是教师工作的重要动力之源。它不仅可以激发工作中的责任感,而且可以使教师产生对教育工作浓厚的兴趣和执著的追求。如果缺乏这一点,教师就不可能对学生满腔热情,真正担负起教书育人的责任;就不可能严于律己,为人师表;就不可能在业务上精益求精。一句话,就不可能成为一名合格的教师。

2. 热爱学生,尊重学生,诲人不倦

热爱和尊重学生、诲人不倦是忠于教育事业、热爱教育事业的根本体现。在教育过程中，教师的爱是一座通向学生心灵深处的桥梁，是启迪学生智慧的一种重要的心理条件。教育实践表明：师生之间关系比较好，教育过程中学生常表现出积极参与的态度，愿意主动配合；即使受到批评，他们也会心悦诚服，惭愧之余，还会产生内疚感；反之，师生关系冷淡，即便是开展有益的创造性教育活动，学生也会有抵触情绪。

3. **严于律己，以身作则，为人师表**

实践证明，教师良好的道德素质及面貌在学生的心灵中起着潜移默化的教育作用。为此，教师应当处处以身作则，在自己的仪表、言语、作风、品格、情操等方面，成为学生的楷模。让学生从心里敬佩老师，主动以老师为楷模。

4. **学而不厌，刻苦钻研，不断进步**

教师的工作总是在不断变化的动态发展中进行的。没有任何一项工作、一种职业像教师工作那样需要不断改进、不断创新。面对信息时代人类知识的急剧增长，教师仅有一桶水已远远无法适应时代发展变化的需要。教师必须有“长流水”。要像“海绵”一样，不断地从科学中、生活中、人民群众中吸取知识，充实自己，使自己的思想意识、知识素养真正做到与时俱进。教师要教学生“学会学习”，首先自己要“会学习”，也就是要努力做到学而不厌、刻苦钻研、勇于进取。

5. **团结协作，尊重集体，互勉共进**

在学校里，给予学生影响的，不仅是单个教师，更重要的是整个教师集体。教师集体是一股整体的教育力量，学生则是这股整体力量中各个力量要素的着眼点。教师集体在促进学生素质发展的效果上，不仅与各种教育力量的大小、强弱有关，还与各种教育力量在用力方向上是否一致有关。在教师集体中，由于每个教师的年龄、经验、性格、兴趣、专业和教育方法上各有差异，时常会发生这样或那样的矛盾。每个教师都要善于处理这些矛盾，处理好劳动方式个体性和劳动成果集体性的关系。要学会尊重别人的劳动，关心别人的工作，把自己的成绩与别人的劳动联系起来。这样才能达到理想的教育效果。

（二）教师的知识素养

1. **比较精深的专业知识**

掌握所教学科的专业知识，是教师胜任教学工作的前提和基础。前苏联教育家加里宁说过“教师首先应该精通他所教的学科；不懂这一门学科，或者对一门学科知道得不很好，那么，他在教学上就不会有成绩。”[①]所谓精通，就是指对所教学科的基本原理和整个知识体系有比较深入透彻的了解，熟悉每一基本原理的内容、意义和来龙去脉，了解本门学科的历史、现状和未来，懂得本门学科的学习和研究方法，熟知本门学科当前发展的最新趋势。

2. **比较广博的文化知识**

当今各学科之间的互相交叉、渗透，呈现出高度综合发展的趋势，出现了许多边缘学科、横向学科和综合学科。这就要求教师既是某门学科的专才，又是熟知相关学科的通才；同时，中小学教育是基础教育，学生的发展尚不定向，这就要求教师具有广泛的兴趣爱好和广

① （前苏联）加里宁：《论共产主义教育和教学》，北京：人民教育出版社，1957 年版，第 189 页。

博的文化知识基础，以适应不同学生发展的需要。所以，中小学教师应当力争使自己成为具有横向的、立体网络状的知识结构的复合型人才。

3. 比较扎实的教育科学知识

我们必须清楚，教育科学知识也是教师专业化最为重要的东西，是教师职业最具特色的专业知识。实践证明，如果一个教师不懂得教育学、心理学和学科教学法的有关知识，而且在自己的教育工作过程中也不去积累和丰富这方面的知识，那么是难以胜任自己工作的。每一个教师都应当认真学习教育学、心理学、学科教学法方面的知识，并自觉地将其与自己的教育实践活动紧密结合起来，这样才能真正提高自己的专业化水平和教育教学工作能力。

（三）教师的能力素养

1. 细致观察学生的能力

了解学生是教育学生的前提，教师了解学生的基础就是善于观察学生。对一个有良好观察力的教师来说，学生的欢乐、惊奇、疑惑、恐惧、痛苦和其他内心活动的最细微的表现，都逃不过他的眼睛。观察学生既要观察个人，又要观察集体；既要观察他们的优点，又要观察他们的缺点；既要观察生理上的发展，又要观察心理上的变化。同时，教师又要对观察的结果进行分析，掌握其规律和特点。

2. 组织教学的能力

教师的组织能力，对于教育教学工作的开展和学生的健康成长至关重要。教师的教学组织能力主要表现在制定班级教育与个别教育的工作计划、教学过程的安排计划，组织课程资源，组织课堂教学活动，指导研究性学习与社会实践活动，组织课外教育活动等方面，也表现在对学生集体的组织与管理上。

3. 获取和处理信息的能力

世界正在进入信息化的时代，信息高速公路逐渐四通八达，人们生活在信息的汪洋大海之中，获取和处理各种信息已成为现代人生活的重要部分。教师不仅自己要获取和处理各种各样的信息，而且还要指导学生获取和处理各种各样的信息。因此，教师必须掌握现代社会中的一些基本的信息技术，特别是要掌握运用计算机获取和处理信息的能力。

4. 语言表达的能力

在教育活动中，教师的工作主要是通过语言进行的，语言对于教师就犹如工人的工具、战士的武器一样关系重大。实践证明，教师的语言修养在很大程度上决定学生在课堂上和其他教育活动中的脑力劳动的效率。教师只有具备了较高的语言素养，才能用语言把学生能直接观察到的以及不能直接观察的事物勾画出鲜明的轮廓，形成清晰的表象、概念，使其顺利地由形象思维转化为抽象思维。教师的语言表达能力包括口头语言表达能力、书面语言表达能力与体态语言表达能力三类。教师的语言表达要力求准确、生动，富有感染力。

5. 运用现代教育技术的能力

传统的教育手段主要是粉笔、黑板，再加上教师的一张嘴。一般而言，传统的教育手段效率较低，表现力有限。随着现代科技的发展及其在教育上的日益应用，新的教育技术手段不断问世。特别是计算机辅助教学和多媒体教学，其优越性越来越为人们所认识，也逐步在教学活动中得到广泛应用。所以,现代的教师必须掌握现代教育技术手段,如会利用网络资源、会设计和制作课件等,从而不断提高教学的效率和效果。

6. **教育科学研究的能力**

无论是用教育理论指导教育实践,还是在教育工作中不断改革和创新,作为一个现代教师,都必须结合自己的工作开展一些教育科学研究,向科研要质量,向科研要效益,走科研兴教、科研兴校的路子。教师处在教育工作的第一线,有必要也有可能从事教育科学研究,特别是实践性较强的研究,如行动研究、实验研究和个案研究等。通过开展教育科学研究,教师可不断提高自己的教育理论水平和教育实践能力。

(四)教师的教育思想素养

现代教育更需要教育家式的教师,而不是教书匠式的教师。这就要求教师要具有比较系统的、科学的教育思想或教育理念。它主要包括教育观、教学观、学生观和人才观等。现实中,不可能每个教师都能成为教育家,但教师要想把工作做好,就必须有科学的教育思想。当前,我国中小学教师应树立如下的教育理念。

1. **面向全体,树立以学生为本的人文关怀理念**

以学生为本的人文关怀理念就是要坚持"以人为本"、"以学生为本"、"以学生的发展为本"的思想,关怀每个学生,帮助学生获得最好的发展。学生是祖国的未来,家庭的希望,教师应为学生的成人、成材高度负责。"一切为了学生,为了一切学生,为了学生一切"应当成为每一个教育工作者的基本信念。

2. **教会学生学习,注重可持续发展的理念**

中小学教育是为人的一生发展打基础的阶段,关键是要教会学生学习,培养学习兴趣,为学生的终身学习与可持续发展奠基。正如叶圣陶先生所说的,"教是为了不需要教"。所以,中小学教师要注重培养学生学习的乐趣和养成学生良好的学习习惯,这比传授知识更重要。

3. **尊重差异,促进学生主动发展的理念**

学生是有差异的,社会也需要有差异的人。所以,教师对学生的教育不能"千篇一律",要因材施教。"多一把衡量学生的尺子,就会多一批好的学生"。同时,要激发学生学习的主动性、积极性,充分发挥学生的主观能动性和挖掘学生的发展潜能。

4. **重视环境,促进学生全面发展的理念**

在当今社会,环境对人的影响越来越大,各种教育资源也非常丰富,同时,各种不良的信息也环绕在人们的周围。尤其是中小学生更容易受到环境的熏染。所以,中小学教师,一方面要充分利用环境的积极因素来影响学生,另一方面要尽可能阻止环境的消极影响。同时,教师要做到既教书又育人,促进学生全面发展。

5. **注重创新,凸显教育的生命价值的理念**

无论是从精神劳动本身的内涵来讲,还是从社会、教育和人的发展变化来讲,都要求教师在自己的工作中必须不断地改革和创新。改革和创新不仅是教师不断提高自身素质和教育质量所必需的,也是教师享受自我实现的乐趣和怡情的需要。否则,教师就会感到自己的工作是日复一日、年复一年的重复劳动,枯燥乏味,甚至会把自己的工作仅视为谋生的手段。所以,教师应当把自己所从事的工作看成是一项伟大的事业,应当努力地在创造性的教育工作中感受人生的快乐,体现生命的价值。

(五)健康的身体素质与心理素质

教师的劳动非常复杂和辛苦,要做好教师工作必须有健康的身体。现代社会中,教师的角色日益多元化,既是经师,又是人师;既是长者,又是朋友;既是领导者,又是服务者,同时还是同行中的竞争者。频繁的角色转换和多方面的角色期望,使教师时常发生角色冲突。尤其是面对日趋激烈的竞争和各方面的压力,如果教师不能科学有效地调适自己的心态,就可能出现心理障碍和心理疾病。教师的心理健康不仅关系到教师自身的身心健康水平,而且也影响到学生的心理健康水平。沉着自制、宽容豁达、善于支配情感和应付复杂的人际环境,是现代教师必备的心理素质。

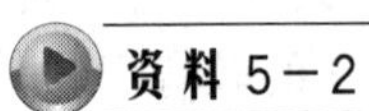

资料 5-2

中小学教师职业道德规范(2008 年修订)

1. 爱国守法。热爱祖国,热爱人民,拥护中国共产党领导,拥护社会主义。全面贯彻国家教育方针,自觉遵守教育法律法规,依法履行教师职责权利。不得有违背党和国家方针政策的言行。

2. 爱岗敬业。忠诚于人民教育事业,志存高远,勤恳敬业,甘为人梯,乐于奉献。对工作高度负责,认真备课上课,认真批改作业,认真辅导学生。不得敷衍塞责。

3. 关爱学生。关心爱护全体学生,尊重学生人格,平等公正对待学生。对学生严慈相济,做学生良师益友。保护学生安全,关心学生健康,维护学生权益。不讽刺、挖苦、歧视学生,不体罚或变相体罚学生。

4. 教书育人。遵循教育规律,实施素质教育。循循善诱,诲人不倦,因材施教。培养学生良好品行,激发学生创新精神,促进学生全面发展。不以分数作为评价学生的唯一标准。

5. 为人师表。坚守高尚情操,知荣明耻,严于律己,以身作则。衣着得体,语言规范,举止文明。关心集体,团结协作,尊重同事,尊重家长。作风正派,廉洁奉公。自觉抵制有偿家教,不利用职务之便谋取私利。

6. 终身学习。崇尚科学精神,树立终身学习理念,拓宽知识视野,更新知识结构。潜心钻研业务,勇于探索创新,不断提高专业素养和教育教学水平。

第二节 学　　生

一、学生的基本属性

(一)学生是具有主观能动性的人

在教育过程中,学生不是消极被动地接受加工、改造的对象,而是活生生的、有着自己的思想感情和意志的人。学生对所面临的教育和环境的影响有着自己特有的需要、态度和价值观,对各种教育影响总是通过自己的主观意志做出某种取舍,而不是听任环境或周围人的摆布。随着年龄的增长、知识的丰富,学生认识和改造周围教育环境的能动性会随之增强,甚至可以为自己创造新的教育环境和条件。[①]

(二)学生是正在成长变化的人

生理学和心理学的研究表明,学生从幼儿园到大学,其身心发展始终处在尚未完全成熟、相对不稳定的阶段。如学生的身高、体重、胸围、大脑等及其相关机能都处在快速发展期;学生的认知、情感、意志、品德和个性等心理素质也尚在发展变化之中,可塑性很大。所以,科学的教育可以促进学生的身心健康和谐的发展。

(三)学生是以学习为主要任务的人

学习是学生的天职,是社会赋予他们的义务与权利。学生从入学起直到完成学业,绝大部分的时间和精力都放在学习上。学生的学习活动是在学校这一特殊环境中进行的。在学校,有专门的教师和教育管理人员,有专门的教学场所和教学设备,有一整套教育制度和规定。学生在教师指导下进行的有目的、有计划、系统的学习,有利于更好地完成学习任务。

(四)学生是有差异的人

俗话说,世界上找不到两个完全一样的人。由于生活环境、前期的教育背景、民族和性别等的不同,学生不仅有生理上的差异,更重要的是心理上的差异。学生也是如此。教师看到学生的差异性,有利于教师全面准确地认识学生、了解学生和理解学生,有利于教师将教育要求的统一性与学生的差异性结合起来,做到因材施教,充分发挥每个人的潜力,促进全体学生的全面发展。

(五)学生既是教育的对象,又是教育的主体

学生是教师教育活动的主要对象。一方面,教育是一种有目的、有计划、有组织的活动,而教育的具体目的、计划主要是由教师制定的,学生主要是根据教师的教育计划接受教育,从这个意义上说,在教育的组织过程中,学生处于被组织、被领导的地位。另一方面,学生身心发展尚未成熟,认识和改造客观世界的能力还不强,需要教师根据其身心发展的特点以及社会发展的要求进行培养和指导。所以,那种忽视教师的主导作用的观点是片面的。

学生又是教育过程的主体。这是因为:第一,学生能根据自己的价值标准和兴趣对教师的教育影响进行评价和取舍;第二,教师的教育成效也取决于学生学习的主动性和参与程度;第三,学生还能对自己的教育环境进行主动的改造。例如,学生可以通过自己组织活动或提出建议等来影响教学内容和方法的选择以及教育目标的实现。因此,教师在教育过程中要充分调动学生的积极主动性,要让学生成为学习活动的主人。那种片面强调教师的主宰作用、忽视学生的主体性的观点,显然是不全面的。

---

① 石鸥:《教育学教程》,长沙,湖南师范大学出版社,1998年版,第158页。

二、学生身心发展的时代特征

学生的身心发展既具有年龄特征，又具有时代特征。学生身心发展的年龄特征主要是生理学和心理学研究的内容，教育学必须以生理学和心理学为理论基础，其有关内容在此不展开详述，这里主要谈谈青少年学生身心发展的时代特征。

就身体的发展而言，随着物质文明的发展和科技的进步，当代青少年生理发育普遍提前一至两年，身高增长明显加快，平均身高也普遍高于上一代。但由于我国中小学生学习压力普遍较大，教育的科学性还有待于进一步提高，也致使部分青少年的身体发育和健康成长受到不良影响，如眼睛近视率较高，身体机能和体质不尽如人意等。所以，中小学教师在青少年长身体的关键期一定要倍加注意。

就心理的发展而言，由于改革开放给我国人民的生产和生活带来了巨大的变化，这种变化涉及各个领域，包括对人的心理和行为方式的影响。现在大家常说的“80 后”、“90 后”现象，讲的就是年轻一代的时代特点。就青少年学生来说，主要表现为以下几点：

(1)主体意识增强。随着现代文明的发展，人的主体性比以往任何时候都高涨，人的主体性的张扬是 20 世纪的主要特征。在我国，由于长期的封建统治，人的主体意识被禁锢。在教育领域强调学生对教师的绝对服从和听话已成为传统，因此，今天的教育改革就非常强调学生的主体性。而改革开放以来，我国青少年学生的主体意识，如自我中心意识、维权意识、反叛意识和积极张扬个性的意识已明显增强。

(2)信息获取方式多样。当今世界，以计算机和网络技术为核心的现代信息技术的不断发展，改变着人们的生产方式、生活方式和学习方式。信息化正在成为世界经济和社会发展的共同趋势，并对人才培养提出了新的要求。在以往的教育中，教师的权威地位神圣不可侵犯，其中一个很重要的原因就是学生只能从教师和课堂中得到知识，学生的知识面和视野狭窄，唯教师和书本为上。但今天，学生可以通过报刊、广播、电视、光碟、网络等多种渠道获取比课堂上多得多的知识和信息。这不仅是学习方法的革命，也对教师的传统教学方式提出了新的挑战。

(3)受多元文化的冲击。全球化不仅使全球的经济越来越紧密地联系在一起，而且文化也越来越出现交融与趋同的现象。各国文化互相影响，尤其是世界发达国家的文化更是随着经济的发展而扩展到全球。麦当劳、可口可乐、好莱坞、世界杯足球赛、圣诞节、情人节、西装、晚礼服……这一切都在提醒着我们，无论是饮食、娱乐、消费、竞赛还是节日，世界的人民都在做着相似的事情。全球化使得各国文化空前地被其他国家广泛地了解和认可，各种文化在相互交流的过程中，必然给各国带来文化的多元化。改革开放 30 年后的中国，也已形成文化多元的格局。而青少年学生正处在易受新潮文化影响的阶段，相互碰撞甚至相互冲击的多元文化，必然给教育带来新的难题，尤其是在世界观、人生观、生活观和价值观的培养方面。

(4)易受同辈群体的影响。同辈群体是指由年龄相近的同一代人组成的关系密切的群体。同辈群体的成员一般年龄特征相仿、生活环境相似，思想情感相近。他们时常聚在一起，彼此间有很大的影响。许多父母发现当今的孩子逐渐脱离家庭，与父母的话越来越少，甚至他们与同辈人的言语方式是家长所不能理解的。美国学者哈里斯根据多年的研究认为，在现代社会中，家庭以外的社会化就发生在儿童期的这些群体中。家庭对儿童幼时最初的社会化有重要影响，但这些影响随着儿童年龄的增长会逐渐减弱、淡化，被同辈群体影响所取代。因为在同辈群体中，他们有更多的共同语言，可以尽情地张扬自己的个性。有许多孩子在家里感到压抑，可是在同伴中却得到许多认同，能找到自信。同辈群体的交往有利于他们社会性的形成，但也需要家长和教师的引导，以促进他们健康的交往。

三、树立正确的学生观

学生是教育的对象，教师对学生持什么态度和看法，直接影响教师对教学方法的选择和教育成效。所以，针对新时期青少年学生的特点，中小学教师必须树立以人为本、尊重信任、自主发展的学生观，这对于保证教育效果，提高教育质量具有十分重要的意义。

（一）以人为本的学生观

“以人为本”的理念是指以人为基点、从人出发又向人回归的教育思想。这是人本主义哲学思想在教育上的体现。实际上，“以人为本”的教育理念在历史上早已存在。曾经出现过的“个人本位论”就主张，教育应从人的本性、本能的需要出发；认为教育的目的是使人成为人，使人性得以发展，使人性得以完善化；个人的价值高于社会的价值。新人本主义又进一步强化了以人为本的思想。需要说明的是，“以人为本”的教育理念并不否认人的社会性，这里的“人”是指社会的人，是指具有一定的社会文化特征和社会功能、并具有个体独特的情感、个性、欲望和价值观的人。以人为本，就是要尊重人，尊重人的生命、需求，尊重人的精神世界，尊重人的个性和差异。

在“以人为本”教育理念下的教育实践自然就是“以学生为本”。教育首先要考虑到学生发展的需要；遵循学生的生理、心理特点和发展规律；课程的设计要适合学生的学习；在教学过程中要以学生为主体，调动学生的积极性；最终实现学生的全面和谐发展。

（二）权利主体的学生观

世界《儿童权利公约》和我国的有关法律都对青少年儿童的权利作出了明确的规定，确立了青少年儿童的社会权利主体地位。青少年儿童的权利主要包括生存权的权利、受教育的权利、受尊重的权利、安全的权利、健康的权利等。所以，中小学教师首先要确保学生的生存权和健康权。青少年儿童正处在长身体的关键阶段，千万不能以牺牲健康为代价片面追求文化课的成绩。其次，要确保学生受尊重和公平受教育的权利。教师要做到一视同仁，用平等的眼光去看待每一位学生，让学生公平地受教育。特别要关爱和注意转化“后进生”，这不仅是“后进生”中有不少是未来的国家栋梁之材，而且更重要的是，有一部分“后进生”若得不到有效地转化，将来很可能会走上犯罪道路。做“后进生”的教育工作是教师的责任，“后进生”一样有学生的权利，教师绝不能抛弃“后进生”。

（三）自主发展的学生观

发展性与自主性的协调统一是促使一切学生都能健康成长的重要保证，因此，教师在教育过程中必须树立促进学生自主发展的学生观。

学生是发展中的人，这表明学生是不成熟的个体，同时又是具有巨大发展潜能的个体。教育应看到学生的未完成性，给学生创造发展的环境和机会，特别是教师对每一位学生的持久的期望会给学生更强大的发展动力。重视学生的发展性还意味着承认学生在每个成长期有自己的特点，我们的教育要尊重他们在每一个阶段的独特需要和成长方式；另一方面，学生在成长的某一阶段的表现也并不表明他以后的发展方向与人生的最终成就。所以，教师一定要用发展的眼光看待学生。而自主性则充分体现在教育者积极启发和引导学生对自己的思想、行为表现进行自我认识、自我监督、自我调控和自我修正等方面。“教是为了不需要教”这一命题可能是存在于每一个教育者心中的教育理想。而要实现这一理想，就必须帮助学生形成自我教育的意识和方法。自我教育是一种独特的、富有挑战性的教育方式，自我教育下的学生既是教育者又是受教育者，充分体现了个体的自觉性和能动性，是个体素质高低的重要标志。当前，中小学生的自我教育能力的培养是摆在教师面前的一个重要课题。

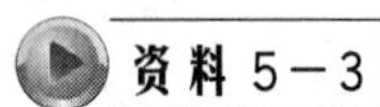

学生的权利与义务

学生的权利与义务取决于人们对学生身份的确认。从社会学角度看，学生是一种独特的社会存在。他既非不承担任何社会义务的婴幼儿，也非以职业劳动而与社会进行交换的成人，他们是介于婴幼儿与成人之间的“半”社会成员。从法律角度看，在我国未满 18 周岁的公民被称为未成年人。《国际儿童权利公约》亦规定“儿童系指 18 岁以下的任何人。”中小学的学生基本属“儿童”和“未成年人”这个范畴，中小学生身份的特殊性决定了他们的权利与义务的特殊性。

（一）学生的权利

学生的权利是在公民一般权利基础上，根据学校、教师和学生特点而规定的学生应该享有的和受到保障的权利。它一般体现在具体的法律条文中，受法律保护。

目前世界各国学生权利在内容和程序上仍存在很大差异，有的规定比较广泛而具体，有的则比较匮乏和模糊，但总体上是在进步的。首先，中小学生应该享有的权利的范围扩展了。比如，1989 年 11 月 20 日联合国大会通过的《儿童权利公约》的核心精神，就是确立青少年儿童的社会权利主体地位。这一精神的基本原则是：儿童利益最佳原则；尊重儿童尊严原则；尊重儿童观点与意见原则；无歧视原则。

我国宪法与法律规定少年儿童的合法权利有：

1. 生存的权利

《中华人民共和国宪法》规定：“父母有抚养未成年人子女的义务”。《中华人民共和国未成年人保护法》更具体规定：“父母或其他监护人应当依法履行对未成年人的监护职责和抚养义务，不得虐待、遗弃未成年人；不得歧视女性、未成年人或者有残疾的未成年人；禁止溺婴、弃婴。”对儿童的生存权利法律给予保护。

2. 受教育的权利

《中华人民共和国宪法》第四十六条规定：“国家培养青年、少年、儿童在品德、智力、体质等方面全面发展。”《中华人民共和国义务教育法》明确规定：“国家、社会、学校和家庭依法保障适龄儿童、少年接受义务教育的权利。”《中华人民共和国教育法》又从总体上规定：“中华人民共和国公民有受教育的权利和义务。公民不分民族、种族、性别、职业、财产状况、宗教信仰等,依法享有平等的受教育机会。”这些都从法律上对少年儿童享有受教育的权利给予保证。

3. 受尊重的权利

《中华人民共和国未成年人保护法》第十五条规定“学校、幼儿园的教职员应当尊重未成年人的人格尊严,不得对未成年学生和儿童实施体罚、变相体罚或其他侮辱人格尊严的行为”。并在其他条款中具体规定:“任何组织和个人不得披露未成年人的隐私”,“对未成年人的信件,任何组织和个人不得隐匿、毁弃;除对无行为能力的未成年人的信件由父母或其他监护人代为开拆外,任何组织或者个人不得开拆”,“国家依法保护未成年人智力成果和荣誉权不受侵犯”。

4. 安全的权利

《中华人民共和国未成年人保护法》第十六条规定:“学校不得使未成年学生在危及人身安全、健康的校舍和其他教育教学设施中活动”。“严禁任何组织和个人向未成年人出售、出租或者以其他方式传播淫秽、暴力、凶杀、恐怖等毒害未成年人的图书、报刊、音像制品”。“任何人不得在中小学、幼儿园、托儿所的教室、寝室、活动室和其他未成年人集中活动的室内吸烟”。

(二)学生的义务

学生的义务是在公民义务的基础上,针对学校、教育及学生的特点而规定的对学生行为的限制和要求。它一般体现在具体的法律条文和学校的各种规章制度中。比如,《中华人民共和国教育法》第四十三条规定受教育者应当履行下列义务:

1. 遵守法律、法规;
2. 遵守学生行为规范,尊敬师长,养成良好的思想品德和行为习惯;
3. 努力学习,完成规定的学习任务;
4. 遵守所在学校或者其他教育机构的管理制度。

我国各级各类学校的学生守则的内容也都是对学生应该履行的义务的规定。

学生的权利与义务是统一的,有些权利同时又是义务,比如接受义务教育既是学生的义务同时又是学生的权利。学生的义务可以使学生明确自己的责任,约束自己的行为,对自己的某些行为负责。所以,对学生义务的规定既要符合社会、国家、学校和教育的利益,体现社会的要求,又要符合学生的行为特点,体现学生的身心发展需要。超越学生实际的义务规定是不可行的,它不但不能约束学生,有时还会引起学生的逆反心理和反抗行为,给社会和学校造成危害。

(资料来源:陈梦稀等:《教育学》,长沙:湖南教育出版社,2006 年版,第 102 页)

第三节 师生关系与教育

一、师生关系的特点及其意义

师生关系主要是指师生之间特定的工作关系和心理关系,它是学校教育活动中最重要、最基本的人际关系，是人类社会关系的一种特殊形式，既由学校教育活动的特点所决定，又受社会中人际关系的制约。

（一）师生关系的特点

从师生之间的工作关系来看，教师和学生各自担任了不同的社会角色，各有不同的社会责任和特定的权利与义务。教师作为教育者，受社会和国家的委托，履行教育和教学的职责，承担着培养受教育者成为合格人才的使命。学生作为受教育者，承担了学习任务，在教师指引下，自觉地、主动地按照一定的教育目的成长和发展。也就是说，在教育过程中，教师是教育的主导，学生是学习和发展的主体，教师主导和学生主体是辩证统一的关系。只有当教师的主导作用得到正确发挥，学生的主体作用才能有效地得以实现，二者在同一教育过程中互相联系、彼此制约。

从师生之间的心理交往关系来看，在教育过程中，存在着师生之间的认知心理交往和情感心理交往。就认知心理交往而言，主要是指师生之间感知、熟悉和了解。在认知交往方面，教师虽处于掌握认知心理信息的优势地位，但是他并不占有认知心理信息的全部，而学生尽管处于认知心理信息的弱势地位，却占有一部分教师所没有的认知心理信息。就情感心理交往而言，主要是指师生之间情感的相互影响、相互感染、相互交融、相互接纳、相互激励。认知心理交往是情感心理交往的基础，情感心理交往又影响着认知心理交往。教师和学生只有感情融洽，彼此尊重和信赖，才会产生好的教育效果。

（二）良好师生关系的重要意义

学校中的教育活动总是以师生关系为基本前提，并在一定的师生关系维系下进行的。良好的师生关系具有多方面的功能。

（1）调节功能。在教育过程中，师生之间总存在着各种各样的矛盾。一是由于师生的角色地位不同，会产生不同的角色期待；二是师生在个人经历、认知结构、价值目标、需要系统、思维方式、行为习惯、兴趣爱好等方面存在实际的差异；三是教师对学生要求高，而学生能力有限，等等。和谐融洽的师生关系有利于处理教育过程中师生之间产生的矛盾，能有效减少和缓解矛盾。

（2）激励功能。良好的师生关系能使师生亲密合作，形成愉快的情绪气氛，从而调动师生双方积极主动地参与教学活动。良好的师生关系会激起教师强烈的责任感和忘我的献身精神，使教师千方百计地把学生教好。良好的师生关系能激发学生学习的热情，因为爱老师，所以喜欢老师教的课程，并千方百计地把学习搞好。

（3）教育功能。和谐友好、民主平等的师生关系对学生具有后天的教育作用，它为学生正确认识和处理人与人之间的关系树立典范，使学生吸取相应的道德经验，懂得怎样与人相处、怎样做人。

二、师生关系状况分析

良好的师生关系是提高教育教学效果、促进学生健康成长的重要保证。当前我国中小学师生关系现状基本表现为融洽与不融洽两类，具体情况见表 5-1。

表 5-1 我国中小学师生关系现状

关系状况	领导方式	关系密切程度	表现	原因
融洽	民主与合作	接近 亲近 共鸣 信赖	愿意接近教师，与教师相处有一定的安全感 感到与教师关系和睦，自己已经得到教师的肯定和承认 为教师言行所感动，与教师产生共鸣，体会到教师的期望 能向教师打开心窗，与教师倾心相交，与教师共享欢乐	由教师的管理、指导、劝告、教育等行为，导致学生尊敬、服从等反应 由教师热情帮助、支持、同情等行为导致学生信任教师、愿意接受教诲等反应 由教师和蔼、亲切、赞同、合作等行为导致学生协调、友好等反应 由教师尊重、信任、爱护、赞扬等行为导致学生帮助、信赖、自信、乐观等反应
不融洽	放任与专制	不协调 紧张 冲突 对抗	生疏感 惧怕 情绪对立 公开对抗	由教师的厌倦、不闻不问、怀疑、敏感等行为导致学生冷漠、无所谓等反应 由教师的压制、挑剔、责备等行为导致学生自卑、逃避等反应 由教师的不公正、偏向、惩罚等行为导致学生不信任、怨恨、不合作等反应 由教师的谩骂、羞辱、体罚等行为导致学生拒绝、公开对抗、报复等反应

三、社会主义新型师生关系的特点

（一）尊师爱生，相互配合

尊师就是尊重教师，尊重教师的劳动和教师的人格与尊严，对教师有礼貌，了解和认识教师工作的意义，理解教师的意愿和心情，主动支持和协助教师工作，虚心接受教师的指导。爱生就是爱护学生，它是教师热爱教育事业的重要体现，是教师对学生进行教育的感情基础，是教师的职业道德要求，也是培养学生热爱他人、热爱集体的道德情感基础。爱生包括“视徒如己，反己以教”，尊重和信任学生，严格要求学生并公正地对待学生。

（二）民主平等，和谐亲密

师生关系的民主平等，体现了师生在教育过程中相互尊重人格和权利、相互开放、平等对话、相互理解、相互接纳等。民主平等的关系是师生在共同参与的过程中形成的。共同参与，意味着教师和学生以不同的主体地位和作用进入实际的教育生活，形成需要、智能、个性等方面的互补，发挥各自的积极性、主动性、创造性。民主平等、共同参与的结果是师生融洽、协调。和谐亲密体现了师生的人际亲和力、心理融洽度。

（三）共享共创，教学相长

共享是教师和学生共同体验和分享教育中的欢乐、成功、失望与不安，它是师生情感交流深化的表现；共创就是教师和学生在相互适应的基础上，相互启发，使师生的认识不断深化，共同生活的质量不断跃进。共享共创体现了师生关系的动态性和创造性，是师生关系的最高层次。共享共创的结果是教师和学生相互促进、共同发展，是学生的道德、思想、智慧、兴趣、人格等的全面生成，是教师专业自我的成熟过程。

四、良好师生关系的建立和发展

良好的师生关系的建立和发展从根本上说，取决于教师的教育水平，取决于教师专业知识、教育能力、思想品德（包括教育思想和职业道德）等职业修养的水平。建立良好的师生关系，教师应该注意以下几点：

（一）树立正确的学生观，热爱、尊重、理解、信任学生

良好的师生关系集中表现为尊师爱生。热爱学生，能够沟通师生之间的思想，激起学生积极、愉快地情绪体验，使学生更加尊敬教师。因而，教师只有热爱学生，才能建立起良好的师生关系。教师对学生要一视同仁，公平对待每一个学生，教师不可因自己的好恶倾向而在对待学生的态度上有所区别，尤其是对“后进生”更应尊重、关怀、鼓励和帮助。切忌讽刺、挖苦、嘲笑、谩骂、体罚学生。

理解学生是搞好教育工作的前提。教师要避免带成见、偏见，即使学生出现问题或错误，也应尽可能设身处地地为学生着想，理解与宽容是解决师生矛盾的重要前提。教师应当尊重、信任每一个学生。教师应当相信学生的作用和力量，应当相信学生在教育过程中的参与合作能力和创造能力，师生之间应进行平等的交流与对话，真正实现“心与心”的沟通 。

（二）努力为学生服务，全面关心每一个学生，教好功课

建立和发展良好的师生关系，教师本身必须具备值得受尊敬的条件。教育实践表明，最受学生尊敬的是那些热爱学生、全面关心学生、情操高尚，特别是功课教得出色的教师。这样的教师，由于本职工作做得好，满足了学生成长的愿望，学生就从内心感激教师，佩服教师，尊敬教师。学生的这种情感又反过来感染教师，使教师更加热爱学生，更加敬业乐教。所以，教师树立为学生服务的思想，全面关心学生，努力教好功课，是建立和发展良好师生关系的主要条件。

（三）严于律己，正确处理师生矛盾

建立和发展良好的师生关系，教师还应注意严格要求自己，正确处理师生之间的矛盾。教师必须严于律己，提高自身素质。包括：以身作则，为人师表，平等待人；发扬教育民主，善于倾听学生的意见，发挥学生集体的教育功能；善于控制自己的情感，尤其是在处理学生的错误行为时，应坚持和风细雨，耐心教育；妥善处理师生冲突，特别是当学生触犯了教师的尊严时，教师应宽宏大度；当教师本人犯了错误时，要勇于承认错误，诚心向学生表示歉意。

（四）建立教师威信

师生之间的工作关系决定了教师是学生指导者的角色。为使学生乐意接受指导，必须

建立教师威信。教师威信的建立不能单靠行政手段来取得。单靠行政手段建立的教师威信是虚假的,不能持久。真正教师威信的树立受四大因素的制约:专业水平和教学技能;人格魅力;与学生交往的能力;评价手段的运用,等等。

在现代教育条件下,教师唯有不断提高自身各方面素质,才能建立教师威信,这是良好师生关系的根基。

(五)善于与学生交往

良好的师生关系是在交往中形成的,没有深入到学生中间,不经常与学生交往就无从产生亲密的感情。一般师生之间的联系与交往要经历四个阶段:接触—亲近—共鸣—信赖。师生初次接触难免有敬畏心理,教师应善于打破这种心理障碍,主动创造自然和谐的接触气氛;经过多次良好的接触,学生感到教师平易近人,从而产生愿意同教师亲近的感情;有了亲近感,在学习与生活中教师的诚挚关怀、耐心引导被学生理解,或在共同活动中激发起学生的浓厚兴趣,从而产生感情上的共鸣;师生之间有了感情上的共鸣,再坚持情感的交流,把学生引上学习与进步的成功之路,学生必然信赖教师,师生之间心相通、情相近,学生的心窗就会向他们信赖的教师敞开。这种师生关系是教育成功的结果,也是成功地进行教育的重要条件。

【教育名著简介】——《德国教师培养指南》

第斯多惠(1790—1866)在德国教育史上被誉为“德国教师的教师”。1811 年,他大学毕业后在曼海姆担任家庭教师,开始了他的教育生涯。1813 年,他应聘到受瑞士教育家裴斯泰洛齐教育思想影响的法兰克福模范学校任教。从 1820—1847 年间,他先后担任莱茵省梅尔斯国立师范学校校长和柏林师范学校校长。1835 年,他发表了代表作《德国教师培养指南》。该书分为两编,共 6 章。在第一编(分为 4 章,由他本人撰写)中,第斯多惠主要论述了五个问题:(1)教师的使命和任务;(2)培养教师智力的有效方法;(3)教育学、教学论和教学法的学习;(4)人的天资;(5)源于天资本质的一般教学原则。在第二编中(分为 2 章,由他和柏林师范学校教师合作撰写),则论述了教师的社会关系和学校纪律两个问题。该书在他去世前就出过四版,并成为 19 世纪 40 年代后德国学校教师手边必备的一本书,深受广大教师欢迎。

【精彩片段选读】

教师的崇高任务

我们给受教育者和教师提出了一个共同的任务。对教师来说这一任务还有着更重要的意义,教师不但本身要进行自我教育、自我完善,同时还要教育别人。教师应当以教育事业为终身职业,自我教育也是终身教育。因此意义更为深远。教师要使别人获得真正的生活,就得发动别人去追求真、善、美,最大限度地发挥他们的天资和智力。认识了这一崇高的任务,教师就得首先开始自我修养。教师要言行一致,身体力行,不但要倾听真理,学习真理,而且更重要的是把自己内心拥护的真理和自己的实际生活、思想与意志紧密地联系起来,融为一体,这是教师的自我完善,做不到这一点,就不可能做一个有思想有抱负的真正的人。

教师必须明确地认识到：

1.一个人一贫如洗，对别人绝不可能慷慨解囊。凡是不能自我发展、自我培养和自我教育的人，同样也不能发展、培养和教育别人；

2.教师只有先受教育，才能在一定程度上教育别人；

3.教师只有诚心诚意地自我教育，才能诚心诚意地去教育学生。

我的这些坚定的信念，想必会澄清教师中的一些模糊认识，那些笼罩在教师当中的形形色色的虚无缥渺的教学原理和原则，必定会烟消云散。我的坚定信念与教师息息相关，希望教师不要把它当成是一种虚构和假设，应当作为一种实在的观点铭记在心中。有人主张只用讲话就可以培养和教育人，这是一种片面的浅见，与教育的本质背道而驰，他们认为只凭单纯传授知识和培养技巧，就可以全面深入影响学生，并且认为教育事业本身是随着时间逐渐完善而达到终点。这纯粹是无稽之谈，是空想。一个好教师从个人和别人的许多宝贵经验中切身体会到，一个人要有所作为，与其说是用本身的知识去影响人，还不如说是用自己的思想行为来培养教育人……

热爱教育事业就得鼓励人们进行自我教育。追求真正的教育是为了人类的自身发展。有人把教育事业贬低为唯一的谋生手段，获取财富的阶梯，这是难以令人信服的。真理向那些心灵纯洁、高尚的人表明，只有他们才会热衷于教育事业。谁不是为了人类的自身缘故去探求教育事业，谁就不会找到这种教育事业。为真理而奋斗是一种快乐无穷的事业，这种事业赐给了人们，让人去探求全部的真理，并献身于这种纯洁的事业。谁认识到这一点，真理就会为他打开大门，但是谁要是把这种事业当作奶牛利用，谁就会把一个芬尼（德国货币单位，百分之一马克。——译者注）看成纯金。

文化的兴衰取决于教育事业。我们应当为了文化和教育事业而追求更高尚的事物。谁在这方面做出了成绩，别人也会分享幸福。因为真正的教育能和上帝的王国相媲美，能变成上帝的尘世王国。因此我们对追求真理和教育事业的各位亲朋好友无需赞不绝口，希望他们把自己的全部精力毫无保留地献给伟大的教育事业。这是教师的菜肴和饮料。

在追求真、善、美的征途上，肯定会由于人类的弱点或种种原因遇到重重困难和阻力，但是为了一个崇高的目的不要气馁，不要心灰意懒，要鼓足勇气，不屈不挠，勇往直前。我们是对教师和立志做教师的青年在讲话，是对满腔热忱的德国青年在讲话，想必他们会赞成我本人提出的一些教学原理和观点。

……怎样才能使课堂教学产生兴趣呢？1.变换花样；2.教师要活泼；3.教师要充分发挥个性。俗话说：花样翻新是生活的调剂。为什么就不让学生看到教师用多种形式和形象来讲授教材呢（通常一味照本宣科，枯燥乏味）？只要教材不单一，教师可以选用各式各样的教材，这样教师就不必在花样翻新上下很多功夫，只要讲究一下讲课的形式和风格就可以了。在儿童还没有学会写好最简单的字母以前就逼着我们把字母写上成千上万遍，试想，教师还要强迫学生再干些什么呢！因此我劝教师还是多开动一下脑筋，想想怎么改变教学形式，怎么变化一下花样吧！——不过话又说回来，单凭花样翻新不能解决所有的问题，不能一下子解决大部分的问题。教师只有用活泼、激发性，兴致勃勃地（而不是矫揉造作地）来和儿童打交道，来上课，才能感到小小教学试验成功的欢乐。我们亲身体验到课堂教学艺术不是传授艺术，课堂教学艺术是激发、启迪和活跃。

（资料来源：参见单中惠、朱镜人主编：《外国教育经典解读》，上海教育出版社，2004年版，第173－175、184页）

【教育名家简介】——于漪

于漪,女,江苏镇江人。1929 年出生,1951 年毕业于复旦大学教育系。长期从事中学语文教学,形成自己独特的教学风格。1978 年被评为语文特级教师。曾任中华全国总工会候补执行委员、执行委员,上海市第七、八、九届人大常委会委员,教育科学文化卫生委员会副主任委员,全国语言学会理事,全国中学语文教学研究会副理事长等职。现任上海杨浦高级中学名誉校长,首都师范大学、华东师范大学、上海师范大学兼职教授,上海市教师研究会会长。多次被评为上海市先进教育工作者,上海市劳动模范,全国及上海市三八红旗手,全国五讲四美、为人师表优秀教师等。主要著作有《于漪语文教育论集》、《语文教苑耕耘录》、《语文园地拾穗集》、《学海探珠》、《教你学作文》、《语文教学谈艺录》等,音像教学辅导材料有《于漪语文教学课堂结构精析》、《妙笔生辉》等数十盒。现将于漪教育思想的主要内容简介如下:

(1)教文育人,提升教师自身素养。

于漪老师认为教育的本质是“育人”,在教育实践中必须“教文育人”,而要实现这一目标,就需提升教师自身的素养。她认为教师首先要有共产主义信念,对党对社会主义要满腔热情;要热爱党的教育事业,要朝气蓬勃,对学生有感染力;教师还要“一身正气,为人师表”,这是教师专业化成长的灵魂和精神支柱。

(2)树魂立根,植根学生的理想信念。

于漪老师提出育人要育心,浇花要浇根,要培育学生树热爱党、热爱社会主义、热爱祖国这个“魂”,立爱国主义为核心的民族精神这个“根”,为学生全面发展奠定坚实的基础。她针对社会上存在的“轻语文、重外文”的现象,指出:“如果我们再不珍惜母语,那么我们离‘自毁长城’的日子就不远了,也许不多久就会完全被其他语言所代替!”为此,她呼吁:还民族语言之光彩!要通过语文教学,在学生心田做“植根”的工作,植爱国主义的根,植民族精神的根,植志向的根、理想的根,植良好道德情操的根、健康人格的根。她还强调要用“爱心”培育“爱心”,帮助学生增强树魂立根的内驱力。针对基础教育中存在的重智轻德、分数决定一切的现象,于漪老师呼吁,要从当前学生过重的课业负担和重智轻德的重围中“突围”出来。教育本质是“育人”而不是“育分”。她强调要教会学生学会做人,以奠定树魂立根的素质基础。

(3)重视学习先进文化,培养文化判断力。

于漪老师认为现在的学生面临着丰富而复杂的文化现象,文化判断力教育不能停留在使学生接受与积累知识的水平上,要使学生正确认识、判别、取舍各种文化现象,就必须引导他们重视学习先进文化,培养他们的文化判断力。她曾深情而强烈地呼吁:“学校、教师对学生文化生活不能漠然视之,要精心引导他们往高处追求,营造积极向上的文化氛围,引导学生学习先进文化”。随着各种文化思想相互激荡,学生的文化信息渠道已经远非书本和课堂所限,要教会学生在接受与体验文化的过程中善于对文化信息识别与取舍、评价与更新,引导学生成为理性地利用和发展人类的思想文化去改造主客观世界的实践主体。所以,她提出老师要“努力培养学生文化判断力”,帮助学生认真执著地从民族优秀文化和人类进步文化中吮吸养料。学生一旦具有正确的文化判断力,就更容易去接受先进文化,就会不断提升思想,陶冶情操,认识社会,感悟人生,塑造优美的心灵,从而可以让学生终生受益。

(4)突出教学的艺术性,培养学生的审美情操。

于漪教师认为语言既是思维的物质外壳，又是文化的载体，因此语文教学特别具有审美教育的功能。语文教学者一方面是语文知识的传授者，另一方面又应该是美的发现者和教育者。她的语文教学的艺术性主要表现在善于捕捉教学内容的唤情点、注重联想和想象材料的移植对接以及突出语文欣赏的理性经验上。她曾深有感触地说："一堂课的实录就是一篇师生共同创造的优美的散文。"

于漪老师多年的语文教学实践给语文教学领域提供了弥足珍贵的精神财富，深入而全面地研究这笔财富将会进一步推动我国语文教学的发展。

（资料来源：http://218.242.170.88:81/）

思考与探讨

1. 联系中小学教育的实际谈谈自己心目中理想教师的形象。

2. 你认为教师必须树立怎样的学生观才有利于学生的发展？结合下列案例谈谈你的看法。

某校一教师将本班学生分为好、中、差三类，并提出"稳住好生、提高中等生、放弃差生"的教育策略。但是，有的教师对此有不同看法，认为"教师眼中无差生"。

3. 联系实际谈谈应该如何建立良好的师生关系。

第6章 教育的目的与内容

☆如果一位教育工作者不能明确说出他的教育活动的目的，那就跟一个建筑师在为一座新建筑奠基时还不知道要建筑什么东西一样，令人不可理解。

——（俄）乌申斯基

☆我们应该使每一个学生在毕业时，带走的不仅仅是一些知识和技能，最重要的是要带走渴求知识的火花，并使它终生不熄地燃烧下去。

——（前苏联）苏霍姆林斯基

☆一个人在学校里表面上的成绩，以及较高的名次，都是靠不住的，唯一的要点是你对于你所学的是否心里真正觉得很喜欢，是否真有浓厚的兴趣……

——邹韬奋

人类的一切实践活动都是有目的的。教育是人类重要的实践活动之一，教育目的既要对人的身心素质做出规定，又要对人的社会价值做出规定。明确教育要培养什么样的人，是每个教育工作者首先要搞清楚的重要问题。同时还要明确，为了实现教育目的需要对学生进行哪些方面的教育，即教育的内容是什么。倘若不明白这些，教育工作就无法开展，更谈不上教育质量问题了。

第一节　教育目的概述

一、教育目的的内涵与作用

教育目的是社会对教育所要造就的社会个体的质量规格的总的设想或规定，即社会对人才质量和规格的期待。它一方面指明教育所培养的人应具有何种社会功能；另一方面规定教育所培养的人应当具有什么样的素质。

教育工作者必须理解和接受现存社会的教育目的，并将它转化为自己对受教育者的身心素质的期待。教育目的对教育活动具有十分重要的指导与引领作用。具体表现在如下几个方面：

1. 教育目的可以引导和控制教育对象的发展。由于教育目的本身含有对学生成长的期望和要求，因此，教育者对学生不符合教育目的的行为总是予以引导或纠正，把学生的发展纳入到预定的方向中去。另一方面，受教育者一旦意识到教育目的对自己未来发展的重要意义时，往往能增强他在教育活动中不断完善自我的自觉性，即把合乎教育目的的发展作为自己努力的方向，并主动发展和规划自己。

2. 教育目的能够制约和影响教育活动的过程。教育目的确定以后，它就对教育的各个方面具有规定和支配作用。教育的内容、教育的方法和手段、教育中的各种活动乃至教育的制度和结构等，都要依据一定的教育目的去确定，如我国在推进素质教育的过程中提出以培养学生的创造能力和创新精神为目的。所以，新课程在内容的选择上就体现了灵活性、生成性；在内容的组织上体现了多样性、生动性，有利于学生探究，有利于教师进行创造性的教学；在教学方法和手段上，大力提倡自主学习和研究性学习，并促进信息技术与学科课程的整合，为学生的创造提供现代化的教学条件和丰富的教育资源。

3. 教育目的是检查和评价教育效果的基本标准。教育活动的得与失、质量高与底、目标达到的程度等，主要依据教育目的来判断。一所学校好与坏的评价，关键是看培养出来的学生是不是按照教育目的的要求德、智、体、美全面发展。检查教育效果、评价教育质量必须以教育目的和培养目标为准绳。

总之，一切教育活动过程都是实现一定教育目的的过程。教育目的既是教育活动的出发点，也是教育活动的结果；它既是确定教育内容、选择教育方法的依据，也是检查和评价教育效果的标准。教育目的既是教育工作的出发点和依据，也是教育工作的归宿。离开了教育目的，教育活动将失去航向和指针。

二、教育目的与教育方针、培养目标、教学目标的关系

要想正确理解教育目的的概念，还需要弄清楚几个容易混淆的概念，即需要弄清楚教育方针、培养目标、教学目标及其与教育目的之间的关系。

1. 教育目的与教育方针

教育方针是国家或政党根据一定时期的总路线、总任务规定的教育工作的发展思路和发展方向。教育方针是教育工作的宏观指导思想。它一般包括三个组成部分：教育性质和方向；教育目的，即培养人的质量和规格要求；实现教育目的的基本途径和根本原则。概括地说，教育方针和教育目的都是由国家规定的，都是对教育的基本要求，都是全国必须统一执行的。但教育方针是上位概念，而教育目的是下位概念，教育方针包含了教育目的，教育目的是教育方针的核心和基本内容。教育方针是为了实现一定时期的教育目的所规定的教育工作的总方向；教育目的是国家或政党制定教育方针的前提，一定的教育方针是为了实现一定的教育目的而制定的。因而教育方针与教育目的的关系，可以看成是手段和目的的关系，但手段中又包含着目的。可见，教育方针与教育目的是密不可分的，因此，人们也容易将两者混淆，甚至在实际中将两者通用。

2. **教育目的与培养目标**

教育目的是一个国家对其各级各类学校的总体要求，即无论初等教育、中等教育，还是高等教育，都要按照这个总的要求培养人；而培养目标是根据教育目的制定的某一级或某一类学校或某一个专业人才培养的具体要求，是国家总体教育目的在不同教育阶段或不同类型学校、不同专业的具体化，二者是一般与个别的关系。此外，培养目标必须依据教育目的来制定，不能脱离教育目的，而教育目的又必须通过各级各类学校、各专业的培养目标来体现和落实。一个国家的教育目的是唯一的，而培养目标却是多种多样的。培养目标是教育目的在各级各类学校教育中的具体化。它是"由特定的社会的领域（如教育工作领域、化学工业生产领域、医疗卫生工作领域等）和特定的社会层次（如普通劳动、熟练技术工作、管理人员、高级行政人员、专家等）的需要所决定的；也因受教育对象所处的学校级别（如初等、中等、高等学校）而变化"。各级各类教育是为了满足社会各行各业、各个层次对人才的需求和不同年龄层次的受教育者的发展需求而创建的，因此，较之于一般意义的教育目的，培养目标具有了明确的特指性，它们之间是一般与特殊、共性与个性的关系。

3. **教育目的与教学目标**

教学目标是教育目的和培养目标在教学活动中的具体化。教学是学校的中心工作，是实现教育目的的基本途径。教学目标受教育目的制约，教学目标必须依据教育目的来设计，反映教育目的对人才的要求；教育目的与培养目标又必须通过制定和落实具体的教学目标来实现。教学目标是指具体的课程、教学单元和教学环节所追求的目标。如课程目标、单元目标、课堂教学目标和活动目标等。教学目标将培养目标再次具体化，使之成为某个教学阶段、某门学科或某项活动的结果，即"教学目标是教育者在教育教学的过程中，在完成某一阶段（如一节课、一个单元或一个学期）工作时，希望受教育者达到的要求或产生的变化的结果。"这就是说，学生发展是一个长远目标，而发展的实现是通过诸如一堂课、一个单元或一个学期的工作等这样一些具体目标的实现达到的。一般来说，教学目标越明确、越具体，就越容易操作，也就越便于进行评估和改进。教育目的是总目标，它指导着培养目标的制定，而教学目标又是培养目标的具体体现。

可见，教育方针、培养目标、教学目标是与教育目的既紧密联系又有区别的几个概念。同时，教育目的、培养目标、教学目标也可以看成教育目的的三个不同层次。教育目的是对人才培养的总要求，是最高层次；培养目标是各级各类学校培养人才的具体要求，是中观层次；教学目标是教学过程中要达到的预期结果，是微观层次。教育目的对培养目标、教学目标起指导、规范、制约的作用；培养目标、教学目标是教育目的的具体体现。教育目的只有通过具体的培养目标和教学目标的实现，才能得以真正实现。

三、确定教育目的的依据

1. **理论依据——教育目的的价值取向**

教育目的是由人提出和制定的，体现着人的主观意志。由于人们对教育持有不同的价值观，因而在制定教育目的的依据等问题上便形成了不同的主张。纵观人类教育的发展史，主要有两大派别："个人本位论"与"社会本位论"。

“个人本位论”主张教育目的应根据人的本性需要来确定，这种观点曾在18世纪和19世纪上半叶广泛盛行于西方资本主义世界，其主要代表人物有法国哲学家卢梭、瑞士教育家裴斯泰洛齐和德国教育家福禄培尔。“个人本位论”从人的本性、本能的需要出发，认为教育目的在于使人成为人，使人性得以发展，使人性得以完善化，个人的价值高于社会的价值。早在古希腊时，一些哲学家就认为，人是理性的动物，教育的目的、理想和价值，就在于使人的本质规定和人的和谐发展得以实现。文艺复兴时期的人文主义者认为人是宇宙的中心，人是多种力量和才能的有生命的统一体，承认人本性的完美，强调人灵魂和躯体的和谐。因而，人文主义者的教育目的在于使人的天赋能力得到和谐的发展。卢梭反对把培养公民作为教育的目标，主张不施加任何影响的“自然教育”，以顺应人的天性的发展。这种个人本位的教育目的学说，在不同的历史时期不尽相同，在剥削阶级占统治地位的社会里，作为反对社会对人的摧残，反对宗教神学对人的思想禁锢，反对封建主义强加于人的一切不符合人性发展的教育要求，提倡人的个性解放，尊重人的要求和人的价值，都有着历史进步意义。但是，这种主张认为人生下来就有健全的本领，教育可以不受社会的制约，是不现实的。其所谓发展“个人本性”，实质上是发展人的自然本性，把人当作纯生物看待，这也是错误的，是违背“人的本质是一切社会关系总和”这个基本原理的。

“社会本位论”则主张教育目的应根据社会要求来确立，其主要代表人物有法国的孔德、德国的那托尔普、法国的涂尔干等。从19世纪下半叶开始，西方出现了一种“社会学派”，他们认为教育的一切活动都应服从和服务于社会需要，教育除了社会的目的以外并无其他目的，个人的一切发展都有赖于社会，教育的结果也只能以其社会的功能来加以衡量，因此，教育目的应当根据社会的要求来确定。法国实证主义哲学家孔德认为：“真正的个人是不存在的，只有人类才存在，因为不管从哪方面看，我们个人的一切发展，都有赖于社会”。另一位社会学家那托尔普也认为：“在教育目的决定方面，个人不具有任何价值，个人不是教育的原料。个人不可能成为教育的目的”。同时期的涂尔干也说：“教育在于使青年社会——在我们每个人之中，造成一个社会的我，便是教育的目的。”教育除了造就每个人乐于为社会而生活，并乐于贡献其最优力量于人类生活的保存和改善以外，不能有别的目的。①

由上可见，个人本位论和社会本位论，在处理社会和个人的关系问题上各执一端，都有其片面性。只有将社会发展需要与个人发展需要正确地结合起来，才是唯一科学的观点。教育是发展人的一种特殊手段，教育目的所指向的就是作为个体的发展，离开了人自身的发展，教育就无从反映和促进社会的发展，教育本身也不会存在。但是个人的生存、发展也离不开社会，一个人只有与其他人相结合，成为社会中的一员，才能获得生存发展的手段和条件；个体的发展要以社会的发展为基础，要受到社会发展的制约，要服从社会发展的需要。教育的任务就在于促使人去适应他所处的那种社会关系、社会生活条件，获得其所能获得的那种发展，因而教育目的不能不为社会所制约。另一方面，如果看不到每个人都是一个独立的实体，在制定具体的教育目的时一味强调社会需要，而完全不考虑个人发展的自身需要，势必会培养出某种“标准件”，而使人失去“差异性”。人若没有差异性，也同样不能构成社会。

① 陈梦稀等：《教育学》，长沙：湖南教育出版社，2006年版，第107页。

2. **确立教育目的的现实依据**

教育目的是一种指向未来、超越现实的人才培养要求。它所规定的是现实进行的活动，要培养的却是一定时期后参与社会生活的人。教育目的的确定既有主观性，又有客观性。从其提出主体来看，教育目的总是由人制定的，体现着人的主观意志。但就其确定的最终依据来看，都必须根据社会发展的客观需要和受教育者身心发展的客观规律。具体表现在以下几个方面：

（1）教育目的的确立首先要符合社会政治、经济发展的需要。教育作为一种培养人的社会现象，与社会政治经济有着直接的制约关系。在政治、经济上占统治地位的阶级，总要利用它的政治权力和经济实力，制定符合本阶级利益的教育目的，反映统治阶级培养人才的需求。一个社会需要什么样的人，需要受教育者具有什么样的政治倾向和思想意识，都集中地反映在所制定的教育目的里。教育目的集中体现了统治阶级的人才标准。在阶级社会中，统治阶级的教育目的又首先表现为要符合统治阶级或执政党的利益和需要，具有鲜明的阶级性。所以，教育目的的性质和方向直接决定于社会的政治经济制度，不同社会性质的教育必然有不同的教育目的。如专制的封建社会不可能要求培养人的民主意识。所谓超阶级的教育目的是根本不存在的。

（2）教育目的的确立还要反映生产力和科学技术发展对人才的需求。教育目的的确立还必须反映生产力和科学技术发展的实际需要，这是生产关系必须适应生产力发展的基本原理在教育目的上的具体体现。生产力是人类征服改造自然获取物质资料的能力，生产力的发展水平体现人类已有的发展程度，又为人的进一步发展提供可能和提出要求。在社会发展中，生产力的发展起着最终的决定作用，从而也是制约教育的最终决定因素。不同社会、不同时代，生产力和科学技术发展水平不同，对人才规格、类型和标准的需要不同，教育目的的具体内容便有所不同。科技水平越高对人才的素质要求也越高。例如，奴隶社会和封建社会，其生产力发展水平以手工工具生产为标志，生产力发展十分缓慢，科学技术水平十分低下，直接从事生产的劳动者和经济活动人员，不需要经过学校教育的培养和训练，当时学校教育不担负培养劳动者的任务，只培养有文化的统治者，即政治、军事、宗教、法律等方面的统治人才。到了资本主义社会，随着社会生产力的发展和科学技术的进步，以机器大生产为标志的生产，对人才的培养提出了新的要求，社会对劳动者受教育程度的要求越来越高，由此，要求学校教育必须向学生传授科学知识，使他们具有一定的科学基础知识和生产技术，具有一定的科学管理和经营生产的能力，这样就使教育目的发生了变化，即资本主义的教育目的不仅仅是培养统治阶级的继承人，还包括培养大批的合格劳动力。而现代社会科技高速发展，必然要求注重培养人的信息素养和创新能力等。我国目前最大的任务是加速社会主义现代化建设，所以我国当代的教育就是要培养社会主义现代化建设所需的各类优秀人才。

（3）教育目的的确立还要符合受教育者身心发展的需要。从教育的基本规律来说，一个国家的教育目的一要符合社会发展的需要和可能，二要符合人的身心发展的需要和可能。教育目的应是上述两种需要与两种可能的有机统一。教育目的之所以必须符合人的身心发展的需要和可能，首先是因为教育服务的直接对象是受教育者。教育是首先通过培养人进而服务社会的，是希望引起受教育者的身心发生预期变化，使其成长为具有一定个性和社会性的社会个体，离开了受教育者这一对象，既不能构成，也无从实现教育目的；其次，受教育者在教育活动中不仅是教育的对象，而且也是教育活动的主体。受教育者作为教育对象在教育活动中的主体地位是教育活动对象区别于其他活动对象的显著特点。具体而言，教育目的的确立要符合教育对象的身心发展程度;要符合教育对象的身心发展变化;要符合不同类别的教育对象的不同需要。

另外,教育目的的确定还受到一定社会的教育思想和文化传统的影响。一定社会起主导地位的教育思想必然制约一定社会教育目的的制定。如,我国古代儒家教育思想重视道德教育,而墨家的教育思想重视科技教育。我国封建社会“独尊儒术”后,其教育目的就一直强调德育,而忽视科技知识的传授。再如传统派教育思想比较强调培养人的“服从”意识,而现代派教育思想比较强调培养人的“反叛”精神,它们都对不同时代、不同国家的教育目的产生影响。同时,一定社会的文化传统也影响教育目的的确定。如,西方传统文化较强调培养人的个性,鼓励人冒险和创新;东方传统文化较强调培养人的共性,遵循中庸之道,等等。

第二节　我国的教育目的

一、我国教育目的确立的理论基础

(一)马克思关于人的全面发展学说

马克思关于人的全面发展学说是我国制定社会主义教育目的的重要理论基础。马克思关于人的全面发展学说的主要观点有:(1)人的全面发展与片面发展是相对而言的,全面发展的核心内涵是脑力和体力的高度融合,而且是通过提升体力劳动者的脑力活动水平来实现的;(2)旧式的社会分工造成了人的片面发展;(3)现代大工业生产的高度发展必将对人类提出全面发展的要求;(4)教育与生产劳动相结合是实现人的全面发展的唯一方法和途径。

1.“三个代表”的重要思想

“三个代表”的重要思想继承和发展了马克思关于人的全面发展的学说,是我国新时期制定社会主义教育目的的重要指导思想。江泽民同志在党的十六大报告中指出:“党要承担起推动中国社会进步的历史责任,必须始终紧紧抓住发展这个执政兴国的第一要务,把坚持党的先进性和发挥社会主义制度的优越性,落实到发展先进生产力、发展先进文化、实现最广大人民的根本利益上来,推动社会全面进步,促进人的全面发展。紧紧把握住这一点,就从根本上把握了人民的意愿,把握了社会主义现代化建设的本质”。“三个代表”重要思想是社会主义初级阶段促进人的全面发展的根本保证。

2. 科学发展观

科学发展观是马克思主义关于人的全面发展理论在当代中国的创新,也是我国制定社会主义教育目的的又一重要理论基础。胡锦涛同志在党的十六届三中全会上明确提出“坚持以人为本,树立全面、协调、可持续的发展观,促进经济社会和人的全面发展”的科学发展观。只有坚持“以人为本”和“全面、协调、可持续”发展才能真正实现人的全面发展。

二、我国不同时期社会主义教育目的的表述

(一)我国教育目的表述的沿革

新中国成立后,不同时期对教育目的的表述不尽相同,但基本精神是一致的,现分述如下:

1951 年 3 月第一次全国中等教育工作会议上提出:"普通中学的宗旨和教育目标是使青年一代在智育、德育、体育、美育各方面获得全面发展,使之成为新民主主义社会自觉的积极的成员"。

1957 年毛泽东在《关于正确处理人民内部矛盾的问题》一文中提出:"我们的教育方针,应该使受教育者在德育、智育、体育几方面都得到发展,成为有社会主义觉悟的有文化的劳动者。"现在看来,当时毛泽东提出的是教育目的,而非教育方针。这就是造成后来有好多人把教育方针与教育目的等同的直接原因。毛泽东提出的教育目的为我国以后社会主义教育目的的确立奠定了基础。我国后来的各个历史阶段的教育目的的不同表述,都是 1957 年教育目的的延续和发展。

1978 年,我国的教育目的在人大会议通过的宪法中规定:"我国的教育方针是教育必须为无产阶级政治服务,教育必须同生产劳动相结合,使受教育者在德育、智育、体育几方面都得到发展,成为有社会主义觉悟的有文化的劳动者。"

1981 年在《关于建国以来党的若干历史问题的决议》中将教育目的表述为:"坚持德智体全面发展、又红又专、知识分子和工人农民相结合。"在同年 11 月的五届人大政府工作报告中指出教育目的是:"使受教育者在德育、智育、体育几方面都得到发展,成为有社会主义觉悟的有文化的劳动者和又红又专的人才,坚持脑力劳动和体力劳动相结合,知识分子和工人农民相结合。"

1985 年《中共中央关于教育体制改革的决定》中指出:教育要为社会主义现代化建设培养各级各类合格人才,"所有这些人才,都应该有理想、有道德、有文化、有纪律,热爱社会主义祖国和社会主义事业,具有为国家富强和人民富裕而艰苦奋斗的献身精神,都应该不断追求新知,具有实事求是、独立思考、勇于创造的科学精神"。

1986 年《中华人民共和国义务教育法》规定:"义务教育必须贯彻国家的教育方针,努力提高教育质量,使儿童、少年在品德、智力、体质等方面全面发展,为提高全民族素质,培养有理想、有道德、有文化、有纪律的社会主义的建设人才奠定基础。"在这里,首次把提高全民族素质纳入教育目的。

(二)我国当前对教育目的的表述

1995 年《中华人民共和国教育法》第五条中规定:"教育必须为社会主义现代化建设服务,必须与生产劳动相结合,培养德、智、体等方面全面发展的社会主义事业的建设者和接班人"。这就是当前我国新时期的教育方针。而其教育目的就是一句话"培养德、智、体等方面全面发展的社会主义事业的建设者和接班人"。

1999 年 6 月《中共中央国务院关于深化教育改革—全面推进素质教育的决定》中又较为具体的表述为:"以培养学生的创新精神和实践能力为重点,造就有理想、有道德、有文化、有纪律的德智体美等全面发展的社会主义建设者和接班人"。

2001 年 6 月《国务院关于基础教育改革与发展的决定》再一次明确提出"坚持教育必须

为社会主义现代化建设服务，为人民服务，必须与生产劳动和社会实践相结合，培养德智体美等全面发展的社会主义事业建设者和接班人”的教育方针。

总之，要想既高度概括又明确而具体地表述我国现行的教育目的有一定的困难，但它的基本精神是比较明确的。

三、我国当前教育目的的基本精神

1. 强调德、智、体、美等方面全面发展

人的基本素质包括德、智、体、美等几个方面。不同历史时期我国的教育目的的表述中都提到培养人的基本规格要求：使受教育者在“德、智、体”等几个方面都得到发展。因为这几个方面是相互联系、相互作用，是人的生存和发展以及在社会主义建设中不可或缺的基本素质，缺少了任何一个方面的素质，都可以说是一个不健全的人。为此，我们必须对受教育者进行全面发展的教育，使他们能够成为有理想、有道德、有文化、有纪律的德、智、体、美等方面全面发展的社会主义建设者和接班人。但人的全面发展不是德、智、体、美各个方面的平均发展，而是人的素质各个方面的协调发展。

2. 注意促进人的个性和特长的发展

我国教育目的中强调要培养德、智、体、美等方面全面发展的素质，这是对人才素质的共性要求。但由于每个人的主观能动性不同，每个人的发展又各不相同，体现出鲜明的个性特点。同时，社会也需要有个性的人，没有个性就没有创造力，学生也需要以自己的个性和特长立足于社会。所以，培养学生的个性和特长是我国当代教育目的的重要内容。但教师应注意正确处理个体发展的共性和个性之间的关系。一方面，要以全面的发展来促进个性的发展。因为，全面发展是个性和特长发展的基础。学生有了比较全面的科学文化知识，才能更有利于学习某一方面的知识技能，才能在某一方面更具有创造性。另一方面，要以个性和特长的发展来推动全面发展。学生的个性得到了充分发展，在自己乐于从事的活动中取得了好的成绩，有利于培养学生的自尊心和自信心，有利于调动学生的自觉性、主动性、独立性、创造性，从而能更好地促进他们全面发展。

3. 根本目的是培养社会主义事业的建设者和接班人

我国当代教育的根本目的是使受教育者成为社会主义事业的建设者和接班人。它指的是受教育者所要承担和发挥的社会功能，以及为谁服务的问题。因为培养的人才为谁所用，涉及教育目的的性质问题，也关系到国家的前途和命运。我们社会主义国家所培养的人，无论是从事脑力劳动还是体力劳动，无论是国家的公务员还是平民老百姓，都是中华人民共和国的公民，都要参与社会主义建设，都是社会主义的建设者，而不是不劳而获的剥削者、寄生虫和贪图享受的精神贵族。同时，他们又是社会主义事业的接班人，必须坚守和保卫有中国特色的社会主义阵地，永葆社会主义制度本色不变。对“接班人”的理解不能曲解为将来要接国家领导人或各级各类管理干部的班，每个坚持走社会主义道路的社会公民都是社会主义事业的接班人。

四、我国中小学的培养目标

1. **我国小学阶段的培养目标**

(1)初步具有爱祖国、爱人民、爱劳动、爱科学、爱社会主义的思想感情;遵守社会公德的意识、集体意识和文明行为习惯;良好的意志、品格和活泼开朗的性格;自我管理、分辨是非的能力。(2)具有阅读、书写、表达、计算的基本知识和基本技能,了解一些生活、自然和社会常识,具有初步的观察、思维、动手操作和学习的能力,养成良好的学习习惯。(3)学习合理锻炼、养护身体的方法,养成讲究卫生的习惯,具有健康的身体和初步的环境适应能力。(4)具有较广泛的兴趣和健康的爱美情趣。

2. **我国初中阶段的培养目标**

(1)具有爱祖国、爱人民、爱劳动、爱科学、爱社会主义的思想情感,初步了解辩证唯物主义、历史唯物主义的基本观点,初步具有为人民服务和集体主义的思想,具有守信、勤奋、自立、合作、乐观、进取等良好品德和个性品质,遵纪守法,养成文明礼貌的行为习惯,具有分辨是非和自我教育的能力。(2)掌握必要的文化科学技术知识和基本技能,具有一定的自学能力,以及运用所学知识分析和解决问题的能力,初步具有实事求是的科学态度,掌握一些简单的科学方法。(3)初步掌握锻炼身体的基本知识和正确方法。养成讲究卫生的习惯,具有健康的体魄。(4)具有初步的审美能力,形成健康的志趣和爱好。(5)学会生活自理和参加力所能及的家务劳动,初步掌握一些生产劳动的基础知识和技能,了解一些择业的常识,具有正确的劳动态度和良好的劳动习惯。

3. **我国普通高中的培养目标**

(1)热爱祖国,热爱人民,热爱中国共产党,热爱社会主义,具有正确的政治方向,初步树立正确的世界观、人生观和价值观。使学生具有社会责任感和事业心,树立为人民服务的思想,具有为祖国社会主义现代化建设甘于奉献的精神;具有良好的思想品德和文明礼貌行为;具有分辨是非和自立自律的能力。(2)掌握现代社会需要的普通文化科学基础知识和基本技能,具有自觉的学习态度和自学的能力,掌握基本的学习方法,具有创新的精神和分析问题、解决问题的基本能力。(3)养成自觉锻炼身体的习惯,具有健康的体魄和身心保健的能力;具有健康的审美观念和一定的审美能力;具有良好的意志品质和一定的应变能力。(4)树立正确的劳动观点,具有基本的技术意识和初步的择业能力,具有一定的劳动技能和现代生活技能。

五、素质教育与全面发展的教育

(一)素质发展与全面发展的内涵

素质是人在先天生理基础上,受后天环境、教育的影响,通过个体自身的认识与社会实践,养成的比较稳定的身心发展的基本品质。人的基本素质具有生理的、心理的、社会文化的三个不同的层面。生理素质是人发展的生物前提,社会文化素质赋予人的生理、心理素质社会的意义,心理素质既依赖于生理素质,又依赖于社会文化素质。素质发展就是指人的生理素质、心理素质和社会文化素质三者的科学融合和协调发展,从而构成一个人良好的素质整体。在人的素质结构中,任何一方面素质的欠缺,都会削弱整体结构的功能,影响素质的整体水平。全面发展是指人的德、智、体、美等方面的协调发展。"素质发展"是指人的发展的内在"潜质"和"材质","全面发展"是指人的发展的外在"内容"和"方面"。通过实施素质教育改变人的内在的生理、心理和社会文化素质促进人的全面发展。

(二)素质教育与全面发展的教育

1. 素质教育的内涵

素质教育是相对于应试教育而言的,它是以提高国民素质为根本宗旨的教育。《中共中央、国务院关于深化教育改革全面推进素质教育的决定》(1999年6月13日)中,对素质教育的含义给予全面的说明和阐述,主要包含以下几点:

(1)一个宗旨。实施素质教育,就是全面贯彻党的教育方针,以提高国民素质的根本宗旨。实施素质教育和全面贯彻党的教育方针是一致的,都是培养德智体等方面全面发展的社会主义事业的建设者和接班人,都是提高国民的素质。

(2)两个重点。即"以培养学生的创新精神和实践能力为重点"。我们培养全面发展的社会主义事业的建设者和接班人,还要突出创新精神和实践能力的培养。这是新世纪世界竞争的要求,是实现现代化的要求,也是使人成才的根本要求。以往我们在这方面的培养又存在一定的缺陷,因此更要弥补和加强。

(3)三个要义。即教育要"面向全体学生;促进学生全面发展;使学生生动活泼、积极主动地得到发展。"这不仅指明了工作的方向,又指明了工作的方法。

(4)四个统一,即"使受教育者坚持学习科学文化与加强思想修养的统一,坚持学习书本知识与投身社会实践的统一,坚持实现自身价值与服务祖国人民的统一,坚持树立远大理想与进行艰苦奋斗的统一。"这是对受教育者素质要求的进一步具体阐述。

(5)五育协调,即把德育、智育、体育、美育、劳动技术教育和社会实践,有机统一在教育活动的各个环节中,使它们相互渗透、协调发展。

由此可见,素质教育的内涵归结起来主要有四点:素质教育是面向全体学生的教育;素质教育是全面发展的教育;素质教育是促进学生个性协调发展的教育;素质教育是以培养创新精神和实践能力为重点的教育。

2. 全面发展的教育及其与素质教育的关系

全面发展的教育就是要培养德、智、体、美、劳全面发展的社会主义事业建设者和接班人。这也是我国当前的教育目的。全面发展的教育主要是针对受教育者个体而言的,素质教育关注的不仅是个体,还包括群体,即面向全体学生。实施素质教育,也必须以全面发展的教育思想为指导。提高全民素质的教育必须遵循全面发展教育方针的要求,必须符合我国社会主义的教育目的。换言之,要实现全面发展的教育目的,就必须坚持素质教育,必须坚持"一个宗旨"、"两个重点"、"三个要义"、"四个统一"和"五育协调"。

日本的教育目的

1. 日本1947年制定的《教育基本法》中明确写到:

第一条(教育之目的):教育必须以完成陶冶人格为目标,培养和平国家与社会的建设者——即热爱真理与争议,尊重个人之价值,尊重勤劳与责任,充满自立、自主精神的身心健康的公民。

第二条(教育之方针):所有的活动和场所,都要实现教育目的,为达到此目的,必须尊重学术自由,从实际生活出发,培养自动、自发之精神,并互相尊重与合作,为文化之创造与发展贡献力量。

2. 日本的第三次教育改革(1984 年)提出的教育改革五项原则是:国际化原则、自由化原则、多样化原则、信息化原则、重视人格化原则。

(资料来源:选自戴本博主编:《外国教育史》(下册),人民教育出版社,1990 年版,第 318、326 页)

第三节 全面发展的教育内容

为实现我国社会主义教育目的,必须对受教育者实施全面发展的教育。我国当前全面发展教育的组成部分应包括德育、智育、体育、美育和劳动创造教育等。各部分都有各自的任务和内容,不能相互替代,各育之间又有密切的联系。

一、德育

德育是指教育者培养受教育者品德的活动。所谓品德是指个体根据一定社会的政治与思想观念、法律准则、道德规范来行动时,所表现出来的那些经常而又稳固的心理与行为倾向及特征。即,将社会的道德转化为个体的品德。道德与品德是两个不同的概念。道德作为一种社会意识是社会存在的反映,受社会发展的制约,它不依赖于某一个体的存在而存在,是社会学、伦理学的研究对象。品德是社会意识在个体身上的反映,它既受社会制约,又依赖于具体人的心理活动规律,依赖于具体人的存在而存在,是教育学、心理学的研究对象。一般认为,德育的组成部分包括四个基本方面:政治教育、思想教育、法纪教育和道德品质教育。

1. 德育的意义

(1)德育是我国进行社会主义现代化建设的重要条件

我国的社会主义现代化建设包括社会主义物质文明建设、精神文明建设和政治文明建设三个方面。三者之间,不仅密切联系,而且都直接受到社会德育的影响。没有科学有效的德育,社会主义精神文明建设和政治文明建设无从谈起;没有科学有效的德育,社会主义物质文明建设也不可能达到很高的水平。青少年是祖国的未来,民族的希望,三个文明建设的历史使命必然落在他们的肩上,他们的品德如何,直接关系到我国社会主义的三个文明建设,直接关系到党和国家的前途和命运。所以,加强中小学德育,为国家培养一代又一代有道德的社会主义事业的建设者和接班人,是关系到我国社会主义现代化建设的成败,具有深远的战略意义。

(2)德育是保证青少年一代健康成长的需要

青少年的思想品德不是先天就有的,也不是在环境影响下自发形成的,而是在教育影响下,特别是学校教育的指导和个人实践活动中形成发展起来的。尤其是青少年,他们各方面发展均未成熟,可塑性很大。这一特点决定了他们既容易接受正确的教育,也容易受到不良的影响。加强对青少年的德育，可以充分利用并发展青少年年龄特征中的积极因素，克服消极因素，引导他们沿着正确的方向健康成长。因此，中小学教育阶段既是青少年长知识、长身体的时期，也是为他们树立科学的世界观、人生观和形成正确的政治观点、良好的道德行为奠定基础的重要时期。所以，此时加强德育，对青少年一生的发展至关重要。

(3)德育是学校全面发展教育的重要组成部分

我国新时期的教育方针，指明了我国的教育目的是培养德、智、体、美全面发展的社会主义建设者和接班人。为实现这一目的，必须对受教育者实施全面发展的教育。德育作为全面发展教育的组成部分，起着灵魂和核心的作用，它可以确保其他各育沿着正确的方向发展，并为其他各育的发展提供"动力"。只有抓好德育，才能有效地促进青少年一代全面健康地发展，才能保证实现全面发展的教育目标。

2. 德育的任务

中小学德育的任务，总的来说，是把全体学生培养成为爱国的、具有科学的世界观和人生观、具有社会公德和文明行为习惯的遵纪守法的好公民。在此基础上，不断提高他们的社会主义思想觉悟，使他们中的优秀分子将来能够成长为坚定的共产主义者。中小学德育的具体任务可以概括为以下几个方面：

(1)培养学生初步树立坚定正确的政治方向

政治方向是指一个人对待社会中的阶级、政党、国家的基本观点和态度，是一个人思想品德的核心内容，因此政治教育应成为学校德育的一项重要任务。中小学要教育学生热爱祖国，热爱人民，热爱中国共产党，拥护党在社会主义初级阶段的基本路线，初步树立为人民服务的思想和为建设有中国特色的社会主义而奋斗的理想和志向。当前，还要特别加强公民教育，增强学生的公民意识，提高他们的社会责任感。

(2)引导学生逐步确立科学的世界观和人生观

世界观是一个人对世界总的看法和态度。科学的世界观是指马克思主义辩证唯物主义和历史唯物主义世界观。学校要通过德育为学生奠定辩证唯物主义和历史唯物主义世界观的基础，培养学生实事求是的作风，养成尊重科学的态度，正确地认识世界，并在积极地改造客观世界的同时，自觉地改造主观世界。对于中小学生来说，还要培养学生树立科学的人生观。要教育他们正确地认识与处理个人、集体和国家的关系，正确认识人生价值，树立全心全意为人民服务、为社会主义服务的思想。

(3)逐步使学生养成社会主义的法纪观念和良好的道德品质

中小学还要进行社会主义的法制教育和文明的道德行为习惯的养成教育。一方面，学校德育必须培养受教育者具有强烈的法纪观念，做到懂法、守法、护法，并能够自觉地利用法律武器保护自身的正当权益，促进社会主义的法制化建设。另一方面，要培养学生具有勤奋学习、热爱劳动、关心集体、乐于助人等优良品德和文明习惯，促进社会主义精神文明建设。

(4)培养学生具有健康的心理品质

学生的心理素质与道德修养密切相关。心理问题容易转化为道德问题，道德问题也容易引起心理问题。所以，学校德育必须注意学生的心理健康教育，以促进学生的心理、个性与品德和谐健康地发展。

3. 德育的内容

中小学德育的基本内容主要包括：爱国主义教育；革命理想和革命传统教育；集体主义

教育;劳动教育;自觉纪律和法制教育;科学世界观和人生观教育;社会公德教育以及心理健康教育等。

二、智育

智育一般是指向学生传授知识、训练技能和发展智力的教育。近几十年来,一些教育学家和心理学家把智育解释为智慧或智能的教育,就是指通过智育培养聪明而有才智的人;而且认为人的智能是多方面的,如美国心理学家加德纳认为,人的智能有八个方面。但智育不等于教学。智育是就教育内容而言的,而教学是就教育过程和方法而言的。教学既要完成智育的任务,也要完成德、体、美诸育的任务,而智育也不仅仅是通过教学这一途径来实现的,两者既有联系又有区别。

1. 智育的意义

(1)智育在社会的文明发展中起着不可缺少的作用

人类的文明进步,离不开智育活动。纵观人类历史,人类社会要延续发展,就必须把人类的"集体智慧"一代一代传下去,智育的职能正是将人类的文化和科技成果,一代一代传递下去,使每一代人都能够继承前人的创造和发明,使下一代人有可能在前人的基础上进一步丰富、发展人类已有的文化财富。如果没有智育,就没有知识和智力的再生产。特别是学校的智育活动,它通过指导年轻一代掌握知识技能,启迪他们的智慧,使他们获得认识客观世界、适应客观世界和改造客观世界的基本技能和能力。这样,人类社会的知识技能和智力的发展就不会停滞,人类的文明就得以不断进化和发展。因此,智育是整个人类社会文明进步不可缺少的条件。

(2)智育在人的全面发展中占有十分重要的地位

智育在全面发展教育中居于基础的地位,通过智育促成人形成的知识、技能和智力不仅是人不可或缺的基本素质,也为人的德、体、美等其他全面发展提供必要的知识、技能和智力基础。比如,要形成良好的道德行为习惯,首先要使学生懂得道德的知识,训练道德行为的技能。古希腊哲学家苏格拉底甚至认为知识就是道德,他说:"知识即美德,无知即罪恶。"其他各育也是如此,也都需要以相应的知识和智力作为前提条件。只有使年轻一代掌握了较为系统的知识和具备一定的智力和技能,才能谈得上树立科学的世界观、正确的道德观和审美观,才能养成良好的道德行为习惯和科学的锻炼身体的习惯。

3. 智育的任务

(1)向学生传授系统的科学文化基础知识

知识是对人类从事社会实践积累起来的经验的概括与总结,它是后人从事社会实践的精神武器。人类文明的发展,社会的延续,要求把这一精神武器传授给下一代,使后一代在前人认识的基础上更好地认识和改造客观世界。知识根据其作用可分为基础知识和专业知识;根据其来源可分为书本知识(间接经验)和实践知识(直接经验)。就基础教育而言,通过智育主要向青少年传授系统的科学文化基础知识。

(2)培养学生的基本技能和技巧

学生掌握知识是为了应用,只有善于把知识运用于实际,才能有效地发挥知识的作用。

这就要求在向学生传授知识的同时，必须培养他们具有一定的技能技巧。技能一般可分为学习技能、生活技能和工作技能。在基础教育阶段，尤其要重视学习技能与生活技能的培养。技能通过反复练习和实践，达到十分熟练的程度就发展成技巧，如运算技巧、书写技巧、实验操作技巧、绘画技巧、运动技巧，等等。

(3)发展学生的智力

智力是指保证人们有效地进行认识活动的那些比较稳定的心理特征的综合。它包括观察力、想象力、思维力、记忆力、注意力等因素，其中思维能力是决定性因素。为什么要把发展学生智力作为智育的重要任务呢？首先，是人才培养的需要。我们培养的人，不是书呆子，不是“书橱”，而是能够运用知识分析和解决问题的人。要培养这样的人，不开发智力是做不到的。其次，是信息社会发展的需要。现代的信息社会，科学技术飞速发展，各种信息急剧增长，知识量不断膨胀，在这种情况下，知识学不胜学，这就要求必须培养和提高学生的信息接收、加工和处理能力。而要做到这一点，就必须发展智力。

3. 智育的内容

智育过程是传授知识、培养技能和发展智力的辩证统一过程。教育工作者必须树立全面的智育观：教好基础知识，练好基本技能，全面发展智力因素。中小学的智育，一般是通过各门课程来体现的。具体内容有以下几个方面：

(1)自然科学和社会科学的基础知识。

(2)各种基本的学习技能和生活技能。

(3)科学的学习方法和科学探究的方法。

(4)认知能力、自学能力和创新能力的培养和提高。

智育的真谛

智育包括：获得知识和形成科学世界观，发展认识能力和创造能力，培养脑力劳动文明，养成一个人在整个一生中对丰富自己的智慧和把知识运用于实践的需要。

智育是在掌握知识过程中进行的，但是不能简单地把智育归结为积累知识。在教养程度和智力训练程度之间，在学校里所获得的知识分量和智力发展程度之间，是不能画等号的，虽然后者也有赖于知识的分量。智育是一个很复杂的过程，它包括世界观的形成、智慧的思想方向性和创造方向性的形成，与个性的劳动、社会积极性有着紧密的联系，而个性的社会积极性又把学校内的教学教育工作跟社会生活和谐地结合在一起……

在教学过程中实现着智育的主要目的——发展智力。……一个人离开校门的时候，也可能有些知识没有学到，但他必须是一个聪明的人。应当再三重申：智力训练程度并不等于所获得的知识分量；问题的全部实质就在于：在人的复杂的、多方面的活动中，知识的生命是怎样进行的。

……智育的最主要的途径和方法就是：生产劳动、研究，实验，独立研究生活现象和文献资料，文学创作尝试等。

智育对于人必不可少，不仅是为了劳动，而且是为了精神生活的充实。无论是未来的数学家，还是未来的拖拉机手，都应当学会创造性地思考，都应当成为聪明的人。智慧应当给人以享受文化财富和审美财富的幸福。真正的智育指引人去认识生活的全部复杂性和丰富性……

（资料来源：选自苏霍姆林斯基著，杜殿坤编译：《给教师的建议》，北京：教育科学出版社，1984年版，第114页）

三、体育

广义的体育是指以身体的运动为基本手段，以增强人的体质、促进人的全面发展、丰富社会文化生活和促进精神文明为目的的一种有意识、有组织的社会活动。它包括社会群众性的体育活动。狭义的体育，即学校体育。它是指向学生教授健康的知识、技能，增强体质，培养自觉锻炼身体的能力与习惯以及培养其道德和意志品质的教育过程。这里是就狭义的体育而言的，它是学校全面发展教育的重要组成部分。中小学阶段，正是青少年长身体、长知识的最佳时期，身体的健康和体质的增强要在这段时间里通过体育打下基础。

1. 体育的意义

（1）体育能促进学生身体健康发展，增强学生的体质

儿童和青少年正是长身体的关键时期，在这一时期，人的身体发展变化多，可塑性大，各种器官正在日趋成熟。注意体育锻炼，能有效增强人的神经系统的功能，促进心血管系统、骨骼肌肉系统、呼吸系统、消化系统等发育成长，从而为人一生的健康奠定良好的基础。因此，体育对青少年身体的成长和发育起着促进作用。同时，体育对提高人的身体素质、保持人的旺盛精力以及增强人的适应环境和抵抗疾病的能力等，都起着十分重要的作用。

（2）体育是促进学生全面发展不可缺少的重要条件

体育不仅是全面发展教育的重要内容，也是促进人全面发展的重要手段。体育活动的完成不单要求有相应的知识和技能，还需要有相应的心理品质相配合。因此，开展体育活动也为学生良好心理品质的形成提供了训练机会。体育运动的竞争性特点，有利于培养学生的竞争意识和热爱集体、热爱祖国的情感；体育运动要承受一定的重量负荷，需要克服一定的困难，这有利于培养学生刻苦耐劳、坚忍不拔的意志品质；体育运动（尤其是竞赛）的规则性较强，要求具有高度的组织性和纪律性，这有利于培养学生的组织观念和纪律观念，尤其是那些集体运动的项目，更有利于培养学生团结协作的集体主义情操。体育与智育的关系也很密切。青少年学生体质强健，精力充沛，才能为学习文化科学知识奠定必要的物质基础，才能有利于学习任务的完成。另外，体育活动还能够促进人的体形美、体态美和改善人的精神风貌等，也包含着广泛的美育内容。

（3）体育是一个国家建设和发展以及世界和平的需要

一个国家、一个民族的生存和发展，有赖于国民的智力，也有赖于国民的体质。国民的体质、健康水平在一定程度上也反映国家的强弱和民族的兴衰。健康的国民是国家建设和发展的一个重要的物质前提。目前，我国在校青少年有两亿多，搞好学校体育，使他们健康成长，对于从根本上提高整个中华民族的健康水平，增强我国人民体质关系极大。体育，尤其是现代体育，不仅有利于社会的物质文明建设，更有利于社会的精神文明建设。国际性的体育竞赛还可以振奋民族精神，增强民族的自信心和凝聚力。因此，各级学校都应认真贯彻素质教育的思想，积极响应“全民健身运动”和“阳光体育”的号召，重视学校体育。另外，体

育还有利于促进国际交流和世界和平。由于体育运动既有竞争的一面，又有交流的一面，这种交往不局限于运动员之间，而且能在各国运动员之外的人民群众之间搭起交往的桥梁。如著名的中美之间的“乒乓外交”就是一例。所以，有人称国际体育运动是“和平的使者”。

2. 体育的任务

(1)促进学生身体的成长和发育，增强学生的体质

促进学生身体的成长和发育，增强学生的体质，是体育的根本任务。向学生传授科学的健康观和体育、卫生的基本知识和基本技能，使学生掌握体育锻炼的科学方法，养成坚持锻炼的良好习惯，以促使学生正常发育和身体各器官机能的发展，全面发展学生身体素质(速度、灵敏性、力量、耐力、柔韧性等)和人体基本活动能力(走、跑、跳、投、攀登)，提高其适应环境的能力，并为学生终身健康打下坚实的基础。

(2)通过体育对学生进行思想品德教育

通过体育活动，要培养学生积极向上、关心集体、热爱祖国、团结协作、遵守纪律、顽强拼搏的精神和品德等。

(3)培养优秀体育运动员

学校体育也要注意在普及的基础上抓提高，要选拔身体素质好有运动天赋的学生进行某些项目的专门训练，让他们参加各种体育竞赛，有意识地为国家和地方培养优秀运动员，为提高我国整体的体育运动水平作贡献。

3. 体育的内容

(1)田径运动

田径是古老的体育项目，内容丰富多样，大多是以人们日常生活中的走、跑、跳、掷等自然动作为基础构成的，是各项运动的基础，也是学校体育的主要内容。

(2)体操运动

体操种类较多，内容丰富，大致可分为基本体操、竞技体操和艺术体操等几大类。它是中小学体育的主要内容，也是一项深受欢迎的群众性体育运动。

(3)球类活动

球类活动包括篮球、排球、足球、乒乓球、羽毛球等。球类运动对训练力量、敏捷性、动作协调性等有特殊作用。

(4)游戏活动

游戏是一种集体性的活动，它内容丰富、形式多样，有一定的竞赛性，既可以锻炼身体，又带有娱乐性。

(5)武术运动

武术是我国劳动人民在长期的生活斗争中创造和发展起来的一项具有民族风格的体育项目，是我国优秀的民族文化遗产。武术的内容丰富多彩，各家各派数不胜数，各派都有基本功的身法、手法、腿法等。它既能强身健体，又能给人以美的享受，陶冶人的情操，发展人的个性，还能培养学生的民族自豪感。

(6)游泳活动

游泳能对人的身体进行全面的锻炼，并能提高人的生存和自救能力。学校在开展游泳活动时，一定要注意安全。

(7)军事体育运动

军事体育运动主要包括队列队形的训练、体力和毅力的训练、投掷与射击、航海运动和航空运动等。它不仅使学生增强体质,锻炼坚强的意志,加强组织纪律性和国防意识,还可以增长学生的科学知识,激发其学习动力。

(8)身心健康教育

身心健康教育包括生理卫生教育和心理保健教育。生理卫生教育包括卫生知识教育和卫生习惯培养两方面的内容。心理保健教育是促使学生保持良好的心理状态,防止和克服消极的心理状态、发展优良个性的教育活动。

四、美育

美育就是指审美教育,又称美感教育、美学教育,是运用自然美、社会生活美和艺术美去培养学生正确的审美观以及感受美、鉴赏美和创造美的能力的教育活动。

1. 美育的意义

(1)美育在我国社会主义现代化建设中的重要意义

社会越发展,物质文明越丰富,精神文明程度越高,美育对社会发展就会显示出愈益广泛的作用和深远的影响。就物质文明建设而言,在当今社会,社会物质产品只有具备了实用价值和审美价值的统一,才能满足消费者的需要。社会主义物质文明建设,就是要创造更美好的产品来丰富和提高人们的物质生活。这就要求人们按照"美的规律"进行生产,就是要赋予物品以赏心悦目的形式。实施美育,把人们创造美的能力发展起来,以满足人们不断增长的物质消费需要。在人的精神世界里,艺术修养是一个非常重要的方面,通过美育使人音乐的、文学的、绘画的、工艺的、电影的等方面的艺术素养得到提高,精神就会变得充实,情趣就会变得高尚,举止就会变得文明。通过美育培养学生正确的审美观点和审美能力,有利于他们辨别真、善、美与假、恶、丑,从而自觉抵制那些庸俗低级的东西,使他们成为社会主义精神文明和政治文明的建设者。

(2)美育在学生全面发展中的重要意义

美育不仅是全面发展教育中的重要内容,而且是其他各育的"催化剂"。美育能促进人的思想品德的发展。美育使人在美的享受中,思想得以净化,感情得以升华,情操得以陶冶,言行得以规范。一部好电影、一首优美的歌曲、一幅壮美的画卷、一次精心组织的游览胜境的活动,其教育陶冶的力量往往超过成人化的空洞说教。美育还能促进智力的开发。现代脑科学的研究证明:脑的左右两半球有明显的分工且又相互密切配合。大脑左半球是处理语言、数理概念、信息,进行抽象思维和连续学习,分析性机能的中心;右半脑主要负担图形识别、音乐色彩感知、空间想象和接收其他非语言信息,即侧重于视觉、听觉的形象思维的功能。只有使大脑左右两半球平衡协调发展,才能充分发挥大脑的潜能,进一步开发人的智力。美育侧重对大脑右半球功能的开发。美育的感性形象特点可以促进学生形象思维能力的发展,有利于提高学生的观察力、想象力和创造力。就知识的学习而言,美育还可以有效地调动学生的学习兴趣,提高学习效率。美育还能增强人的体质。年轻人在紧张的学习、工作之余,开展一些文娱活动,对身心健康大有裨益。而体育本身可以说就是健与美有机结合的艺术。体育不仅追求体态健美,而且要求在体育活动中,各部位的动作协调,优美雅观,富有节奏感。总之，美育和德育、智育、体育等既密不可分，又不可相互替代。

2. 美育的任务

(1)使学生具有正确的审美观点与感受美、鉴赏美的知识和能力

正确的审美观点是能够用正确的观点去审视事物是否美。按照马克思主义的观点，美是人的本质力量的对象化，是人的创造精神、道德情操、精神力量在改造世界的过程中在客观事物上的体现和反映。所以，劳动是美，创造是美，善良是美。美育还要让学生掌握音乐、美术、舞蹈等艺术形式的知识，能够鉴赏绘画、书法、歌曲、乐曲、舞蹈等艺术成果的美。

(2)培养学生表现美和创造美的能力

一方面，要培养学生艺术活动的技能和发展其艺术创作能力。要使学生具有初步的绘画、唱歌、舞蹈、诗歌朗诵和文艺创作等基本技能，并能运用这些艺术形式创造性地表现美。另一方面，还要教育学生能够美化环境，整理内务，使他们能在生活中体现美。特别要让学生在平时的学习、生活、交往的过程中，陶冶情操，有美的心灵和行为，如举止文明，仪表端庄，彬彬有礼，做心灵美的人。

3. 美育的内容

(1)自然美的教育

大自然是美的重要源泉，自然的美千姿百态、多种多样。自然美的教育是以自然景观欣赏为基础的。中小学实施自然美的教育，一般是组织学生进行登高、远足、郊游、露营、野炊等活动，使学生走出课堂，直接投入大自然的怀抱。尤其是现代社会，不少自然景观和人文景观结合在一起，在游览自然风光时会感知到许多生动形象的地理、历史、文化艺术知识。所以，欣赏自然美可以开阔视野、增长知识、陶冶情操、砥砺品行。

(2)社会美的教育

人是社会生活的主体，社会美首先是指人的美，人的美是以“真”和“善”为基本内容的，它是中小学进行美育的又一重要源泉。人的美重在内在美，主要体现为劳动创造性的美和人际交往中的道德美。具体体现为心灵美、行为美和环境美。

(3)艺术美的教育

艺术美是存在于艺术作品中的美。艺术美的创造，以自然景物和社会生活的人或事件为素材，以文学艺术的创造性的劳动，纳入一定的艺术形式，借助一定的描述手段，才能产生典型的艺术形象。如果说自然美和社会美是现实美，那么，艺术美就是一种观念形态的美。它是美的高级形态，它来源于现实美，又高于现实美，是现实美的集中表现。其具体表现形式是：音乐、绘画、雕塑、舞蹈、书法、文学等。

五、劳动创造教育

劳动创造教育是培养学生正确的劳动观念和劳动态度，养成良好的劳动习惯，掌握基本的劳动技术知识和技能，并促进其创造能力发展和提高的教育活动。

1. 劳动创造教育的意义

(1)劳动创造教育是促进学生全面发展不可缺少的重要组成部分

劳动创造教育能促进学生优良品德的发展。培养学生热爱劳动，树立正确的劳动观点、

态度,养成良好的劳动习惯和艰苦朴素的作风,这些品德的培养,必须通过劳动实践。

劳动创造教育有助于学生掌握知识、形成技能,并使智力得到发展。劳动实践中,学生手脑并用,把直接经验与间接经验结合起来.可以激发学生的想象和思维,有利于智力发展。至于生产实习等劳动,对培养学生的技能技巧是十分有益的。

劳动创造教育可以促使学生增强体质。学生参加适度的生产劳动,能使肌肉、骨骼得到锻炼,促进新陈代谢,增进神经系统、血液循环系统、呼吸系统、消化系统的功能,提高抵御疾病的能力,增强学生体质。

(2)劳动创造教育是培养学生创新精神和创造能力的有效途径

学生在生产劳动实践中会遇到各种问题,这样就能激发他们对这些问题进行研究探索的热情,进而在教师指导下逐步掌握和运用创造技法去进行创造性活动,从而促进其创造能力的发展和提高。

2. 劳动创造教育的任务

(1)树立正确的劳动观点,养成良好的劳动态度和习惯

首先要培养学生的劳动观点,使学生对劳动的本质和价值有正确的认识,认识到劳动是人类社会存在发展的动力和基本条件,是人类文明的基础,只有劳动才能创造一切。其次,在形成正确的劳动观点的基础上,养成热爱劳动、热爱劳动人民、珍惜劳动成果、认真对待工作和劳动等基本态度和习惯。

(2)掌握基本的生产知识和劳动技能

要使学生掌握基本的生产知识和劳动技能,学会劳动,具有从事社会生产劳动的初步本领。生产知识和劳动技能的具体内容,要不断地根据社会的发展来调整。

(3)培养创新精神,开发创造潜能,提高创新能力

要使学生在创造性劳动过程中形成良好的创造品质。创造品质是创造性活动成功的关键,集中体现为强烈的创造动机、顽强的创造意志和健康的创造情感,它反映出创造主体良好的思想面貌和精神状态。具体表现在创新意识、创新精神、创造人格、创造能力等方面。

2. 劳动创造教育的内容

(1)劳动观点教育

了解人类的历史首先是生产发展史,是劳动人民的创造史;懂得辛勤的劳动是建设社会主义和共产主义的根本保证;劳动是公民的神圣义务和权利;懂得把脑力劳动同体力劳动相结合的重要意义。

(2)劳动态度和习惯教育

培养学生热爱劳动和劳动人民的情感,抵制好逸恶劳、贪图享受、不劳而获、奢侈浪费等恶习的影响,形成以劳动为荣,以懒惰为耻的品质,养成良好的劳动习惯。

(3)劳动知识和技能教育

培养学生自我服务劳动的能力,自己的事情自己做,培养自己日常生活必须的劳动技能、独立生活能力和勤劳整洁的习惯。提倡鼓励中学生作一些力所能及的家务劳动。

引导学生在生产劳动中获得从事现代生产的基础知识和基本技能,提高他们在未来工作实践中的工作效能。

应特别重视组织学生参加社会公益劳动,如整修校园、植树绿化、清扫街道、学雷锋活动

等各种社会服务劳动，促进学生形成全心全意为人民服务的思想品质。

(4)创新精神和创造能力教育

社会实践是创造力产生的源泉。忽视实践训练，就使创造力的形成缺乏源头活水。学校应组织开展科技小发明、文艺创作等活动，锻炼学生的创新能力。还要激发学生对自然现象和社会现象产生好奇的心理，教会学生学习发现问题的方法，培养学生多提问题、多想问题的良好习惯。

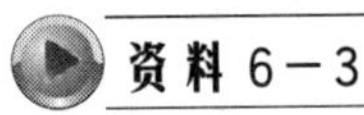

从教育的目的看生存教育、生活教育的意义

一、生存教育是个体适应社会发展的客观需求

“适者生存”是大自然亘古不变的竞争法则，生存是人的第一法则，这既包括了在自然界中的生存，也包含了在人类社会生活中生存。联合国教科文组织在《学会生存》一书中提出：“教育的使命正是为了准备未来，使教育对象学会生存”。生存教育是指对受教育者的生存仪式、生存知识、生存能力、生存价值方面进行的教育，以保证教育者不仅在学习、生活中能做到独立、自主、自理，也能在以后的工作中自强、自立、创造，特别是在险峻的环境下也能生存和发展，成为生存好、发展好的社会个体。生存教育包括生存意识和生存能力两大方面的培养，生存教育一方面要求学校“通过生存教育，帮助学生学习生存知识，掌握生存技能，保护生存环境，强化生存意志，把握生存规律，提高生存的适应能力和创造能力，树立正确生存观念”，实现生存教育的理论目标，使学生通过课堂教育，教学实践和课外活动从认知生存教育，形成一定的理念和意识。另一方面也要求学校进一步融合课程和教学资源，对学生生存能力进行培养，“帮助学生建立适合个体的生存追求，学会判断和选择正确的生存方式，学会应对生存危机和摆脱生存困境，善待生存挫折，形成一定的劳动能力，能够合法、高效和较好地解决安身立命的问题。”，从而培育出具有坚强人格和毅力的优秀人才，实现素质教育的基本要求。

二、生活教育既是个人生活能力发展的需要，也是促进社会发展之必需

前苏联教育家苏霍姆林斯基提出：要造就一个真正的人，就应该培育学生的一种“对生活的强烈的爱”，“就应当教会人正确的生活”。美国教育家杜威提出“教育即生活”，强调“教育就是发展，而不断发展，不断生长，就是生活。”“没有教育即不能生活，所以说，教育即生活”。我国教育家陶行知先生也指出：“从定义上说，生活教育是给生活以教育，用生活来教育，为生活向前向上的需要而教育。从生活与教育的关系上说，生活决定教育。从效力上说，教育要通过生活才能发挥力量而成为真正的教育。”由此可见，教育的实质性内涵就在于提升人们的生活方式与生活境界，生活既是教育的出发点，也是教育的最终归宿，教育的目的就是实现人在生活中的发展，同时在教育中发展生活的质量。生活教育要求学校一方面要“通过生活教育，帮助学生了解生活常识，掌握生活技能，实践生活过程，获得生活体验，确立正确的生活观，帮助学生提高生活能力。通过生活教育，使学生认识生活的意义，热爱生活，奋斗生活，幸福生活。”实现生活教育中，从生活中得到知识，增长生活知识，发展个人的生活能力，实现个人的实现基本物质需求的技能的培养，在生活中丰富教育，用生活来教育，用教育来发展个人的生活质量。另一方面，“让学生理解生活是由物质生活和精神生活、个人生活和社会生活、职业生活和公共生活等组成的复合体，追求个人、家庭、团体、民族、国家和人类的幸福生活；培养学生的良好品德和行为习惯，培养学生的爱心和感恩之心，培养学生的社会责任感，形成立足现实、着眼未来的生活追求；教育学生学会正确的生活比较和生活选择，理解生活的真谛，能够处理好收入与消费、学习与休闲、工作与生活的关系。"通过生活教育来满足学生适应社会发展的需求，进而更好地实现自我的社会服务功能，为社会的发展做出自我贡献，实现教育的社会发展目的。

【教育名著简介】——《学会生存》

1970年被联合国定名为"国际教育年"。在这一年举行的联合国教科文组织第16届大会上通过了一项决议，授权当时的总干事马厄成立国际教育发展委员会，其任务是提交一份报告。目的是帮助各国政府制定教育发展的国家政策，为世界各国所进行的一系列相关研究和决策提供依据和参考，并用于指导联合国第二个发展十年期间的教育国际合作和联合国教科文组织的工作。1971年初，国际教育发展委员会正式成立并开始工作。总干事邀请法国前总理和教育部长埃德加·富尔为委员会主席，同时委任6位文化背景和专业背景各不相同的著名人事为委员会成员。该委员会从多学科、多方位视野研究世界教育发展问题，并进行广泛地实地考察，最后于1972年提交研究报告——《学会生存——教育世界的今天和明天》(简称《学会生存》)。

《学会生存》共分4个部分：序言；研究的结果；未来；向学习化社会前进。该报告自始至终贯穿一条主线：教育应该扩展到人的整个一生。在当今社会里谁也不能再一劳永逸地获取知识了，而需要终身学习或终身教育去建立一个不断演变的知识体系，即"学会生存"。《学会生存》发表以后，产生了极为广泛而深远的影响。它使终身教育的概念更为全面、清晰、具体，促使终身教育由一种思想转为各国主导的教育政策和普遍的教育实践，被誉为联合国教科文组织一份具有里程碑意义的教育文件。

【精彩片段选读】

培养完人

完人的几个方面 这并不是说，获得知识，掌握研究与表达思想的工具，在人的发展中是不重要的。人的好奇心是这类活动和其他活动的根源，其他的活动还有：一个人的观察、试验和对经验与知识进行分类的能力，在讨论过程中表达自己和听取别人意见的能力；从事系统怀疑的能力；不断进行阅读的能力；把科学精神和诗情意境两相结合以探索世界的能力。

如果一个人按照他自己及其同伴所应该发展的方面去发展，那么尊重人格的各个方面，在教育中，特别在学校中，就是非常重要的。复合态度是使人格的各组成部分保持平衡发展所不可缺少的因素。因此我们必须鼓励这种复合态度并在一个人的教育过程中养成这种态度。

教育的一个特定目的就是要培养感情方面的品质，特别是在人和人的关系中的感情品质。系统的训练有助于人们学会彼此如何交往，如何在共同的任务中彼此合作。教育由于人文科学的许多发明而得到了加强。这种教育也有责任消除各种思想障碍，这些思想障碍是由于无知，或是由于早期训练不良或训练不足而产生的。

个人表观的另一个重要方面是美感活动。然而，对美的兴趣，识别美的能力，把美吸收到一个人的人格中去以及其他美感经验的组成部分等，都是和一项或几项艺术活动实践分不开的。

今天的文化价值幸而和天然地重视身体健康结合在一起了：人们重新欣赏他们的身体，把它当作生命力与体格的和谐、美感享受、自信心、个人表现与情绪体验的基本源泉。如果我们想控制身体，控制身体的力量和质量，我们就需要知识、训练和练习。我们还必须适当地注意性的教育，注意加强体力及其技巧才能；注意训练肌肉与神经。严肃负责的教育工作者们从现在起就要经常关心培养各种感官，养成人们的卫生与饮食习惯，抵制由于各种刺激所引起的自我堕落和败坏的倾向。

把一个人在体力、智力、情绪、伦理各方面的因素综合起来，使他成为一个完善的人，这就是对教育基本目的的一个广义的界说。

我们几乎在所有的国家，在整个历史过程中，在哲学家和道德学家们那里，在大多数教育理论家和理想家们那里，都可以找到这个教育理想。它一直是各个时代人道主义思潮的一个根本主题。它的应用也许并不完善，但它是有成效的，它对于许多极其崇高的教育事业具有启发作用。

抽象的人和具体的人　作为教育主体的人，在很大程度上，是一个普遍的人——在任何时候，任何地方都是一样的。然而作为一个特殊教育进程的对象的某一特殊个人则显然是一个具体的人。他能把他在时间上和空间上有限的生存过程中人性的这两个方面辩证地协调一致。他越是忠实于他自己，他越是紧密地遵循他的天性法则和他自己的事业，他就会越接近于人类的共同事业，此外还能更好地与别人交往。因为事实上，我们一方面加入这个普遍的和抽象的观念世界，另一方面又以自己个人的感情、思想和生存，对世界作出显然富于创造性的贡献。我们就是通过以上这两个方面进行交流的。

每一个学习者的确是一个非常具体的人。他有他自己的历史，这个历史是不能和任何别人的历史混淆的。他有他自己的个性，这种个性随着年龄的增长而越来越被一个由许多因素组成的复合体所决定。这个复合体是由生物的、生理的、地理的、社会的、经济的、文化的和职业的因素所组成的，而这些方面对于每一个人来说都是各不相同的。当我们决定教育的最终目的、内容和方法时，我们又如何能够不考虑这一点呢？进入教育过程的个体是一个具有文化遗产的儿童，他具有特殊的心理特征，在他的内心有家庭环境的影响和四周经济状况的影响。但在继续教育中还有成人——生产者、消费者、公民、家长——而且这里面有幸福的人和不幸福的人。

如果人们认识到这种情况，这就必然会在教育实践中引起剧烈的变化，而不管这些地方过去是否已经发生过这种变化。大多数的教育体系，无论在它的机制方面还是在它的精神方面，都不把个人看作具有特性的人。一个权力集中的官僚行政机构不可避免地会把人当作物品。如果我们不改革教育管理，不改革教育程序并使教育活动个别化，我们就既无法履行、也不能取得具体人的职责。这种具体的人是生气勃勃的，有他个性的各个方面，有他自己的各种需要。

未完成的人　现代科学指出，人在生理上尚未完成，这一点对我们认识人，是有独特贡献的。我们可以说，人永远不会变成一个成人，他的生存是一个无止境的完善过程和学习过程。人和其他生物的不同点主要就是由于他的未完成性。事实上,他必须从他的环境中不断地学习那些自然和本能所没有赋予他的生存技术。为了求生存和求发展,他不得不继续学习。

正如当代的一位心理学家所说的,人类生下来就是“早熟的”。他带着一堆潜能来到这个世界。这些潜能可能半途流产,也可能在一些有利的或不利的生存条件下成熟起来,而个人不得不在这些环境中发展。所以从本质上讲,他是能够受教育的。事实上,他总是不停地“进入生活”,不停地变成一个人。这是赞成终身教育的一个主要论点。

我们时代的社会既有过去的经验;也有必需的现成的或潜在的资源(当然我们也不要低估了其中的困难)。这就可以帮助一个人以一切可能的形式去实现他自己,使他成为发展与变化的主体、民主主义的促进者、世界的公民、实现他自己潜能的主人。同样,这也可以帮助他通过现实去寻求他走向完人理想的道路。

(资料来源:选自联合国教科文组织国际教育发展委员会编著,华东师范大学比较教育研究所译:《学会生存——世界的今天和明天》,职工教育出版社,1989年版,第209—216页)

【教育名家简介】——李希贵

李希贵,时任北京十一学校校长;历任教育部基础教育评估中心主任,高密四中语文教师、班主任、副教导主任、副校长、校长,高密一中校长,高密市教委主任,山东省潍坊市教育局局长;兼任国家督学、中国教育学会理事、山东师范大学研究生导师、山东省中语会副会长。先后主持多项国家级课题,其中《语文实验室计划》被列为国家教育部、人事部“特级教师计划”,并获山东省人民政府优秀教学成果一等奖;出版《教育艺术随想录》、《中学语文教改实验研究》等专著;在国家级报刊发表《让语文素养融进血液》、《一个教育局长的听课手记》、《为了自由呼吸的教育》、《学生第二》文章等20多万字的文章;先后参与教育部更新教育观念报告团、教育部高中新课程实验专家组、教育部《素质教育观念学习提要》编写组等工作。并荣获全国劳动模范、全国优秀教师、齐鲁十大教育新闻人物等称号。

李希贵在教师、校长、局长的三种角色变换中,人生的关键词始终如一:读书、思考、改革。其主要教育思想简介如下:

(一)“教师第一,学生第二”的师生观

李希贵认为学校的力量,首先来自教师。只有教师在学校的办学目标实现过程中处于第一位,才会协助校长落实他心中的教育理想。“我认为关注学生应该先从关注教师开始。教育塑造人的事业,塑造学生美好的人生。这个目标,只能通过教师来完成。”“用幸福才能塑造幸福,用美好才能塑造美好。任何关爱,只能通过人的传递,才显得真切、动人,谁都没有办法改变。一位教师,在校园、在课堂举手投足间,潜移默化地影响学生。他可以春风化雨,也可以让学生‘近墨者黑’。”李希贵认为只有“教师第一,学生第二”,才能真正达到“学生为本”、“学生为中心”、“学生为主体”的目标。

(二)“给学生自由呼吸的空间”的素质教育观

“教学大纲、教科书规定了应给予学生的各种知识,但是没有规定应给予学生的最重要的一样东西,这就是:幸福。我们的教育信念应该是:培养真正的人!让每一个从自己手里培养出来的人都能幸福地度过自己的一生。”这是苏霍姆林斯基的话,也是让李希贵至今感到震撼的话。他在高密一中推行素质教育,正是基于这样的教育理念。在实施素质教育的过程中，以着眼未来的教育理念，面向全体学生，充分尊重学生个性，以学生自我教育的教育方式和课堂民主化的教学方式相结合，取得了良好的教育教学效果。如，启动"中学生自我锻造工程"：各种竞赛、评比，学生社团活动，自办电视台，有体育节、文化技术节等。还面向全体提供可选择的教育：开设34门选修课、37门活动课（如"三名活动"即读名著、赏名画、听名曲）。课堂教学民主化：创造能力培养的土壤，多向交流，每堂课留出10分钟，鼓励学生提富有挑战性的问题，展开自由讨论等。所以他提出的校训是"为四十岁做准备"，而不只是为三年后的高考做准备，要求学生全面发展。

（三）语文教学改革——"语文实验室计划"

在任高密一中校长时，李希贵进行了语文教改，实施的"语文实验室计划"，获得了老师、学生们的积极肯定，收到了很好的教学效果。"语文实验室计划"最醒目的改变是课程安排：每周用两课时完成教材规定的学习任务，其余的四课时让学生到自修室去读书。在自修室里，配备了中学阶段必读、选读、参考三个层次的课内外书籍。在这里，学生可以自由选择图书报刊进行阅读学习。自修室同时配备投影仪、电视机、放像机、录音机等教学器材，由教师通过多种渠道向学生传达知识信息。

（四）学校管理改革——"四制改革"

1990年，高密四中6个毕业班300多名学生参加高考，只有两名同学超过了本科录取线，超过专科线的学生也寥寥无几。就在此时，李希贵当上了高密四中的校长。"新官上任三把火"，在老师们的"房子、炉子、妻子、孩子、票子"等一系列切身利益上大做文章。实施了"四制改革"（校长负责制、教师聘任制、结构工资制和岗位目标责任制），这在当时还是新生事物。后来，高密四中形成了"分层聘任，双向选择"的聘任机制。这个机制规定，在聘任过程中，校长只聘任学校的中层部门负责人，教职工由中层部门负责人选聘；尤其重要的是，中层部门与教职工的选择是双向的，任何一个教职工都可以面向全校所有中层部门的任何一个岗位填报志愿，而中层部门的负责人也有聘与不聘的自主权。在这样一个机制下，一个教职工被聘任到一个什么岗位，或者说是否被聘任，大多没有在公平不公平的问题上兜圈子。李希贵认为"一个好的机制，就意味着好的导向。要想让老师们的智慧集合，要靠良好的机制。"

在调到高密一中任校长后，对教师的聘任做了进一步改进，其核心是"建立在以学生为中心的价值观上"。在高密一中，聘任制规定了10个不同的教师级别，即见习教师、三级教师、二级教师、一级教师，初级骨干教师、中级骨干教师、高级骨干教师，副主任教师、主任教师、特级教师。每个职务都要履行相应的职责，像热爱学生、有较好的师德修养、担任一门课的全程教学任务等是教师的基本职责。在此基础上，每多完成几项更高要求的职责，即可高聘一级。重要职务的聘任有特殊规定，如应聘初级骨干以上职务，必须能够开设一门选修课，或指导一个兴趣小组；如应聘副主任以上职务，必须能主持一项教科研课题，并取得一定的研究成果。分配制度与聘任职级相对应，职级不同，报酬不等。李希贵介绍说，"这个方案最大的特点，就是把教师的积极性导向了对学生的尊重和教师自身全面素质的提升上。"如在聘任方案的指标中，第一项就是学生信任票的多少；而"权重衡量法"则把老师们的积极性从争课堂时间变成了争课堂效益。这样一来，在高中学校常见的老师争抢时间、学生加班加点的现象消失了。在一中，人人都努力研究教学方法，提高课堂教学效率。这个机制也让大家明白了一个基本道理：不占用学生的自主时间，是尊重学生的最基本要求。

（资料来源：http://www.zhzx.org.cn）

思考与探讨

1. 联系下列案例，谈谈你对我国实施素质教育的认识与建议。

一位农村三年级小学生在粗糙的本子上写着这样一篇作文——《我的理想》：

“爸爸还没死的时候，他对我说，你要好好学习天天向上，长大做个科学家。阿妈却要我做个警察，说这样就啥都不怕。我不想当科学家，也不想当警察。我的理想是变成一只狗，天天夜里，守在家门口，因为阿妈胆子小，怕鬼，我也怕。阿妈说，狗不怕鬼，所以我要做一只狗，这样阿妈和我就都不怕了……”

作文很短，刚好一页，字歪歪斜斜的。老师在作文上画了一个大大的红叉，没打分。

2. 联系实际论述德、智、体、美几育之间的辩证关系。

第7章

教　育　原　则

☆学校的领导，首先是教育思想的领导，其次才是行政上的领导。

——（前苏联）苏霍姆林斯基

☆不愤不启，不悱不发，举一隅，不以三隅反，则不复也。

——孔子

☆要尽量多地要求一个人，也要尽可能地尊重一个人。

——（前苏联）马卡连柯

☆如果把学生的热情激发出来，那么学校所规定的功课就会被当作一种礼物来领受。

——（德）爱因斯坦

这里首先要说明的是，本教材只讲教育原则，而不讲教学原则，更不讲具体的德育原则、智育原则、体育原则、美育原则等。这主要是考虑目前绝大部分教育学教材对教育、教学原则的论述不够严整，或造成不必要的重复。如有的教材论述了教学原则（相当于课堂教学的原则或智育原则）和德育原则，但不再论述智育、体育、美育的原则，不能体现德、智、体、美等几育并重的思想；有的教材则各育的原则都论述，甚至还论述了课外活动的原则，这就难免重复。实际上，有很多原则是具有普遍性的。如“因材施教”原则，必然要贯彻于一切教育活动中；就是人们常见的、一般的教材只在德育原则中表述的“集体教育原则”，现实中，不仅德育要应用它，其他各育也必须贯彻。因此，我们对原则进行了整合与提升，专设一章论述“教育原则”，即对所有的教育活动都具有指导意义的原则，这有利于学习者掌握教育理论和形成自己的教育思想。

第一节　教育原则概述

一、教育原则的概念

人类自从有教育活动以来，人们就在不停地总结教育活动的实践经验。随着教育活动经验的不断积累，人们对教育活动的规律的认识也在不断深入，并逐步上升为理性认识，进而提出了一些教育活动应该遵循的基本要求，从而形成了今天所谓的“教育原则”。所谓教育原则是指具体指导教育活动的一般原理、法则，是对教育工作的基本要求。它是根据一定的教育目的和教育规律制定的，是教育活动实践经验的总结和概括，是广大教育工作者集体智慧的结晶。教育工作者能否自觉地遵循和贯彻教育原则，直接关系到教育工作的成败与教育质量的高低，从而影响教育目的的实现。

教育原则在教育理论中占有特别重要的地位。它反映人们对教育活动过程本质特点和内在规律性的认识，体现了人们对教育活动中反映出来的客观规律认识的深刻程度。在人类对教育理论探究的过程中，教育原则一直是重要的研究内容之一，对它的研究及其理论发展的历史，也是人们对教育规律认识的深化和发展的历程。因此，教育原则也是在发展变化的，不同的人对教育原则的认识也不尽相同。但在一定的教育发展阶段和教育背景下，教育原则也具有相对的稳定性。

二、确定教育原则的依据

任何一个教育原则都不是随意提出的，而是有一定的客观依据的，主要有以下几方面：

(1)确定教育原则要受到教育目的的制约。任何一个教育原则或教育原则体系的提出，必须服从于一定的教育目的，为实现教育目的服务。我国的教育目的是培养德、智、体、美等全面发展的社会主义现代化建设的有用人才。这一目的从总体上规定了我国社会主义教育活动的发展方向和预定的教育结果，指导和支配着教育活动的各个方面。教育原则作为指导教育活动的基本要求，必然要体现我国社会主义培养目标这一根本方向，使之成为实现教育目的的保证。例如，科学性、思想性与艺术性相结合的原则，间接经验与直接经验相结合的原则，通过集体进行教育的原则，尊重信任与严格要求相结合的原则等都从不同侧面体现了我国教育目的的基本要求。

(2)教育原则要正确反映教育的客观规律。教育原则虽然是人们主观制定的，但它必须反映教育过程的客观规律，这样才能确保教育原则的科学性。由于人们对教育规律的认识有全面与不全面、深刻与不深刻、正确与不正确的差别，所以人们提出的教育原则不一定总是正确的。同时，由于教育的客观规律也有很多，既有内部的，又有外部的，既有宏观、中观的，又有微观的。人们会从不同侧面、不同层次上去认识教育规律，所以，教育原则既有它的客观规律性，又具有时代特点和个人特色。随着科学技术的发展和人们对教育规律的认识不断深入和全面，教育原则及其体系也是在不断发展和完善的。因此，不可把教育原则看成是僵化不变的教条。

教育原则是教育规律的反映，规律决定教育原则。但是，这并不等于说一条规律对应一条原则。人们依据教育规律制定教育原则有几种不同的情形：有的原则主要是以某个教育规律为依据，有的原则是以几个教育规律为依据等。因此，我们常常看到一条教育原则反映多条教育规律的要求，或一条教育规律体现在多条教育原则上。所以，研究和制定教育原则，必须深刻认识和了解教育规律。

(3)教育原则也是教育实践经验的概括和总结。人们对教育规律的认识，则是在教育实践中获得的。因此，教育实践经验越丰富，对教育规律的认识也就会越全面，从而也就更有助于制定科学的教育原则。人们在长期从事教育实践活动中，不断探索出一些成功的经验或失败的教训。对于这些经验或教训反复认识，不断深化，由感性认识上升为理性认识，经过概括抽象，得出规律性的东西，这既是对教育规律的认识，也是确定和提出教育原则的过程。例如，我国古代教育家孔子在长期的教育实践活动中，就曾概括出“学而时习”、“不愤不启，不悱不发”、“因材施教”等教育原则。教育原则来自教育实践，又指导教育实践。没有对教育实践活动经验的概括和总结，也就没有教育原则产生的可能。①

第二节　中小学的教育原则

根据我国的教育目的和基础教育的实践经验以及我们对教育规律的认识，我们认为，目前我国中小学的具体教育原则主要有以下几条：

一、顺序性与一致性相结合的原则

这一原则要求教育工作者既要按照学科知识的逻辑系统和学生身心发展的顺序性特点进行系统的教育，又要注意调动、协调校内外一切积极的教育因素，形成教育“合力”，保持对学生教育影响的一致性。

人类知识本身的发展是由浅入深、由低级到高级的不断深化过程。反映人类各门知识的各学科，也有其自身严密的逻辑系统，一环套一环。如学习语言的“字—词—句—篇”的顺序；学习数学的“平面几何—立体几何”的顺序等，前后知识相互联系。学生认识活动的发展也有序，由感性认识到理性认识，由形象思维到抽象思维的发展等。儿童身体的发展也有其顺序性，如大脑的发育先于骨骼成熟，动作是按“由上到下”的顺序发展的。所以，教育活动必须要遵循一定的顺序。如我国古代的《学记》上就有“学不躐等”一条；宋代教育家朱熹的读书六法中的第一条就是“循序渐进”。可见，教育工作要遵循一定的顺序是教育规律的反映。同时，教育工作是一项复杂的系统工程。在现代社会中，一个人的成长，需要从多角度、多侧面实施全方位、立体交叉式的教育，这样才能促进其身心健康发展。在教育过程中，既要强调时间上的前后一致，又要强调空间上的一致，形成“教育合力”。如果教育影响前后不一致，就会降低教育的效果，甚至教育的影响会互相抵消。就教育空间而言，学生在校时间是很有限的。一年365天，大部分时间学生不在学校而是直接受到家庭和社会的影响。如果家庭和社会教育与学校教育不一致，不仅达不到预期的教育目标，甚至会出现教育“真空”或产生消极影响。就是学校教育内部，若教育者之间的教育要求不一致，也必然会影响教育效果。所以，必须确保对学生教育影响的一致性。

贯彻这一原则的基本要求是：

其一，要按课程标准（或教学大纲）和教科书的系统进行教育。各门学科的课程标准（或教学大纲）和教科书是国家或地方教育主管部门统一颁布的，它不仅反映学科的逻辑顺序，而且反映学生的认识顺序。教师应按教材的体系进行系统地教育，由浅入深、由易到难、由

① 伍德勤主编：《高师教育学教程新编》，合肥：安徽大学出版社，2003年版，第256—258页。

已知到未知，一步一个脚印，踏实地前进。同时，教师还要引导学生循序渐进地进行学习，注意培养学生系统学习的良好习惯和坚持不懈的刻苦学习的品质。强调“顺序性”，不是不要效率。教师要能明确地区分教育内容中主次、难易，抓住重点和难点。做到教学有详有略，突出重点，以重点带一般；破除难点，扫清前进道路上的障碍。但一般应反对经常性地搞“突击竞赛”和“题海战术”。特别是中小学，必须以打基础为主，注重全面培养，不要冒进，不能偏求。

其二，要从学生原有的水平出发，根据学生身心发展的顺序性规律进行教育。教学过程中教师还要考虑到学生身心发展的原有水平，以学生原有的水平为基础，遵循认知活动和个性品德形成的规律，有步骤地对学生进行有效地教育。如学生掌握知识，一般要经过感知、理解、巩固和运用这一程序。德育一般要遵循知、情、意、行的顺序，即教师首先要传递道德知识、观念，这是基础，而道德行为则是关键。但道德知识要转变成道德行为，还必须使道德知识升华为道德信念和道德情感，同时，要有道德意志的参与。另外，教师还要教导学生在道德实践中一定要持之以恒，这样才能养成习惯，形成品德。所以，教育必须遵循学生发展的自然规律，切忌拔苗助长。

其三，校内各方面的教育影响要保持一致。就学校教育内部而言，任何合格人才的培养，都是教师群体集体劳动的结晶。群体性和协作性是教师劳动的基本特征之一。为此，学校领导要协调、统一校内各方面教育力量，使全体教职工，按照统一的培养目标和工作要求，分工合作，共同育人。同时，在班级内，班主任和各科教师对学生的教育影响必须一致。特别是班主任要积极主动地争取各科教师的配合，各科教师要自觉地承担起教书育人的责任，既教书，又育人。另外，还要注意良好的校风、班风建设。建设良好的校风、班风是保持校内教育影响一致的重要举措。

其四，充分发挥学校教育的主导作用，使学校教育、家庭教育、社会教育一致。家庭是社会的细胞，是人类个体发展的第一个重要环境，父母是儿童的第一任老师，他们在人的一生成长中具有举足轻重、不可代替的作用。随着信息社会的到来，社会教育对人的影响也越来越大。在今天的社会，要想很有效地培养一个人，光靠学校教育是远远不够的。但学校是承担教育工作的专门机构，在青少年的身心发展中起主导作用，所以学校教师，尤其是班主任老师，完全有责任引导和协调家庭和社会的教育影响，使家庭教育、社会教育和学校教育保持一致。

二、科学性、思想性和艺术性相结合的原则

这一原则要求教师以正确的、科学的知识、观念来武装学生，在传授科学知识的同时，有意识地对学生进行德育和美育，并要求教育方法具有科学性和艺术性，从而有效地提高教育效果，更好地完成教育任务。

这一原则一方面体现了我国德、智、体、美等全面发展的教育目的的要求，同时也是“教育既是一门科学，更是一门艺术”这一规律的反映。知识的科学性和思想性是水乳交融不可分割的。只有传授的知识是正确的、科学的，才能更好地发掘它的思想性，同时只有以正确的思想为指导，才能保证教育内容的科学性。另外，教师还要注意发掘教育内容中美的因素，使学生在学习知识、提高思想道德水平的同时得到美的享受。为了提高教学效果，不仅

要求教师的教育方法是科学的，而且应具有高度的艺术性，使学生在不知不觉之中学得知识、提高思想道德水平，并得到美的陶冶，真正做到寓教于乐。

贯彻这一原则的基本要求是：

其一，首先要保证教育内容和方法的科学性。一方面要求教育内容必须是科学的。教师讲授的一个概念、一个公式、一个定理、一条法则和一种观念等都应该是正确的、科学的。另一方面要求教师的教育方法应是科学的、正确的。既要适合教育内容和任务的特点，又要适合学生的年龄特征。

其二，在传授科学知识的过程中，有意识地进行思想品德教育。教师必须从学生的实际出发，发掘教育内容中的思想性因素，找出知识本身与一定思想间的内在联系。如语文课讲《最后一课》时，可以进行爱国主义教育；外语课讲《Roots》一文时，可以向学生揭露种族压迫的罪恶；自然学科也可以向学生介绍科学家的爱国情操和献身科学的高尚品质。但也不能牵强附会，应根据教育任务和教育内容的特点，以及学生的思想实际需要来进行。

其三，努力提高教育的艺术性。首先要注意发掘教育内容中的美的因素。如优美的环境描写、优美的故事情节、优美的语言以及严密的逻辑思维和辩证思维等，都能打动人的心扉，给人以深刻印象。进行道德教育时也是这样，要让学生体会到做好人好事、优良的道德品质是人的一种高尚的心灵美。其次，教育方法也要追求美的标准，讲究艺术性。教师的教育艺术越高，教学效果越好。如教师的语言表达、教学的组织和师生间的交往等都应追求美的目标，讲究艺术。

其四，注意修炼和运用教育机智。教育机智是指教师在教育活动中表现出来的机敏和智慧，也是一种教育境界。它不仅可以体现在一般的教育活动中，更容易体现在教师能及时妥善地处理某些不测的问题上。教育机智的形成，不仅与教师的教育思想有关，也与教师的经验有关。所以，教育机智是教师的教育艺术性与科学性的集中反映。教师的教育成效与其教育机智的水平有着直接的关系。

如何充分发挥作文教学的德育功能

自古就有“文以载道”之说。以前的中学语文教学大纲和现在的语文课程标准都明确要求：语文教学要对学生进行思想道德教育。作文是训练学生写作能力的手段，也是学生表露自己的思想和个性的窗口。俗话说“文如其人”，教学生作文，同时也是教学生做人。在作文教学的每一个环节都可以进行德育渗透，具体应从以下几方面入手。

一、在作文命题中渗透德育

语文教材单元训练中的绝大部分作文题都是有教育意义的，如《这件事发生在我们班里》，学生在动笔前势必要对班里发生的事情做一番思考，可以从正反两个方面得到教益；再如《月是故乡明》，要求学生抒写对家乡的热爱之情，等等。教师在有选择地做教材上的题目之外，还可以针对班级情况和学生实际进行命题。如，一般的学校每届新生入学都先参加军训，语文教师也都会以此为话题，让学生自拟题目，写下进入中学的第一篇作文。在写作中，同学们会从各个方面来认识这个活动，认识到遵守纪律、严格要求的意义，认识到步调一致的团队精神是取得成功的重要保证，认识到汗水与收获、坚持与胜利之间那种密切相连、不可分割的关系。另外，练笔的小作文的命题更加灵活，教师可以根据需要自拟具有教育意义的题目。

二、在作文指导中渗透德育

大量的写作实践都证明，有什么样的人品就会有什么样的文品。学生在作文中写什么，爱什么，恨什么，赞成什么，反对什么，都是与他对生活的认识直接相关的。所以，教师在作文教学中应注重指导学生讲究选材与立意。比如，有的学生总是用灰色的眼光看社会，看到的多是阴暗面，反映在作文中，写的多是愤世嫉俗、无可奈何。这样的学生对待生活，常常是越来越悲观，没有人生的理想，不追求未来，成天拉着"世人皆醉我独醒"，"冷眼向洋看世界"的架势，消极对待集体活动，给班级管理带来阻力。对此，教师应引导学生观察生活，正确地认识身边的人和事，发现生活中的真善美，不仅要使他们爱憎分明，还要让他们认识到好文章应当反映时代的主旋律。

三、在作文批改中渗透德育

教师还要注意评语对学生道德情操的影响，讲究评语的针对性。当教师面对一本打开的作文本，常常就是在面对学生敞开的心扉，那真情促使你禁不住离开了"作文"本身而与他们交流。教师经常写一些根本算不上作文评语的评语。比如，在一届学生即将毕业的时候，写过这样一个题目："假如我有机会重新开始初中生活，我会怎样做呢？请展开想象，自拟题目，写一篇600字左右的文章。"这次作文，每个学生都有感慨和遗憾，平时自控能力差者更是悔不当初，他们都表示：如果能重新开始，一定要发愤图强，自觉自律，努力学习。所以写上："亡羊补牢，未为晚矣。你即将有一个新的开端，说到做到啊，要成为行动上的巨人！"这样的评语能达到较好的教育效果。

写评语时适当地避实就虚，可以增强学生对学习写作的信心。有的学生写作基础特别薄弱，连语句通顺，消灭错别字都谈不上，但只要他写作态度认真，教师就应当给予充分肯定。对写作态度不认真，或某些方面没处理好导致作文成绩不理想的，批改时一定要要求"重写"。卷面不整洁的作文，首先责成"重眷"，直到符合要求。这样严格要求，有利于培养学生一丝不苟、办事认真的好习惯，对他们今后的学习与工作不无裨益。

四、在作文讲评中渗透德育

作文批改针对的是每一个人，讲评则是根据班级整体情况来进行，更是进行思想教育的好时机。初一语文教材上有一个作文题《玩得最开心的一次》，学生们写起来似乎很顺手，春游、野餐、老友聚会……因为有生活，一般都能得到"生动形象"的评价，但对"玩"的理解拉开了作文的档次：有的学生纯粹写"玩"，甚至写打扑克赌输赢，怎么粘胡子、顶破鞋、钻桌底；而有的同学却"玩"得很有档次，颇有收获。讲评这篇作文时，可从这两类作文中各挑选两篇打印出来，先让学生评判孰优孰劣，然后，从作文的角度总结出衡量一篇文章的价值："主题"有着举足轻重的作用。再让学生们就平时课余生活究竟应该怎样过、怎样"玩"，应该有什么样的兴趣爱好展开讨论。课后有不少学生在周记里批评了课余时间班里部分学生打打闹闹的现象。这样的例子很多。

总之，通过作文教学有意识地对学生进行思想道德教育，可使德育工作有血有肉，具有较强的情景性，能让学生受到潜移默化的影响。但也不要牵强附会，要顺其自然，因材施教，并坚持一贯地做下去，就能有明显的收获。

（资料来源：毛新梅：《充分发挥作文教学的德育功能》，《淮北煤炭师范学院学报》，2005年第2期，第161—162页）

三、间接经验与直接经验相结合的原则

这一原则要求教师既要重视书本知识(间接经验)的教学,又要重视学生直接经验的积累,既要重视利用学生的直接经验去获得间接经验,又要重视引导学生利用间接经验去获得直接经验,将直接经验与间接经验有机地结合起来。

人的知识按照来源可分为间接经验和直接经验两大类。间接经验就是指他人的认识成果,主要指书本知识、理性知识;直接经验是指亲身获得的个人经验、感性认识。每个人对客观世界的认识,都包括直接经验和间接经验两部分。任何间接经验的获得都必须以直接经验为基础,直接经验越丰富,越容易理解和掌握间接经验,而获得间接经验的目的主要还是为了有效地解决实际问题,从而获得更高水平的直接经验。更高水平的个体的直接经验一旦传递给别人或变成书本知识,它就变成了人类社会的间接经验。人类的知识(或经验)就是这样螺旋式地不断递进和发展着。就学校教育而言,主要是传授间接经验,即书本知识,但绝不能忽视学生直接经验的获得。让学生在理论知识(间接经验)的指导下从社会和生活的实践中获得直接经验,不仅有利于掌握和巩固理论知识(间接经验),而且有利于培养学生解决实际问题的能力和适应社会的良好个性。所以,在教学过程中教师必须遵循间接经验与直接经验相结合的原则,即处理好理论与实践、感性认识与理性认识、知识与能力、道德思想与道德行为之间的关系。

贯彻这一原则的基本要求:

其一,重视理论知识(即间接经验)的教学,为学生打好扎实的理论知识基础。教师首先要根据教学目标和教材的要求向学生教授系统的、全面的理论知识,同时要采取有效的方法,使所学的知识持久地储存在记忆中。首先,教师在讲授时,应充分运用直观教学(如实物直观、模象直观、语言直观等)和逻辑思维(分析、比较、综合),使学生明确概念、分清层次、掌握关系,并使新旧知识保持联系,帮助学生形成新的知识;其次,教师要根据遗忘的规律,系统地组织学生复习,同遗忘作斗争;另外,教师还要注意对学生的学习质量进行检查与评价,及时弥补缺漏,纠正错误。只有牢固地掌握了所学的知识才能做到有效地运用。

其二,加强实践活动,注意培养学生的实践能力和帮助其积累直接经验。在学生掌握了一定的理论知识后,要及时组织学生参加实践活动,让学生学以致用,在实践中动脑动手,训练其实际工作的能力,如组织学生见习、实习、上实验课和开展社会实践活动等。特别是在进行德育时,绝不能只停留在理论的说教上,必须落实到行动上。要通过组织活动和交往,为学生提供道德实践和道德体验的机会,不断提高学生的道德判断能力和道德行为能力。现在中小学开设的综合实践活动课正是这一思想的体现。

其三,要注意补充乡土教材,联系当地的社会实际。我国幅员辽阔,各地自然环境、社会环境有异,教师在进行书本知识的教学时(我国中小学的绝大部分教材是根据学科知识的逻辑体系编写的,很难照顾到地区差异),必须注意联系当地的实际,这样,学生易于理解,听起来感到亲切,做起来也比较容易。所以,教师要因地制宜地补充乡土教材,如根据所处地区的文化特征、经济结构和水平、人口素质等补充乡土教材。这不仅有利于学生运用理论知识就近解决实际问题,也有利于培养学生的爱乡之情和献身于家乡建设与发展的崇高理想。

其四,注意培养学生养成既重视理论学习又重视实践活动的品质。一方面,要使学生懂

得理论学习的重要性，让其明白理论对实践指导的重要作用；另一方面，要教育学生以严格的科学态度来对待理论知识的学习，从小养成一切从实际出发、破除迷信、不搞教条、不迷信权威，树立理论联系实际、实事求是的学风。正如陶行知先生所说的，“千教万教教人求真，千学万学学做真人”。努力将理论学习与实践活动有机地结合起来。

四、智力因素与非智力因素相结合的原则

这一原则要求教师在教育过程中，不仅要培养和调动学生的观察、感知、记忆、思维和想象等智力活动的心理因素，而且要培养和调动学生的兴趣、情感、理想、信念、意志和性格等非智力活动的心理因素。使两者相互促进、相互调剂，从而有效地保证和提高教育质量，促进学生全面发展。

学生在学习中的心理活动首先是智力活动，它是学习心理活动的主体。而且非智力活动也是在智力活动的过程中产生和发展的。离开了智力活动，不仅学生的非智力活动的心理因素难以形成，教学活动更是难以进行。但在教学中，学生的学习活动，不只是智力活动，而且伴随着非智力因素的心理活动。学生的心理活动是个整体，两种心理活动同时存在，相互渗透、相互影响。特别是非智力因素对教学活动的影响已日益受到人们的重视。如何处理好智力因素和非智力因素之间的关系，尤其是发挥非智力因素的作用，直接关系到教学质量。一般认为，应以智力活动为基础，只有它才能使学生认识事物，获得知识，但它又有赖于非智力活动的调节和推动。非智力因素不仅是学生学习不可缺少的心理品质，也是人适应社会、成就事业不可缺少的心理品质。所以，在教育活动中必须将两者结合起来。

贯彻这一原则的基本要求是：

其一，要根据学生认识活动的规律在传授知识的过程中有意识地培养学生的智力。如何处理学生掌握知识和发展智力的关系问题，教育史上“形式教育派”和“实质教育派”有过长期的争论。前者主张教学的任务主要是发展学生的智力，后者主张教学的任务主要是让学生掌握有用的知识。这两种观点都将掌握知识与发展智力割裂开来，因而是片面的。我们应该将两者结合起来，否则，容易导致知识与智力不能同步协调发展。如在“感知知识”阶段，要注意培养学生的观察能力；在“理解知识”阶段，要注意培养学生的思维能力；在“巩固知识”阶段，要注意培养学生的记忆力；在“运用知识”阶段，要注意培养学生分析问题、解决问题的能力和创造力等。

其二，注意对学生进行多方面智力因素的协调训练，尤其要注重培养创造力。

在培养学生的智力时，不仅要培养观察力、记忆力，还要培养思维力、想象力，尤其要注重培养创造力（创造力是智力的核心）。就是在某一智力因素里，也要注意全面培养。如培养观察力，既要培养观察的广度，又要培养观察的深度。培养记忆力，既要培养记忆的敏捷性，又要培养记忆的持久性；既要培养记忆的正确性，又要培养记忆的准备性。培养思维能力，既要培养分析思维能力，又要培养综合思维能力；既要培养归纳思维能力，又要培养演绎思维能力；既要培养求同思维能力，又要培养求异思维能力等。这样才能使各种智力因素协调发展。

其三，教师要注意培养和发挥学生良好的非智力因素的心理品质。首先，通过改进教育内容、方法和师生关系等来使教育活动本身具有知识性、趣味性、启发性、民主性、思想性和

积极的情感性，从而激发学生的学习兴趣和学习动力。其次，引导学生建立和谐的人际关系，以减少因人际关系障碍而引起的无谓的情感消耗以及时间和精力消耗。最后，要注意培养学生良好的个性心理品质，如好胜心、恒心、信心、热心、虚心以及顽强的毅力等，以促进学生全面发展。

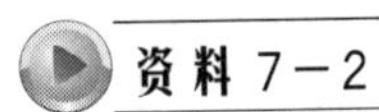

智力因素与非智力因素对成就事业的影响

美国斯坦福大学特尔门教授对智商大于130的1528名超常儿童进行了历时50年的追踪研究得出结论：一个人的成就同智力的高低并无极大的相关，有成就的人并非都是家长、教师认为非常聪明的人，而是有恒心，做事求好、求精的人。1977年，美国学者西尔史总结推孟关于天才（智商在140以上）儿童的50年的追踪研究，发现他们绝大多数都在艺术、学术、工商企业、政治上有杰出成就，只有少数人例外，其主要原因是一般适应不良，缺乏成就动机，即人格上的缺陷。这说明智力因素的心理品质与非智力因素的心理品质不是矛盾的，但也不是水涨船高的关系，需要共同培养，协调发展。

（资料来源：王道俊等编：《教育学》，北京：人民教育出版社，1998年版，第44页；《教育研究》1999年第1期。）

五、教师主导作用与学生主动性相结合的原则

这一原则要求教师在教育活动中起领导和组织的作用，始终牢记教育目的，积极引导和激发学生的学习，增强工作的责任感。同时，要充分发挥学生学习的主动性，使他们明确学习任务，掌握学习方法，积极主动地进行学习。

在教育过程中应发挥教师的主导作用，是由教师的工作性质和教育过程的特点决定的。教师是专门的教育者，他肩负着为培养国家合格人才的重任，必须遵循党和国家的教育方针，有目的、有计划地培养年轻一代。教师的知识一般比学生丰富，思想比学生成熟，并且掌握了一定的教育方法。学生的年级越低，对教师的依赖性越大，教师越应发挥自己的主导作用，引导学生向健康的方向发展。但是，教师的教育必须通过学生积极主动的学习、接受才能发挥作用。学生不是知识消极的接收器，他们有自己的思想、态度、情绪和个性，教师不可能机械地把知识观念硬填塞到学生的头脑中去。无论是把人类的知识转化为学生个人的知识，还是把学生个人的知识转化为学生的思想观念、能力或个性品质，都要通过学生自己的积极思考和实践活动，这样才能取得好的效果。否则，学生听而不闻，视而不见，教师讲得再好也无用，所以必须发挥学生“主动学习”这一内在因素。这也就是人们常说的“学生既是教育的客体，又是教育的主体”。

贯彻这一原则的基本要求是：

其一，要始终明确教育目的和教学目标，对教育工作要有周密地计划和安排。教师要有强烈的社会责任感，根据教育目的和教学目标科学而系统地安排教育的过程和步骤，始终掌握教学活动过程的主动权，把握教学环节和教学节奏，控制教学难度，使教育活动做到有的放矢、有序可循。但我们要反对传统教育派片面强调教师的“权威”，要求学生绝对服从教师，唯教师是从，扼杀学生的主动性，从而造成“满堂灌”的教育方式，使学生消极接受教师所

强加的知识、观念，这很不利于学生的发展。

其二，要充分发挥学生学习的主动性、积极性。首先，要使学生明确学习目的，端正学习态度，并使他们明确学习的每一项具体的任务。其次，在具体的教育活动中要善于设疑、运用启发式。引导学生积极思维，动脑动手。既可以让学生独立思考，也可以组织学生集体讨论，互相交流，活跃课堂气氛。再次，教师还要教会学生如何进行学习，培养学生自我教育的能力，使学生养成自觉学习的习惯，并鼓励学生进行创造性的学习。这样才能更好地发挥学生学习的主动性。最后，要留给学生适当的作业、练习。让学生获得更多的主动学习和进行创造性活动的机会。如上海育才中学曾经探索的“读读、议议、讲讲、练练”的教学模式就是如此。同时，我们也要批判现代教育派片面强调学生的主动性，强调一切“以儿童为中心”，从而忽视了教师的主导作用。

其三，发扬教学民主，做到教学相长。教师要想发挥学生学习的积极性、主动性和创造性，就必须发扬教学民主。只有做到教学民主，学生才能敢说敢做，敢于探索，敢于犯错误。教师应允许学生有不同的意见和要求，不搞一言堂。师生之间关系应是民主、平等、和谐的。同时，教师还应虚心向学生学习，做到“教学相长”。在某些方面学生超过老师，也是正常的。正如古人所说的：“师未必贤于弟子，弟子未必不如师”。所以，教师要注意从学生身上学习知识和好的品质。这样，就更有利于发扬教学民主，发挥学生学习的积极性。同时，也有利于发挥教师的主导作用，最终提高教育效果。

六、严格要求与尊重信任相结合的原则

这条原则要求教师既要向学生提出合理的、严格的教育要求，又要热爱学生，尊重和信任学生。把严格要求与尊重信任有机地结合起来。

严格要求与尊重信任学生是辩证统一的。没有严格要求就不可能正常地进行教育教学活动；没有严格要求就不可能体现对学生负责的精神和建立教师的威信。而缺乏对学生的热爱和尊重就不可能调动学生学习的积极性和自尊心。只有尊重热爱学生，才能真正了解学生，才能提出切合实际的要求。只有做到既尊重信任学生又严格要求学生，才能激起学生的上进心和自信心，才能成为一种鼓舞的力量，从而使学生获得充分而健康的发展。

贯彻这一原则的基本要求是：

其一，首先要尊重、信任学生。教师首先要关爱学生，尊重学生的人格，尊重学生的自尊心、上进心，对学生发展的前景充满信心。在教育过程中尤其要注意尊重以下八种学生：智力发育迟缓的学生；学业成绩不良的学生；被孤立和拒绝的学生；有过错的学生；有严重缺点和缺陷的学生；家庭环境不好的学生；自卑的学生；和自己意见不一致的学生。特别是对待后进生，更要尊重其人格，不能歧视和挖苦，要鼓励和帮助他们树立自信心，克服困难。

其二，根据教育目标和学生身心发展状况，提出适当、明确、有序、有恒的教育要求。“适当”是指所提教育要求符合教育目标的要求和学生身心发展的特点，既不太高，也不太低，是学生经过努力能够做到的。要求低了，起不到教育作用，会压抑学生的积极性；提得太高，经过努力做不到，不见效果，学生会失去信心。“明确”是指教育要求要具体明确，能使学生明确地感知和理解，而不能含糊不清，模棱两可，不可操作。“有序”是指要有计划、有步骤地提出教育要求，先易后难逐步提高，构建一个系统连贯、循序渐进的教育要求的体系。“有恒”是指教育要求提出后要坚决贯彻执

行,长抓不懈,不达目的誓不罢休。

其三,要对学生的行为进行观察、监督,及时、恰当地进行表扬与批评。对学生的关爱不是溺爱,尊重信任不是无原则的迁就。无原则的宽恕和放任,只会使学生不良的行为不断蔓延滋长。青少年学生处在成长时期,必然有其"失",教师要随时督察和纠"失",耐心地批评与教育。同时,对学生好的思想与行为也要及时地表扬和鼓励,充分利用成功教育的思想来激励学生。

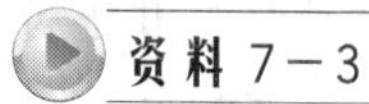
资料 7－3

缺失尊重的代价

2007 年 11 月 7 日清晨,入冬的第一场雪给芬兰图苏拉镇带去了一片欢乐与祥和。

镇上的约凯拉中学的老师金·基乌鲁正在清点班级人数:"……奥维宁,奥维宁在吗?是不是又没有来上课?"老师反复问了几句,但同学们都漠不关心,而是一个个伸着脑袋往窗外瞅,他们跃跃欲试,打算铃声一响就第一个冲出教室,赶紧占一个好的位置,打一场精彩刺激的雪战。即将下课时,奥维宁的出现破坏了所有人的兴致。只见奥维宁手持一把手枪,叫嚷着冲进教室:"你们没有一个人是我的朋友,我要毙了你们!"

原来,一年前奥维宁的母亲因酗酒和卖淫染病去世,在当地引起了不小的轰动。因此,奥维宁经常成为同龄人嘲讽的对象。一天下课后,奥维宁看见同学们在踢毽子,也想加入其中,但领队却鄙夷地看了他一眼,冷冷地说:"妈妈告诉我们,不要和脏女人的孩子一起玩!"奥维宁捏紧了拳头,好不容易才平复心情,可怜巴巴地说:"我真的很想和你们一起玩……"说着,他往大队伍里凑了凑,没有想到,领队一把推开他,厌恶地说:"你走开,我们不和你玩!"

奥维宁还经常受到同学的欺负和殴打,慢慢地,他变得沉默寡言,越发孤独自卑。他总想把自己关在屋子里玩血腥的电脑游戏,与同龄人越来越格格不入,思想变得极端,他自称最欣赏的是希特勒。奥维宁曾在校园视频网站上发布过一段名为"约凯拉中学大屠杀"的视频,预示要向所有的人复仇,但只要他们能对自己过去的行为道歉,仍然愿意和他们成为好朋友,他可以既往不咎。同学们看后都嗤之以鼻。

看奥维宁持枪站在门口,同学们还以为他在开玩笑,但紧接着枪声响起,导致多人死亡。最年轻的遇难者只有 15 岁,最长者 51 岁,随后奥维宁开枪自尽。这起校园枪杀案震惊了芬兰全国。

就在人们为奥维宁的行径疑惑不解的时候,警方在奥维宁的住处找到了他留下的一封遗书,上面只简单地写了一句话:为什么没有一个人和我成为朋友?

当警方把这封遗书公布后,小镇上的人们陷入了沉思。图苏拉镇镇长专门召开新闻发布会说:"对不幸者来说,最残酷的打击是对他的不幸的熟视无睹和无动于衷。我们这里本是一个安宁的地方,在此之前从未有类似事件发生,今后也不希望再发生此类惨案。"

芬兰总理马蒂·万哈宁也于次日发布全国性电视讲话:"枪击事件是一起'令人极其伤心的悲剧',但更为可悲的是怜悯情怀的群体性的缺失,一个不具有怜悯心的人,是不会懂得珍爱自己,更谈不上去关爱和扶助别人的,如果一个社会、一个民族,一点点丢掉它的怜悯心,最终丢掉的将是社会良知和道德文化的灵魂……"

(资料来源:王发财:《我可以成为你的朋友吗》,《读者》2008 年第 8 期)

七、集体教育与个别教育相结合的原则

这一原则要求教师充分发挥学生集体和教师集体在教育中的作用，从而达到通过集体培养学生集体，通过集体教育学生个体的目的，同时要求教师从学生个体的实际出发，做到因材施教，将集体教育与个别教育有机地结合起来。

人是社会的人，人必然生活在集体中，受集体影响，同时也在影响着集体。对集体主义教育理论作出巨大贡献的是前苏联教育家安·谢·马卡连柯(1888—1939)。他认为一个富有教育意义的集体起码应具有如下内涵：应有共同的奋斗目标，把人们团结起来；应是有组织的，它是构成社会的一部分，个人通过组织参加社会活动；应有全权的代表，即集体的核心；应有严格的纪律和制度；应有正确的集体舆论。这也是集体教育的目标与内容。他还提出了"集体运动规律"和"平行影响的原则"等，他的集体主义教育思想对我国今天的教育实践仍具有指导意义。我国很多中小学教师在教育活动中依靠集体、通过集体教育学生都取得了良好的效果。在注重集体教育的同时，教师还必须进行个别教育。世界上没有两个完全一样的人。每个人都各有自己的特点，各有不同的经验、不同的性格、不同的愿望和要求。教育工作必须根据学生的不同特点因材施教。一方面，教育的深度和进度要适合学生的知识水平和接受能力；另一方面，教育必须考虑学生的个性特点和个别差异。从而使每个学生的品格、才能和禀赋得到充分的健康的发展。

贯彻这一原则的基本要求是：

其一，要面向整个集体，依靠集体并通过集体进行教育。首先，要注意培养集体较为全面的理想的知识、能力结构。培养学生较为全面而理想的知识、能力结构是教师追求的目标。但个人要实现这一目标在短期内不是一件容易的事，而使一个集体在短期内达到这一目标是可以做到的。教师利用每个学生的长处，通过课外兴趣小组等形式培养班级中的小画家、小诗人、小书法家、小科学家、小体育明星等，使每个人都感到是集体中不可缺少的一员，从而形成坚强的战斗集体。这种理想的结构在集体中一旦形成，就会影响每一个人，促进个人形成良好的知识、能力结构。其次，要注意培养良好的集体学习的风气，形成正确的集体舆论。如，通过组织集体活动培养学生在学习上互相帮助、互相交流、互相激励的精神，并通过形成正确的集体舆论来影响每个学生，在班级中让正气压倒邪气。最后，要充分发挥教师集体和学生干部群体的教育作用。特别是班主任老师，要尽可能使各任课教师团结协作、形成教育合力，同时要充分发挥班级干部的核心作用。

其二，要面向整个集体，做到因材施教。首先，要了解学生，这是因材施教的前提和准备。教师可以通过观察、调查，从学生的言行、作业、家庭和档案中以及同学和其他任课教师那里了解学生。主要了解学生的知识、智力和道德水平，兴趣、爱好和性格以及家庭的经济与文化背景等。其次，注意发现和培养"天才儿童"。所谓"天才"是指才华超众，但"天才"不是全才，不是各方面都超众，主要是指在某一方面明显超出同龄人的发展水平。一旦发现学生有某方面的"天赋"，就应及时而科学地培养。最后，要正确对待和转化"后进生"。教师一方面要用辩证的观点看待学生，既要了解学生差的一面、短处，又要了解学生积极的一面、长处。找出"闪光点"，利用其积极因素克服其消极因素。同时，要用发展的观点看待"差生"，人是在变化的，尤其是青少年。有早慧的儿童，也有很多人大器晚成。但是，我们不能认为

伟人在青少年时都是后进生，更不能说后进生将来一定都能成为伟人。不能认为“后进”是好事，而要认真分析原因，从而及早治“后进”，使学生早日成才。

其三，将集体教育与个别教育有机地结合起来。根据马卡连柯“平行影响的原则”，教师既要重视集体教育、强调统一的要求，又要重视个别教育、强调尊重个性。良好的集体教育活动是个人发展所不可缺少的，如班级教学和开展集体活动等。有针对性的个别教育也同样是学生个人发展所不可缺少的。学生个人的发展又是集体发展和集体中其他成员发展的重要条件。所以，教师要善于将两者结合起来，使其相互促进、共同发展。[①]

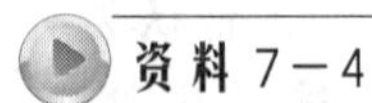

“集体运动规律”在教育中的运用

前苏联教育家安·谢·马卡连柯经过自己长期的教育实践，创造性地总结出了“集体运动的规律”。他在教育实践中发现，一个集体应有大家为之共同奋斗的目标，这个目标就是激励集体中每个成员积极向上的动力，每个成员都要为共同的目标而奋斗。而集体中先前的目标达到后，若不及时给学生新的目标或任务，有的学生就放松了纪律，觉得无所事事，没有意思，集体的凝聚力也就削弱了。有的学生甚至逃走，离开集体。所以，要使集体不断前进，就必须不断地给集体提出奋斗的目标。通过目标的不断更新，使集体不断运动和发展下去。这就是“集体运动规律”的基本涵义，它对我国当前的教育实践仍有着广泛的指导意义。

在教育实践中，教师，尤其是班主任，一定要透彻地研究自己的班集体，根据教育目的和班级特点，制定出合理而有效的集体发展的目标系列，如知识的、品德的、美育的、能力的等。而要实现这些目标，就必须组织一系列的班级活动，每一次活动都要根据所要达到的目标提出具体任务，并尽量组织全班同学参加。这也符合学生喜欢活动的心理特点，所以学生的积极性一般都比较高。要注意的是，班主任首先要有个整体计划，如拟出小学六年或中学三年的整体目标系列，但最基本的还是要具体地制定出一个学期的目标系列和活动计划。也就是一个学期 20 周，一共要实现哪几项目标，组织哪些活动，每项活动的具体任务是什么，它们的先后顺序以及时间安排等。如某校初二(1)班班主任，根据学生全面发展的培养目标，确定第一学期的班级活动计划是：第一、二周，准备交流暑假见闻，以扩大学生视野；第三、四周，每人读一本课外书，并交流读书心得；第五、六周，进行班内或班际间的体育竞赛，促进学生积极参加体育锻炼；第七、八周，举行学雷锋、学赖宁演讲比赛，督促学生做好人好事，并培养学生的口头表达能力；第九、十周，准备期中考试，看谁的“座次”高，督促学生学好课本知识；第十一、十二周，组织一次校外参观或游览活动，并交流心得体会；第十三、十四周，举行一次知识或智力竞赛；第十五、十六周，举办一次小发明、小制作作品展；第十七、十八周，准备召开迎新年文艺联欢会；第十九、二十周，准备期终考试。当然，也可以根据学生具体情况调整目标和活动计划，如有段时间班级外语小测验成绩不佳，可安排一次外语竞赛，以提高全班同学学习外语的积极性。

活动计划和任务一旦确定，就要认真地去执行。班主任老师要始终把握班集体的发展目标向前运动的进程，一个一个地去完成既定的目标。同时要注意调动全体学生，这并不意味着每个学生在每次活动中都唱主角，而是有主角，也有配角。但任何人都不应被排斥在集

① 伍德勤主编：《高师教育学教程新编》，合肥：安徽大学出版社，2003 年版，第 258－279 页。

体之外，或自立于集体之外做“观众”。通过不断地组织班级活动，使集体产生强大的吸引力，把每个成员吸引在一起，以点燃他们向往集体生活的感情之火和探求知识的智慧之光。要使他们既受集体的“压迫”而学习，又主动地为“集体荣誉”而学习，从而使自己的个人生活与丰富多彩的集体生活紧密地联系在一起。这样，他们就不会产生厌学的情绪，更不至于讨厌学校的生活。如，全国优秀班主任任小艾，就把“集体运动规律”的教育理论运用得非常好。她每学期都安排十大项影响全班的课外活动。每一次活动都有一个新的目标，寓教育于活动之中，寓学习于活动之中。全班不仅没有一个同学厌学，而且都是拼命地学，这样就使班集体一浪高过一浪地向前运动和发展着。不妨你也试试看！

（资料来源：伍德勤：《谈“集体运动规律”在教育中的运用》，《阜阳教育学院学报》，1995 年第 1 期。）

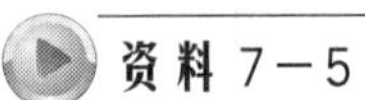
资料 7－5

混沌的少年与曾经的后进生

如世界著名作家柴可夫斯基在其性格形成时期对音乐从未显出有丝毫兴趣，直到 22 岁他才突然变得热衷于音乐。美国画家惠斯勒，他先在西点军校学习化学，因成绩不佳被学校开除了，后到美国测量局当了地图镌版工，因不守秩序到处乱画，又被解职，后来到法国巴黎学画，最后在绘画方面取得了巨大成功。伟大的科学家巴斯德少年时，其父母因他除画画和钓鱼之外无所事事而悲观失望。他 20 岁时对科学尚不感兴趣。大作家威廉·福克纳小学五年级就退学了，他一度上过大学，可是一年级英语不及格被退学了。他 25 岁以后才开始独立创作生涯，1949 年获诺贝尔文学奖。数学家巴伯基和文豪玛阿特曾是同班中两个成绩最差的难兄难弟。教师经常把他俩叫到黑板前对全班同学说：“大家瞧！这两个人是最没有出自的，希望大家不要成为他们这样的人”！但后来他俩是班上最有出息的学生……教师千万不要埋没、扼杀人才，不能用静止的眼光的看学生。

（资料来源：苏东水：《管理心理学》，上海：复旦大学出版社，2004 年版，第 318－319 页。）

第三节　教育原则的选择与综合运用

教育原则有很多条，不同的教育思想家和教育理论研究者没有完全一致的看法。不仅不同时代、不同国度的人看法不同，就是同一国家、同一时代的人其认识也存在很大差异。如，前苏联教育家赞科夫提出五条原则，巴班斯基提出十条原则。我国学者叶澜主编的《新编教育学教程》（华东师范大学出版社，2006 年第二版）也提出了五条教学原则，但与赞科夫的提法截然不同；而扈中平主编的《现代教育理论》（高等教育出版社，2000 年版）一书则提出了五条教育原则、七条教学原则，靳玉乐主编的《现代教育学》（四川教育出版社，2006 年第二版）只提四条教学原则。不仅不同的教育学教材和著作对教育或教学原则的理解和表述不同，而且每个教育工作者在认同教育原则时更是存在很大差异。这不仅是主观认识的差异，还有客观的时间、地点和运用对象的制约。所以，人们在具体的教育实践中，所选择的教育原则以及对各原则重要程度的认识（即对教育原则顺序的选择）是不尽相同的。那么，究竟应如何来选择指导自己教育工作的教育原则和如何具体运用所选择的教育原则呢？一般应从以下几个方面考虑：

其一，依据教育目的和培养目标来选择。教育目的不同，教育原则也不一样。如要培养人的创造力，就必须尊重人的个性，突出学生的主体性和智力因素的发展；若要培养人的品德和审美情操，就要强调教学的思想性和艺术性。培养目标不同，所要运用的教育原则也不一样。如基础教育阶段，一般都很强调间接经验与直接经验相结合的原则，重视基础知识与基本技能的培养，而高等教育一般都强调理论学习与科学研究相结合的原则，注重学生科研能力的培养。

其二，依据所教学科和所承担的教育工作的特点来选择。学科不同，其教与学的要求和特点不一样，所选择和运用的教育原则也存在差异。如在贯彻间接经验与直接经验相结合的原则的过程中，自然学科的教学在强调实践活动时，更注重教学过程自身的实践，如安排的实验课时较多等；而文科的教学在强调实践活动时，更注重开展校外的社会实践活动，如安排一些社会调查活动等。再比如，体育教学强调技能的训练，更注重课堂教学与课外活动相结合的原则；而班主任老师则更加重视集体教育与个别教育相结合的原则等。

其三，依据教育对象的特点和自己的教育观来选择。不仅不同层次的教育对象因培养目标不同，所运用的教育原则不同，就是同一层次的教育对象因所处的环境、学校和时代不同，教育工作所运用的原则也有差异。如同样是中学教育，以前我国一直强调教师的主导作用，现在特别强调学生的主体性，要求将教师的主导作用与学生的主体性结合起来。如果一个班级的学生差距较大，就要特别强调个别教育，注意因材施教。另外，教育原则的选择和运用，还直接受到教育者个人的教育思想、观念以及教育经验的制约。

本章所述的我国中小学的教育原则应贯彻于我国中小学的整个教育活动之中。它既应贯彻于课堂教学中，又应贯彻于课外活动中；他既要指导德育和美育工作，又要指导智育和体育工作；它对教师明确教育目标、选择和使用教材、确定教育的具体方法等都具有指导作用。不管学者们确定的教育原则体系以及对教育原则的表述存在多么大的差异，其目的是共同的，那就是要引起学生的学习兴趣、提高学习效率、完成教育任务、实现教育目的。引起学习者的学习兴趣是运用教育原则的直接的、表层的目的。常言道："兴趣是成功的一半"。正如孔子说的："知之者不如好之者，好之者不如乐之者"。爱因斯坦也说过："只有热爱才是最好的老师，它远远超过责任感"。尤其是学生的学习兴趣，它是学生获得学业成功的关键。如果一个学生对德育毫无兴趣，那么教师的苦苦说教就是对牛弹琴。如果一个学生对数学不感兴趣，那么数学课对他来说就会收效甚微。如果他对物理特别感兴趣，上课时他就会聚精会神，课下还会自觉钻研。所以，教师的教育工作首先要想办法尽量使全班学生对你所教的课程（教学内容）产生浓厚的兴趣，并在整个教学活动中保持或增强这一兴趣。同时，它也是检验教师运用教育原则的效果的一个标尺。教师还应注意不要孤立而片面地运用这些原则，要从整体上认识和发挥各个教育原则的作用。某一教育原则可能指导多种具体的教育方法，某一具体的教育方法也可能受到多种教育原则的共同指导。各个原则相辅相成，构成一个整体。教师应努力把它们化为自己的教育原则体系和培养学生的具体的教育要求，并努力形成自己的教育思想和信念。[①]

---

① 伍德勤主编：《高师教育学教程新编》，合肥：安徽大学出版社，2003 年版，第 280－282 页。

第四节 国外现当代教育思潮

19 世纪末 20 世纪初，西方社会的一些教育家，打出了“新教育”、“进步主义教育”的旗帜，以反对传统模式的教育。其中影响较大的是受实用主义哲学影响的进步主义教育思想。进步主义教育对于解决劳动者就业问题，促进资本主义生产的发展和培养国民的自我意识、民主意识方面，起过一定作用。但由于它忽视系统知识的学习，带来的后果是学生知识水平的严重下降。于是，到 20 世纪 30 年代，便出现了永恒主义、要素主义和新托马斯主义等思潮。但由于这些偏向传统教育思想的新思潮过分强调知识的系统性，脱离学生实际和社会实际，过多地强调提高学生知识水平，又带来了新的问题。在这种情况下，进步主义教育重新抬头。此时，作为进步主义教育的变种——改造主义教育又发展了起来。改造主义高唱“社会改造”的论调，更多地强调“社会中心”的教育，而不像进步主义那样过于强调“个人（儿童）中心”的教育。与此同时，新行为主义、存在主义和分析哲学的教育思想也兴盛起来。六、七十年代后，美国的人本主义教育和结构主义教育思潮又开始崭露头角，而且对教育实践的影响日盛一日。这些思潮都或多或少地对我国的基础教育产生了影响。下面就西方现当代主要教育思潮作简单介绍，供大家参考。

一、进步主义教育思潮

进步主义，主要是由实用主义哲学应用于教育而形成的，主要代表人物是美国教育家杜威。19 世纪末，正值西方从自由资本主义过渡到垄断资本主义时期，许多教育家反对过于形式主义的传统教育。起初，进步主义教育在性质上主要是个人主义的，但 1929 年资本主义经济危机后，则更加强调民主与合作的精神。进步主义教育思潮确实改变了美国教育的面貌，也对世界教育产生了深刻影响。

进步主义教育的基本观点：①教育应该是“主动的”，并且应该与儿童的兴趣相联系。②教育应该是生活本身而不是生活的准备，学校应把儿童的学习置于适合于他年龄的和针对他在成人生活中可能遇到的情境中，并应该通过解决问题的“设计”来组织学习。③教师的职责不是依靠权威来指挥而是作为顾问来提供建议，因此儿童应该按照自己的兴趣来学习。④学校应该鼓励培养合作精神而不是竞争精神。人生来是社会性的，当人们彼此一致地工作时，就能获得更多的东西，并从相互关系中得到最大的满足。认为“爱”和“合作关系”比“竞争”与“追求个人成功”更适合于教育。⑤教育和民主应互相包涵，因此应该民主办校。认为只有民主才可能使各种思想和个性自由相互作用，民主是人真正成长的必要条件。从理想上说，民主是共享的经验。学校应该促进学生的自由讨论，师生共同制定计划，充分共享一切教育经验。

二、永恒主义教育思潮

永恒主义教育是现代西方资产阶级教育思潮中提倡复古的一个流派。它与进步主义强调“变是无所不在的”论点相反，认为虽然现代社会急剧动荡，但从历史的角度看，人类社会最终还是永久不变的，要求教育返回到绝对原则。

永恒主义教育的基本观点：①鼓吹所谓“共同人性”。认为人性是不变的，人类应遵循的道德准则和应受的教育也是不变的，教育的任务是使人适应永恒不变的真理，而不是适应非永恒不变的现实世界。②人的显著特点是有理性，教育就应集中发展人的理性能力。③教育就是要让儿童获得知识，人文学科应居于课程的中心，应指导学生直接去读“伟大著作”(名著)，要把人类普遍关心的问题介绍给学生。④教育不是仿效生活本身而是生活的准备。学校教育的方法主要是通过语言文字来教，智力发展是头等重要的事。⑤主张发展每个学生的真正才能和培养更高尚的兴趣。个人才能的培养要靠持续不断的外来训练和自我训练，而那些更高尚的兴趣大都潜伏在每一个人的内部，需要进行很多艰苦的工作和多加利用，否则是不会显露出来的。

三、要素主义教育思潮

要素主义不是整个地反对进步主义，而只是反对进步主义的某些具体学说。要素主义者认为“一切有教养的人都应该具备一定的要素”，而学习者就是要掌握这些基本的要素。他们主要致力于重新审查课程、教材，区分学校教学大纲中的要素和非要素，并重新建立“教”在课堂中的权威，主张把教材恢复到居于教育过程中心的地位。他们还不断告诫教育工作者：当教育机会普及到已降低了所施教育的质量的时候，就需要提高智力水平。

要素主义教育的基本观点是：①认为学习是项艰苦的工作，需要专心、努力用功，强调纪律的重要性。认为不要强调儿童目前兴趣，而要促使儿童致力于实现更长远的目标。②教育过程中，主动权应在于教师而不在于学生。儿童要充分发挥其潜能，就需要成人的指导和控制。教师就是在成人世界和儿童世界之间作中介，教师要接受专门的训练。③教育的核心是吸收规定的教材。认为儿童上学的目的是要按照世界的真正原样去认识它，而不仅是根据自己的兴趣去解释它。必须按照教材的逻辑体系给他们提供这些知识。强调民族经验或社会遗产比个人经验更重要。④学校应该保持传统的心智训练的方法。肯定了进步主义教育解决问题的方法有一定的优点，但也指出了不应把它普遍化。教育的真正目的是教授整个生活的知识。

四、改造主义教育思潮

改造主义者自称是进步主义的真正继承人。他们宣称教育的主要目的是改造社会，以解决社会的文化危机。为此，学校必须根据现在掌握的科学知识来重新解释西方文明的基本价值观。随着进步主义教育运动的衰落，进步派的一些“激进的核心人物”认为进步主义需要改革方向了：少强调儿童中心教育，多强调社会中心教育；少关心个人成长，多关心社会变革。并有人进一步试图利用杜威的哲学支持主张对社会承担义务的教育理论。他们便是改造主义的奠基人。

改造主义教育的基本观点：①教育的主要目的是促成一个确实经过周密考虑的社会改革方案。实现这个方案将成为现代教育制度的主要任务。认为在这“危机时代”，社会必须改造，新社会必须是一个真正民主的社会，其重要机构及资源由人民自己管辖。如果我们真要这样改造社会，不是仅仅通过政治行动，最根本的是通过教育其成员以新眼光看他们的共同生活。②必须说服人民改造他们生活于其中的社会，而这一说服工作应该在学校中开始。教师的职责是用民主的方法说服学生，使他们确信改造社会的正确性和迫切性。③教育的目的和方法必须按照行为科学的研究成果重新制定。行为科学的重要性是它使我们能发现什么是人们最强烈相信的正确的价值观，和这种价值观是否具有普遍性。④儿童、学校和教育本身主要是由社会和文化的力量决定。文明生活总的说来是团体生活，因此学校中各种团体应起重要作用，以便受过教育的成人知道，在他所进入的社会环境中如何利用他的各种天赋才能。

五、存在主义教育思潮

存在主义教育思想源于存在主义哲学。存在主义哲学是在第二次世界大战前后开始流行于西方，它是极端个人主义的哲学，大量依靠主观因素进行思维，如直觉、内省、情感的寄托、孤寂感等。存在主义教育思潮对作为个人的教师或学生具有更多的教育涵义，它对现代教育的影响很大。

存在主义教育的基本观点：①有限性是人的境遇中最重要的特点，而死亡是人的一生中最重要的大事。学校不应该认为死与年轻人无关而取消死的问题。学校应采取的态度是：只有想到死才使我们真正了解生命的价值，以提高"活"的价值。教师应通过历史上甘愿作出崇高牺牲的人们为典范来激励学生，使之生活得有价值。②强调个人的自由，也要求尊重别人的自由。不要把教育机会均等当成以同样速度、用同样方法教育所有儿童的借口。我们的教育制度必须允许有更多的各种各样的教育方法与组织，以便使教育适应无限多的各种各样的人性。强调培养和发挥个人才能，认为家庭是一支更重要的教育力量，因为家庭是把孩子作为个人来抚育的。③认为个人唯一可以接受的价值观是他自由选定了的价值观。教师不应把他自己的价值观强加给学生，而应该提出他信奉的各种准则和理由，要求学生自己去选择。但不管如何选择，都要对自己行为的后果负责。④存在主义认为师生关系是密切的个人关系，好教师应促使他的学生们向他自己的观点挑战并进行批判。教师的任务不仅仅是激发学生潜在的独创性，他还必须鼓励他的学生专心致志于他的课业。教师没有理由斥责比较落后的学生，学的知识不在于多少，而在于对他有什么意义。那些能够掌握运用所学的不多知识的学生，远比只会根据要求，摆出许多知识材料的学生更值得称赞。当对教育有反抗精神的学生时，教师不应企图侮辱他或使同班同学嘲笑他，以致使他失去自尊心，而应指出某种行为是不能容忍的或予以处罚。⑤特别重视人文学科，认为历史、文学、哲学和艺术比其他学科更深刻而直接地揭示人的本性及其与世界的冲突。学科学的学生也必须学习人文学科，以防止头脑日渐狭隘和同情心日渐淡薄。

六、人本主义教育思潮

在 20 世纪 50 年代，以亚伯拉罕·马斯洛为首的一批心理学家率先创立了人本主义心理学，这被认为是人类了解自身的又一里程碑。它既反对弗洛伊德学派仅以病态的人作为研究对象，把人看作本能的牺牲品；也反对行为主义学派把人看作物理的、化学的客体。它阐述了人的需要、潜力和自我实现的思想，强调了人的尊严。人本主义教育思想是在人本主义心理学影响下产生的。

人本主义教育的基本观点：①认为正常的孩子既会有自私、仇恨与破坏行为，也能做到慷慨、合作、无私。但更多地显示哪一种倾向，要看他们成长的环境。假如他们感到不安、恐惧、基本需要得不到满足，消极面就会占统治地位；如果他们得到了爱和尊敬，那么他们的行为中破坏性、侵略性的成份就减少。②培养儿童时，既要给他更多的自由，同时又要教他遵守纪律、尊敬他人——这是一个价值体系。马斯洛很推崇那种给孩子以有限度的自由的教育方法。完全放任或溺爱与独裁专制都是有害的。学校应该为学生提供较多的成功的机会，不使其失去学习的信心和动力。③马斯洛还旗帜鲜明地指出人类具有共同的价值观和道德标准。它们可以通过对人类中的优秀代表的研究来找到。④人本主义者批评很多大学过多强调理论，过少顾及实践，造成有些博士是“领有执照的傻瓜”。认为课堂教学中最有效的方法就是课堂小组讨论，它能使学生有较多的表现自己的机会，培养其社会意识。

七、新托马斯主义教育思潮

新托马斯主义教育是第二次世界大战后，在美国兴起的一种以宗教学说为基础的教育理论，是以中世纪经院哲学的鼻祖阿奎那·托马斯的名字命名的。该学派公开宣传中世纪以来的宗教教育传统，把宗教信仰凌驾于世俗性世界观之上，竭力调和宗教与科学的关系，甚至把神学凌驾于科学之上，关注人的心灵。代表人物是法国的马里坦和美国的西蒙。

新托马斯主义教育的基本观点：①教育应以宗教为基础。在新托马斯主义教育家看来，每个人都是上帝的后嗣，教育应该培养统一于神性之上的共同人性，认为现代社会生活的混乱是由于人对宗教的无知所致，所以宗教教育应作为教育的核心和最高目标。②重视教育。教育目的是培养真正的基督教徒和有用的公民。教育首先要培养虔信上帝、热爱上帝和服从上帝的人，并认为基督教徒和公民之间并不矛盾，而是一致的，一个好的基督教徒才能成为更好的公民。③宗教教育是学校课程的核心。学校里不仅必须开设神学课程，学校里的一切课程都应贯穿宗教教育，尤其是人文学科。各门课程的教学目的不是为了学生获取学术性知识，而是从中领悟基督精神和上帝是一切知识的主宰。④教育应该属于教会。认为教会具有上帝专赐的权力，具有家庭和公民社会所没有的那种拯救人们灵魂的权力。父母应该根据自己作为基督教徒的义务来控制子女的教育，不要把子女送到不信宗教的学校里去。

总之，新托马斯主义虽不排斥科学知识的传授，但企图用宗教统治科学，向上帝寻求教育的出路，暴露了其唯心主义的一面。但它关注人的心灵，并表示对社会秩序的混乱与残酷战争的担心和厌弃是值得人们思考的。

八、新行为主义教育思潮

新行为主义教育是以新行为主义心理学为基础的一种教育思想。它产生于20世纪30年代，60年代盛行于欧美国家。其代表人物是美国心理学家斯金纳和加涅等。新行为主义是由 20 世纪初美国心理学家华生的行为主义发展而来的。行为主义主张行为是受因果律支配的“刺激—反应”，通过它可以预测和控制人的行为的发生与变化。新行为主义提出了“中介变量”的概念予以补充。

新行为主义教育的基本观点：①教育就是塑造人的行为。认为有机体的一切行为都是由反射构成的，它可以分为基于刺激型条件反射的应答性行为和基于操作型条件反射的操作性行为。学习过程就是操作性条件反射过程。如果一种操作发生后接着给予强化，就会增加这一操作的强度或概率。因此，任何行为也都是能够设计、塑造和改变的。②新行为主义教育家认为，一切有机体的学习过程都表现出非常相似的属性，教师应该按程序进行教学。程序教学的基本原则是：积极反应、小步子、及时强化、自定步调。③让学生在学习中运用教学机器。为了使学生的学习行为得到及时和足够数量的强化，必须改进教学方法和技术。对人类学习过程最有效的控制应该得到工具的帮助，提供积极地强化条件。即使用依据程序教学理论设计的机械装置——教学机器。也就是我们今天所说的运用现代教育技术。④教育研究应该以教与学的行为作为研究的对象。新行为主义教育家认为，教育研究可分为两种：一是观察教的行为与学的行为的关系，以判断哪种教法有效；二是教育目的行为化后，可从学生行为的改变程度来判断教学效果。教师应研究具有操作性的学习理论以及教学方法与技术。

新行为主义教育既有助于学习理论的发展，也为计算机辅助教学的发展开辟了道路。但也由于其忽视人类学习和动物学习的本质差别，以及程序教学和教学机器本身的机械刻板性，而受到人们的批评。

九、结构主义教育思潮

结构主义教育思潮在现代欧美国家广泛流行、影响很大。它以瑞士心理学家皮亚杰的认知心理学为基础。其代表人物是美国的心理学家教育家布鲁纳。20 世纪 60 年代，布鲁纳把皮亚杰关于儿童认知结构发展的理论应用到教学和课程改革上，创立了结构主义教育理论。

结构主义教育的基本观点：①认为教育和教学的重要任务就是依据儿童的认知发展规律，促进儿童的智能发展，并努力使儿童的心理能力得到最大的发展。②注重教授各门学科的基本结构。他们认为，任何一门学科，都是由一系列基本概念和基本原理组成的基本结构。学生越注重学习各门学科的基本结构，就越能容易地掌握整个学科，并有助于知识的记忆，促进知识的迁移，缩小初级和高级知识的差距。③主张学科基础的早期学习。教育不应消极地静待儿童自然成熟的到来才开始教其学习，而应该积极创造条件，使儿童尽可能早地开始学习某些学科的基本结构。布鲁纳认为，任何学科都能够以智力上是诚实的方式教给任何发展阶段的任何儿童。④提倡“发现学习法”。他们认为，学习过程类似于人类探求知识的过程，因此要提倡从发现中学习的方法。⑤教师不仅是知识的传播者、结构教学中的辅助者，同样还应成为教育过程中学生的榜样和典范。

结构主义教育思想把认知发展和教育统一起来，密切了心理学与教育学的关系，提出了一些值得研究的问题。但由于某些观点带有片面性，有的想法过于理想主义，致使课程和教材的改革偏难，也引起了人们的争议。

【教育名著简介】——《教学与发展》

《教学与发展》是前苏联教育家赞科夫(1901—1977)的代表作。赞科夫是前苏联心理学家、儿童缺陷学家和教学论专家,曾任前苏联教育科学院院士。1917年,他从文法中学毕业后去乡村学校教书。后进入儿童农业营(国家收养和教育战后农村孤儿的机构)任教养员及主任。20世纪20年代末、30年代初,他进入莫斯科大学心理学系学习。毕业后,留校任教。其后,他在著名心理学家维果茨基的指导下,主要从事儿童缺陷学的研究,是前苏联儿童缺陷学的权威人士之一。从20世纪50年代初起,他开始专门从事教学论的研究。1952年,他建立了实验教学论实验室,从事"教师语言与直观手段相结合"实验研究。从1957年9月开始,他致力于小学教学范围内的"教学与发展"问题的全面的实验研究,一直研究到他去世。1975年他出版了《教学与发展》一书,该书是对"教学与发展"关系问题的全部教育实验研究成果的总结。该书分为三编,共20章。第一编主要介绍实验教学论体系(第1—6章),第二编主要介绍学生在小学期间的发展进程(第7—10章),第三编主要介绍学生的学习内容(第11—20章)。下面就从"实验教学论体系的原则"一章中选取部分内容让大家品读。

【精彩片段选读】

我们实验体系的原则来源于它的指导思想,这就是教学要在学生的一般发展上取得尽可能大的效果。在这个方面也截然不同于一般的教学论原则,一般教学论原则所要求的是在掌握知识方面取得成功的结果。但是,不应当把我们的原则理解为似乎背离了高质量地掌握知识和技巧这一任务。正如实验研究的大量的、多方面的事实材料所证明的那样,学生在一般发展上的成绩,乃是自觉而牢固地掌握知识和技巧的可靠基础。

在我们实验体系的教学论原则中,起决定作用的是以高难度进行教学的原则。"难度"这个概念,在教学论中使用于各种不同的场合,具有各种不同的涵义。这个概念的涵义之一,是指克服障碍。……这个概念的另一个涵义,是指学生的努力。

以高难度进行教学的原则的特征,并不在于提高某种抽象的"平均难度标准",而是首先在于展开儿童的精神力量,使这种力量有活动的余地,并给以引导。如果教材和教学方法使得学生面前没有出现应当克服的障碍,那么儿童的发展就会萎靡无力。

困难的程度要靠掌握难度的分寸来调节。初看起来,可能认为,提出难度的分寸,就等于取消了这一原则本身(人们有时正是从这个方面批评这一原则的)。然而这是一种误解,因为难度的分寸不是绝对的,而是具有相对性。难度的分寸可以在高难度的教学中使用,也可以在低难度的教学中使用。在两种情况下,分寸是不相同的,因为它取决于难度的水平。

按照我们的理解,难度的分寸绝不是要降低难度,而是合理地运用这一原则的必要因素。具体地说,这就是指实施这一原则时,提供的教材必须是学生能够理解的。如果不掌握难度的分寸,那么儿童由于不能理解所提供的教材,就会不由自主地走上机械记忆的道路。那样一来,高难度反而从一种正面的因素变成反面的因素。

……

使学生理解学习过程的原则既和公认的掌握知识的自觉性原则相近似,又和它有着重大区别。在教学论里,对自觉性原则的解释是各不相同的。……把这些对于自觉性原则的各种解释加以对比时，应当指出它们有一些典型的特征：承认自觉性在教学过程的所有环节中的必要性；强调要理解教材和能够把知识运用于实践；指出了自觉掌握知识的过程中所包涵的思维操作。非常重要的是，注意到了学生对学习的态度。这样看来，对自觉性原则的解释并没有局限于智力的范围。然而遗憾的是，这个方面没有得到充分的阐明。

平常所理解的自觉性原则和我们所说的使学生理解学习过程的原则，就理解的对象和性质来说，都是有区别的。前者所说的理解是指向外部的，即把应当掌握的知识、技能和技巧作为理解的对象；而后者是指向内部的，即指向学习活动的进行过程。

可以利用小学数学教学中的一个例子来解释我们提出的这一原则。

例如，在学习乘法表时，如果按照传统教学法来教，那就是采用各种方式来促使学生牢固地记住乘法表。……我们则是这样安排教学过程的：使学生弄懂教材的一定编排的根据，了解背熟教材的某些成分的必要性，知道掌握教材时发生错误的根源，等等。例如，我们不是简单地拿3这个数的乘法表（这一栏的乘法表是从3×3=9开头的）让学生背诵，而是提出问题："为什么在3这个数的乘法表里不需要背诵3×2等于几呢？"学生通过对乘法表里的几栏的比较找到了答案：在3这个数的乘法表里没有3×2这一行，不需要背诵它，因为3×2=6和2×3=6是一样的，而2×3=6在2这个数的乘法表里已经有过了。

上述原则不仅体现在数学教学的各个章节里，而且也体现在其他学科中。

还有一条原则，即要求教师进行目标明确的和系统的工作，使班上所有的学生（包括最后进的学生）都得到一般发展的原则。这一原则有着特别重要的作用，因为在小学的普遍实践中，对于最后进的学生提供的真正智力活动的可能性是最少的。补课和布置大量的训练性练习，被认为是克服学业成绩不好的学生落后状况的必不可少的手段。然而，学业落后的学生，不是较少地，而显然是比其他学生更多地需要在他们的发展上系统地下功夫。我们的经验证明，这种工作能使后进生在发展上取得很大进步，从而也就使他们在掌握知识和技巧方面达到较高的成绩。相反，许多训练性的作业使得后进生负担过重，不仅不能促进这些儿童的发展，反而只能扩大他们的落后状态。

在我们的实验体系中，不借助分数及类似的方法对学生施加压力，实现我们的教学论原则能使学生产生对学习的内部诱因，增加和深化这种诱因。不断地以新的知识丰富学生的智慧，让他们思考，树立学生自己去探索真理的志向，让他们完成复杂的任务。

（资料来源：赞科夫著，杜殿坤等译：《教学与发展》，北京：人民教育出版社，1979年版，第41—50页）

【教育名家简介】——窦桂梅

窦桂梅，1986年从吉林师范学校毕业后，分到吉林市第一实验小学任教。踏上讲台后，她虚心学习，锐意改革，积极创新，不断成长。1995年、1997年两次参加国家级教学比赛均获一等奖。1998年被评为全国教育系统劳动模范；1999年成为吉林省首届五四青年奖章获得者，并获省首届基础教育教改成果一等奖；2000年被评为省三八红旗手标兵。她还先后被评为全国中小学中青年"十杰教师"提名奖，全国模范教师，全国师德标兵。2001年作为教育部更新教育观念讲师团成员，在人民大会堂做专题报告。窦桂梅老师现为北京清华大学附小副校长，特级教师，北京市海淀中心学区课程改革领导组副组长，全国中小学整体改革专业委员会学术委员。先后出版《为生命奠基》、《我们一起成长》、《窦桂梅阅读教学精品录》、《爱与爱的交流——窦桂梅学生作文选》、《听窦桂梅老师讲课》等专著，主编或参编著作多部，发表文章近百篇，并是国家九五重点课题语文教材编写组编委。

窦桂梅老师在全国很有影响的是她的“主题教学”的思想与实践。

她认为，主题教学是要从生命的层次，用动态生成的观念，重新全面认识并整体构建课堂教学。简单地说，它是围绕一定的主题，充分重视个体经验，通过多个文本间的碰撞交融，在强调过程的生成性理解中，实现课程主题意义建构的一种开放性教学。这里说的“主题”不是思想主题，不是知识主题，而是文化主题，是那些连接着孩子精神世界、现实生活或者与历史典故、风土人情等有关的“触发点”、“共振点”、“兴奋点”，如诚信、家乡、邮票、朋友，以及对自然的关爱、对弱小的同情、对未来的希冀、对黑暗的恐惧等。借助于主题，学生会觉得原来语文学习并不那么枯燥，原来语文学习和自己的生活息息相关。在学生入情入境的情况下，再来进行语言的学习、推敲，同时达到深化情感、磨砺思想的目的。这就好像每一个戏剧的引子、每一个风景点的引道一样，先把孩子从声、光、色的世界里引进语言的殿堂，然后教师仍旧借助主题给学生指出一个个路径，让学生有可能走进更多的作家、更多的文本，进行更丰富的语文实践，他们的收获才会更大。

主题教学有一个基本的操作框架：话题切入—探究文本—比较拓展—链接生活—升华自我，但这是一个开放的框架。教师应该根据不同主题的特点，充分挖掘可以利用的教学资源，灵活运用多种方法和策略。先让学生“入境”，所谓“入境始与亲”；再通过对重点（最好是经典的）文本的敲打、感悟、反思，感受文本主题的内涵和语言的魅力，她称之为“典范方为范”；在此基础上，引导学生走进广阔的语文天地，进行主题阅读的拓展或者相关的语文实践，丰富学生的积累，扩大学生的视野，即所谓“拓展求发展”。

窦桂梅老师认为，要搞好语文教学改革，必须做到“三个超越”：超越教材、超越课堂、超越教师。超越必须始于一个平台，必须拥有一个原点，这就是“学好教材”、“立足课堂”、“尊重教师”。

窦老师还认为自己成材的秘诀就是多上公开课。她对青年教师说：“一定要争取多上公开课！这是你最好的‘炼炉’。”最后达到“使公开课成为家常课”，“堂堂都是公开课！”

（资料来源：窦桂梅著：《听窦桂梅老师讲课》，上海：华东师范大学出版社，2005 年版；以及相关网站。）

思考与探讨

1. 用所学的教育原则理论分析下面的教育案例。

“三军总司令”

武汉有个少年从小就调皮捣蛋，不仅不学习，还经常打架闹事，小学几年就没让父母安静过。好不容易上了初中，但坏毛病不仅未改，反而变本加厉，后面还有一批追随者，闹得班级课都上不下去了，被称为“三军总司令”。父母也实在管不了，有时甚至希望派出所来人把他抓走算了。班主任老师也实在受不了，要求校长将其开除，否则就不当这个班主任了。在校长左右为难时，平行班级的另一位班主任，提出可以让该生到他班试读。这位班主任在该生来班上课之前，专门为此开了一次班会。先向全班同学介绍和分析了该生的现状和特点，一分为二，并要求大家一起帮助他。等他来正式上课的时候，新班主任又隆重地向全班同学正式介绍该生，并当面“数落”了他的许多优点，如很聪明、讲义气、具有领导才能等，加上全班同学的鼓掌欢迎，当时该生就感动得流泪了。从此，该生就像变了一个人似的，愿意学习了，特别听班主任老师的话。班主任老师每个周日都让他到自己家，为他补习功课，中午还留他吃饭。不久又让他当了小组长。结果,他用一年多的时间学完了初中课程,又用一年多一点的时间学完了高中课程。1980年初中毕业参加高考,结果,总分是武汉市理科第二名,物理考满分。昔日的“三军总司令”变成了今日的“神童”。

(资料来源:许春耘等 :《“神童”的故事》,合肥:安徽人民出版社,1984年版。)

2. 自己编写一个教案或设计一份活动方案,在其中体现某一两个教育原则的思想。

第8章 课程

☆教学大纲和教科书规定了给予学生的各种知识，但却没有规定给予学生的最重要的一样东西，这就是幸福。我们的教育信念应该是：培养真正的人！让每一个从自己手里培养出来的人都能幸福地度过自己的一生。

——（前苏联）苏霍姆林斯基

☆一个知识不完全的人可以用道德来弥补，而一个道德不完全的人很难用知识去弥补。

——（意大利）但丁

☆用音乐陶冶人的灵魂，用体育锻炼人的体魄。

——（古希腊）柏拉图

在明确了教育目的和教育内容之后，就必须考虑用什么方式和载体来承载教育内容。也就是说，只有将预设的教育内容有效地呈现出来，才可以组织有效的教学活动，从而实现教育目的。而课程就是教育内容的载体，它是教育过程的核心。课程模式不同，即教育内容的呈现方式不同，其教育成效也大不一样。所以，近年来人们越来越重视对课程的探讨。

第一节 课程概述

一、课程的含义及其本质

课程是在日常教育教学中出现频率较高的一个词语。例如，刚刚入学的学生喜欢互相打听“这学期开设了哪些课程”；学生家长在问及学生在校表现时，也喜欢问“最近，你哪门课程感觉比较吃力”；而学校和广大中小学教师又在大谈新课程改革。那么，课程的含义是什么？它的本质又是什么呢？

《牛津词典》将课程定义为一门功课，尤指一个学校或大学的一门常规的学习科目。据此，课程即学校里的教学科目。《现代汉语词典》将课程定义为“学校教学的科目和进程”并列有“课程表”例词，可见它强调了科目的安排和进程。《中国大百科全书·教育》卷中以更简洁的方式给出了同样的定义：课程是“课业及其进程”。

总体而言，在我国，课程的指称有四个层面的含义：①一是指“为实现学校教育目标而选择的教育内容的总和”；二是“泛指课业的进程”（这两层含义相当于英语国家的 curriculum）；三是“学科的同义词，如语文课程、数学课程等”（相当于英语的 course）；四是指以一定时间为单位的“一节课”（相当于英语的 lesson）。“课程”一词在我国始见于唐代。唐代孔颖达在《五经正义》里注疏《诗经·小雅》时就使用过“课程”一词，说“教护课程，必君子监之，乃得依法制也”。这里的“课程”主要指礼仪活动程式之类，与现今教育学意义上使用的课程一词的含义尚有较大差异。南宋朱熹在《朱子全书·论学》中曾多次使用“课程”一词，如“宽着期限，紧着课程”，以及“小立课程，大做功夫”等，此处的“课程”一词含义与今天的课程概念相近，含有学习的范围和进程的意思。在英文中，“课程”（curriculum）一词来源于拉丁文词根，原意是“跑道”（race course），意为如同骑手赛马需沿一定的跑道才能达到目标一样，学生也必须沿着“课程”这条学习的跑道前进，才能达到预定的教育目标。英国著名教育家 H.斯宾塞在其名著《什么知识最有价值》（1859 年）中第一个提出“课程”这个术语。尽管课程的具体含义呈现个别差异，但是古今中外对课程的含义的基本理解是一致的。“课程是学校教学的科目及其进程。”②

课程的本质是进行文化选择、构成合理的教育内容并对这些内容进行有效的组织。课程来源于文化，其本身又是一种特殊形态的文化，它既对文化进行有目的地选择，又对其进行有效地组织，将其变成便于教学的教育内容。在课程实践中，不是所有的教育内容都是课程，不能把课程与教育内容等同起来。面对人类的整个知识经验和文化财富，我们只能选择一部分（合理的、有用的）传授给学生，而且被选择的内容也不是简单地堆积，而是按照一定的顺序、进程和期限构成有机的整体，即构成一定的课程体系。

二、课程的类型及其影响因素

（一）课程的类型

1. 按照课程表现形态分

按照课程表现形态分，可把课程分为以下五类：

（1）学科课程　学科课程是根据教育目标和一定年龄阶段学生的发展水平，从各门科学中选择学生必须掌握的基础知识，组成各种不同的学科，按照各门学科的逻辑体系编写教材，确定学习顺序、学习周期和学习时间，分学科进行安排的课程。学科课程是以学科逻辑为中心编排的，具有严谨的逻辑结构和系统性、简约性的特点。其优点在于：

其一，在指导思想上把教育看作为学生的未来生活作准备，培养学生参加社会生活的手段。它认为每一具体学科都是从人类文化遗产中提炼出的间接经验，受教育者学习各门学科以准备生活。

① 顾明远主编：《教育大辞典》(1)，上海：上海教育出版社，1990 年版，第 256 页。

② 黄甫全：《关于教学、课程等几个术语汉语的中外比较辨析》，《课程·教材·教法》1993 年第 7 期。

其二，一般是根据各门学科知识固有的逻辑体系来编制课程，要求把各门课程包涵的事实、概念、规则、结论都配置在一定的程序和系统中，使受教育者可以通过不同学科的学习掌握不同事物的运动规律。

其三，承认学科系统与科学系统的差异，强调将科学的体系改变为适合教学的学科体系，要求按照学生学习心理的规律和知识水平来安排学科的结构。

其四，容易组织教学，也容易进行评价，有利于受教育者在短时间内以少量的精力获取人类长期积累起来的大量知识。这类课程历史悠久，源于古代中国和古希腊，至今仍是世界绝大多数国家的学校中最主要、最常见的一种课程类型，是学校课程的一种基本形式，具有强大的生命力。

学科课程的不足也显而易见：首先，过细地分科，容易脱离学生的生活实际，不利于学生从整体上认识世界；其次，较多地强调学科知识的系统性和严密性，容易导致重间接经验，轻直接经验，从而忽视学生的社会性需要和个性发展。

(2)活动课程　针对学科课程的弊端，杜威等提出了活动课程(activity curriculum)，这种课程又称经验课程、儿童中心课程。它是以儿童从事某种活动的兴趣和动机为中心组织的课程。活动课程突破学科局限、重视直接经验、主张“做中学”。它的优点在于：把科学知识与生活实际相联系，以有利于培养动手操作能力，培养实用型人才，培养交往和组织能力、创新与合作精神、增强学生的社会适应性。同时，由于重视儿童的动机、兴趣，有利于培养学生的主体性和发展个性。它的不足在于：使儿童获得的知识不系统、不完整、不利于高效率地传递人类的文化遗产。

从学生知识经验的来源上看，活动课程一般与学科课程相对应。学科课程强调学生对间接性知识经验的习得，活动课程强调的是学生对直接经验的体认。但随着社会对不同规格人才的需要和基础教育培养目标的变化，学科课程与活动课程的界限正在淡化。

需要说明的是，我国当前的活动课程与杜威的活动课程有差异，也有其共通性。我国当前的活动课程是以学生直接经验为主要内容，按照各种实践活动类型和特定活动方式组成的课程，它由“课外活动”发展而来。共通性在于都强调学生的直接性经验，差异性在于我国的课外活动课程并不排斥以学科为依托设计的学科课程。

我国活动课程的特点主要有：其一，教学过程的实践性。其二，教学形式的灵活性，表现在时空上的灵活性和活动方式上的灵活性。其三，教学主体的创造性。活动课程要求充分发挥个人的创造性和各种特长，学生可以根据自身的个性特点，自由选择活动项目，在活动中自我组织、自我设计和自我评价。其四，教学评价的过程性。对过程比对结果更关注是活动课程与学科课程的明显区别。

(3)综合课程　综合课程，是通过合并相邻领域学科的办法，把若干门学科组织在一门综合的学科中而形成。综合课程是相对于分科课程而言的。综合课程的综合范围可大可小，它既可以是对相邻两门学科的综合，也可以是两门以上的更大范围的综合。综合课程是对传统的学科课程的一种改进，其目的在于克服学科课程分科过细的缺点，打破原有学科间的界限，将过去条块分割的知识融为一体。我国九年义务教育小学课程方案中设置的自然、社会，就是典型的综合课程。

综合课程有利于减少课程设置中的分科数目，减轻学习负担；有利于学生从整体上认识世界，使他们所学的知识更加完整、更加综合、更加接近生活。

(4)核心课程　核心课程又叫以问题为中心的课程,它是以一定的问题为中心设计的课程,注重问题的探究。它着眼于社会和生活需要,而不强调知识的系统性。此类课程最早出现于20世纪初的美国。其设计者认为,在一定时期内,儿童的学习有一个中心,所有的学习活动都应围绕这个中心来进行,这个中心叫做核心。核心课程理论主张以人类基本活动为核心,重新组织各种学科知识,以形成课程。

(5)潜在课程与显性课程　从课程的表现形式以及影响学生的方式上划分,可以把课程分为潜在课程和显性课程。

显性课程是学校课程计划内列入的所有有组织的活动,是学校以直接的、外显的方式呈现的课程,是学校教学计划中有明确规定的教育内容。

隐性课程是学校教育环境中以间接的、潜在的方式呈现的课程,是那些"在学校政策、课程计划上并没有明确规定,然而是学校经验中常规的、有效的"[①]教育内容。潜在课程不在课程规划上反映,不通过正式教学进行,通常体现在学校和班级的情景之中,包括物质情景、文化情景、人际关系等,对学生起潜移默化的影响作用,促进或干扰教育目标的实现。潜在课程具有非预期性和潜在性、整体性特征。非预期性是指潜在课程没有明确目标和严格计划,没有限定学习时间和学习场地。它渗透于学校生活的各个方面。这种没有预期目标的课程,能提供给学生非预期的学习经验,因而可以收到非预期的效果。潜在性特征是指潜在课程不是直接公开向学生施教,而主要是通过学生在学校的生活潜移默化地影响学生。整体性特征是指潜在课程涉及学校生活的方方面面,既包括物质领域的自然环境,也包括精神领域的文化环境,范围广泛,形式多样,可以通过各种渠道,对学生产生全方位的影响。良好的潜在课程能促进学生全面和谐发展。

2. 按照学生选修课程的强制性程度划分

按照学生选修课程的强制性程度划分,可把课程分为以下两类:

(1)必修课　必修课指根据课程计划的统一规定,所有学生必须修习的课程。

(2)选修课　选修课指依据不同学生的特点,允许个人选择修习的课程。从不同的角度,可以将选修课划分为不同的种类:从学习内容上分,可划分为公共选修课和专业选修课两类;从学习要求上分,可分为限定选修课和任意选修课。

3. 按照课程的管理权限划分

按照课程的管理权限划分,可把课程分为以下三类:

(1)国家课程　国家课程亦称"国家统一课程",它是由中央政府负责编制、实施和评价的课程。它在国家范围内具有课程领域内的权威性、课程实施的强制性特征。

(2)地方课程　地方课程是由地方政府负责编制、实施和评价的课程。地方课程是国家中央政府授权地方所编制,能够反映地方性知识、为地方服务的课程,具有较强的地方特色。

(3)校本课程　校本课程是由学校的教师编制、实施和评价的课程。具体来说,它是某一类学校或某一级学校的个别教师、部分教师或全体教师,根据国家制定的教育目的,在分析本校外部环境和内部环境的基础上,针对本校、本年级或本班级特定的学生群体,编制、实施和评价的课程。[②] 校本课程更能体现地方特色,更能体现学校的办学特点,是国家课程和

---

① 江山野:《简明国家教育百科全书·课程》,北京:教育科学出版社,1991年版,第92页。

② 王斌华著:《校本课程论》,上海:上海教育出版社,2000年版,第1页。

地方课程的一种良好补充，是一种富有成效的课程创新。

（二）影响课程的主要因素

课程作为一种特殊形态的文化，它受很多因素影响，如教育性因素、社会性因素、受教育者因素、历史文化习俗、政治意识形态等。但并不是所有因素都对课程产生比较大，甚至至关重要的影响。我们把对课程影响比较大，起关键作用的因素，称为影响课程的主要因素。一般而言，影响课程的主要因素是知识、社会和学生三个方面。

知识是人类在一定历史时期通过对前人积累的历史经验的继承和亲身实践活动所获得的对自然界和人类社会本身的认识的总和。课程是从这些知识总和中根据一定标准筛选出来的。因此，课程的内容一般体现着人类文化的基本要素和精华。

知识观不同，形成的知识体系也不同，这种不同影响着课程的设置。知识总是以一定的体系而存在。由于受不同哲学观的影响，对具体现实采用了不同的抽象方法，便产生了不同的知识分类方法，形成了不同的知识体系。这种不同，直接影响到课程门类的设置。比如，中国古代的哲学观点比较强调“天人合一”，强调“人与自然、人与社会的和谐相处”，因此，中国古代的知识体系是以道德伦理知识、经世致用知识为主，反映在课程设置中，就是我国古代学校的课程设置以道德经验为重点，辅之以个人的审美修养因素。而在欧洲，其认识世界深受神学影响，对宗教有笃厚的信仰，知识的分类也是按照“上帝的意识”进行的。例如，夸美纽斯为泛智学校设计的课程，以智育为主，但是课程非常重视宗教的内容。近代自然科学的发展，人们在进行知识分类时，也深深印上科学的痕迹。斯宾塞把科学知识的价值放在知识价值的首位，他强调知识的实用性，也更加重视科学课程的设置。

个体知识来源于直接经验还是间接经验也影响课程设置。如果认为知识主要来源于间接经验，那么在课程设计上，就会更多考虑知识本身的系统性和专业性，而不会过多考虑学生在学习过程中的直接体验。而有的研究者主张知识更多的是个人的知识，是对客观世界的直接经验，那么在课程设置时，他们就往往强调在学校课程中直接经验的重要性。在相当长的历史时期内，课程纯粹以间接经验为主，没有包含学生的直接经验。20 世纪上半叶，由于社会条件的变化和课程自身发展的内部矛盾，出现了杜威等人强调的以学生直接经验为主的活动课程。

社会对教育具有制约性，教育必须适应和促进社会发展。由于课程是教育实施的核心，因此社会也影响到课程的各个方面。如一定社会的政治、经济、文化决定着“什么样的知识最有价值”，决定着人们从知识宝库中选择什么样的知识列入课程，从而制定出符合时代要求的特有课程。社会的变化也影响着课程内容的变化。同时，社会也在宏观上影响着课程结构和课程的呈现形式。

另外，教育只有适应学生身心发展的要求，才能取得良好效果。教育必须适应和促进学生身心的发展是教育的基本规律之一，因此课程也受到学生身心发展特点的制约。学生的身心发展规律在微观上决定课程的结构形式。为了使课程实施具有最佳的效果，学生的身心发展规律和学习规律必然是课程内容组织的客观依据。它直接决定着课程内容中的微观逻辑结构及内容的组织编排方式。在我国，三字经、百家姓、千字文、千家诗为代表的童蒙教材，编排上就体现了儿童的身心发展特点，因而广为流传。西方国家自 17 世纪始，随着心理学研究的深入，特别是儿童心理学的建立与发展，儿童问题引起了近代教育家的高度重视。

不少教材的编写都注意到了儿童心理特点。夸美纽斯编写的《世界图解》就是这个时期的典型代表,它体现了图文并茂、通俗易懂的特点,很适合儿童学习,并因此成为欧洲流行一时的童蒙教材,影响广泛。

资料 8－1

我国基础教育的课程结构

小学阶段以综合课程为主。小学低年级开设品德与生活、语文、数学、体育、艺术(或音乐、美术)等课程;小学中高年级开设品德与社会、语文、数学、科学、外语、综合实践活动、体育、艺术(或音乐、美术)等课程。

初中阶段设置分科与综合相结合的课程,主要包括思想品德、语文、数学、外语、科学(或物理、化学、生物)、历史与社会(或历史、地理)、体育与健康、艺术(或音乐、美术)以及综合实践活动。积极倡导各地选择综合课程。学校应努力创造条件开设选修课程。在义务教育阶段的语文、艺术、美术课中要加强写字教学。

高中以分科课程为主。为使学生在普遍达到基本要求的前提下实现有个性的发展,课程标准应有不同水平的要求,在开设必修课的同时,设置丰富多样的选修课程,开设技术类课程。积极试行学分制管理。

从小学至高中设置综合实践活动并作为必修课程,其内容主要包括:信息技术教育、研究性学习、社区服务与社会实践以及劳动与技术教育。强调学生通过实践,增强探究和创新意识,学习科学研究的方法,发展综合运用知识的能力。增进学校与社会的密切联系,培养学生的社会责任感。在课程的实施过程中,加强信息技术教育,培养学生利用信息技术的意识和能力。了解必要的通用技术和职业分工,形成初步技术能力。

农村中学课程要为当地社会经济发展服务,在达到国家课程基本要求的同时,可根据现代农业发展和农村产业结构的调整因地制宜地设置符合当地需要的课程,深化"农科教相结合"和"三教统筹"等项改革,试行通过"绿色证书"教育及其他技术培训获得"双证"的做法。城市普通中学也要逐步开设职业技术课程。

(资料来源:《基础教育课程改革纲要(试行)》)

三、课程理论简介

课程理论是关于课程本质、课程编制的知识体系。在课程实践过程中,由于对学科系统、个体心理特征、社会需要的不同认识和不同价值取向,往往形成了不同的课程理论流派。下面着重介绍几种影响较大的课程理论流派。

(一)儿童中心课程论

儿童中心课程论,又叫经验主义课程论、以学生为中心的课程论。它主张以"儿童为中心"来编制课程,学生的兴趣和经验、爱好和动机、需要和态度等是课程编制的基础。认为课程的实质就是经验。该流派认为学生对课程的直接兴趣是成功学习的关键因素,课程的核心不是学科内容,而是学生认知和情感的发展。学生中心课程论的代表人物是美国的儿童中心论者杜威。他认为儿童的兴趣和经验是组织课程的出发点，课程应以儿童的活动为中心，而不是以学科、教材为中心，要求以儿童的活动代替分科课程的教学，以儿童活动的直接经验而不是学科知识的间接经验作为课程内容。

儿童为中心的课程理论突出了学生的主体性，重视学生的直接经验，重视课程内容与实际情景相结合，突出活动课程的重要性，但是忽视了系统的学科知识，难以保证学生获得系统的文化科学知识。

（二）学科中心课程论

学科中心课程论是一种历史悠久的课程理论，其影响甚为深刻。它是以学科为中心来编订学校课程的理论，以结构主义哲学和心理学为基础，其现代社会的代表人物为美国心理学家布鲁纳。学科中心课程理论反对以现实功用为标准，而侧重以人类所积累的文化知识中"共同要素"为标准，强调具有理智训练价值的传统的"永恒学科"的价值。学科中心课程理论认为学校的课程应该给学生提供分化的、有组织的经验，因此特别重视学科知识的逻辑顺序和结构。学生掌握这些结构有利于知识的记忆、理解和迁移。作为历史悠久的课程理论，它同样注重课程建立在学生的身心发展特点和规律之上，强调根据学生智力发展阶段的特点来安排学科的基本结构。布鲁纳有一句名言："任何学科都能够按照某种正确的方式教给任何年龄阶段的儿童。"[①]该理论还强调学生应该采用探究发现的方法来学习课程，强调学科专家在课程设计中的主导地位。

学科中心课程理论注重学科知识的逻辑体系与学生心理发展的顺序性和阶段性特点相统一，对学生系统地掌握知识具有积极意义。但是现代的学科中心课程理论过于强调学术性，对大多数学生来说偏难，不符合一般学生的接受能力；同时，也低估了学生掌握实际应用知识、技能以解决实际问题的重要性。

（三）社会中心课程理论

社会中心课程理论把课程的重点放在现实社会问题、社会改造和社会活动计划以及学生所关心的社会现实问题上。这种课程理论不太关注学科的知识体系，而是认为课程应该围绕当代重大的社会问题来组织，帮助学生形成对社会的批判思考能力和行动能力，最终形成参加各种社会运动、塑造新的社会秩序和社会文化的能力。这种课程理论的核心是：课程不应该帮助学生去适应社会，而是要建立一种新的社会秩序和社会文化。

诚然，教育具有促进社会变革的政治功能，学校课程的设置应为实现这一功能服务，但学校课程的设置也不能不考虑学生的社会适应性问题。社会中心课程理论夸大教育的政治功能，也会阻碍学生的全面发展。

（四）人本主义课程理论

20 世纪 70 年代以后，人本主义课程理论兴起。人本主义教育思想流派的主要代表人物是马斯洛、罗杰斯。该理论强调教育应培养"自我实现的人格"，这种人格是情绪、感情、态度、价值等的"情意发展"与理智、知识、理解等"认知发展"的统一。人本主义课程强调建立

① （美）布鲁纳著，邵瑞珍译：《教育过程》，北京：文化教育出版社，1982 年版，第 6 页。

和实施平行课程体系，包括：学术性课程、人际关系课程和自我实现课程，以实现包括学术潜力与非学术潜力的全域的发展。为了实现人的潜能和满足人的需要，达到培养“完人”的目的，人本主义课程理论进一步设计了并行的整合模式。这种整合模式是由知识课程、情意课程和体验整合课程有机组合构成的。

人本主义课程理论尊重人的主体性和自我价值的实现，强调人的潜能在教育过程中得到实现和发展，具有极强的启发意义，是当代课程发展的趋势之一。

四、现代课程的表现形式

现代课程的表现形式多种多样，但是对于一个学校而言，总体的表现形式一般分为课程计划、课程标准和教材。过去，我国的基础教育课程管理以中央集权为主，学校课程计划、课程标准都是由国家制订的。伴随新一轮的课程改革，国家、地方、学校三级课程管理体制的建立，以及对地方课程、校本课程的重视，学校对课程的设置与管理的要求越来越高。因此，一个合格的教师必须熟悉学校课程的表现形式。

（一）课程计划

课程计划是指学校课程的总体计划。它从整体上规定学校性质、培养目标、教学目的和任务、教学内容的范围和学科设置、各阶段的教学进度、课时安排，以及教学效果的评价标准等。它包括以下内容：(1)学校的培养目标；(2)制定课程计划的原则；(3)学科设置和各学科的主要任务；(4)学科开设的顺序和课时分配；(5)学年编制；(6)学周安排。

学校课程计划是编制、开发课程的起步，也是课程开发最重要的一步。它以国家教育目的和学校培养目标为前提，规定学校课程的学科设置、学科任务、学科开设顺序以及每门学科具体的教学时间安排。

（二）课程标准

课程标准即教学大纲，是单科课程的总体设计。它从整体上规定某门课程的性质及其在课程体系中的地位，规范性确定学科教学目标、内容范围、顺序，是教师教学工作的指南，也是编写教科书和测评教学质量的依据。①

国家课程标准是教材编写、教学、评估和考试命题的依据，是国家管理和评价课程的基础。体现国家对不同阶段的学生在知识与技能、过程与方法、情感态度与价值观等方面的基本要求，规定各门课程的性质、目标、内容框架、提出教学和评价建议。②

（三）教材

教材是课程标准的进一步展开和具体化。广义的教材是指教师和学生据以进行教学活动的材料，包括教科书、讲义、讲授提纲、参考书以及各种视听材料等。教材可分为学科教材、活动教材、乡土教材等类别。一般而言，教材的组织要素包括事实、概念、原理、逻辑推

---

① 袁振国编：《当代教育学》，北京：教育科学出版社，1998年版，第149页。

② 《基础教育课程改革纲要(试行)》。

论、规范、态度、价值、方法论知识等。[①] 狭义的教材，即教科书（也称为课本），是根据课程标准和教学法的要求，为一定年级的师生编写的，系统而简明扼要地叙述各学科内容的教学用书。它是学生学习的主要材料，也是学生进一步扩充科学知识的基础。教师应该指导学生正确地使用教科书。

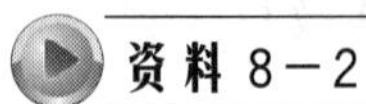
资料 8－2

中小学教材的开发与管理

教材改革应有利于引导学生利用已有的知识与经验，主动探索知识的发生与发展，同时也应有利于教师创造性地进行教学。教材内容的选择应符合课程标准的要求，体现学生身心发展的特点，反映社会、政治、经济、科技的发展需求；教材内容的组织应多样、生动，有利于学生探究，并提出观察、实验、操作、调查、讨论的建议。

积极开发并合理利用校内外各种课程资源。学校应充分发挥图书馆、实验室、专用教室及各类教学设施和实践基地的作用；广泛利用校外的图书馆、博物馆、展览馆、科技馆、工厂、农村、部队和科研院所等各种社会资源以及丰富的自然资源；积极利用并开发信息化课程资源。

完善基础教育教材管理制度，实现教材的高质量与多样化。

实行国家基本要求指导下的教材多样化政策，鼓励有关机构、出版部门等依据国家课程标准组织编写中小学教材。建立教材编写的核准制度，教材编写者应根据教育部《关于中小学教材编写审定管理暂行办法》，向教育部申报，经资格核准通过后，方可编写。完善教材审查制度，除经教育部授权省级教材审查委员会外，按照国家课程标准编写的教材及跨省使用的地方课程的教材须经全国中小学教材审查委员会审查；地方教材须经省级教材审查委员会审查。教材审查实行编审分离。

改革中小学教材指定出版的方式和单一渠道发行的体制，严格遵循中小学教材版式的国家标准。教材的出版和发行实行公开竞标，国家免费提供的经济适用型教材实行政府采购，保证教材质量，降低价格。

加强对教材使用的管理。教育行政部门定期向学校和社会公布经审查通过的中小学教材目录，并逐步建立教材评价制度和在教育行政部门及专家指导下的教材选用制度。改革用行政手段指定使用教材的做法，严禁以不正当竞争手段推销教材。

（资料来源：《基础教育课程改革纲要（试行）》）。

五、课程的设计与开发

一个现代的教师必须具备课程设计与开发的能力。课程的设计与开发是一个动态复杂的过程，很多时候，人们把课程设计与开发称为课程编制或课程研制。

课程编制一般包括课程规划、课程实施和课程评价三部分。

课程规划就是课程工作者根据教育目的、培养目标制定课程目标、设计课程方案、制定

① 靳玉乐著：《现代课程论》，重庆：西南师范大学出版社，1995 年版，第 258—273 页。

课程标准和编写教材的过程。课程规划阶段最终要形成学校课程计划、课程标准和教材三种课程的表现形式。

课程规划阶段制定出的课程计划、课程标准、教材只是预期的或理想的课程。只有通过课程的实施才能变成现实的课程，才能促进学生的发展。具体地说，就是根据选定的课程计划、课程标准和相应的教材，把课程中蕴含的知识和经验、认知过程与方法、情感态度和价值观等传递给学生。让学生在受教育过程中促进自身的发展，从而实现预期的教育目的。课程实施把计划变为行动，从而把课程领域转变为教学领域，同时，教师的角色便从课程实践者转变为教学实践者。

课程评价，就是对课程规划和课程实施活动以及整个课程系统进行的评价活动，以期对已有的课程编制过程进行反馈。课程评价在整个课程编制系统中占有十分重要的地位，它既是课程规划和课程实施的终点，又是课程规划与实施继续向前发展的起点。课程评价可以大致分为对规划过程及其结果的评价和对实施过程及其结果的评价。

对课程规划过程及其结果的评价主要是评价下面几项工作：课程规划过程是否依据了科学的原理、原则，是否有正确的课程理论作指导，是否遵循了合理的程序，参加规划的人员是否合适，是否制定好了课程计划、课程标准、教材和各种活动指导书，与最初确定的教育目标、课程目标是否吻合。

对课程实施过程及其结果的评价，主要评价课程表、教学任务、学习方法、学习风格、教学组织形式、师生关系、教风、学风、教学设备等是否适应课程规划的要求，学生的学习结果和发展水平是否达到了预期的教育结果，又有哪些非预期的教育效果等。

在课程编制理论上有很多模式，但目标模式和过程模式是两种经典的模式。目标模式的代表是美国课程专家拉尔夫·泰勒和塔巴。泰勒把课程编制的过程分为四个步骤，即确定教育目标、选择学习经验、组织学习经验、评价学习结果。塔巴对这一模式进行补充和完善，发展成八个阶段：诊断需要、形成具体的目标、选择内容、组织内容、选择学习经验、组织学习经验、评价、检查平衡性和顺序性。过程模式的提出者是课程学者斯坦豪斯和阿特金。这一模式并没有教学目标，它仅仅提供一些题目和观念，由教师根据班级特征和时间自行修订和使用。它要求教师能够成为课程专家，与学生一起探讨，发现基本的原理，实现课程的目标。其基本的程序是：设定一般目标，实施有创造性的教学活动，论述教学活动引起的结果。

第二节 我国基础教育课程改革

一、我国当代历次基础教育课程改革回顾

20 世纪 50 年代，我国中小学的课程因袭前苏联模式，所有课程都是必修课，教学计划片面强调统一要求、统一标准，形成了单一化的课程结构。60 年代以后，高中阶段开始有适当的弹性，允许高三年级开设选修课。“文化大革命”期间，我国的教育事业遭到严重的干扰，有段时间，基础教育几乎处于瘫痪状态。

为纠正“文化大革命”对基础教育的破坏，教育部 1978 年颁发了《全日制十年制中小学

教学计划(试行草案)》、1981年颁发了《全日制五年制小学教学计划(修订草案)》,这对于全国基础教育课程的拨乱反正起到了积极的作用,使基础教育课程逐渐走向正轨。以上两个教学计划的突出特点是:逐步消除"文革"课程中的消极影响因素,基础教育课程的基础性得到了应有的重视,课程设置开始正规化,确定了基础教育对于基础性的回归,表现为课程门类齐全,并将原来只讲实践活动的课程实施重新恢复到侧重"双基"的道路上,为学生的进一步发展打下基础。但是,这两个计划的规定仍然有一些不足之处,如课程门类比较多,学生的学业负担比较重;同时,所开设的课程主要是必修课程,学生缺乏学习的自主性,也难以满足学生个性发展的需要。

1984年,教育部颁发了《全日制六年制小学教学计划(草案)》,制订了城市和农村两套教学计划,以适应城乡不同的需要。这次的教学计划强调教育要"面向现代化、面向世界、面向未来"的指导思想,提出了学校教育要全面贯彻教育方针,促进少年儿童在德、智、体、美诸方面更加活泼主动地发展。

1985年5月颁布了《中共中央关于教育体制改革的决定》。该《决定》的深远意义在于:针对当时教育体制管理方面"统得过死"的问题,明确提出了"简政放权"、"分级管理"的改革措施,实行由地方负责、分级管理的原则,把发展基础教育的责任交给地方,由地方根据本地区实际情况制定本地区的教育发展规划。这样,地方对基础教育课程改革拥有了一定的自主选择、自主决定权。

1988年国家教委印发了《义务教育全日制小学、初级中学教学计划(试行草案)》和24个学科教学大纲(初审稿),并且在全国成立了8个九年义务教育教材委员会,提倡各地在统一基本要求的前提下实行多样化,编写适应当地农村中小学需要的教材。

1992年,国家颁发了《九年制义务教育全日制小学、初级中学课程计划(试行)》,这是我国首次将《教学计划》更名为《课程计划》,明确提出"中小学的课程具有全面育人的整体功能",把优化课程结构问题放在了核心位置。

1998年12月,教育部在长期调研论证的基础上制订了《面向21世纪教育行动振兴计划》。《面向21世纪教育行动振兴计划》以邓小平教育理论和党的十五大精神为指导,比较系统地总结了改革开放以来中国教育发展与改革的历史成就和经验,分析了20世纪90年代以来不同发展水平国家宏观教育改革和发展的重大趋势。在全国范围内实施"跨世纪素质教育工程",整体推进素质教育,全面提高国民素质和民族创新能力。为此,提出改革课程体系和评价制度,在2000年初步形成现代化的基础教育课程框架和课程标准,改革教育内容和教学方法,推行新的评价制度,开展教师培训,启动新课程实验。

2001年5月,国务院印发了《关于基础教育改革与发展的决定》,对我国基础教育领域内各个方面的发展都作出了比较详尽的规定,继续推进了基础教育课程改革的步伐。对基础教育课程发展既指明了素质教育的发展方向,制订了发展原则和措施,也给各地的操作实践留有相当的空间,特别是在课程的"国家、地方"两级管理体制基础上增加了"校本课程",使学校掌握了设置一些对于加强与地方的联系,更加切合师生双方的生活背景和知识体验的课程的自主权。

总体上看,在我国,从废科举、兴学校以来,主要实行的就是学科课程论。新中国成立后,在学习苏联经验的同时,继续实行学科课程论。而且课程以必修为主。到了20世纪80年代我国课程设置的灵活性得到扩大,教育部颁发的《全日制六年制重点中学教学计划(实行草案)》就明确规定“为了适应学生的爱好和需要,发展他们的特长,更好地打好基础,高中二、三年级开设选修课。”随后,我国基础教育课程改革也逐步进入了全面推广阶段。

二、我国当前基础教育新课程改革

(一)新课程改革的背景

我国当前的基础教育课程改革,是建国以来第八次课程改革。这次新课程改革是力度最大的一次,因此备受人们关注。那么,本次基础教育课程改革是在什么背景下进行的呢?

1. 社会背景:新的时代对教育提出新的挑战

我们所处的时代是一个前所未有的巨变时代。在这个时代里,以信息技术为代表的科学技术蓬勃发展;经济也越来越被视为“以知识为基础的经济”,知识量急速增长,知识创新的重要性越来越得到认可;经济全球化对经济运行产生极大的冲击。这些都对教育提出了新的挑战。

信息技术的发展以及信息正成为全球珍贵的资源,使得我们需要新的教育思想和观念,需要新的人才观。时代要求人才具有比较强的信息获取能力和选择能力,具有比较强的使用网络的能力。那种只重视传授、积累知识而不重视搜集、处理信息,只重视教育的结果而不重视教育的过程的课程理念,已经不适应知识信息急剧增加的社会发展现实。

同时,经济全球化对经济运行产生极大冲击,对人才培养也提出了新的要求。我国加入WTO之后参与国际市场的竞争,必须拥有大量涉外知识、能面向国际市场、适应国际竞争、富于开拓精神的高素质的外向型复合人才。因此,如何改革和拓展我国的教育结构和教育内容,使之能主动适应外向型经济发展对人才素质的需求,已经是教育改革的一个不可推卸的现实任务。

2. 国际教育改革和发展趋势对我国教育提出了新的要求

20世纪被称之为“教育世纪”,新的教育理念和思潮不断涌现。“终身教育”、“学习化社会”等教育理念的传播使得基础教育必须更加重视基础性,为培养学生的终身学习能力奠定基础。这就要求不仅要注重知识的传授,更要注重学习的过程,注重学生个性的发展,注重以学生为本的发展观、以探究为动力的学习观。

3. 我国基础教育原有课程难以适应新要求

我国中小学原来几乎都按一个模式办学,以升学率作为评估学校的唯一标准,模式化培养学生,造成学校无特色,教学无特点,学生无特长。此外,基础教育课程缺少综合性和弹性,门类多,课时多,难度大,分量重,学生负担重,课程体制和教材内容皆为升学服务,形成“凡是升学考试考的都教、升学考试不考的都不教”的单一课程结构,这些都已经越来越不适应时代发展的要求。具体体现在:课程观念落后,仍停留在“一纲(教学大纲)、一本(教科书)、一个计划(教学计划)”的模式;课程体制僵化,实行大一统的管理模式,一切均由国家负责制订;课程目标不明确,和教育目标混淆,不能根据社会发展的实际情况制订相应课程目标;课程编制滞后,课程内容陈旧;教师缺乏培训等。

这些都呼唤着我们必须进行新一轮的基础教育课程改革,以切实适应时代的要求,培养时代所需要的高素质人才。

（二）新课程改革的基本理念与目标

本轮新课程改革的基本宗旨和核心理念是：为了中华民族的复兴，为了每位学生的发展。在核心理念的基础上，有研究者概括了新课程改革的以下六点基本理念：[①]促进学生全面而有个性的发展；统整学生的生活世界和科学世界；提升学生的主体性，促进学习方式的多元化；促进课程的适应性和课程管理的民主化；创建富有个性的学校文化。

关于课程改革的目标，《基础教育课程改革纲要（试行）》中明确规定我国“基础教育课程改革要以邓小平关于‘教育要面向现代化，面向世界，面向未来’和江泽民‘三个代表’的重要思想为指导，全面贯彻党的教育方针，全面推进素质教育。”其具体目标是“改变课程过于注重知识传授的倾向，强调形成积极主动的学习态度，使获得基础知识与基本技能的过程同时成为学会学习和形成正确价值观的过程。改变课程结构过于强调学科本位、科目过多和缺乏整合的现状，整体设置九年一贯的课程门类和课时比例，并设置综合课程，以适应不同地区和学生发展的需求，体现课程结构的均衡性、综合性和选择性。改变课程内容“难、繁、偏、旧”和过于注重书本知识的现状，加强课程内容与学生生活以及现代社会和科技发展的联系，关注学生的学习兴趣和经验，精选终身学习必备的基础知识和技能。改变课程实施过于强调接受学习、死记硬背、机械训练的现状，倡导学生主动参与、乐于探究、勤于动手，培养学生搜集和处理信息的能力、获取新知识的能力、分析和解决问题的能力以及交流与合作的能力。改变课程评价过分强调甄别与选拔的功能，发挥评价促进学生发展、教师提高和改进教学实践的功能。改变课程管理过于集中的状况，实行国家、地方、学校三级课程管理，增强课程对地方、学校及学生的适应性。”[②]也就是要通过构建一个开放的、充满生机的、具有中国特色的社会主义基础教育课程体系，来造就“有理想、有道德、有文化、有纪律”的、德智体美等全面发展的社会主义事业建设者和接班人。

（三）新课程改革的特征

本次新课程改革具有不同以往历次课程改革的特征。首先，它具有创新性特征，其次，它具有系统性、全面性特征。

创新性特征是新课改的首要特征，它体现在课程目标的创新、课程结构的创新、课程标准的创新、课程评价的创新、课程管理的创新以及教学的创新。

就课程目标的创新而言，它一改过去的唯社会本位、片面追求人的平均化、一统化，注重促进学生积极主动的发展，强调知识与能力、过程与方法、情感与价值观、态度与价值观的协调统一，体现出“以学生发展为本”、“以培养创新精神与实践能力为核心”的教育理念，着眼于培养学生终身学习的愿望和能力。

课程结构的创新体现在构建新型的学科课程，使课程内容改变“繁、难、偏、旧”的现状，进一步满足学生发展的需要，强调课程内容回归“生活世界”；优化学科课程结构，实现分科课程、综合课程的有机结合，必修学科与选修学科的有机结合，规定了工具科、自然科、社会科、技术科、技艺科五类学科的课时比；加强综合实践活动课程；引导学生进行研究性学

---

① 朱家存主编：《基础教育新课程的理论与实践》，合肥：安徽教育出版社，2006年版，第11—20页。

② 《基础教育课程改革纲要（试行）》。

习等。

课程评价的创新之处体现在："改变课程评价过分强调甄别与选拔的功能"，要建立"促进学生全面发展的评价体系"、"促进教师不断提高的评价体系"和"促进课程不断发展的评价体系"。

课程管理的创新体现在国家、地方、学校三级课程管理的实行。为保障和促进课程对不同地区、学校、学生的适应性，实行有指导的逐步放权，建立了国家、地方和学校三级课程管理模式。同时，新课程改革要求完善基础教育教材管理与开发制度，扩大社会参与课程改革的程度，开发多样化的课程资源，这也都具有极强的创新性。

新课程改革的第二个显著特征是系统性和全面性。以往的历次课程改革，都是局部或者部分的改革，比如教材的更换、学校教学计划的制定。而本次新课程改革的一个显著特征就是从课程目标、课程结构、课程标准，到教材开发、课程评价、教师培训等都系统而全面地进行了改革。与以往几次课程改革明显不同的是，本次课程改革特别重视教师的培训，强调教师参与新课程改革的重要性，强调教师应该成为学生发展的促进者、成为终身学习的楷模、成为校本课程的开发者、成为教育实践的研究者，并且努力推进教师专业化进程。

（四）新课程改革对教师提出的要求①

新课程改革的目标对教师提出了新的要求和挑战。这些挑战和要求体现在：

（1）新课改强调全面提高学生素质，促进每一位学生的发展，教师要注意在思想上全面把握改革思路，在实践中全面贯彻改革精神。

新课改强调"面向学生"，这包含四层含义：一是强调学生各方面素质的"全面提高"；二是强调面向"全体"学生，使大多数学生都能达到要求，获得成功；三是强调促进每一个学生的"个性"发展；四是课程教学的设计要符合学生的心理和发展特点，关注、观照学生的需要、兴趣、动机、体验、感受、困惑等。这些理念，只有通过教师在实践中的全面贯彻，才能得以落实。

（2）新课改强调面向生活、面向社会，教师在教学中要注意联系自己所教班级学生的已有基础和社会生活实际，充分利用本地、本校、本班资源，开展本土化教学和校本、班本教学。

（3）新课程增加了许多反映社会经济文化科技新进展和时代性较强的新内容，要求教师通过各种渠道不断学习，及时更新自己的知识结构。比如，语文新教材中的选文更新力度极大，很多课文是新选的，不仅仅强调文质兼美、强调名家名篇，而且进一步加大时文的比例，不少课文选自 1999 年和 2000 年新近出版的书籍，选文内容和主题都富有时代气息。

（4）新教材强调各科之间的沟通与综合，这就要求教师全面拓展个人的综合素质，淡化自己的学科角色。对于合科编写的《科学》教材、《历史与社会》教材，教师如果要胜任，就更要弱化自己的学科角色。新课程强调课程的综合化。课程综合化，就是强调各个学科领域之间的联系和一致性，避免过早或过分地强调各个学科领域的区别和界限，从而防止各个领域之间彼此孤立或脱节的一种课程设计思想。在新课程改革中，各科新教材都十分注意相互之间的沟通与综合。比如，物理课程的编制就考虑到整个自然科学的综合，从一个简单的物理现象联系到整个自然现象等。

① 熊川武、郑金洲、周浩波主编：《教育研究的新视域》，辽海出版社，2003 年版，第 302—322 页。

(5)新课改强调让学生体验到知识的产生和发展的过程,从而使他们获得对知识本质(包括科学的本质)的准确理解,使学生在了解到现存知识的可靠性的同时又看到它的局限性,使学生感受到知识不断被质疑、证伪、修改、否定、拓展或超越的发展过程。使学生认识到:知识的不断变化是因为我们比过去知道得更多、更好,说明人类的认识在不断地发展;知识并不完美,现有知识在未来可能仍会有所改变,但这并不意味着它是错误或无用的;现有知识是以现在我们所能提供的,经过了最佳检验的事实和概念为基础的科学,是人们所达到的最为可靠、最为合理的知识。这就要求教师熟悉知识的产生和发展的过程,明白知识创新的真正内涵。

(6)新课改强调培养学生的创新精神与实践能力,改变学生的学习方式,大大加强了探究式学习的比重,这就要求教师在教学中处理好学生自主与教师指导之间的关系,在合适的时机、合适的情景、合适的阶段,开展非指定性教学。

各科新教材都增加了许多探究活动,意在促进学生的主动学习和探究,教师要引导学生亲历探究过程,给学生自主活动提供机会和时间。但是探究学习的自主性,并不忽视教师的指导。应该特别强调教师适时的、必要的、有效的指导,以追求真正从探究中有所收获,包括增进学生对世界的认识和提升学生的探究能力,并使学生的探究实践得到不断提高和完善。

(7)新教材允许学生对问题有自己独特的见解,这就要求教师要有宽容的态度,在实践中要为学生发展个性留出充分的发展空间。

(8)新课改要求教师改变教学方式和备课方式,多研究学生,上课时多倾听学生,多关注学生的即时反应,而不是只盯着教学内容。

(9)新课改强调评价学生要达到促进学生发展和推进教育改革的目的,这就要求教师在教育实践中,改进自己的评价方式和方法,探索有利于学生发展、有利于新课程实施的新的评价模式。

(10)面对新课改的众多创新之处,教师一定不要忘记中小学是“基础教育”,无论课程教材怎么改,打牢基础始终是中小学阶段的首要任务。素质教育的理想绝对不是建立在忽视甚至否定“基础”的基础之上。尤其在义务教育阶段,一定要重视学生的基础知识、基本技能和基础学力的培养。

(11)新课程改革是一个不断发展的过程,这就要求教师不断更新自己的教育观念并勇于实践,善于总结经验,做一个积极反思的新课改的实践者。

一次课程改革不可能解决所有的问题,很多问题也不是靠教育内部自身能够解决的,同时,在改革的过程中又会不断出现新问题,唯有不断地改革,才能不断保持进步,才能使教育始终拥有鲜活的“生命”。教师作为教育改革最直接的参与者、最重要的实施者,必须不断学习、不断反思,不断提高自己。当然,期望每一位教师都成为学术研究者,这不现实。但每一位成功的教师都必定是一位积极反思、善于学习、勇于探索的教育实践者。

(五)新课程改革出现的问题与思考

1. 新课程改革中出现的问题

(1)课程改革的理论基础模糊,具有一定的争议性。新一轮的基础教育新课程改革的指导思想、理论基础等是涉及改革的根本性问题。但围绕新课程改革的理论基础,也出现了不同意见的争论。对新课程改革理论基础的争论影响到广大教师对新课程改革的认识。在新课程改革中，有部分专家忽略了马克思主义关于人的全面发展理论在新课程改革中的理论基础地位，认为新课程改革的理论基础是马斯洛和罗杰斯等人的人本主义，皮亚杰和维果斯基的建构主义，杜威的实用主义，甚至认为是后现代主义等。理论基础的模糊导致了行动的错位。理论的争论给实践行动带来了困惑。一位地市级的教研员这样对记者说："我们那里请了许多专家来讲学，课标组专家来时讲的是一套，一些国家级专家来时讲的是一套。大专院校和研究所的教授、研究员来时讲的又是另一套。这些人都是大专家、大学者，你说我们该听谁的？"①

(2)课程实施过程中，忽略了理想与现实的落差，对现实困难认识不足。新课程改革的目标无疑是正确的，但是在新课程的具体实施中，却存在课程方案停留在理想课程阶段。比如，有些课程目标不清晰，课程标准陈述欠规范，导致实践中操作困难；义务教育阶段的课程内容有了明显改观，但高中课程内容"繁、难"问题没有很好解决；课程评价虽有先进理念，但技术支持严重欠缺。与此同时，课改也缺少相应有效的自我更新机制，对新课程实施的跟踪研究和评估工作没有及时跟进。

另外，新课改还缺少配套政策。目前，课程政策滞后于课程活动的问题已日益显露出来，如课程一致性问题，不少学校实施课程计划相当随意，把那些需要考试，特别是与升学有关的科目看得特别重要，校本课程开发则成为一句空话。再比如教师教育制度，虽已着手改革，但力度有限，师范生教育的理念和课程设置与课改隔绝。还有高考、中考政策，学校效能、教育质量监测制度、问责制度、经费保障制度等，有些严重缺位，有些延续多年而无改进，这些都极大地限制了新课程的有效推进。②

(3)新课改中课程专家的适应性问题。课程专家在新课程改革中具有重要的作用，他们往往是新课程理想的设计者，对新课程理念、目标等各个方面理解比较深刻，具有较强的理论素养。但是，他们中的一部分没有丰富的课程实践经验，课程专家在新课程进入实施阶段后，就存在对课程实施的适应性问题。

课程专家在新课改中的适应性问题也反映在新教材的编制上。部分教材编制者不了解基础教育实际情况，就想当然地编订课程内容，不考虑教材的实用性、适用性，一味地追求教材的新颖，导致教材脱离学生的生活实际。比如，部分教材没有考虑城乡差异，所选的课程案例来自城市生活，不能和农村儿童的生活经验整合。

(4)新课改中的教师适应性问题。教师是推进课程改革的核心，新课程强调教师的专业化成长，同时对教师的培养和培训也高度重视，但是在新课程改革过程中，教师却出现了适应性问题。

新课程从重知识到重情感、态度的转变，使教师觉得无所适从，③一方面他们觉得小学阶段应该是注重基础知识的阶段，基础知识掌握不扎实，将来怎样发展个性？另一方面，他们又觉得学习本是一件苦事，我们不能过分强调对学生情感的满足。例如，一位教师说，现在课程改革提倡发挥学生的主动性，语文课上教师常用的语言就是"请同学们读自己喜欢的一段话"，而避免让学生盲目地读全部的文章。但是，对于大部分学生来说，他们并不知道自己

① 《中国教育报》2005年8月17日。

② 崔允漷：《期待突破的"森林之旅"》，《中国教育报》2005年11月13日。

③ 李秀萍：《对当前课程改革的反思》，《教学与管理》2003年第7期。

喜欢什么，只是随便选择一段作为对教师的敷衍，大部分学生还达不到对语文的欣赏水平。所以，这些措施是多余的，只是形式而已。另外，教师还面临着教学目标与教学评价冲突所带来的矛盾。新课程改革要求培养学生的个性，提倡答案的多样性，然而考试评价却是唯一的答案，所以，教师面临着如何给予学生解释的矛盾，如果教师在日常教学中对学生多样性的答案给予了过于充分的肯定，那么就会导致学生对考试单一评价的不适应。

在新课程改革中，强调教师参与科研，并指出参与科研、成为科研型教师是教师专业成长的云梯，但是在新课程实施过程中，有的学校的科研目标急功近利，不真正注重教师科研对教师的价值，却强调项目和成果对申办"示范学校"的意义。在科研成果评价上也具有片面性和随意性，不尊重教师的科研成果，不保护教师参与科研的积极性。这些都影响了教师对新课程改革的适应。

2. **新课程改革应该注意的问题**

(1)理论基础的明晰性和不可动摇性：马克思主义关于人的全面发展理论仍是新课改的理论基础。新课程改革理论基础的明晰性与可靠性，是实践的基础。合理的理念可以没有行动，但是合理的行动不可能没有合理的理念。新课程改革的理论基础，人们有一定的理解和认识，但也有一定的争议，如果争议不能得到共识，那么就会体现在教师对课程目标理解的偏差，使得课程目标像钟表的指针一样摆动，不利于操作和把握。毫无疑问，新课程改革的理论基础仍是马克思主义关于人的全面发展理论，而不是建构主义、实用主义等思潮。各种思潮可以为新课程改革提供理论借鉴，但马克思主义关于人的全面发展理论可以很好地把这些理论和思潮吸纳整合。作为新课程改革的理论基础，马克思主义关于人的全面发展理论不应动摇。

(2)课程实施过程中要注意配套政策的跟进。这里的配套政策不仅指宏观政策上教育财政的投入，方针、政策、规定、条例的制定，还指微观上学校课程计划、学校课程评价的一致性，有关部门要切实监管学校课程计划的实施和学校课程评价的科学性、合理性。这里最重要的是教学评价的开展。要切实展开考试改革和新课程的教学评价研究，使新课程的教学评价体系得以科学化、合理化、制度化。高考制度与新课程改革必须同步进行，要对高考和各类考试的考试目标进行改革。如果考试目标不发生变化，新课程改革的宗旨不可避免地会受到影响。

(3)教师教育要放在新课程背景之下进行，同时要强调新课程培训的实效性。新课程改革过程中，非常注重把教师教育放在新课程背景之下进行，但是新课程对教师提出了较高的要求，虽经过培训，但他们在教学方法上仍尤为欠缺，[①]不懂得如何将理论转变为可操作的方法，要么"穿新鞋走老路"，要么就是"弄巧成拙"。比如说，新课程改革在转变教学方式方面特别将"自主、合作、探究"作为重点进行倡导。但是，"自主、合作、探究"的课堂究竟是怎样的课堂呢？这需要每位教师进行长期的实践。然而，在很多"新课改公开课"、"研讨课"上，一讲"合作"就是"小组"，什么课都是小组讨论，什么内容都是小组讨论解决，而很少考虑话题是否适合小组讨论。当教师带着这些新课改的问题进入继续教育或者是新课程培训时，却发现专家所讲的教学方式转变与自己所期望的完全不一样。一些一线教师在进修时突然发现："原来新课改的专家这么多，但是他们所讲的都不是我们所想要的，我们想要的想问

① 靳玉乐，张丽：《我国基础教育新课程改革的回顾与反思》，《课程·教材·教法》2004年第10期。

的，他们不说我们还清楚一点，一说我们就完全模糊了”。

另一方面，在教师培养方面，目前师范生毕业之后立即上岗，他们在实习期间获得一些感性经验难以使他们承担实施新课程改革的艰巨任务，这对于刚毕业的师范生而言，是一个巨大的挑战。

因此，在教师培训和教师培养过程中，我们不仅仅要把新课程改革作为主要内容来进行，还需要强调教师进修、培训的实效性。在培训过程中，培训课程的开设应该请富有教改经验的课程专家主持，同时强调实践性课程的开设以及互动性、参与性课程的开设，增强教师的课程实施能力以及教学反思能力。

(4)继续加强新课程改革的理论和实践研究。新课程改革中出现的种种问题，都需要进一步加强理论研究和实践经验的总结。比如，新课程改革中的评价改革问题、新课程改革背景下的教师专业化成长问题、新课程改革中教育法制问题等，都需要进一步加强研究，而新课程改革中教学方式的转变、教学经验的反思等都需要进一步加强。突出新课程改革理论研究的先导性，这是必需也是必然。

我国基础教育新课程评价观

建立促进学生全面发展的评价体系。评价不仅要关注学生的学业成绩，而且要发现和发展学生多方面的潜能，了解学生发展中的需求，帮助学生认识自我，建立自信。发挥评价的教育功能，促进学生在原有水平上的发展。

建立促进教师不断提高的评价体系。强调教师对自己教学行为的分析与反思，建立以教师自评为主，校长、教师、学生、家长共同参与的评价制度，使教师从多种渠道获得信息，不断提高教学水平。

建立促进课程不断发展的评价体系。周期性地对学校课程执行的情况、课程实施中的问题进行分析评估，调整课程内容、改进教学管理，形成课程不断革新的机制。

继续改革和完善考试制度。

在已经普及九年义务教育的地区，实行小学毕业生免试就近升学的办法。鼓励各地中小学自行组织毕业考试。完善初中升高中的考试管理制度，考试内容应加强与社会实际和学生生活经验的联系，重视考查学生分析问题、解决问题的能力，部分学科可实行开卷考试。高中毕业会考改革方案由省级教育行政部门制定，继续实行会考的地方应突出水平考试的性质，减轻学生考试的负担。

高等学校招生考试制度改革，应与基础教育课程改革相衔接。要按照有助于高等学校选拔人才、有助于中学实施素质教育、有助于扩大高等学校办学自主权的原则，加强对学生能力和素质的考查，改革高等学校招生考试内容，探索提供多次机会、双向选择、综合评价的考试、选拔方式。

考试命题要依据课程标准，杜绝设置偏题、怪题的现象。教师应对每位学生的考试情况做出具体的分析指导，不得公布学生考试成绩并按考试成绩排列名次。

(资料来源:《基础教育课程改革纲要(试行)》)。

第三节 国外当代基础教育课程改革

在经济、社会、文化、科技和信息快速发展的背景下，在人类生存面临资源和环境的双重约束之下，在价值多元、文化思潮此起彼伏、不断碰撞更新下，教育面临着培养面向未来、面向世界、面向现代的具有未来竞争力的公民任务。在这种情况下，各国普遍把基础教育课程改革作为增强综合国力的战略措施。当下，世界一些主要国家基础教育课程与教学改革的重心已经转向教会学生探索知识、判断知识的价值，但是在课程与教学改革领域仍然面临着众多挑战：其一是如何处理作为人类文化的组成部分的科学知识与生活世界的联系；其二是在保持人类优秀文化和价值观的长远目标前提下，如何应对人口、环境等新的社会问题；其三是如何加强课程内容的全面性和相关性；其四是如何处理知识体系内容连贯性与满足不同学习者的多样需求的矛盾。当代，各主要国家的基础教育改革呈现出以下几点特征。

一、课程目标着眼于教育质量提高、关注基本学力

当代国际基础教育课程改革的目标指向提高本国基础教育质量，满足国家、社会和家庭对高质量教育的需要，使新一代国民具有适应二十一世纪社会、科技、经济发展所必备的素质。课程改革是教育改革的核心与关键。对课程改革的必要性不仅要有清醒的认识，而且要从课程在整个教育系统中的核心地位出发，把它置于国际竞争的背景下去理解。社会的发展与变革对教育提出不同的要求，教育必须通过不断的变革来适应社会发展不同时期的需要。当代国际基础教育课程改革关注教育质量和学生的基本学力，体现在当代世界各主要国家都注重课程标准制定、注重课程学习中的学生的基本学力培养。

（一）着眼教育质量提高，注重课程标准制定

近代以来，美国教育改革和课程改革一直走在世界前列，其历届总统都积极推动教育改革。在政府组织和非政府组织共同推动下展开，联邦政府在课程改革中的作用越来越重要。特别是20世纪90年代后的课程改革，一改以往的地方分权制的教育管理模式，强调联邦政府对教育的控制作用、推进全国相对统一的课程标准。

1991年《2000年的美国——一种教育战略》开始实施，它包括制定全国课程标准和课程改革整体策略、实施詹姆斯·麦迪逊课程计划两部分。中小学课程改革主要是制订全国中小学课程标准。20世纪90年代初期，联邦政府与各全国性团体和机构密切合作，顺利地制定了科学、历史、音乐、地理、外语等一系列中小学课程标准，同时，为协调课程标准和相关学科领域关系的课程改革整体策略也应运而生。这种课程改革的整体策略从三个侧面展开：国家制定各学科课程标准、基本目标和要求；各州确定各科课程的框架、结构和内容；地方将通过对本地的实际状况的评估，根据课程标准的要求和课程框架的规范，具体调整本地的课程设置、选择教材、课程实施、教师培训等事宜。1993年4月21日，时任美国总统克林顿宣布了题为《2000年目标：美国教育法》的国家性教育改革方案，在中小学课程改革内容上，将原有的6项“国家教育目标”之上又增加了2项，目的在于强调教师素质和家长参与教育的

重要性。在课程的规划上,新推出的国家教育目标增加了公民和政府、经济、艺术 3 门课程,使国家界定的核心课程在数量上增至 8 门。另外,把编订全国性的教育标准特别是课程标准列为此次改革的重中之重:面向全体学生,由“国家教育目标和改进委员会”领导编订供各地自愿采用的课程标准;编订“学习机会标准”。为学生提供更好的学习机会,使教与学所必需的条件保持一致,从而保证所有的学生有机会达到高标准;建立“国家技能标准委员会”,推动技能标准、职业标准的编订和实施,同时推行证书制度,以保证未来的美国工人接受世界上最好的训练。

而在英国,1999 年颁布了新一轮国家课程标准强调:四项发展目标和六项基本技能,四项发展是指精神、道德、社会和文化方面的发展,六项技能包括交往技能、数的处理技能、信息技术技能、共同操作技能、改进学习的技能、解决问题的技能。

在日本,1976 年,教育课程审议会提交了《关于课程标准的改进》的审议报告,提出以下三点基本方针:①培养具有丰富人性的学生。②使学校生活时间宽裕而又充实。③在重视周围国民必须具有共同的基础性知识和技能的同时,要实施适应学生个性和能力的教育。文部省于 1998 年公布了《幼儿园及小学、初中课程标准方案》,该课程方案突出了“轻松宽裕”中培养“生存力”的基本思想。

(二)注重学生基本学力的培养

课程改革关注学生的基本学力,课程目标注重学生的基本学力培养,是当代国外基础教育改革的另一个显著特征。

美国 1958 年颁布的《国防教育法》,加强中小学课程的理论性、系统性、重视掌握各学科的基本概念、基本原理、强调发现学习。加强了选修课程,允许中学生参加学院课程学习,确立了学术性课程的主体地位。《2061 计划》中,美国提出了儿童在入学时都做好了学习准备、美国学生在结束 4、8、12 年级时必须证明自己在英语、数学、科学、历史、地理方面有显著的能力、在科学和数学成绩方面美国学生将名列世界第一、每个美国成人都有文化。

韩国 1997 年开始课程改革,强调实验、学习、讨论、自由活动、社会服务等亲身体验为中心的学习活动,以培养学生解决问题的能力。

1991 年,美国联邦教育部向全国推荐实施《2000 年的美国》战略,詹姆斯·麦迪逊课程计划是该战略中的重要组成部分,试图通过该计划的实施,使中小学毕业生能够掌握基本的学术性学科内容,能够进行独立思考和解决问题,能够善于发现问题并敢于提出和捍卫自己的观点,能够形成较全面的能力。

在加拿大,为提高教育质量而针对基础知识掌握确定严格标准,它以省为单位制定共同、全面的评估政策原则,统一组织考试。[①] 加拿大西北部地区采用《加拿大基本能力考试》等标准试卷,来进行基础学力测试。此外,加拿大还把科技教育课程列入改革的主要内容,把提高“数学和科学教育质量列为政府优先工程”。关注基础学力的切实提高,使得学生具有面向未来的竞争和合作能力,反映了课程目标厘定过程中对教育质量的关注,以改变人才培养模式,实现学生学习方式的根本变革,使现在的学生成为未来社会具有国际竞争力的公民。

---

① 汪霞:《国外中下学课程演进》,济南:山东教育出版社,1998 年第 100 页。

二、强调课程整合，注重课程的整体性、基础性和综合性

在教育史上，“什么知识最有价值”的命题一直影响着教育内容和课程改革。课程和教学究竟教什么？形式教育和实质教育给出了不同的答案，但也给了课程改革者很多的启示。当前，世界主要国家的课程改革过程中，都不约而同地超越了那种知识本位的课程观和智力本位的课程观，而代之以完整性的课程观，以发挥课程的整体育人功能。

当前，世界各国在课程的设计和实施中，不仅关注智育目标，而且关注德育、体育、美育、劳动教育的完整性目标。从学校课程发展的走向来考察，更能体会到这一点。20 世纪 60 年代，由知识本位转向智力本位，到 70 年代比较突出了情感领域和人本关照，到 80 年代趋向于尊重人的个性和重视道德，从而逐步形成今天的世界各国课程领域对完整性人格的全面理解和追求。20 世纪 80 年代以来的各国课程改革，出现了“恢复基础”的倾向，这是对未来科技人才需要的回应，也是满足精英教育的需要，同时也是对人本课程走向极端而导致的教育质量下降的批评。

强调课程基础性的目的是关注未来公民基本素质的培养，提高未来公民的基本学习能力和适应能力。在课程改革中与强调课程基础性并存的另一特点就是重视综合化。当代科学发展的特点是分化与综合并存，而传统学科课程中的固守的许多分科界限已经限制了学生的视野，束缚了学生的思维，只有设置综合性的课程，才有助于向学生提供一个合理的知识结构，才能使学生的认识不仅符合科学整体化的本来面目，而且有助于学生综合思维能力和创造力的培养。课程综合化也来源现实生活的多样丰富性和综合性，课程内容必须要关注学生经验，反映社会、科技最新进展，满足学生多样化发展的需要。

三、强调课程的多样性和统一性，注意课程结构的合理构成

当代国际基础教育课程改革在课程结构上呈现出多样和平衡、国际和本土、科学知识和生活经验相结合的特征，追求课程结构的多样化、关联性、统整性，追求课程结构的现代化、本土化、全人化，同时注重课程结构的动态性。

当代各国课程改革已经超越了形式教育和实质教育之争，也超越了传统上“杜威”和“赫尔巴特”的分歧，着力从课程改革实践上化解“活动主义”和“主知主义”的矛盾，强调设计合理的课程模块，寻求课程结构上的有机关联，使得课程成为有力的认识工具和实践工具。这体现在必修课程和选修课程的结合、学科课程和活动课程相结合、普通课程与劳动技术课程的结合、显性课程和隐性课程的结合上。

美国小学阶段课程设计了社会科学、艺术、科学、音乐艺术、体育、保健等课程，其中语言学、社会、数学、科学、体育、保健等课程为基本核心课程，而且主要采取综合课程形式，要求综合课和学术课程统一起来。而在中学阶段，美国设置了核心课程和选修课程，前者包括语言类、历史、公民课程、科学课程、数学、技术、健康课程、职业课程和跨学科课程等，选修课程又分为三类，即职业型、学术型和二者兼有型，占总学课的一半。[①]

① 白彦茹：《美国中小学课程述评》，《外国教育研究》2002 年第 7 期。

而在英国，通过开设设计性课程，加深学习者对课程的参与，推动新课程结构的主体化。英国的新课程结构把各类设计性课程列为必修课程，如设计与技术课程把产品开发、工业生产、生活环境问题带进课程中来，使学生成为新产品的发明者和使用者，这就使课程不再是理性的构成，而是一种可见可感的现实。因此，英国新课程结构通过课程与科技的关联、课程与生活的关联、课程与学习者的关联，使课程在影响它的各种因素中找到了更有效的平衡点和结合部。课程结构注重拓展传统课程的领域，增强包容性和综合性，如美国把外语课和文化知识结合起来，将历史和家政、美学知识联姻，英国将语文学科和最新科技文献结合起来，以建立其课程与现实生活的互动关系。①

日本文部省于 1998 年公布了《幼儿园及小学、初中课程标准方案》，对中小学课程进行修订，修订强调因人而异的教学，加强综合学习，扩大科目设置和选修课的自由度，增加国际化和信息化方面的内容。凸显了日本中央教育审议会提出的在"轻松宽裕"中培养"生存力"的基本思想，在教育内容上严格精选，彻底贯彻加强基础知识和基本技能的方针，课程设计上强调推进横向的、综合的学习，重新构造未来课程体系。

四、突出教育质量评价，注重课程评价的约束与激励作用

在当代国际主要国家的基础教育课程改革中，均十分注意课程评价。课程评价改革中，一个显著的趋势是评价手段多样化，重视评价在课程改革中的特殊地位，通过课程评价进行课程管理，同时通过课程评价发挥评价在促进学生潜能、个性、创造性等方面发展的作用。

在主要国家基础教育课程改革中，改革课程评价体制，深度开发有地方特色的先进地方课程体系、标准体系以及评价制度体现明显。在美国，弱化学术成绩测验的弊端，建立国家与州两级评估体系。克林顿政府颁布《2000 年目标：美国教育法》，建立了"国家教育标准和改进委员会"与"美国学业考试"制度，提高毕业标准，并围绕五门核心课程设置"优异成绩总统奖"，奖励国家统考中成绩优秀学生。英国全面策划课程外部评价，完善评价机构，推行阶段评价。英国正走出教师评价、学校评价这些内部评价方式，建立评价目标体系（学科成绩目标 ATS）和评价机构（学校考试和评定委员会——SEAC），积极进行总结性评价。英国在国家考试的组织上分阶段进行，即把义务教育过程分为四个关键阶段，分别实施 7 岁、11 岁、14 岁、17 岁考试。同时合理设计科目评价的进程，把对每门科目的评价分为成绩目标、学习计划和评定安排三部分。英国在《1993 年教育法》中规定：改变英格兰和威尔士地区中小学课程和评价工作的管理分散和割裂的不利状况，建立统一的管理协调机构；适当减少对课程的统一性要求，增加多样性和灵活性的课程选择，增强教师对课程评价的自主性；简化评价范围和方法，发挥学校和教师的主动性和积极性；改革"普通中等教育证书"（GCSE）考试和评价方式。

最后，在国家课程评价方法上，世界各主要国家广泛采取质性评价，要求将教师平时对学生评价和"标准任务评价"结合起来，建议采用成绩档案工具等，及时将评价结果科学记录并审慎地公布与众，②这在 1993 年 12 月迪林发表的《全国课程及其评价：中期报告》中表现

① 陈晓端，龙宝新：《中、英、美、加四国基础教育课程改革比较》，《外国教育研究》2006 年第 7 期。

② 汪霞：《国外中下学课程演进》，济南：山东教育出版社，1998 年，第 100—101 页。

得尤为明显。加拿大强调对课程，尤其是科学课进行真实性评价。[①] 如加拿大安大略省把对学生数学课程评估标准分为四个部分，即期望学生达到的学习成果、学生成绩的表现特征、学生表现的具体指标、评估活动的案例，以准确了解学生数学学习策略、学习能力发展的水平。

总体上，国外主要国家的基础教育课程改革呈现出以下几个显著特征：注重课程改革，都把课程改革作为教育改革的核心和关键，课程改革目标落实在教育质量提高上，明显的体现出以标准为导向的教育质量保证；提供多样化、差异化、弹性化的课程体系，以此满足学生基本学力的发展；强调课程整合和课程的基础性、综合性，超越了形式教育和实质教育、活动主义和主知主义的争论，课程的融合和统整趋势明显，注重课程的整体育人功能；强调课程的多样性和统一性，注意课程结构的合理比例构成，注重选修课程在课程结构中的合理比例、注重职业技术课程和学术性课程的关系、注重国家课程和地方课程的协调，强调课程的多样性和统一性，注意课程结构的合理比例构成；突出教育质量评价，注重课程评价的约束与激励作用，积极探索课程质量的科学评价。

【教育名著简介】——《多元智能》

《多元智能》一书是美国教育心理学家霍华德·加德纳继《智能的结构》之后，所撰写的另一本重要著作。该书从立足于作者自己的智能观，阐述了一种新的教育思想，并以此来指导课程体系、教育教学评估和教学方法改革等方面的教育实践。

全书共分四部分，第一部分介绍了多元智能的理论，第二部分论述了智能的培育，第三部分介绍了课程和教学中的评估，第四部分展望了多元智能研究的未来。该书批评了美国智力评价现状和智力一元观的弊端，强调智能的多元结构，认为智能不仅仅包括语言智能和数学逻辑智能，也包括空间智能、音乐智能、身体运动智能、人际关系智能以及自我认识智能。强调每一种智能在人类认识世界和改造世界的过程中都发挥着巨大的作用，具有同等的重要性。在强调智能多元化的基础上，认为存在许多不同的、相互独立的认知能力，不同的人具有不同的认知能力和认知方式，教育也要相应的建立一种在智能多元化观点上的以个人为中心的学校模式。

加德纳认为，学校教育的宗旨应该是开发多种智能并帮助学生发现适合其智能特点的职业和业余爱好；教育者必须承认不同的受教育个体在智能强项上存在差异，教育承担着在每个儿童的教育中激发他们强项的责任；教育必须根据智能发展的轨迹来评估，评估胜于考试，评估应该成为自然的学习环境中的一部分，而不是在一年学习时间的剩余部分中强制“外加”的内容，评估应在个体参与学习的情景中“轻松”地进行。因此，课程就是一种精心策划的评估过程，要使学生能够根据充分的资讯做出适当的职业或副业领域的选择。他的教育理论对我国基础教育新课程改革影响较大。

【精彩片段选读】

几乎在所有的人身上，都是数种智能组合在一起解决问题或生产各式各样的、专业的和

---

① 陈晓瑞：《加拿大 B.C.省普通教育课程改革研究》，《加拿大教育研究》，李忠善主编，西安：陕西师范大学出版社，1994 年第 174—175 页。

业余的文化产品。

按照我的观点，学校教育的宗旨应该是开发多种智能并帮助学生发现适合其智能特点的职业和业余爱好。我相信得到这种帮助的人在事业上将会更投入、更具有竞争力，因此将会以一种更具建设性的方式服务于社会。

这种智能多元化的观点，加上我在本书开始时对智能一元化的批评，产生了以个人为中心的学校的雏形。这种学校对每个学生的认知热点都能给予充分的理解并使之得到最好的发展。

一旦我们决定脱离统一规划的学校教育，就需要完整模式，认真的分析每个人的智能状态，使教育在每个人身上得到最大的成功。最近我一直在努力思考，怎样设计这样一个以个人为中心的学校。我个人所参加的多项试验性研究，都是为了最后能知道哪些模式比较理想。给出一所以个人为中心的学校框架，最好的办法就是介绍这所学校或学校体制中的各种角色。

第一个角色我称之为评估专家。其任务是对儿童在学校所表现出来的特别才能、倾向和弱点，定期提供最新的评估，但这种评估不能主要以标准化考试为基础。

我相信任何新的评估方法，都必须符合以下三个标准。第一，必须是"智能展示"(intelligence—fair)的评估方法，即能够直接观察到一种智能的潜力，而不必通过数学和逻辑的"反光镜"。第二，它必须具有发展的眼光，也即评估儿童在某一特定领域的知识，必须使用适合他或她在一定发展阶段的方法。第三，它必须和推荐相关联，也即对一个具有特定智能测绘图的儿童，评估所得的分数和评语，必须和这名儿童推荐的活动相关联。

完成这样的评估且定期更新，显然不是一件容易的事。要想成功地实现它，教师必须对所评估的智能感觉敏锐，在学生参与有意义的活动和项目时，能够恰当地观察。在需要精确评估的时候可以使用标准化的工具，但绝不能让其占支配地位。

第二个角色是"学生课程代理人"(student—curriculum broker)。他们和学生、家长、教师、评估专家一起参与智能的发现和推荐。课程代理人根据最近评估而得到的智能分析结果，向学生提出选修什么课程的建议。在统一安排课程的情况下，则向学生提出怎样才能学好有关内容的建议。

以个人为中心的学校的第三个角色，就是"学校—社区代理人"。正如学生课程代理人力求在学校内协调学生的行为一样，学校—社区代理人则为学生在更大范围的社区内寻求受教育的机会。

我个人认为，学生在接受教育生涯中最重要的事，莫过于找到适合个人智能组合的学科或技艺。这是值得长时间甚至终生去探索和追求的。有成就的人常会将成功的原因归结为"觉醒体验"，也即第一次发现并面对适合于自己学习的强项和方法时的感觉。这种感觉，往往要靠个人的机遇。

学校—社区代理人的目的，是增加学生发现适合自己智能状态的职业或副业的机会。为实现这一目的，代理人要汇集师徒传授、家庭辅导、社区组织等各种学习信息，其中每一个学习机会都是一种特定智能组合的范例。这些信息储存于数据库中，供有兴趣的学生和家长使用。

虽然学校—社区代理人所汇总的材料，每个学生都可以使用，但对于具有特殊的、非学术性智能的学生来说，这些资料更重要。因为对于具备言语、逻辑智能组合的学生，相比之下，容易在学校有良好的表现,而拥有正面的自我现象,所以不需要通过特别的咨询来寻求常规以外的发展机会。但另一方面,对于那些拥有特殊形态智能的学生来说,学校—社区代理人可以建议他们参与适合本人特殊天赋的活动,说不定会提供改变其一生的机会。

(资料来源:(美)霍华德·加德纳著,沈致隆译:《多元智能》,北京:新华出版社,1999年,第10、78—80页)

【教育名家简介】——王能智

王能智,1942年12月出生,满族人。1967年毕业于北京师范学院(现首都师范大学)地理系。1970年9月,到北京市密云县焦家坞中学任地理教师;1981年10月,调到北京市石景山区古城中学任地理教师。1984年6月加入中国共产党。1994年到北京教育学院石景山分院任地理教研员。1998年被评为北京市中学特级教师。2000年被聘为首都师范大学兼职教授。2001年被聘为全国青年地理骨干教师培训专家组成员。

王能智是我国著名的地理教育专家,在中学地理教育教学改革中,成绩斐然。在1982年,刚调到石景山古城中学后不久,他就开始尝试进行"探究式教学",是我国在基础教育中创造性地开展研究性学习的先行者。在地理学科探究式教学的基础上,王能智开展了"多学科融合的探究性学习",把活动课程理论和我国实施的课内学科教学实践与课外综合实践活动结合起来,起到了良好的效果。同时,王能智也是著名的地理教师教育研究者,在他带过的100多个青年教师中,不是学科带头人、骨干教师、优秀教师,就是全国地理教学大奖赛的冠军。

王能智的教育实践大致可以分成三个阶段:

第一个阶段是在密云县焦家坞中学任地理教师阶段。这一阶段,是其教育实践活动的开始。这个阶段中,由于当时的密云县缺乏地理教材,他在校长支持下自编地理教材,让他"不仅要明白把知识传授给学生,还要明白把什么样的知识传授给学生",这为以后的探究式教学打下了基础,也是其"开发区域教育资源,培养综合实践能力"的开端。在焦家坞,他除了历史、政治没教过,地理、数学、物理、化学、语文、农基等课都教过。多学科的乡村教学经历,实际上对他日后在京城学生中开展"多学科融合的探究性学习"打下了宝贵的基础。

第二个阶段是在北京石景山中学任地理教师阶段。在这一阶段,王能智实施了"探究式教学","让学生把手放开把脑放开",并对探究式教学进行了总结。

关于探究式教学,王能智认为就是通过设置一个探讨问题的情境,让学生愉快主动地进入学习。很多人都认为只有基础知识积累到一定的时候才有探究能力,而王能智认为探究能力的获得已经蕴藏在基础知识获得的过程中。探究"不是一般地说要给学生留有空间,而是要去开发学生的空间,让学生在一个自由的宽松的空间里成长。"针对探究式教学,王能智提出了相应的教学设计理论。他认为教学设计要从学生自我出发,倡导从最贴近学生感受的话题引发。教学和学生自身的生活感受越贴近,教学越鲜活。教学设计要引导学生寻找矛盾,只有学生自己发现有矛盾、有问题,才能产生探究的动机。要为教学设计寻找实践案例。王能智在"开发区域教育资源,培养综合实践能力"的理论基础上,提出"找话题——话题案例化——案例问题化——问题系列化"的教学设计步骤。

第三个阶段是调入北京教育学院石景山分院任中学地理教研员之后的教育实践。期间,他在抓高考辅导的同时,强调地理教师队伍的建设。他从培养青年教师入手,提高地理教学的整体水平。他清楚地认识到:没有教师素质的提高,素质教育的落实就失去了基础。

因此，王能智在进一步探索“探究式教学”的同时，积极从事地理教师教育和新课程改革培训工作。

王能智将自己的教学经验逐步抽象为具有普遍意义的理论，以实现向青年教师的传递。他提出“新常规课”的概念。要求做到：让学生在常规教学里就有探讨活动。“新常规课”就是引进课题研究活动和课外实践活动，即“让课题活动有教学依托，让教学向课外实践拓展”。

（资料来源：王宏甲：《北京有个王能智》，《中关村》2003 年 9 月；刘源：《从“小学科”里走出的“大教师”》，《北京教育》2003 年第 4 期。）

思考与探讨

1. 小组讨论：找一本全日制义务教育的单科课程标准，结合该课程标准，讨论课程的本质，说明影响课程的主要因素。

2. 认真阅读《基础教育课程改革纲要（试行）》，思考新课程改革对教师提出了哪些要求。

3. 深入一个学校，调查该校的课程现状，了解该校的课程类型与课程表现形式，以及新课程改革的实施现状，并写出调研报告。

第9章 课堂教学

☆教学的艺术不在于传授的本领，而在于激励、唤醒、鼓舞。

——第斯

☆使学生对一门学科有兴趣的最好办法势必使之知道这门学科是值得学习的。

——布鲁纳

☆教学之法，本于人性，磨揉迁革，使趋于善。

——欧阳修

第一节 课堂教学的模式

一、课堂教学模式的概念

“模式(pattern)”，亦译“范型”。一般指可以作为范本、模本、变本的样式。作为术语时，在不同学科有不同的涵义。在普通心理学中，指外界事物贮存在记忆中的有组织的心理图像。英国的心理学家巴特列特用这一概念说明记忆过程。在皮亚杰的认识发展论中，指儿童对一类对象、事情或行为的心理结构，亦即适应环境的行为方式。在社会学中，是研究自然现象或社会现象的理论图式和解释方案，同时也是一种思想体系和思维方式。通常对教学模式的两种理解：

(1)反映特定教学理论逻辑轮廓的、为保持某种教学任务的相对稳定且具体的教学活动结构。具有直观性、假设性、近似性和完整性。最早作系统研究的专著为美国乔伊斯(B. Joycl)、韦尔(M. Weil)合著的《教学模式》(1972)，书中精选22种教学理论、学派计划，按其功能和方法论基础区分为信息、个性、社会交往和行为模式四类。

(2)教学模式是对各种教学法及其理论依据和结构所作的纲要式的描述，通常还要提出采用这些教学法时所要遵循的步骤。

上述两种关于教学模式的定义不尽相同，分别从不同的侧面揭示了教学模式这一术语的涵义。既然“模式”一般指的是“可以作为范本、模本、变本的样式”，它必然是相对稳定的，并且这种稳定来源于实践的证明以及自身的不断修正。由此，“教学模式”可以理解为：从教学实践中总结、提升出来的有一定逻辑线索、相对稳定且具有特色的教学活动的结构性联系。

《教学模式》一书认为：“教学模式是构成课程和作业、选择教材、提示教师活动的一种范式或计划。”实际教学模式并不是一种计划，因为计划往往显得太具体，太具操作性，从而失去了理论色彩。将“模式”一词引入教学理论中，是想以此来说明在一定的教学思想或教学理论指导下建立起来的各种类型的教学活动的基本结构或框架，表现教学过程程序性的策略体系。因此，课堂教学模式可以定义为：在一定教学思想或教学理论指导下建立起来的较为稳定的课堂教学活动结构框架和活动程序。作为结构框架，突出了教学模式从宏观上把握教学活动整体及各要素之间内部的关系和功能；作为活动程序则突出了教学模式的有序性和可操作性。

二、课堂教学模式的结构

从其基本结构上看，教学模式通常包括五个因素，这五个因素之间有规律的联系着，在这五个因素的共同作用下，才构成了在教学模式指引下的课堂教学实践。

1. 理论依据

在课堂教学过程中，师生双方的互动总是会形成一定的默契。而能够称为教学模式的教学总是在一定的教学理论或教学思想指导下开展的，是某种教学理论或教学思想的反映，是一定理论指导下的教学行为规范。不同的教育观往往提出不同的教学模式。比如，概念获得模式和先行组织模式的理论依据是认知心理学的学习理论，而情境陶冶模式的理论依据则是人的有意识心理活动与无意识的心理活动、理智与情感活动在认知中的统一。

2. 教学目标

任何教学模式都指向和完成一定的教学目标，在教学模式的结构中教学目标处于核心地位，并对构成教学模式的其他因素起着制约作用，它决定着教学模式的操作程序和师生在教学活动中的组合关系，也是教学评价的标准和尺度。正是由于教学模式与教学目标的这种极强的内在统一性，决定了不同教学模式的个性。不同教学模式是为完成一定的教学目标服务的。

3. 操作程序

每一种教学模式都有其特定的逻辑步骤和操作程序，它规定了在教学活动中师生先做什么、后做什么，各步骤应当完成的任务。

4. 实现条件

是指能使教学模式发挥效力的各种条件因素，如教师、学生、教学内容、教学手段、教学环境、教学时间等。

5. 教学评价

由于不同教学模式所要完成的教学任务和达到的教学目标不同，使用的程序和条件不同，当然其评价的方法和标准也有所不同。目前，除了一些比较成熟的教学模式已经形成了一套相应的评价方法和标准外，有不少教学模式还没有形成自己独特的评价方法和标准。

三、教学模式的特点与功能

（一）教学模式的特点

1. 指向性

由于任何一种教学模式都围绕着一定的教学目标设计的，而且每种教学模式的有效运用也需要一定的条件，因此不存在对任何教学过程都适用的普适性的模式，也谈不上哪一种教学模式是最好的。评价最好教学模式的标准是在一定的情况下达到特定目标的最有效的教学模式。教学过程中在选择教学模式时必须注意不同教学模式的特点和性能，注意教学模式的指向性。

2. 操作性

教学模式是一种具体化、操作化的教学思想或理论，它把某种教学理论或活动方式中最核心的部分用简化的形式反映出来，为人们提供了一个较抽象理论具体得多的教学行为框架，具体地规定了教师的教学行为，使得教师在课堂上有章可循，便于教师理解、把握和运用。

3. 完整性

教学模式是教学现实和教学理论构想的统一，所以它有一套完整的结构和一系列的运行要求，体现着理论上的自圆其说和过程上的有始有终。

4. 稳定性

教学模式是大量教学实践活动的理论概括，在一定程度上揭示了教学活动的普遍性规律。一般情况下，教学模式并不涉及具体的学科内容，所提供的程序对教学起着普遍的参考作用，具有一定的稳定性。但是教学模式是依据一定的理论或教学思想提出来的，而这些教学理论和教学思想又是社会的产物，因此教学模式总是与一定历史时期社会政治、经济、科学、文化、教育水平相联系，受到教育方针和教育目的制约。因此这种稳定性又是相对的。

5. 灵活性

作为并非针对特定教学内容的教学，体现某种理论或思想，又要在具体的教学过程中进行操作的教学模式，在运用的过程中必须考虑到学科的特点、教学的内容、现有的教学条件和师生的具体情况，进行细微的方法上的调整，以体现对学科特点的主动适应。

（二）教学模式的功能

1. 教学模式的中介作用

教学模式的中介作用是指教学模式能为各科教学提供一定理论依据的模式化的教学法体系，使教师摆脱只凭经验和感觉，在实践中从头摸索进行教学的状况，搭起了一座理论与实践之间的桥梁。

教学模式的这种中介作用，和它既来源于实践，又是某种理论简化形式的特点分不开的。一方面，教学模式来源于实践，是对具体教学活动方式进行优选、概括、加工的结果，是为某一类教学及其所涉及的各种因素和它们之间的关系提供一种相对稳定的操作框架，这种框架有着内在的逻辑关系和理论依据，已经具备了理论层面的意义。另一方面，教学模式又是某种理论的简化表现方式，它可以通过象征性的符号、图式和关系的解释，来反映它所依据的教学理论的基本特征，使人们在头脑中形成一个比抽象理论具体得多的教学程序性的实施程序。便于人们对某一教学理论的理解，也是抽象理论得以发挥其实践功能的中间环节，使教学理论得以具体指导教学，并在实践中运用的中介。

教学模式的方法论意义：教学模式的研究是教学研究方法论上的一种革新。长期以来人们在教学研究上习惯采取单一刻板的思维方式，比较重视用分析的方法对教学的各个部分进行研究，而忽视各部分之间的联系或关系；或习惯停留在对各部分关系的抽象的辨证理解上，而缺乏作为教学活动的特色和可操作性。教学模式的研究指导人们从整体上去综合地探讨教学过程中各因素之间的互相作用和其多样化的表现形态，以动态的观点去把握教学过程的本质和规律，同时对加强教学设计、研究教学过程的优化组合也有一定的促进作用。

四、对几种主要教学模式的介绍

教学模式是教学理论的具体化，是教学实践概括化的形式和系统，具有多样性和可操作性，因此教师对教学模式的选择和运用有一定的要求，教学模式必须要与教学目标相契合，要考虑实际的教学条件针对不同的教学内容来选择教学模式。

（一）传递——接受式

该教学模式源于赫尔巴特的四段教学法，后来由前苏联凯洛夫等人进行改造传入我国。在我国广为流行，很多教师在教学中自觉不自觉地都用这种方法教学。该模式以传授系统知识、培养基本技能为目标。其着眼点在于充分挖掘人的记忆力、推理能力与间接经验在掌握知识方面的作用，使学生比较快速有效地掌握更多的信息量。该模式强调教师的指导作用，认为知识是教师到学生的一种单向传递的作用，非常注重教师的权威性。

1. 理论基础

根据行为心理学的原理设计，尤其受斯金纳操作性条件反射的训练心理学的影响，强调控制学习者的行为达到预定的目标。认为只要通过联系——反馈——强化，这样反复的循环过程就可以塑造有效的行为目标。

2. 教学基本程序

该模式的基本教学程序是：复习旧课—激发学习动机—讲授新课—巩固练习—检查评价—间隔性复习。

复习旧课是为了强化记忆、加深理解、加强知识之间的相互联系和对知识进行系统整理。激发学习动机是根据新课的内容，设置一定情境和引入活动，激发学生的学习兴趣。讲授新课是教学的核心，在这个过程中主要以教师的讲授和指导为主，学生一般要遵守纪律，跟着教师的教学节奏，按部就班地完成教师布置给他们的任务。巩固练习是学生在课堂上对新学的知识运用和练习解决问题的过程。检查评价是通过学生的课堂和家庭作业来检查学生对新知识的掌握情况。间隔性复习是为了强化记忆和加深理解。

3. **教学原则**

教师要根据学生的知识结构的认知水平对教学内容进行加工整理，力求使得所传授的知识与学生原有的认知结构相联系。充分发挥教师的主导作用，教师在传授知识的时需要很高的语言表达能力，同时要对学生在掌握知识时遇到的问题有所经验与觉察。

4. **辅助系统**

课本、黑板、粉笔、挂图、模型、投影仪等。

5. **教学效果**

优点：学生能在短时间内接受大量的信息，能够培养学生的纪律性，能够培养学生的抽象思维能力。

缺点：学生对接受的信息很难真正地理解，培养单一化、模式化的人格，不利于创新性、分析性的发展，不利于培养的学生创新思维和解决实际问题的能力。

6. **在运用这种模式时的建议**

在介绍讲解性的内容上运用比较有效，当期望学生在短时间掌握一定的知识时比较可行，尤其利于学生的应试准备。教师不可在任何教学内容上都运用这种模式，长此以往非常易于造成一种“满堂灌”的教学模式，非常不利于学生的全面发展，从而培养出一大批没有思想与主见的高分低能者。

（二）自学——辅导式

自学辅导式的教学模式是在教师的指导下自己独立进行学习的模式。这种教学模式能够培养学生的独立思考能力，在教学实践中也有很多教师在运用它。

1. **理论基础**

从人本主义出发，注意发挥学生的主体性，以培养学生的学习能力为目标。这种教学模式总是先让学生独立学习，然后根据学生的具体情况，由教师进行指导。它承认学生在学习过程中试错的价值，重在培养学生独立思考和学会学习的能力。

2. **教学基本程序**

自学辅导式的教学程序是：自学—讨论—启发—总结—练习巩固。教师在教学中根据学生的最近发展区，布置一些有关新教学内容的学习任务组织学生自学，在自学之后让学生之间交流讨论，发现他们所遇到的困难，然后教师根据这些情况对学生进行点拨和启发，总结出规律，再组织学生进行练习巩固。

3. **教学原则**

自学内容难度适宜，教师在教学过程中要适时点拨，先进行自主学习，然后教师进行指导概括和总结。在这其中，寻求学生自学内容难度的适宜度和把握教师点拨的时机，是该模式成功的关键。

4. **辅助系统**

要提供必要的学习材料和尽可能齐备的学习条件（如图书资料、实验实践条件等辅助设施），给学生自学提供有力的支持。

5. **教学效果**

优点：能够培养学生分析问题、解决问题的能力；有利于教师因材施教；能发挥学生的自主性和创造性；有利于培养学生相互合作的精神。

缺点：学生如果对自学内容不感兴趣，可能在课堂上一无所获；需要较长的时间；需要教师非常敏锐地观察学生的学习情况，必要时进行启发和调动学生的学习热情，针对不同学生进行讲解和教学，所以很难在大班教学中开展。

6. **实施建议**

最好选择难度适中、学生比较感兴趣的内容进行自学，教师要有很高的组织能力和业务水平，讲授时要注意避免过多讲解，应更重视启发。

（三）探究式教学

探究式教学以问题解决为中心，注重学生的独立活动，着眼于学生的思维能力的培养，是当前较受推崇的教学模式。

1. **理论基础**

依据建构主义教学理论的基本逻辑，注重学生在学习前的所有知识和经验积累的作用，注重体验式教学，培养学生的探究和思维能力。

2. **基本程序**

教学的基本程序是：问题—假设—推理—验证—总结提高。首先创设一定的问题情境提出问题（问题），然后组织学生对问题进行猜想和做假设性的解释（假设），再设计实验进行验证（推理、验证），最后总结规律（总结提高）。

3. **教学原则**

建立一个民主宽容的教学环境，充分发挥学生的思维能力，教师要掌握学生的知识经验背景（前认知）特点，并实施相应的教学策略。

4. **辅助系统**

需要一定的供学生探究学习的教学设备和相关的学习资料，更需要支持学生探究活动的教学管理体系的支撑。

5. **教学效果**

优点：能够培养学生创新能力和思维能力，能够培养学生的民主与合作的精神，能够培养学生自主学习的能力。

缺点：一般只能在小班进行，需要较好的教学支持系统；教学需要的时间比较长，教学进度的效率不高。

6. **实施建议**

在探究性教学中教师一定要尊重学生的主体性，创设一个宽容民主平等的教学环境，教师要对那些打破常规的学生予以一定的鼓励，不要轻易地对学生说对或错，教师要以引导为主，切不可轻易告知学生探究的结果。

(四)抛锚式教学

这种教学要求建立在有感染力的真实事件或真实问题的基础上。确定这类真实事件或问题被形象地比喻为“抛锚”,因为一旦这类事件或问题被确定了,整个教学内容和教学进程也就被确定了(就像轮船被锚固定一样)。

1. 理论基础

它的理论基础是建构主义。建构主义认为,学习者要想完成对所学知识的意义建构,即达到对该知识所反映事物的性质、规律以及该事物与其他事物之间联系的深刻理解,最好的办法是让学习者到现实世界的真实环境中去感受、去体验(即通过获取直接经验来学习),而不是仅仅聆听别人(如教师)关于这种经验的介绍和讲解。由于抛锚式教学要以真实事例或问题为基础(作为“锚”),所以有时也被称为“实例式教学”或“基于问题的教学”或“情境性教学”。

2. 基本程序

抛锚式教学由这样几个环节组成:(1)创设情境:使学习能在和现实情况基本一致或相类似的情境中发生。(2)确定问题:在上述情境下,选择出与当前学习主题密切相关的真实性事件或问题作为学习的中心内容。选出的事件或问题就是“锚”,这一环节的作用就是“抛锚”。(3)自主学习:不是由教师直接告诉学生应当如何去解决面临的问题,而是由教师向学生提供解决该问题的有关线索,并特别注意发展学生的“自主学习”能力。(4)协作学习:讨论、交流,通过不同观点的交锋,补充、修正、加深每个学生对当前问题的理解。(5)效果评价:由于抛锚式教学的学习过程就是解决问题的过程,由该过程可以直接反映出学生的学习效果。因此对这种教学效果的评价不需要进行独立于教学过程的专门测验,只需在学习过程中随时观察并记录学生的表现即可。

3. 教学原则

情境设置与产生问题一致,问题难易适中要具有一定的真实性,在教学中要充分发挥学生的主体性。

4. 辅助系统

巧设情境,合作学习。

5. 教学效果

能培养学生的创新能力、解决问题能力、独立思考能力、合作能力等。成功的关键在于“抛锚”时机的准确把握,学生合作学习质量也是其中重要的影响因素。

6. 实施建议

创设情境适时抛出问题,注意情境感染与熏陶作用。

(五)加涅模式

美国心理学家加涅基于认知心理学的研究成果,在对影响学习的条件进行细化区分的基础上,认为解决了影响学习的各类问题,满足了各类学习条件,学习即告完成。据此形成了“加涅模式”。

1. 理论基础

依据信息加工理论，加涅认为学习的条件分为内部条件和外部条件，内部条件又进一步分为基本先决条件和支持性先决条件。支持性先决条件在学习过程中起辅助作用，但是没有这些条件学习也可以发生，而如果缺少基本先决条件则是不行的。不同的学习类别需要不同的学习条件，并能产生五种类型的学习结果：言语信息、智力技能、认知策略、动作技能、态度。

言语信息(陈述性知识)作为一种学习结果，是指学习者通过学习，能记住诸如事物的名称、地点、时间、定义、对事物的描述等具体的事实，并能在需要时将这些事实表述出来。

智力技能，作为一种学习结果，是指学习者运用符号或概念与环境发生相互作用的能力。包括辨别、概念、规则和高级规则。智力技能的学习是通过呈现许多规则和例子以指导学习者找到正确的答案。可以通过要求学习者解决特定的问题来考查学习结果。

认知策略，学习者用来选择和调节自己的注意、学习、记忆和思维方式等内部过程的技能。如复诵策略、精加工策略、组织策略、元认知策略、情感策略等。

对这种技能的教学方法是演示或说明策略后，学习者练习，一旦学生熟悉了一个问题，新的问题要呈现，以帮助学生将策略迁移，或者评价学生对策略的掌握。

动作技能，这是一种习得的能力，其行为结果表现为身体动作的敏捷、准确、有利和连贯等方面。反复练习对这种技能的掌握是关键。可以通过完成任务的时间或者精确性来测试对动作技能的掌握。

态度，态度是个体对于事情的看法和采取的行动。作为一种学习的结果，加涅定义为：态度是一种习得的、影响个体对某事物、人或事件的行为选择的内部状态。强化相依原理在态度学习中起主要作用。

加涅的学习层级论主要适用于智力技能的学习。学习层级论，也称累积学习理论，其基本观点是：学习任何新的智慧技能都需要某种先前的学习作为基础，学习是累积性的。按照复杂性程度的不同，由简单到复杂，加涅将智慧技能分为八个层次：信号学习、刺激－反应学习、连锁学习、言语联想、辨别学习、概念学习、规则学习和高级规则学习。其中前四类学习是学习的基础形式，总称联想学习。学校教育更关注的是后面四类的学习。

加涅把人的学习过程等同于电脑对信息的加工处理，他的学习理论中要点是：注意、选择性知觉、复诵、语义编码、提取、反应组织、反馈。

2. 基本程序

按照电脑加工信息的步骤(环境——接受器——登记——编码——反应器执行监控——效应器——环境)，他提出九步教学法：

(1)引起注意；(2)告知目标；(3)刺激回忆先决条件；(4)呈现刺激材料；(5)提供学习指导；(6)引发业绩；(7)提供业绩正确程度反馈；(8)评价；(9)增强保持与迁移。加涅认为学习这九个阶段应分为三个部分，即准备、操作和迁移三个部分。

准备包括接收、预期、提取到工作记忆中。对应的教学事件是引起注意、告知目标、刺激回忆先前的知识。操作包括选择性知觉、语义编码、反应、强化。对应的教学事件是呈现刺激、提供学习指导、引出行为、提供反馈。学习迁移包括提取和强化、提取并一般化。对应的教学事件是评价行为、促进保持与迁移。

(六)奥苏贝尔模式

美国著名教育心理学家奥苏贝尔是认知结构理论的具体化的实用者。他通俗地认为认知结构就是书本知识在学生头脑中的再现形式,是有意义学习的结果和条件。他着重强调了概括性强、清晰、牢固、具有可辨别性和可利用性的认知结构在学习过程中的作用,并把建立学习者对教材的清晰、牢固、认知结构作为教学的主要任务。奥苏贝尔的有意义学习理论着重强调了认知结构的地位,围绕着认知结构提出的上位学习、下位学习、相关类属学习、并列结合学习和创造学习等几种学习类型,为新旧知识是如何组织的提供了一条较有说服力的解释。自他之后,认知结构理论才真正引起人们的重视并为人们广泛理解。

1. 理论基础——"有意义接受学习"理论

奥苏贝尔在对学习类型做深入研究的基础上,将"学习"按照其效果划分为"有意义学习"与"机械学习"两种类型。所谓有意义学习,其实质是指:"符号表示的观念,以非任意的方式和在实质上(而不是字面上)同学习者已经知道的内容联系在一起。所谓非任意的和实质上的联系是指这些观念和学习者原有认知结构中的某一方面(如一个表象、一个已经有意义的符号、一个概念或一个命题)有联系。"换句话说,要想实现有意义的学习,真正习得知识的意义,即希望通过学习获得对知识所反映事物的性质规律及事物之间关联的认识,关键是要在当前所学的新概念、新知识(即"符号表示的观念")与学习者原有认知结构中的某个方面(表象、概念或命题)之间建立起非任意的实质性联系。只要能建立起这种联系就是有意义的学习,否则就必然是死记硬背的机械学习。奥苏贝尔认为,能否建立起新旧知识之间的这种联系,是影响学习的唯一最重要因素,是教育心理学中最基本、最核心的一条原理。正如他的代表性论著《教育心理学一种认知观点》一书的扉页中用特大号字所表述的:"假如让我把全部教育心理学仅仅归结为一条原理的话,那么,我将一言以蔽之'影响学习的唯一最重要因素就是学习者已经知道了什么。要探明这一点,并应据此进行教学。'"

奥苏贝尔指出,要想实现有意义学习可以有两种不同的途径或方式:接受学习和发现学习。接受学习的基本特点是:"所学知识的全部内容都是以确定的方式被(教师)传递给学习者。学习课题并不涉及学生方面的任何独立的发现。学习者只需要把呈现出来的材料(无意义音节或配对形容词;一首诗或几何定理)加以内化或组织,以便在将来某个时候可以利用它或把它再现出来。"而发现学习的基本特点则是:"要学的主要内容不是(由教师)传递的,而是在从意义上被纳入学生的认知结构之前必须由学习者自己去发现出来。"奥苏贝尔还强调指出,如果根据学习引起的能力变化来区分学习类型(能否实现有意义学习是引起能力发展变化的关键),即根据用何种方式来引起能力变化(也就是用何种方式来实现有意义学习),那么,就只能区分出"接受学习"与"发现学习"两种,而所有其他的学习类型皆可并入到这两大类型之中。他认为目前学术界对学习类型的众多分类(如"辨别学习"、"概念学习"、"尝试错误学习"、"条件反应学习"、"配对联想学习"等等)实际上都是"没有按照这些学习类型所引起的能力变化来区分学习"的结果。

2. "先行组织者"教学策略

先行组织者是指在安排学习任务之前,呈现给学习者的引导性材料,他有比学习任务更高一层抽象性和包摄性。奥苏贝尔不仅正确地指出通过"发现学习"和"接受学习"均可实现有意义学习，而且还对如何在这两种教学方式下具体实现有意义学习的教学策略进行了研究，特别是对“传递—接受”教学方式下的教学策略作了更为深入的探索，并取得了成为教学论领域一座丰碑的出色成果——“先行组织者”教学策略。这是在分析与操纵三种认知结构变量（即原有认知结构的可利用性、可分辨性和稳固性等三个变量）基础上而实施的一种教学策略，由于它以认知学习理论为基础又有很强的可操作性，自 1978 年提出以来，其影响日益扩大，目前，它已成为实现“有意义接受学习”的最有代表性、最具影响力、也是最见实际效果的教学策略之一。

3. **动机理论**

奥苏贝尔不仅在对学习过程的认知条件、认知因素进行深入研究的基础上提出了“有意义接受学习”理论和“先行组织者”教学策略，而且还注意到影响学习过程的另一重要因素即情感因素的作用，并在这方面提出了独到的见解，这些见解可归纳如下：

(1)他认为，情感因素对学习的影响主要是通过动机在以下三个方面起作用：

①动机可以影响有意义学习的发生。由于动机并不参与建立新旧概念、新旧知识之间的联系，所以并不能直接影响有意义学习的发生，但是动机却能通过使学习者在“集中注意”、“加强努力”、“学习持久性”和“挫折忍受力”等方面发挥出更大潜能而加强新旧知识的相互作用（起催化剂作用），从而有效地促进有意义的学习。

②动机可以影响习得意义的保持，由于动机并不参与建立新旧知识之间的联系和新旧知识的相互作用，所以也不能直接影响习得意义的保持，但是保持总是要通过复习环节来实现，而在复习过程中动机仍可通过使学习者在“集中注意”、“加强努力”、和“持久性”等方面发挥出更大潜能来提高新获得意义的清晰性和巩固性，从而有效地促进保持。

③动机可以影响对知识的提取（回忆），动机过强，可能产生抑制作用，使本来可以提取的知识提取不了（回忆不起来），考试时由于心理紧张，动机过强，影响正常水平发挥就是一个例子；反之，有时动机过弱，不能调动起学习者神经系统的全部潜力，也会减弱对已有知识的提取。

他认为，动机是由三种内驱力组成，由于动机是驱使人们行动的内部力量，所以心理学家常把动机和内驱力视为同义词。奥苏贝尔认为通常所说的动机是由“认知内驱力”、“自我提高内驱力”和“附属内驱力”等三种成分组成的。

认知内驱力是指要求获得知识、了解周围世界、阐明问题和解决问题的欲望与动机，与通常所说的好奇心、求知欲大致同义。这种内驱力是从求知活动本身得到满足，所以是一种内在的学习动机。由于有意义学习的结果就是对学习者的一种激励，所以奥苏贝尔认为，这是“有意义学习中的一种最重要的动机”。

自我提高内驱力是指儿童希望通过获得好成绩来提高自己在家庭和学校中地位的学习动机。随着年龄增长，儿童自我意识增强，他们希望在家庭和学校集体中受到尊重。这种愿望也可以推动儿童努力学习，争取好成绩，以赢得与其成绩相当的地位。自我提高内驱力强的学习者，所追求的不是知识本身，而是知识之外的地位满足（受人敬重、有地位），所以这是一种外在的学习动机。

附属内驱力是指通过顺从、听话从父母和老师那里得到认可，从而获得派生地位的一种动机。这种动机也不是追求知识本身，而是追求知识之外的自尊满足（家长和老师认可），所以也是一种外在的学习动机。

上述三种不同成分的动机对每个人来说都可能具有，但三种成分所占的不同比例，则依年龄、性别、文化、社会地位和人格特征等因素而定。在童年时期，附属内驱力是获得良好学业成绩的主要动机；童年晚期和少年期，附属内驱力降低，而且从追求家长认可转向同龄伙伴的认可；到了青年期和成人，自我提高内驱力则逐渐成为动机的主要成分。前面强调了内在动机（认知内驱力）的重要性，但绝不因此贬低外部动机（特别是自我提高内驱力）的作用。在个人的学术生涯和职业生涯中自我提高内驱力是一种可以长期起作用的强大动机。这是因为：与其他动机相比，这种动机包涵更为强烈的情感因素，既有对成功和随之而来的声誉鹊起的期盼、渴望与激动，又有对失败和随之而来的地位、自尊丧失的焦虑、不安与恐惧。

从上面关于“动机理论”的介绍可以看出，奥苏贝尔确实对情感因素在认知过程中的作用与影响作了较深入的研究。如果我们在教学设计或在课件脚本设计过程中能根据学习者的不同年龄特征，有意识地帮助学习者逐步形成、不断强化上述三种动机并在教学过程的不同阶段（例如在有意义学习发生、习得意义保持及知识提取等阶段）恰当地利用这些动机，那么，由于学习过程中认知因素与情感因素能得到较好的配合，所以定将取得更良好的教学效果。

4. **基本程序**

提出先行组织者——逐步分化——综合贯通。

（七）发现式学习模式

发现式学习是培养学生探索知识、发现知识为主要目标的一种教学模式。这种模式最根本的地方在于让学生像科学家的发现一样来体验知识产生的过程。布鲁纳（J.S.Bruner）认为发现式教学法有四个优点：提高学生对知识的保持；教学中提供了便于学生解决问题的信息，可增加学生的智慧潜能；通过发现可以激励学生的内在动机，引发其对知识的兴趣；学生获得了解决问题的技能。根据许多心理学家对这种教学模式的研究，它更适合于低年级的教学。

另外还有很多教学模式，都是基于不同的教学理论，在教学实践中显示了各具特色的成效，但由于篇幅所限，不再一一介绍。

总的来说，教学模式是从教学的整体出发，根据教学的规律原则而归纳提炼出的包括教学形式和方法在内的具有典型性、稳定性、易学性的教学样式。教学模式包含着一定的教学思想以及在此教学思想指导下的课程设计、教学原则、师生活动结构、方式、手段等。在一种教育模式中可以集中多种教学方法。既然教学模式是产生于教学实践，也是在科学教学理论指导下的产物，因而任何模式都不是僵死的教条，它必将随着教学实践和教学理论的发展而发展、变化而变化。

第二节　课堂教学的策略与方法

一、教学策略与方法的概念

由于在学校情境中所讨论的教学问题，通常都是以课堂教学情境为主渠道完成的，故我们在此所涉及的“教学策略”、“教学方法”等问题，都指向课堂教学的策略与方法。

(一)教学策略的概念

在《辞海》中"策略"一词指的"计策谋略"。与"策略"联系很大的一个词是"战略",指的是政党、国家作出的一定历史时期内具有全局性的谋划,策略指为实现战略任务而采取的手段。而在较为普遍性的意义上,策略涉及的是为达到某一目的而采用的手段和方法。在教学方面,术语"策略"指的是思想要达到预期效果的一整套教学行为。在历史上,在教育方面术语"策略"已被用作"方法"或"步骤"的同义词。

关于教学策略的定义,在我国早些年出版的《教育大辞典》中是鲜见的。教学策略这一术语在近年来讨论得比较多,以下是关于教学策略的三种观点:(1)教学策略是指教师在课堂上为达到课程目标而采取的一套特定的方式或方法。教学策略要根据教学情境的要求和学生的需要随时发生变化。无论在国内还是在国外的教学理论与教学实践中,绝大多数教学策略都涉及到如何提炼或转化课程内容的问题。(2)所谓教学策略,是在教学目标确定以后,根据已定的教学任务和学生的特征,有针对性地选择与组合相关的教学内容、教学组织形式、教学方法和技术,形成的具有效率意义的特定教学方案。教学策略具有综合性、可操作性和灵活性等基本特征。(3)教学策略是为了达成教学目的,完成教学任务,而在对教学活动清晰认识的基础上对教学活动进行调节和控制的一系列执行过程。

这三种观点的相似之处在于都认为教学策略的实施是为了达成教学目标(课程目标),具有灵活性或变通性。不同之处在于,第一种观点认为教学策略是"一套特定的方式或方法";第二种观点认为教学策略是"具有效率意义的特定教学方案";而第三种观点则把教学策略归结为"对教学活动进行调节和控制的一系列执行过程"。要界定清楚"教学策略"看来并不是一件容易的事情,但通过以上对"策略"一词的分析,对其在教育上含义上的解释,以及对三种教学策略表述的辨析,在此基础上,可以找出教学策略的一些特征及其基本涵义:教学策略是为达成教学目标而采用的一整套比较灵活的教学行为,它是教师在教学实践中依据教学的计划、学生的身心特点对教学原则、教学模式、教学方法的一种变通性地应用。

(二)教学方法的概念

对于"教学方法"的定义,我国不同版本的《教育大辞典》都是比较一致的。一般认为,教学方法指的是,为了完成一定的教学任务,师生在共同活动中采用的手段。既包括教师教的方法,也包括学生学的方法,是教的方法和学的方法的统一。这一定义包含这么几层意思:首先,使用教学方法目的是达成一定的教学目标及教学任务。也就是教学方法是完成教学目标的手段,采用什么样的教学方法依据教学的目标和内容而定。其次,教学方法的施动者既包括教师,也包括学生。教师使用或设计某种类型的教学方法,在具体的课堂教学中,还要求学生的配合才能算真正使用了某种教学方法。最后,教学方法是教的方法与学的方法的有机结合与统一,而不仅仅是教师教的方法。

在中小学教学实践中,进行教学方法的探讨和研究,既是一项常规的实践性工作,也是一项颇具理论意义的探究性活动。

(三)教学策略与教学方法的关系

一般认为,教学方法是更为详细具体的方式、手段和途径,它是教学策略的具体化,介于教学策略与教学实践之间,教学方法要受制于教学策略。教学展开过程中选择和采用什么方法,受制于教学策略。教学策略从层次上高于教学方法。教学方法是具体的可操作的,教学策略则包含有监控、反馈内容,在外延上要大于教学方法。

必须注意到,这还涉及到在教学方法与教育策略的关系中,不可避免地与教学原则有关,进而与实施教学的终极价值观、教学目标有关的问题。教学方法是最为具体的、最具有操作性的,在某种程度上也可以看作是教学策略的具体化。但这并不能充分地说明教学方法就受制于教学策略。一种教学方法的成形和使用不可避免地会受到教师的教学策略的影响,但更多地受制于教学原则的指导,教学实践的检验。可以这么说,一种教学方法是在教学原则的指导下,在总结教学实践经验的基础上形成的;而在具体的教学情境下该使用何种教学方法,该如何来组合教学方法服务于教学目标,就涉及到了教学策略层面的问题。

二、教学策略与方法的基本分类

教学策略分类是当前教学理论研究的一个新的领域和热点。有观点认为:教学策略既包括教的策略又包括学的策略,也有人将教学策略分为教学准备、教学实施策略(如先行组织者策略、概念教学策略、问题解决教学策略)、因材施教策略(如针对年龄差异、能力差异、学生认知方式)等。在此,我们根据在教学实践中实施教学的基本环节,将教学策略分为教学准备策略(备课)、教学实施策略(上课)、课外练习与指导策略(作业布置与批改)、教学反思策略。

相比之下,对教学方法的分类,则是根据在具体的教学实施中,为完成某一具体的教学目标而采取的操作方式。如讲授法、实验法等。

当前教学理论的研究中,更注重在教学策略层面上进行综合筹划。围绕着预定的教学目标,在一定教学价值观和教学原则的指引下,对教学中的师生互动活动进行协调、统筹和规范;具体在操作方式上,总体倾向于体现学为主体的追求导向。较之于以往的教学理论,对教学方法的探究有逐渐淡化的趋势。

(一)教学策略的基本分类及内容简介

1. 教学准备策略

在我国中小学教学中,大家更熟悉的表述是“备课”。围绕着备课的基本内容,“备教材”、“备学生”、“备教法”被认为是备课的基本内容。在当代教学理论中,使用更多的概念是“教学设计”。其实,无论是“备课”,还是“教学设计”,其基本内容都是为完成教学的既定目标,在正式实施教学之前,教师进行的教学准备。围绕着实施教学中的各项目标要求而进行准备,就是教学准备应涉及的主要内容。

自 2002 年以来,我国中小学普遍在新课程理论的指导下实施教学。在该理论体系中,对教学目标的表述是“知识与技能”、“过程与方法”、“情感、态度与价值观”。这就为教学目标的设计提供了较为明确的方向。

(1)对“知识与技能”目标的设计:这是在我国中小学教学中,广大教师最为熟悉的部分,因为几乎所有教学任务的完成,都是以知识的传授、技能的训练为载体的;而且从考核评价的角度看,这也是通过测试相对容易得出的教学质量评估结果。它所涉及的内容偏向现代教学理论中所说的“陈述性知识”,是一套指向“是什么”的知识。如:在认知领域对事实性知识、概念性知识的学习水平应达到“知识、领会、应用、分析、评价、创造”等各级水平及其具体要求；或动作技能领域的模仿、操作、熟练等不同水平及其具体要求。因而在教学准备过程中，对知识与技能类的目标，易于获得较为清晰、明确的目标。

（2）对“过程与方法”目标的设计：此类目标，主要是指向“程序性知识”。程序性知识是一套办事的操作步骤，是关于“怎么办”的知识。在学习过程性知识的第一个阶段，是习得过程性知识的陈述性形式，新知识进入原有的知识结构（命题网络），与原有知识形成联系。第二阶段，经过各种变式练习，使贮存于知识结构中的陈述性知识转化为以“产生式系统”表征和贮存的程序性知识。第三阶段，过程性知识依据线索被提取出来，解决“怎么办”的问题。

关于“产生式”，现代认知心理学家认为，这是表征程序性知识的最小单位。产生式是所谓条件——行动的基本规则，简称C—A规则。C—A规则与行为主义的S—R公式有相似之处，但也有原则上的区别。相似之处是每当S出现或条件满足时，便产生反应或活动R；不同的是，C—A中的C不是外部刺激，而是信息，即能够在短时记忆中提取的信息，A也不仅是外显的反应，还包括内在的心理活动或运算。因此，对于“过程与方法”目标的设计，主要是寻求利于形成学生获得程序性知识A的影响条件C，并将其纳入教学准备的方案中。

（3）对“情感、态度与价值观”目标的设计：主要指向伴随着知识与技能、过程与方法等目标的逐步实现，在学习者内心中油然而生的相应的情感体验、态度反应，以及加强或减弱的对某种价值观信念。现代教学理论认为：这是影响一个人综合素质养成的重要因素。对该类目标的追求，不可简单地以知识掌握的方式进行传授，注重学生的体验，应该成为目标设计的主要思考方向。

在这三类教学目标的设计中，布鲁姆的教学目标分类学思想可以提供较为清晰的思路。

布鲁姆教学目标分类学思想涉及的三种目标领域、学习水平及其定义

领域	学习水平	定义
认知领域	1. 知识	事实性知识的回忆或再认
	2. 领会	理解材料、但不需要与其他的材料相联系
	3. 应用	使用一般的概念来解决待定问题
	4. 分析	区分和领会各种相互关系
	5. 评价	判断材料或方法在特定情境中被应用时的价值
	6. 创造	结合各个组成部分以形成一个新的整体
情感领域	1. 接受	意识到或注意到特定现象、行为或对象
	2. 反应	根据该现象、行为或对象调整自己的行为
	3. 价值化	表现出某种特定的参与或承诺
	4. 组织	把新的价值整合到个人原有的一套价值系统中，并能恰当地评判其作用与价值
	5. 性格化	长期控制自己的行为，将经验转化为性格
动作技能领域	1. 模仿	按照指示和在指导下从事简单的技能
	2. 操作	能独立地完成一项技能
	3. 熟练	能准确地、自动化地完成一项技能

在明确教学目标的基础上，就要对这些目标进行清晰的陈述。在教学目标的陈述中，既要指出应培养学生的哪种素质或行为，又要指出该素质或行为可运用于那些生活领域或内容中。一般地，陈述课堂教学目标须包含四个要素：

(1)行为主体(Audience) 行为主体是指学习者，因为行为目标描述的是学生的行为，而不是教师的行为。

(2)行为动词(Behavior) 行为动词用以描述学生所形成的可观察、可测量的具体行为。

(3)情景或条件(Condition) 情景或条件指的是影响学生产生学习结果的特定限制或范围，主要说明学生在何种情境下完成指定的操作。对条件的表述有四种类型：

①使用手册和辅助手段，或不允许使用某种手段的规定；②提供信息和提示；③实用工具和特殊设备，或不使用某设备的规定；④完成行为的情景。

(4)表现水平或程度(Degree) 表现水平或程度是指学生对目标所达到的最低表现水准，用以评价学习表现或学习结果所达到的程度。

2. 教学实施的策略

教学的实施与大家熟悉的对“上课”过程的要求相似。

主要是指实现教学目标的中心阶段，教学实施策略的选择既要符合教学内容、教学目标的要求和教学对象的特点，又要考虑在特定教学环境中的必要性和可能性。包括学习心态的积极维持策略、教学内容的组织加工策略、有效认知指导与干预策略和课堂秩序管理策略等。

(1)学习心态的积极维持策略

首先，动机激发。动机对学生的行为和学习有很大的影响。许多研究者认为内部动机比外部动机更能驱使学生学习，同时也必须注意到，过强的竞争或在很长时间使用外部奖励会逐渐损害内部动机。因此，如何合理采用动机激发策略是教师急需考虑的问题。动机激发策略是指教师在课堂上如何合理使用各种教学手段，提高学习兴趣，维持注意的方法的集合。该策略既适合课堂教学之始，也适合课堂教学中，关键是要针对学生的心理需要。这其中，奥苏贝尔认为的动机是由认知内驱力、自我提高内驱力和附属内驱力等三种成分组成的理论给我们提供了很好的启示。

认知内驱力是直接与好奇心、求知欲相关的内在需求。教师应非常重视对此类内驱力的调动，并致力于将其转化为学习动机。通常可采用以下策略：

①使学生认识到学习任务本身是有意义的；②给学生布置难度恰当的学习任务，使学生在好奇心的驱使下进行学习，产生学习成就感，体验在学习过程中不断获取新知的困惑、惊喜；③教师可采用使学生进行不同程度的加工，特别是深水平的加工的教学方法。

自我提高内驱力是与学习成果相联系的。通常，学生因取得学习成就而体验到在师生中实际地位的提升，因学习挫折而体验到地位的降低；其实质是一种在心理上的尊重需求的在现实体验中的反映。通常可采用以下策略达到目的：

①加强学习目的教育，将学生现实的学习任务同自己的理想、人生追求结合起来，并时时体验学业进步在解决实践问题中的快乐；②适当地组织学习竞赛，并及时表彰先进，鞭策后进，该策略的关键是“适当”，不可过度，否则会造成对多数无法获得领先的学生的挫折感；③将系统的学习目标体系分解为若干可分期实现的单元(或阶段性)目标，使学生及时体验各阶段目标实现时的成就(如引入分级制认定学生的英语水平)。

附属内驱力是指通过顺从、听话，从父母和老师那里得到认可，从而获得派生地位的一种动机。对于学生而言，老师、家长都是具有权威性的人物，其评价对学生的自我体验影响极大。对此，教师坚定实施积极的学生观意义重大。教师关心学生，平等地对待每一个学生，相信学生能够成功，真诚地分享学生在学习过程中的烦恼、喜悦，将转化为学生学习的巨大动力。

其次，把握教学难度，“创造”可教学时刻(teachable moments)。可教学时刻是指学生愿意学习新知识的那一时刻。应注意以下几点：

①以学生为本教授新知识。教师要从学生的切身经历或体验出发去教授新知识，这样，不但使任何学科都会变得更加令人感兴趣，而且可以更好地把握教学难度，寻求学生的最近发展区。②适时引发适当的概念冲突或惊奇感来引发内在动机。这里的惊奇感是指由教学内容的内在特点与学生的原有知识结构及其习惯思维之间的相互作用而引发的惊奇感。在课堂教学过程中，教师可以提出相关概念或运用提问导致许多不同假设来对学生进行启发和引导，直到最后剩下合理的解释。③组织学生广泛参加课外科技活动。在科技活动中，学生能够扩大知识面，接受新异刺激，不断地满足和引起学习需要和好奇感；同时，课外科技活动还能凝聚各门学科知识，完善学生知识结构。因此，教师要组织学生参加各种课外活动，使他们在活动中体会知识的实践意义，学会既动脑又动手，从而激发其求知欲，引起新的学习需要，发展广阔的学习兴趣。

(2)教学内容的组织加工策略

在教学内容选定后，还需要以恰当的、有效地方式和结构加以组织和安排，这就是教学内容的加工组织。这种加工组织，既要体现所学知识的内在联系和规律，又要适宜学生学习掌握。主要包括：

①纵向组织和横向组织

泰勒在《课程与教学的基本原理》一书中认为：教学内容的有效组织标准有三个，分别是连续性、递进性和整合性。连续性是指在一定时间内需要不断重复学习的知识、不断训练和发展学习的技能，但不能仅仅只是重复。递进性既与连续性有关，又超越了连续性，他强调要将每一后续经验都建立在先前的经验基础上，且必须更广泛、更深入地研究所涉及的事物。二者都很强调教学内容的纵向联系，而整合性是指教学内容之间的横向联系。认为教学内容应该帮助学生逐渐将各科知识与自身经验形成一个统一体，在行为中逐渐体现在教学内容中的收获和领悟。

②逻辑顺序和心理顺序

教学内容的组织既要考虑逻辑顺序，又要考虑心理顺序。逻辑顺序就是知识本身系统的和内在的逻辑关系，它关系到知识呈现的科学性；心理顺序是指学生的心理发展和心理活动顺序，它关系到学生掌握知识过程中的可接受性。一般来说，知识的逻辑顺序较易把握，而对学生的心理顺序的把握却需要下大功夫，教师的发展心理学功底对此有很大影响。

在此基础上，如“先行组织者策略”、“同化策略”、“元认知策略”等，都是对教学内容进行组织加工的有效策略。

(3)有效认知指导与干预策略

当代心理学家把人的认知过程视做对信息的加工过程，包括信息的输入(译码和编码)、储存、提取和加工等各个环节。因此，根据学生在信息接收、储存、提取和加工等不同流程中的表现对他们进行适时指导，就构成了对学生进行有效地认知指导和干预的基本思路。

首先，提高信息接收能力的策略（指向信息接收）。这其中，涉及以下几个组成部分：

第一，形成对信息的熟练反应。①有效观察学生的信息接收特点，并给予分别对待。如对于信息感受特别慢或正确性差的学生，教师要多询问这些学生是否接收了教学信息，或者放慢教学速度，进行复述和加工，帮助其提炼信息并留下对信息的印象。②通过训练增强学生的信息接收程度。不同水平的听写、听算、听说和泛读训练，对提高学生口头和书面语言的熟练程度具有强化作用。

第二，工作记忆中的编码训练。①教师授课时的表述方式在某种程度上是编码方式的示范。教师的授课通常要围绕着某一主题、某一知识点展开。如果教师能够清晰地向学生呈现分析的意图和概括的背景，让学生明白例子和事实所要反映的主题，抽象概念的内涵展示在何处，依据在哪里，学生就会从中学得编码的基本规律。②教师还可以在课堂讨论中培养学生的信息接收能力。在课堂讨论中，要求学生能够仔细听同学的发言，分析同学发言中的要点、精彩之处和不足；要求学生听清同学的发言之后，在同学发言的基础上发表自己的意见，或作出补充，或进行反驳，或表达同感和赞赏；要求课堂的发言有相互之间的连贯性；要求避免纯粹重复的发言。所有这些要求，都有助于培养学生的信息接收能力。③笔记训练也是一个重要的途径。笔记的共同特点是要对信息进行提炼，记笔记的主要特点是要概括。记笔记可以很好地对所学的信息进行编码，有助于知识的掌握。研究表明，通过向学生讲解、示范，要求学生模仿、练习，并且给予反馈，通过专门训练，学生记笔记的能力有了明显提高，学习成绩也随着提高。

第三，阅读图式训练。图式是储存在脑中的大知识单位，阅读图式是在阅读中起作用的一种大的知识单位，是指导阅读者在阅读过程中有效地获取信息的一种认知框架。在进行阅读图式训练时，要考虑两方面的因素：一是阅读目的清晰意识和引导调节，阅读目的产生于阅读者本人和他们对阅读材料主要内容的大致了解；二是特定阅读类型的要求，涉及不同年龄、不同水平学习者的特征及阅读任务和内容类型的不同特征两方面。

其次，高效知识表征的形成策略（指向知识的储存）。

双重编码和情节记忆的表征：①充分唤醒学生的视觉表征能力。不同表征的储存特征给我们的启示是，在教学中，在帮助学生理解知识的同时，要充分唤起学生视觉表征能力。直观教具和直接的经验是引起视觉表征的主要刺激，想象的发挥也是视觉表征产生的有效途径，教师用形象性的教学语言来唤起学生的视觉表象，同样会产生双重编码的功用。②情节记忆情境的创设。在教学中，要形成全方位的师生互动空间，使学生能够真正地投入，成为学习的主人，对学习过程有兴趣和激情，并产生深刻的主观感受和情绪体验。这就要求教师设计出一系列的引导学生投入的活动形式，包括围绕教学重点和难点的设疑，引导学生质疑；组织学生对问题进行讨论；提供反馈，及时给予鼓励；鼓励学生尝试，教师尽量不替代，做到“不愤不启，不悱不发”；也可以通过课堂的角色扮演和讨论，让学生产生身临其境的感受等。

陈述性知识和程序性知识的有效表征：陈述性知识的教学策略主要有精加工策略和组织策略。对于程序性知识的教学，教师可以通过形成程序性知识规则陈述促进程序性知识的形成。

再次，促进问题图式形成的策略（指向知识的提取和加工）。

问题图式的变式训练原则：问题图式来自对具体问题的抽象。对问题的抽象具有不同的水平，吉克(Gick)和霍利约克(Holyaok)认为，最佳的抽象水平应该是“两个表征之间的相似最大，差异最小”。他们指出，从问题表层向深层抽象，形成一个抽象的表征包含三个过程：排除过程、建构过程和概括过程。也就是说，解决问题要分析问题情境的细节，以深入深层的问题结构，形成问题图式。但问题图式的训练必须经历复杂的过程，不断在过程中排除表层的细节，达到对图式的深层认识。问题图式的变式训练原则是：①要提炼具体问题的解决规则；②要提供多种变式情景，让学生形成对解决问题规则的具体体验；③在变式训练过程中，要不断进行规则的概括和比较。

第二，样例学习：样例学习是向学生书面呈现一批答好的例题，学生在做课堂作业和家庭作业时一旦不会做题或做错了，可以自学这些样例，再试着去解决问题。学生通过对样例的熟悉和比较，能够形成解决问题的图式。认知心理学家认为，学生在没有样例的情况下做大量的比较陌生的题目时，注意力容易集中于已知条件、未知条件和问题状态的解决上，所以不容易形成问题图式。而样例学习是形成问题图式的一种有效途径。

教师在实施该策略时应注意：由于记忆能力的限制，在训练中多采取渐进式重复；在多种解决问题的情境中进行提炼；不要把迁移困难的原因全部归为理解缺陷和思维问题，其中很可能存在着记忆的超负荷问题；记忆的超负荷会使学生产生焦虑、退缩和恐惧，教师应该设法减轻其记忆负担，避免无谓的紧张；对成绩的评价不要过于刻板，应该有一个弹性的、逐步严格的标准；鼓励学生在碰到困难时向书本求助，向同学和教师求教。样例学习不一定对任何水平的学生都是适宜的，特别在学生缺乏学习动机时，更不易取得成效。因此，教师选用时应多方考虑。

第三，开放式训练由于图式概括性强，运用面较广，如果在训练时能够从一种情景进行辐射，依次网罗同类操作模式，将有利于形成一种体系化的认识。我们把这种通过辐射，网罗同类问题的训练方式称为开放式训练。如在理科的解决问题训练中，可以采用无特殊条件和无特殊问题的解题训练。对作文的立意训练可以以某一活动为背景，要求学生根据不同的立意构思，从活动的资料中取材。

(4)课堂秩序管理策略

课堂秩序指通过班级成员互动过程中的不平等性，以及互动行为上的规定性得以体现的状态和规则。它具有情景性、针对性的特点。秩序的形成经过了习惯化、制度化和合法化三个阶段。首先要解决的问题是如何确立课堂规则并确保在实践中得到执行。关于在课堂教学中如何维持课堂秩序，主要应关注以下问题：

第一，发现并解决课堂冲突。课堂冲突很多，师生之间的冲突更为明显。师生关系是否合理，制约着课堂教学效能的合理，同时对课堂秩序的维持起着重要作用。因为师生之间的教学活动从实质上来说也是一种交往活动，交往意味着双方均为具有独立人格的自由主体，相互尊重才能更好地维持交往的进行。在课堂上，表扬和批评是经常使用的两种方式，但一般来说，表扬、奖励、鼓励要比批评、指责、惩罚更能取得良好的效果，更有利于秩序的维持。特别是在使用批评等策略时，及时发现隐患，“防患于未然”是较好的选择。

第二，课堂秩序合理化。①要促进师生关系合理化。从人际互动交往的一般规律来看，师生之间在社会情绪的交互作用方面，如果多采取积极的手段而非消极的手段，有利于秩序的维持。②课堂教学形式的合理化。在课堂教学中，教师鼓励学生在课堂上自我表现的愿望，发展学生运用合适的方式进行自我表现的能力，鼓励学生在学术问题上大胆提出创见，并给予肯定等，都会使师生双方达到更好的一致和默契。③师生行为自由度的扩大化。师生之间最重要的是平等，因此，教师不能成为学生行为的控制者，应给予学生适当的自由，创造活跃的班级气氛，同时要注意张弛有度，体现出相应的管理技巧。

第三节　信息技术与课堂教学整合

近年来，随着以网络技术、计算机技术为代表的信息技术的迅猛发展和普及，将其有效整合于课堂教学的问题就显著地呈现在广大教育工作者面前。在教学实践中，人们常常碰到如下疑惑：究竟应该如何看待信息技术？将它视为一种时髦的象征，在课堂教学中任意地加以粘贴、拼接，还是将它视为一种辅助技术手段？或是除了技术特征外，它的运用合理与否，本身也具有教育思想、教育理念特征？信息技术与各科教学的内在要求能否融为一体，进而更好的显示各学科应有的魅力和影响？显然，要谈论信息技术与课堂教学的有机整合，就必须从教学理论的高度，审视各科课程教学的课程目标及其实现手段，必须关注在教学中师生的互动状态。并在此基础上考虑的信息技术融入，才谈得上二者的有机融合。

一、信息技术与课堂教学整合的理论基础

建构主义是学习理论中行为主义发展到认知主义以后的进一步发展。该理论认为学习是获得知识的过程，但只是不是通过教师传授得到的，而是学习者在一定的情景，即社会文化背景下，借助其他人（包括教师和学习伙伴）的帮助，利用必要的学习资料，通过一一建构的方式而获得。进而把“情境”、“协作”、“会话”和“意义建构”看作是学习环境的四大要素。信息技术在以上四大要素中，均可发挥重要的技术支撑作用。

作为建构主义所说的“必要的学习资料”，信息技术是与信息社会特征相适应的重要的学习技术和资源，可以为学生提供丰富的学习资源，是21世纪学习者必须掌握的、极其重要的学习工具和技术。由于其丰富的表达手段和便捷的查询能力，在学生学习中可发挥多方面的积极影响。从心理学的角度，可以使学生容易进入情境，并在快速变化的学习内容刺激下保持积极、兴奋的学习状态；从教学方法的角度，多样化的表达形式更易于突破教学难点，帮助学生理解、领悟所学知识；从课堂教学角度，可以方便地超越教师言语的限制，更加直观地呈现所述教学内容，特别是解析抽象事物之间的关系，从而提高教学的效率；从师生关系角度，可以通过人机交互，实现课堂外、学校外的信息交流，增强成员间的协作效率；从学生发展角度，也易于培养独立探究，自主自信的品格和终身学习的本领。但是，如果对学生引导不当，同样容易造成学生在浩若大海的信息中迷失自己。信息技术与课堂教学整合模式的构建并非在信息技术与传统课堂教学之间进行取舍，而是要寻找信息技术与课堂教学的最佳结合点。而这一结合点，应基于建构主义理论指导，对传统课堂教学内涵给予审视和深化，特别注意课堂教学与信息技术的有机整合。

建构主义的教学观认为：教学要把学生现有的知识经验作为新知识的生长点，引导他们从原有的知识经验中“生长”出新的知识经验，认为学习是在社会文化背景下，通过人际间的

协作活动而实现的意义建构的过程。信息技术在帮助学生"生长"新的知识经验过程中,起到了其他手段无法达到的便捷效果。新课程理论将信息技术作为综合实践活动中必不可少的四大组成部分之一,在常规各门课程的教学任务推进中,其运用的前景同样不可限量。

在课堂教学中,由于所持教学理论的不同,信息技术在其中所发挥的作用也呈现不同特征。但从不断发展的教学实践角度看:一方面需要在成熟理论的指导下慎重推进;另一方面,随着信息技术与课堂教学整合的实践探索,将不断迸发出新的理论,进而不断改进对教学的指导。

二、信息技术与课堂教学整合模式的几种讨论

基于建构主义教学理论的价值追求和信息技术的自身特点,在完成不同类型的教学任务时,可能呈现如下几种教学模式:

(一)基于"信息加工"理论的教学模式

这种类型的教学模式的基本依据是信息加工理论,它把教学看作是一种由师生共同参与的创造性的信息加工过程。在教学目标上,信息技术主要发挥的作用是为师生提供便捷的呈现知识的方式,并促进学生有效掌握知识。在知识学习的不同环节,信息技术均可发挥方便、快捷的支撑作用,该模式对师生双方的信息技术素养都有一定要求。

从操作程序上看:作为教学的引导者,首先要求教师在全面把握课程内容的基础上,具有把多媒体技术应用到学科的备课、上课、训练学生和检查学生学习效果等各方面的意识和能力。教师可调用网上资源,也可自行研制合适的课件,链接优质的教辅资料,辅助完成教学任务;还可通过学习网站的开设,建立起诸如"师生园地"、"经典案例点评"、"习题库"等供学生知识拓展、师生互动的便捷方式。特别是在教学目标所要求的重难点部分,教师可着重呈现知识的不同表达形式和强化练习要求,用便捷的信息技术表达手段,实现诸如"强化记忆"、"熟悉变式"、"促进迁移"等目标。

其次,作为学生一方,也可利用信息技术(如学习网站)平台加强同教师、同学的沟通,发布自己的学习心得,交流学习体会,提出个性化问题,等等;虽然不是对传统教学模式的否定,但从学习信息的提供、呈现的角度,的确发挥了传统教学难以达到的高效率。当然,如何防止学生出现"信息迷失"现象,则是在此过程中应高度重视的问题。

从实现条件角度看:硬件方面需要配备能够支撑师生进行信息交流的计算机和网络系统;在软件上,首先需要教师对教学过程各环节需完成的教学目标任务、各项任务所需的教学内容特点有清晰的认识,并能引导学生有效利用学习资源。在此基础上,教学评价主要就是考核针对各个教学目标要求,所提供的学习材料的数量、质量及其使用效能。

(二)"自主—探究"教学模式

这种教学模式在本章第一节中已有所说明。在与信息技术整合时,更强调个别化教学理论与人本主义的教学思想,强调个人在教学中的主观能动性,坚持个别化教学,着眼于人的潜能和人格发展。其中,"支架式教学"是一种较为可取的的思路。即按教材知识内容建立概念框架。然后将学生引入一定的问题情境,让学生独立在学校资源库或网上搜索,查

询、归纳、整理信息源和理顺知识关系,再通过小组之间开展协作式学习、讨论,达到知识的掌握和运用。效果评价上以自我评价、同学评价和老师评价相结合,重在学习的过程评价。学生可根据对某节课情境创设理解程度,列出急需查询的知识点和相关问题清单,上网查询以及归纳整理信息源,并能在小组协作学习、讨论会上发表自己的意见,相互交流、共同提高。

从操作角度看:这种模式首先要求老师对所教学科的知识结构和特点有全面的领悟,并在此基础上通过资源库和网上组合呈现的相关知识,并在上课前向学生提供该课时需要查询内容的关键词或网址清单,减少学生无效上网消耗的时间,同时关注学生查询、识别有效信息能力的培养。还可适当引入课堂反馈软件,对训练题目的准确率,错误率做统计,从而为老师讲评提供参考依据。具体方法上也可以分为二类:

1. **演绎式思路**

即教师提供必要的关键词或参考网站、课件,让学生独立在网上搜索、查询最后归纳、整理,并开展协作式交互学习方法共同获取知识。

2. **归纳式思路**

教师将需解决、说明的问题给学习小组,由各小组利用课余时间上网查询、搜索,然后归纳、筛选、整理,并制作成网页形式,放入指定的学习网站中。老师上课时,可调出集体创作的网页,然后由各小组代表引导全班同学浏览小组集体"成果",并给予评价,达到自主探究和小组协作式探究相结合,从而共同掌握知识效果。

显然,该模式的实现条件集中反映在教师结合教学内容,在对学科知识结构的准确把握与合理分析的基础上,能有效利用信息技术进行组织、利用。教学评价的重点也相应地反映在教师对学科知识结构的把握状况和学生理解、掌握相应知识体系,以及利用相关知识原理解决问题的能力素养方面。

(三)"在线学习"教学模式

这种模式是以解决实际问题为目标,以超越单个学科内容序列为特点的研究性学习。该模式的理论基础可追朔到格式塔心理学。从操作程序上看,在事先提出师生关注的问题情景后,在一段较长时间内,师生平等地围绕需要解决的问题,在教学平台上布置任务、研究问题、提供思路、呈现各自的发现、最后获得共识。此种思路改变了传统教学中单向沟通的教学模式,学生可从不同层次,不同角度随机进入教学环境中,知识的探究是非线性的,超文本的,跳跃式的,这种教学模式着重培养学生对知识,对社会事物的认知过程,以研究者的"身份"去探究知识,从而提高综合学习、思维能力。

在实现条件上,除了必要便捷的网络条件,能及时实现"在线讨论"、发收邮件;通过人一机的沟通,达到人一机一人沟通的学习信息技术条件外。更重要的是在学习方式上,以研究性学习为重点,课堂可以是有形课堂和无形课堂,教学内容应以发散性问题和多元思维性问题为主,这种模式适合于思维比较成熟,使用信息技术素养较高,独立性、自主性较强的学生,也是终身学习较好的教学模式之一。

这种教学模式非常注重对学生的过程性评价,因此教学评价也集中在学生是否达到真正的意义建构,以及在意义建构的过程中,教师对整个学习过程的有效引导。在此过程中,对学生学习的综合素质的锻炼尤其显著。如学习中的积极状态、成果展示、小组协作能力、交流问题的广度和深度等。

三、在信息技术与课堂教学整合中应注意的几个误区

(一)现代信息技术的运用并不是说放弃其他教学技术

现代信息技术迅猛发展为教育教学提供了更为强大的支持,但这并不意味着传统教育技术价值的消亡。黑板、粉笔、挂图、模型等传统教具在中小学教学中发挥了重要作用,而且仍然具有独特的价值。伴随这些传统技术和工具产生的教学模式和教学方式,仍然具有很强大的生命力和纵深发展价值。教师不能为了要用信息技术而在教学过程中盲目堆积这些现代教育技术手段,甚至连简洁清晰的板书在一节课中也都没有了。教师在通过教学设计不断整合信息技术的同时,应结合本校与本课堂的教学实际,注重现代信息技术工具与其他传统的教学工具、数字化教学资源和非数字化教学资源之间优势互补,综合运用,发挥整体效益。

(二)信息技术与课堂教学整合不能忘记学科特点

选择信息技术“整合”不是把学科教学整合到信息技术中,而是把信息技术有机地融入学科教学中去支持学科教学。“整合”需要在新的教学环境中重新对教材教法进行深入的分析,围绕有效实现教学目标而确定信息技术的使用策略。在教学设计中,教师应结合具体的教学内容,适时、适度、适量地选择信息技术,创设教师、学生以及信息技术相互促进的教学环境。

(三)学生和教师在整合过程中主体地位与主导作用的误解

学生成为学习的主体,并不等于放弃教师的主导作用。在传统的以“教”为中心的教学结构中,教师是教学进程的控制者,教学活动的设计者、实施者,这种传承多年的主宰课堂的教学方式,在我国已被广大教师普遍习惯。信息技术的融入,为更好地发挥学生在学习中的主体地位提供了一条新的路径。同时必须注意到:如果教师将发挥学生的主体地位简单地理解为放任学生,让学生自由地进入网络世界而不进行必要监控,就易于学生在烟波浩渺的信息世界中迷失方向,不能按教师的要求去完成任务。不但信息技术环境下数字化学习的优势没有发挥出来,连传统教学中教学任务也完成不了,因而教师的主导作用丝毫不能放松。

(四)重活动形式,轻活动效果

课堂中通过信息技术进行的教学活动要和本节课的教学目标密切相关,所有的教学设计要围绕教学目标进行。如何实现新课程理论中所强调的知识和技能、过程与方法、情感态度与价值观这三类基本教学目标,应该成为课堂活动成效的基本评价依据,也是评判信息技术融入课堂是否成功的依据。那种只看是否使用了信息技术,而不问使用后达成什么效果的做法是不可取的。

(五)对学生思维方式的误导

在信息时代,学生易形成简单化接受知识,轻信网上获取的信息,不深入思考评价的“学习方式”。直接地说,就是不动脑筋,有事就到网上去搜寻答案;碰到问题就到网上寻求解决策略。网络信息容量巨大,同时也良莠不齐,有的只是对某一问题的观点罗列,有的则带有片面性甚至误导性,这就要求教师高度重视对学生在信息技术条件下的学习能力培养。教学生要以尊重事实、尊重规律的精神,对信息持审视态度,只有经过精心鉴别,多方思考求证的信息才能确信。在这样的知识获取过程中,学生辨别信息真伪的能力也得到了培养。总之,教学内容是繁多的,信息技术手段也是不断更新的,因此,“信息技术与教学整合”这一模式的内容是丰富的,不断变化发展的。它要求在科学的教育思想及其理念的指导下,把信息技术作为促进学生自主学习的认知工具、情感激励和相互沟通的工具,使各种教学资源、教学要素融入到各个教学环节,不断优化,让教师主导作用与学生主体地位能更好地实现,从而更有效地实现教学目标。

第四节　课堂教学的诊断与评价

一、课堂教学的诊断与评价的概念

(一)课堂教学诊断的概念

课堂教学的诊断是在课堂观察基础上进行的,一般来说,课堂观察是指观察者带着明确的目的,凭借自身感官(如眼、耳等)及有关辅助工具(观察表、录音录像设备等),直接或间接(主要是直接)从课堂情境中收集资料,并依据资料作相应研究的一种教育科学研究方法。课堂观察强调“观课”的目的性,有别于传统听课的随意性。

课堂诊断不同于传统意义上的评课,特指依据一定的教学目标作为观察角度,搜集课堂信息,判断筛选有价值信息并进行整理,根据有价值信息对课堂教学“是否达标”“如何达标”进行评价,提出改进建议,提炼教学经验,这对教师的教学提出了更高的要求。这其中,“诊断”旨在发现教学中存在的问题,以促进教师教育教学能力的提升,而传统的“评价”更多的指向狭义的终结性评价。也可以这样说,“诊断”不仅仅有评定优劣的功能,更注重客观分析问题产生有的原因。这对于促进教师教学水平提升,寻找教师自身因素和外部因素,帮助教师改进教学很重要。总体上看,在教学中最显著的作用是提升课堂教学活动过程与教学效果的有效性,关注学生的学习。

(二)课堂教学评价的概念

课堂教学评价专指对课堂教学实施过程中出现的客体对象所进行的评价,并赋予一定的价值判断的活动,其评价范围包括教与学两个方面,其价值在于能够促进学生成长、教师专业发展和提高课堂教学质量。它不仅是教学成功的基础,而且是进行各种教育决策的基础。

总体上看,教学评价为研究教学问题、总结教学经验、开展教学改革提供反馈信息。

（三）教学诊断与教学评价的关系

教学诊断和教学评价都致力于解决教学中的存在问题，提升教学工作质量，都是教学研究不可或缺的重要组成部分。且在操作过程中，都需要在共同的教学思想或理论的指导下进行。如缺乏统一的指导思想，无论诊断或是评价，都将出现不在一套语言系统下进行思想交流的状况，必将在教学工作中引发思路的混乱。由于教学诊断和教学评价在动机和目的上的高度相似性，所以从教学实践操作的角度上看，教学诊断和教学评价常常同时出现。

二者也有各自不同的适用领域：教学诊断重在发现问题，主要回答“是什么”的问题；教学评价重在说明问题和赋予一定的价值判断，通过回答“为什么”和“是否有价值？有多大价值？”等问题，为改进教学提供决策思路。从教学过程流程的角度看，教学诊断多发生在教学进行的过程中；而教学评价则可能贯穿教学过程的始终：从开始前的教学准备，到教学进行中，再到教学完成后的教学反思。

二、课堂教学诊断

（一）课堂教学诊断的基本要求

课堂教学的诊断离不开课堂观察，因此二者往往同步出现。作为一种有目的的研究活动，要求诊断者有清楚的观察目的，在此基础上收集到确切有效的资料，以确保观察和诊断的有效性。课堂诊断前，首先要明确本次课堂诊断的目的和任务目标，其次选择合适的观察对象，然后确立恰当的观察视角和观察工具，做好观察的准备工作。

在实施课堂诊断和观察时，必须把握四点基本要求：有明确的观察目的；有适当的观察内容；有科学的观察方法；有清晰的观察分析和结论。同时，在记录观察结果时，应把握好观察对象的三项基本属性：行为类别，频次（次），百分比（%）。

首先，必须确定观察目的，这就必须与需要解决的问题相联系；其次，能够从复杂的教学现象中捕捉值得关注的关键问题。课堂观察将研究问题具体化为观察点，将课堂中连续性事件拆解为一个个时间单元，将课堂中复杂性情境拆解为一个个空间单元，透过观察点对一个个单元进行定格、扫描，搜集、描述与记录相关的详细信息，再对观察结果进行反思、分析、推论，以此改善教师的教学，促进学生的学习。再次，必须采取科学的观察方法，对观察对象进行客观的记录。在此基础上，才谈得上对教学诊断进行客观地分析和得出科学的结论。

（二）课堂观察与诊断的维度分类

1. 宏观和微观

课堂的宏观观察涉及教学目标、教学过程（设计、内容、环节、时间安排）、学生活动的类型、组织教学（随机）、设备使用、资源开发等方面。课堂微观观察涉及提问次数/人数、每次学生活动时间、表扬学生的次数和方式、课上巡视的路线和关注面、多媒体使用的时间等。

2. 以观察对象为划分标准

总体上看，可以通过教师方面、学生方面和教学方面分别进行观察和诊断。

（1）教师方面

所选取的观察对象以教师为主体，关注教师的教学行为，如教师的提问、教师课堂巡视情况、教师的课堂任务指令、教师的肢体语言运用等等。

(2)学生方面

为达到一定的观察目的所选取的观察对象以学生为主体，如，关注“学了什么？效果如何?”、“不同的学生有什么不同的反应”、“学习场景”、“行为描述”、“出乎意料的事件”、“发言学生的座位号”等方面。

(3)教学方面

为达到一定的观察目的所选取的观察对象以教学内容的选择和组织为主体，关注点在于“教了什么”、“如何教的”、“教学计划是否与教学实际情况相符”、“为什么有些内容或方法能够按计划完成，而有些却不能”等问题。

无论在哪个方面进行诊断和观察，其实质都是四个核心问题：学生学得怎么样，老师教得怎么样，课程(教材)处理得怎么样，课堂感受怎么样。因此，课堂诊断和观察中主要应关注学生的学习、教师的教学、课程的性质、课堂的文化等四个重要维度。

维度一：对于学生的学习进行诊断和观察的维度

观测点：

①准备。即学生课前准备了什么？是怎样准备的？准备得怎么样？有多少学生作了准备？学优生、学困生的准备习惯有什么不同？

②倾听。有多少学生能倾听老师的讲课？能倾听多少时间？有多少学生能倾听同学的发言？倾听时，学生有哪些辅助行为(记笔记/查阅/回应)？有多少人？

③互动。有哪些互动行为？学生的互动能为目标达成提供帮助吗？参与提问/回答的人数、时间、对象、过程、质量如何？参与小组讨论的人数、时间、对象、过程、质量如何？参与课堂活动(个人/小组)的人数、时间、对象、过程、质量如何？学生的互动习惯怎么样？出现了怎样的情感行为？

④自主。学生可以自主学习的时间有多少？有多少人参与？学困生的参与情况怎样？学生自主学习形式(探究/记笔记/阅读/思考)有哪些？各有多少人？学生的自主学习有序吗？学生有无自主探究活动？学优生、学困生情况怎样？学生自主学习的质量如何？

⑤达成。学生清楚这节课的学习目标吗？预设的目标达成有什么证据(观点/作业/表情/板演/演示)？有多少人达成？这堂课生成了什么目标？效果如何？

维度二：对于教师的教学进行诊断和观察的维度

观测点：

①环节。教学安排了哪些环节？是否围绕教学目标展开？这些环节是否面向全体学生？不同环节/行为/内容的时间是怎么分配的？

②呈示。教师怎样讲解？讲解是否有效(清晰/结构/契合主题/简洁/语速/音量/节奏)？板书怎样呈现的？是否为学生学习提供了帮助？媒体怎样呈现的？是否适当？是否有效？动作(如实验/动作/制作)怎样呈现的？是否规范？是否有效？

③对话。提问的对象、次数、类型、结构、认知难度、候答时间怎样？是否有效？教师的理答方式和内容如何？有哪些辅助方式？是否有效？有哪些话题？话题与学习目标的关系如何？

④指导。怎样指导学生自主学习(阅读/作业)？是否有效？怎样指导学生合作学习(讨

论/活动/作业)？是否有效？怎样指导学生探究学习(实验/课题研究/作业)？是否有效？

⑤机智。教学设计有哪些调整？为什么？效果怎么样？如何处理来自学生或情景的突发事件？效果怎么样？呈现了哪些非言语行为(表情/移动/体态语)？效果怎么样？有哪些具有特色的课堂行为(语言/教态/学识/技能/思想)？

维度三：对课程性质进行诊断和观察的维度

观测点：

①预设的学习目标是什么？学习目标的表达是否规范和清晰？

②目标是根据什么(课程标准/学生/教材)预设的？是否适合该班学生？

③在课堂中是否生成新的学习目标？是否合理？

④内容。教材是如何处理的(增/删/合/立/换)？是否合理？课堂中生成了哪些内容？怎样处理？是否凸显了本学科的特点、思想、核心技能以及逻辑关系？容量是否适合该班学生？如何满足不同学生的需求？

⑤实施。预设哪些方法(讲授/讨论/活动/探究/互动)？与学习目标适合度？是否体现了本学科特点？有没有关注学习方法的指导？创设了什么样的情境？是否有效？

⑥评价。检测学习目标所采用的主要评价方式是什么？是否有效？是否关注在教学过程中获取相关的评价信息(回答/作业/表情)？如何利用所获得的评价信息(解释/反馈/改进建议)？

⑦资源。预设了哪些资源(师生/文本/实物与模型/实验/多媒体)？预设资源的利用是否有助于学习目标的达成？生成了哪些资源(错误/回答/作业/作品)？与学习目标达成的关系怎样？向学生推荐了哪些课外资源？可得到程度如何？

维度四：对课堂文化进行诊断和观察的维度

观测点：

①思考。学习目标是否关注高级认知技能(解释/解决/迁移/综合/评价)？教学是否由问题驱动？问题链与学生认知水平、知识结构的关系如何？怎样指导学生开展独立思考？怎样对待或处理学生思考中的错误？学生思考的人数、时间、水平怎样？课堂气氛怎样？

②民主。课堂话语(数量/时间/对象/措辞/插话)是怎么样的？学生参与课堂教学活动的人数、时间怎样？课堂气氛怎样？师生行为(情境设置/叫答机会/座位安排)如何？学生间的关系如何？

③创新。教学设计、情境创设与资源利用有何新意？教学设计、课堂气氛是否有助于学生表达自己的奇思妙想？如何处理？课堂生成了哪些目标/资源？教师是如何处理的？

④关爱。学习目标是否面向全体学生？是否关注不同学生的需求？特殊(学习困难、残障、疾病)学生的学习是否得到关注？座位安排是否得当？课堂行为(叫答机会/座位安排)如何？

⑤特质。该课体现了教师哪些优势(语言风格/行为特点/思维品质)？整堂课设计是否有特色(环节安排/教材处理//导入/教学策略/学习指导/对话)？学生对该教师教学特色的评价如何？

(三)教师现场课堂教学诊断与观察的实施过程

在一次课堂诊断与观察中，诊断与观察的流程大致可以概括为：确立观察点——开发观察工具——进入课中观察——师生调查——作出推论建议——撰写观察报告。对准备进行课堂诊断的教师来讲，可根据课堂观察的实施要求，大致经历以下几个阶段：

1. **准备阶段**

进入课堂进行观察前应作好充分的准备，做到有备而来。如果进入课堂前没有作好准备，也没有计划和思路，则听课后无法给予教师高效率的指导和建议。

首先，确立观察点。课堂的丰富性和复杂性，要求观察者进入课堂之前，应明确自己的观察目标，以便观察时能聚焦课堂中的某些问题/现象/行为。确立观察点的依据是课堂观察框架，从中寻找“我”感兴趣的问题，或被观察者的要求，或合作体的共同目标。需要特别注意的是，不是所有的课堂现象都可以成为观察点，只有遵循可观察、可记录、可解释的原则，才能实现观察目的。譬如，“探究精神是怎样培养的”和“探究能力是怎样培养的”这两个观察点，相比较而言，后者的可观察性、可记录性和课后的推论更具可操作性。

其次，开发观察工具。只带着观察点走进教室，可能依然难以观察，或者难以记录信息。需在观察前将观察点转化为可以操作的观察量表，在表中列出观察点分解后的要素。但观察点都有许多构成要素，若将它们都设计成观察指标，既无必要也不太可能观察记录。解决的办法是先厘清观察指标的逻辑体系，再根据可观察、可记录、可解释、抓大放小的原则筛选。一般而言，观察量表的开发流程是：观察者研究分析观察点的构成要素——观察者设计初稿——教研组研讨——观察者定稿。可见，开发观察量表的过程就是理论学习和实践反思的过程，量表具有“此人此表”的个人色彩、具有“此情此景此课”的针对性，它实质上反应了观察者的学术水平和专业涵养，是决定观察质量最重要的因素。

2. **观察阶段**

对于事物的观察需要观察者对事物有一定的敏锐度、善于捕捉事件以及现象的关键特征。课堂观察之所以可以作为促进教师专业发展的一个关键手段，是因为在教学研究中的课堂观察与诊断的效果可以通过明确观察目的、掌握相关概念、熟悉观察工具等环节切实得到保障，提升每一位教师对于课堂观察的敏锐性。课堂观察阶段工作的顺利推进得益于准备阶段所设定的观察目的、观察工具的便利性和准确性。应注意的问题一是观察者应提前进入教室，与有关学生进行适当交流，以便对该班的学习和教学情况有所了解；二是根据观察点的性质、观察量表的特点、班级的实际情况选择观察位置，以适宜获取信息、不影响学生学习和教师教学为原则。

一般地讲，一个完整的课堂教学观察包括“看”和“分析研究”——即收集和分析资料两个部分。进行课堂教学观察首先要做好计划，选择恰当的、可行的观察手段，其次做好观察记录，最后是讨论、分析、研究和反思实践。

课堂教学观察是一项有目的、有计划的教研活动。解决要观察什么？即确定观察视角是开展课堂观察研究中的首要问题？在诸多教学观察活动中，很多教师的课堂观察记录成为了授课者“教案的翻版”，缺乏目的性，且包含的信息量小。关注重点在于记录授课者对教学内容的“处理结果”，观察者大多倾向于了解授课者做了什么，较少分析为什么那样做，这是一种重结果轻过程的做法，这与某些教师本人长期形成的“灌输式教学”习惯有关。目前，正在倡导教师的反思教学，但是大多数教师对课堂教学中的行为表现缺乏感知，要改变这种状况，有必要注重教学观察的指导。

3. **记录与分析阶段**

这个环节有三个步骤：

第一，信息处理，课堂中获得的信息，可能很多，也可能不足，还可能要和同伴互通有无。因此，采用适当的技术对观察信息进行处理，是得到结果的前提。

第二，结果分析，建立分析框架，采用适当的分析工具分析观察结果。

第三，适当推论，这是一个专业判断的过程，所谓“适当”，是指推论时要基于“此情此景此人此课”，基于“证据和同理心(互换思考)”，基于“成功之处、个人特色和存在的问题”。

因时间限制，课后会议上观察者和被观察者的思考、探讨并不充分，而课后会议结束后撰写课堂观察报告，就能起到督促双方深度思考的作用。在此基础上，再形成合作体课堂观察的完整课例，全景式反应观察的过程和结果，积累第一手教研资料。

4. **反馈阶段**

约翰·斯图尔特·密尔在《自由论》中指出，一个人能够对某个问题有所知的唯一办法是听不同的人对这个问题所提出的不同意见，了解具有不同思维特点的人是如何使用不同的方法来探究这个问题的。所有有智慧的人都是通过这种途径获得其智慧的。人的智力的本质决定了只有这种方法才能使人变得聪明起来。

但在反馈阶段的评价主体仍然要注意以下几个问题：充分尊重教师的劳动，充分肯定教师的成绩和进步；指出问题时要有理、有据、有度，采用讨论交流的形式。有效的课后反馈是使执教老师乐于收到教学情况反馈，并在自我反思中尽快有所改进；使所有听课、评课教师都能从对话中获益，提升对教育教学的思考水平。

三、课堂教学评价

(一)课堂教学评价的基本内容

如本节“教学诊断与教学评价的关系”部分所述：教学诊断重在发现问题，主要回答“是什么”的问题；教学评价重在说明问题和赋予一定的价值判断，通过回答“为什么”和“是否有价值？有多大价值?”因此，教学评价主要是在教学诊断的基础上，对诊断结果进行相应的价值判断。

在此，必须重申一个十分关键的问题：无论是诊断还是评价，都必须在相同的教学指导思想、教学理论的指导下进行。这意味着：首先，在一定教学思想、教学理论指导下，展开教学诊断，获得必要的数据、事实等用于作为评价的依据；其次，根据同样的教学指导思想、教学理论，对获得的数据和事实进行判读，并赋予相应的价值判断。由此，可根据教学诊断的四个维度，对各个维度获得的诊断结果进行评价。

维度一：学生的学习状况维度的评价。通过对学生在学习过程中，在准备、倾听、互动、自主和达成等各个观测点获得的诊断记录，对学生的学习状态进行评定，判断其学习的有效性情况。可进行定性的“是否有效”的评价，也可进行定量的“在多大程度上有效”的评价。

维度二：对于教师教学状况维度的评价。通过对教师在教学过程中，在教学环节安排、教学内容呈示、师生(或生生)对话、对学生的学习指导状况、教学机智的表现状况等观测点得到的诊断记录，对教师的教学工作状况进行评价。同样，既可进行定性的“是否有效”的评价，也可进行定量的“在多大程度上有效”的评价。

维度三：对课程性质的理解和实施成效维度的评价。每门课程的开设，都围绕着教学目标要求，有自己的特殊定位，因此对课程性质评价关键的在于通过各观测点数据的了解和掌握，判断该课程在实施，实现课程定位的状况。由此，通过对预设的学习目标的理解和表达状况、预设目标的依据评估、是否生成新的学习目标、教学内容——教材的处理情况、实施教学过程中的方法选择状况、教学各阶段的评价状况及效果、学习资源的拥有状况等，对该课程的实施成效进行相应的评价。

维度四：对课堂文化的显示状态维度的评价。课堂教学的成效，在很大程度上受到师生长期互动而形成的课堂文化的影响。因此，也有必要对课堂文化的基本特点以及该特点对达成课堂教学目标所造成的影响进行评价。通过对课堂教学过程中学生表现的思考状态、师生互动（民主）状态、有无创新（或创新的表现）、课堂中的关爱氛围、该课堂特质等情况的评估，对课堂文化状况进行评价。

（二）课堂教学评价的基本类型

1. 以主体为依据的分类

在此类分类中，可将其分为他评价和自评价二种。

（1）他评价

这是指他人对评价对象的评价。一般来说，对课堂教学进行他评价的主体主要是学校方面（包括同行教师和学校领导），也包括家庭评价和社会评价。这是一种来自于外部的显性评价，它通过外人对评价对象进行明显的统计分析或文字描述而达成。没有他评价的评价是不真实的，必须通过他人的评价作为镜子，自己才能看得清自己在教学中的作为，从这个意义上讲，他评价是课堂教学评价的最主要的方面。

（2）自评价

指自我评价。作为课堂教学的主体，无论是教师，还是学生，都可以根据自己在课堂教学过程中的表现，进行自我评价。它的过程有时是内隐的，通过思想内部的“反省”、“自查”、“检讨”、“总结”、“自判”等方式来进行，有时也是外显的，如：教师对自己的教学工作进行工作评分，撰写教学工作总结等。由于自评价的结果（特别是工作总结、评分等）常常与被评者的荣誉、实际利益等息息相关，因此自评价的内容往往不如他评价的结果可靠。但一些内因的评价内容，如造成某种教学行为的心理原因，仅靠他评价却难以清晰地解释，只有自评价才能反映出来。因此自评价可以弥补他评价的某些局限性。经常进行自评价活动，可有效地培养自我判断、自我发现的能力，还有利于促进自我教育和自我完善。

2. 以标准为依据的评价类型

（1）绝对评价

绝对评价是在评价对象的集合之外确定一个标准，评价是把评价对象与客观标准进行比较。绝对评价的优点是：标准客观。与标准相比，每个被评价者均可明确自己与客观标准的距离，有利于被评者“知己知彼”，同时，可直接鉴别各项目标的完成情况，为今后工作制定明确的目标和方向。缺点是：标准很难做到真正客观，在制定和掌握评价标准时，易于受评价者的教育价值观和经验的影响。

相对评价:相对评价是在评价对象的集合中选取一个或若干个基准,然后把各个评价与基准进行比较。相对评价的优点是:不受所在集体整体水平高低的限制,无论所在集体水平高低与否,总能在其中获得该受评者在这个集体中的相对位置,由此比较该受评者的优与劣、先进与落后。缺点是:判断会因所在集体的总体水平的不同而发生变化。比如:一个处于先进集体中的落后个体的实际水平,可能会优于处于落后集体中的先进个体的水平。因而不同集体中的个体就难以比较。

个体内差异评价:个体内差异评价是对被评价者某一项或某几项品质的过去和现在进行比较,或将被评价者同一时期的不同方面的品质进行比较。例如对某学生两年以来历次语文考试的成绩进行比较;或在某次考试后,对所考的各科成绩进行比较。两种比较都有利于得出在被评者自身素质中,各方面品质的进步情况。这种评价有利于发现自身的优势与不足,但由于被评者不与他人进行比较,就难以找出自己在集体中的真正差距或优势。

3. **以作用为依据的评价分类**

(1)诊断性评价:这是在教学活动开展之前所进行的预测性、测定性的评价。其目的是为了了解和掌握被评价对象的基础和基本情况,为指定接下来的教学措施做准备,为因材施教提供依据。在此,"诊断"具有较为广泛的涵义。它既包括辨别不足或寻求问题的原因,也包括识别各种优点和各种才能禀赋。

(2)形成性评价:这是在课程实施和教学过程中,对教学计划方案实施过程中的各个阶段实施状况进行的评价。其目的是了解某项教学活动的效果,主要是了解学生掌握知识和形成技能的情况,并及时反馈信息,以便及时修正、及时调节、及时强化。这种评价的结果,不注重评价成绩,只注重发现问题。

(3)终结性评价:这是在课程实施和教学过程结束之后,为了解而进行的评价。它的主要目的是评定成绩,做出评价,或者评定工作措施的有效性。它的一个重要功能,就是确认达到目标的程度。

(4)过程评价:这是对课程实施与教学的过程中评价,它贯彻于教学活动过程的始终。其目的是了解教学活动全过程的活动表现情形,而并非活动的效果。这是过程评价与形成性评价之间的最大区别。它重视质的分析和价值取向的判断,综合考察全过程的活动表现状况,作出解释性描述,常采用客观性、科学性评价标准。

(5)发展评价:这也是一种过程评价,主要考察活动的过程,其目的是从发展的角度去判断课程实施状况和教学效果,注重了解教学过程中生成性目标的实现情况和学生素质的全面发展情况。其显著特点是用发展的眼光去分析问题和作出判断。我国当前推行的素质教育和新课程的实验实施,十分重视发展评价。

【教育名著简介】——《学校无分数教育三部曲》

作者简介:A.阿莫纳什维利,当代格鲁吉亚儿童心理学家,教育家,前苏联教育科学院院士,曾任全苏教师创造协会理事长,格鲁吉亚戈盖巴什维利教育所长。

阿莫纳什维利是合作教育学派的主要代表人物之一,是一位富于革新精神的学者,也是一位小学教师。他创造了一套以师生独特的交往方式为基础,并具有他本人鲜明个性特点的合作教学模式,被简单称作没有分数的教学体系。他提出了建立实事求是的师生关系的原则，认为在知识探索中，教师有时应当扮演与学生一样的求知者的角色，有时“健忘”，有时“犯错误”，提出与学生答案相反的论证，激起学生与教师辩论的愿望。在阿莫纳什维利的教学中，教师以这种方式为学生创造条件，让学生在与教师的交往中感到自己是与教师平等的伙伴，并从这种积极参与中获得认识的快乐，交往的快乐。

《学校无分数教育三部曲》是作者根据他长期进行没有分数的教育实验的成果写成的描述小学教育的三部曲：《孩子们，你们好！》、《孩子们，你们生活得怎样?》、《孩子们，祝你们一路平安！》。这三部书均被前苏联教育部列为推荐给广大教师阅读的教学法参考书。

在三部曲中，作者始终以一个教学班为实例，借助一个教师的自述和对教育问题的思考，生动、形象、具体地展示了小学教学和教育活动的全过程，阐述了他的教育主张，介绍了他对小学生进行教学和教育的原则和方法，涉及到学校工作的各个方面。

本书反映小学毕业班学生的学校生活。以人道态度对待儿童和基于儿童个性的观点来构建教学教育的观点贯穿本书。在本书中，作者围绕着教师、课程、少先队工作、对四年工作的回顾和总结等方面展开他的叙述，阐述了他的教育原则和对一系列教学教育问题的见解。书中还有许多教学和教育方法的实例，以及教师如何细心周到地关怀、爱护、帮助和教育学生的感人事例。本书行文通俗易懂，既有理论阐述，又有生动的实例，可供中小学教师、师范院校师生和教育理论工作者阅读参考。

【精彩片段选读】

《孩子们，你们好！》是三部曲中的第一部。作者从这里开始，以一个教学班为实例，生动、形象、具体地展现了他和他的学生在小学四年里的教学和教育活动的全过程。

本书主要描述小学一年级(书中为6岁儿童预备班，按新学制为一年级)的教学和教育工作。作者以一个教师在9月1日前夜的思考开始，最后以他对一年级学生的明天的畅想告终。作者选择了5个学日(如开学第一天、学完识字课本、第122个学日，最后一个学日等)展开他的叙述，在叙述解决对学生进行教育和教学的任务时，论证了基于从儿童个性的观点和对儿童人道态度的立场解决这些任务的原则和方法，阐述了组织儿童学校生活的总方针和在解决对最年幼的学生进行教学和教育的任务中，教师内在的创造活动。此外，作者还叙述了种种与众不同的把儿童吸引到教学和教育过程中来的方式方法。

《孩子们，你们生活得怎样?》是三部曲中的第二部。本书描述小学一、二年级(按新学制应为二、三年级)的教学教育工作。

在本书中，作者着重阐述了下述问题：应该为学生创造丰富多彩的校内外生活，促进他们的个性发展；要教会学生学习，更重要的还要激起他们的求知欲、持久的学习兴趣，使他们热爱学习，对学习抱积极主动的态度；要摒弃把现成知识端给学生的做法，要采用能推动学生独立钻研、积极主动地去获取知识的方法，指引他们进入“思维的王国”；培养学生的独立性，道德和一般发展是独立性的支柱；不歧视“后进生”，不遗弃“后进生”，要给予他们更多的爱和关怀，唤起他们的自尊心、自信心，帮助他们克服缺点，弥补缺陷。每一个学生都个性各异，因此要探索适合于不同学生的不同的教育方法；教师要善于理解儿童，细心周到地关怀儿童的心灵，教师要带着童心加入到儿童们的童年生活中去，这是通向儿童心灵的捷径。教师还要注意男女学生之间的友谊问题；关于伦理道德教育和行为规范的操练问题，重要的是要使学生做到知行合一，言行一致。

《孩子们,祝你们一路平安!》是三部曲中的第三部。反映小学毕业班学生的学校生活。以人道态度对待儿童和基于儿童个性来构建教学教育的观点贯穿于整本书。在本书中,作者围绕着教师、课程、少先队工作、对四年工作的回顾和总结等方面展开他的叙述,阐述了他的教育原则和对一系列教学教育问题的见解。书中还有许多教学和教育方法的实例,以及教师如何细心周到地关怀、爱护、帮助和教育学生的感人事例。《孩子们祝你们一路平安!》行文通俗易懂,既有理论阐述,又有生动的实例。

【教育名家简介】——李镇西

李镇西,男,1958年8月生,苏州大学教育哲学博士,语文特级教师。他认为"从'心灵'到'民主',其实并没有什么本质的不同。因为'民主'本身就是对'心灵'——实质上是对'人性'的关怀"。主要著作有《青春期悄悄话——给中学生100封信》、《爱心与教育——素质教育探索手记》、《从批判走向建设——语文教育手记》、《走进心灵——民主教育手记》、《教育是心灵的艺术——李镇西教育论文随笔选》、《风中芦苇在思索——李镇西教育随笔选》以及最新出版的《做最好的班主任》,《做最好的家长》,《做最好的老师》,《用心灵赢得心灵——李镇西教育演讲录》。

1982年四川师大中文系毕业后,在乐山一中担任语文教学工作兼任班主任,1991年到成都市玉林中学执教语文课并兼班主任,1997年到成都市石室中学任教。2000年到苏州大学攻读博士学位,2003年6月博士论文《民主教育论》获得通过,并完成博士学业。2000年"全国十杰中小学中青年教师"提名奖,2003年获得四川省获成都市中小学教育专家的荣誉称号。后任成都市教育科学研究所教育发展研究室主任。又在四川省新教育实验学校(原成都市盐道街中学外语学校)教书(做班主任),并任该校副校长。已发表数百篇文章,相继出版了《青春期悄悄话》、《爱心与教育》、《走进心灵》、《从批判走向建设》、《教育是心灵的艺术》、《花开的声音》、《风中芦苇在思索》、《教有所思》、《民主与教育》等12部专著。1998年12月,在北京举行的"纪念苏霍姆林斯基80诞辰国际学术研讨会"上,著名教育家苏霍姆林斯基的女儿、乌克兰教育科学院院士苏霍姆林基卡娅赞誉他是"中国的苏霍姆林斯基式的教师"。作为教育哲学博士、四川省中学语文特级教师、全国优秀语文教师、有突出贡献的优秀专家、成都市中学语文专业委员会常务理事的他告诉我们:"所有的学生都是爱老师的,关键是你能否感受到爱。"正如世界上不缺乏美,缺乏的是发现美的眼光。他告诉我们:"爱不等于教育的全部,但教育不能没有爱。爱不是迁就学生,不是放弃严格要求和严肃的纪律。"不是溺爱,要关爱。再拿一个令班主任和老师都头痛的后进生问题来说,他告诉我们:"不要把后进生当成头痛的问题,而要把他们当课题。"与其去争那几个有限的市级课题、省级课题、国家级课题,不如去解决眼前的实际问题。其实解决实际问题的同时就是在做研究型的教学,就是在做实际的课题。

作为一位语文教师,他坚持自己的教育理念:"人"——人的思想、人的感情、人的精神提升,人的个性发展,应该是语文教育的生命。李镇西把语文民主教育的特征作如下概括:

(1)民主教育是充满爱心的教育,而不是专制的非人教育。充满爱心的民主教育是充满人性、人情和人道的教育。

(2)民主教育是尊重个性的教育。尊重个性,就是要尊重学生的主体性,尊重学生发展的主动性,承认他作为个体的差异性。

(3)民主教育是追求自由的教育。尊重学生心灵的自由,就是尊重学生思想的自由,感情的自由、创造的自由。

(4)民主教育是体现平等的教育。真正优秀的教师应该是学生的引路人,也适合与学生一起追求新知,探求真理的志同道合者。合作学习的态度,就是平等精神在民主教育中的体现。

(5)民主教育是重视法治的教育。教育中的法治精神还体现在学生班级管理从“人治”走向“法治”。让学生在实践中受到民主精神,法治观念,平等意识,独立人格的启蒙教育。

(6)民主教育是倡导宽容的教育。民主本身就意味着宽容:宽容他人的个性,宽容他人的歧见,宽容他人的错误,宽容他人的与众不同……

(7)民主教育是讲究妥协的教育。在民主教育过程中,如果说“宽容”是善待他人的不同观点,那么“妥协”则是对话双方都勇敢地接纳对方观点中的合理部分,彼此相长,共同提高。成功的民主教育,往往都充满了师生合作的气息。这种“合作”中,便有“妥协”。

(8)民主教育是激发创造的教育。民主是对人的本质的解放,而人的发展的本质在于创造。发展学生的创造精神,是民主教育的使命。

正是这种对民主教育精神的孜孜不倦的追求,使得李镇西老师在教育科研、语文教学、班级管理等领域都取得了丰硕成果,成为享誉当代的教育名家。

思考与探讨

1. 以自己熟悉的某门课程为例,分析其教学模式的特点,并据此提出相应的改进意见。

2. 选取任意一段教学内容,根据陈述课堂教学目标必须包含的四个要素:行为主体、行为动词、情景或条件、表现水平或程度的要求,尝试确定自己的教学策略。

3. 结合自己所在学校的信息技术教学装备条件及使用状况,围绕信息技术与课堂教学整合这一目标,提出改进思路。

4. 制定一份课堂教学诊断计划,并选取一堂课堂教学视频,尝试对该课堂教学进行诊断。

第10章 学习方法及其辅导

☆才须学也，非学无以成才，非志无以成学。

——诸葛亮

☆学习是劳动，是充满思想的劳动。

——(俄)乌申斯基

☆没有正确的方法，即使有眼睛的博学者也会像瞎子一样盲目摸索。最有价值的知识是方法的知识。

——(法)笛卡尔

☆良好的方法可以增进学生的效能，乃至加速他们的心理成长而无所损害。

——(瑞士)皮亚杰

教与学是师生双方共同协作的事，教的效果最终要落实到学的成效上。实践证明，学生是否掌握了科学的学习方法，不仅直接影响现时的教学质量，更影响学生的可持续发展。而以往的教学论专著大多数重视教师的教法研究，而忽视学生的学法探讨，这已不适应今天的教育理论与实践发展的要求。因此，本章专门论述中小学生的学习方法及其指导。

第一节 学习方法概述

一、学生学习的本质

学习概念历来是教育家们研究的主要内容，有关学习的理论也不尽相同，归纳起来主要有四种取向：一是指学习是刺激—反应之间联结的加强(行为主义)，如桑代克的“试误说”，斯金纳的“操作性条件反射”理论，班杜拉的“观察学习”等；二是认为学习是认知结构的改变(认知学派)，如格式塔学派的“完形说”，皮亚杰的“儿童认知发展的阶段”理论，布鲁纳提倡的“发现学习”理论等；三是认为学习是自我的变化(人本主义)，强调学习过程中应该尊重人的意愿、情感、需要和价值观等因素,以马斯洛、罗杰斯为代表;四是认为学习是主体对客体积极建构意义的过程(建构主义)。可以看出,对学习的理解是多角度、多侧面的。在这里,我们采用林崇德教授的解释,①即学习有广义与狭义之分。广义的学习是指动物和人的经验获得及行为变化的过程,也就是说,学习是凭借经验产生的比较持久的行为变化。广义的学习,在人类和动物界广泛存在,但是人类的学习是有意识的获取经验、知识、文化的手段,而知识本身的继承、文化的传承和自身的发展要依靠学习。狭义的学习是指学生在教师指导下有目的、有计划、系统地掌握知识技能和行为规范的活动,是一种社会义务。由此可见,学生的学习是一种狭义的学习。

以上众多的有关学习理论尽管对学习的解释不尽相同,但是都承认学生的学习是一种特殊的认识过程,其本质表现为以下几个方面:

(一)学生的学习是以学习间接经验为主的过程

学生的学习活动不是简单重复人类认识活动的全部过程,而是直接接受人类实践中积累的基本经验。正因为这样,学生才能在较短的时间内获得前人丰富的认识成果,避免重复历史的认识过程的漫长与曲折。

但是同时,由于学习过程也是人类认识过程的一个重要环节,因此它仍然遵循人类认识活动的总的规律,即认识活动一般都是从感性认识上升到理性认识,再以理论指导人类的实践活动。

(二)学生的学习是一种教师指导下的认识活动

学生的学习离不开教师的指导。在西方,往往强调"学习指导",即教师为了完成一定的教学任务,以教材和教具为媒介所进行的各种活动,包括学习内容的安排、呈现、学习方法的指导、学习效果的评价及其反馈等。

当然,我们也应该认识到,教师"学习指导"的最终目的是引导学生掌握并逐步形成稳定的学习方法和技能,最终实现学会学习,即"教是为了不教"。教师在教学活动中的指导只是学生学习的外因,而学生学习的需要、动机才是学生学习并获得发展的内因。

(三)学生学习的过程是一种运用学习方法的活动

学校中,学生最重要的学习就是学会学习,包括掌握知识、发展能力、养成良好的个性和品德。而要达成这一系列任务除了要具备一定的外在条件,如良好的学习环境、充分的学习用具以及良好的人际环境以外,最重要的就是优化学习的过程和学习的环节,包括自我计划、课前预习、上课、课后复习、课外作业、系统总结等。而掌握科学、有效的学习方法是优化学习过程的必要条件。如预习就需要掌握阅读、设问等方法;而复习则需要掌握意义记忆、过度学习等方法。同时,当学生学习并逐步掌握了一系列学习方法和技能后,就能自主地进行学习,并最终实现学会学习。

---

① 林崇德:《教育与发展》,北京:北京师范大学出版社,2001年版,第8—9页。

二、学习方法及其内涵

有关学习方法的定义历来研究者都有不同的看法，对于它的研究大多从心理学的角度进行，如绝大多数教育心理学教材中都有关于“学习策略”的内容，但是研究者对学习策略的界定仍没有达成共识，有的将其看作是学习的活动或者是步骤，有的将其定义为内隐的学习规则系统，有的将其理解为是学习的计划。学习方法与教学策略虽然具有区别，但是也存在着紧密的联系，一方面，学习策略的谋划最终要落实在学习方法上，借助学习方法表现出来；另一方面，只有那些经过学习者整体谋划之后启用的方法才会获得策略的性质。①

我国学术界将学习方法分为广义和狭义两种理解。广义的学习方法指在学习过程中，一切为达到学习目的、掌握学习内容而采取的手段、方式、途径，以及学习所应遵循的一些操作性原则、组织管理等环节。如钟祖荣提出，②学习方法就是人们学习活动所应遵循的原则以及采用的程序、方式、手段的组合。学习方法可分解为四个要素：(1)程序：它是指学习行为的先后顺序。学习程序的特点有：①时间顺序性；②具体明确性；③层次性。(2)原则：它指的是人们在学习活动中应该遵循的准则或要求。作为原则，它有三个特点：①概括性、抽象性；②规范性、主观性；③层次性。(3)方式：它是指完成一项学习任务所采取的具体途径、具体方法。学习方式的特点有：①类型的多样性；②综合性或组合性；③层次性。(4)手段：它是指学习活动中采用什么样的工具或物质手段，如纸、笔、书、录音机、复印机、电脑等，其特点是具有物质性、多样性。

狭义的学习方法指学习过程中学习者所采取的具体活动措施与策略，如阅读的方法、记忆的方法、思考问题的方法等。

无论对学习方法怎样定义，对于其内涵的把握我们可以从以下几个方面进行：

(一)学习方法是完成学习任务的一系列有效的手段与途径

运用学习方法的目的就在于顺利完成学习目标，提高学习效率。因此，学习方法总是针对学习目标而设的，而要完成一定的学习目标不是仅靠一两种固定不变的学习方法就能实现的，而需要针对不同的学习科目、学习者的不同学习风格、学习者的年龄特点以及不同的外部条件等，选择并运用适宜的学习方法才能实现。

(二)学习方法既是学习的手段，又是学习的内容

学习方法的知识，是学生知识体系中的重要组成部分，也是能力结构的重要成分。法国数学家笛卡儿说过，最有价值的知识是关于方法的知识。在教学过程中，学生是学习的主体，他们要不断地接受信息，理解、消化知识，并不断发展能力，因此，教师通过一定的途径对学生进行学习方法的传授和指导，使学生掌握科学的学习方法，并能灵活运用于学习之中是必要的，也是可能的。学习方法对于有效的学习具有重要的意义，它既是学生获取知识的手段，又是学生学习的重要内容之一。

---

① 张大均：《教育心理学》，北京：人民教育出版社，2004年版，第249页。

② 钟祖荣：《学习指导的理论与实践》，北京：教育科学出版社，2001年版，第75页。

(三)学习方法具有层次性与多样性

从纵向来看,学习方法自上而下有四个层次:第一个层次是哲学方法论;第二个层次是各科运用的普遍学习方法,如温故知新、熟能生巧等;第三个层次是分科学习方法,如物理学习法、外语学习法等;第四个层次是分科学习方法中的单项学习方法,如外语学习法中的口语交际法、单词记忆法等。

以横向来看,学习方法可以从不同的角度进行划分。如从知识掌握的整个过程来看,可以分为感知知识的方法、理解知识的方法、巩固知识的方法以及运用知识的方法。从学习方法所起的作用不同,可以分为基本方法和辅助性方法。基本方法是用于直接理解和掌握教材内容的方法,如阅读、资料查阅、作业的方法等;辅助性的方法,主要是帮助学习者维持适当的学习氛围,保证基本方法的顺利展开,如制订学习计划、动静结合学习法、自我检查法等。根据教学过程划分,可以把学习方法分为听课的方法、练习的方法、作业的方法、复习的方法、考试的方法等。

三、研究学习方法的意义

(一)学习方法研究是适应终身学习的需要

当今世界,知识的更新加速,社会的快速发展已经引起教育的巨大变革,终身教育的倡导与实施使得学习成为贯穿于人一生的完整过程,这就意味着一个人仅仅依靠十几年的学校教育已无法适应一生的社会生活,他必须终生学习。同时,作为人生起始阶段的基础教育要为一个人的终生学习和发展打下基础。

为了学习者终生的学习和发展,教育应该注重学生乐学、会学这种大目标及其教育价值。正如《教育——财富蕴藏其中》一书中指出的那样:“这种学习更多的是为了掌握认识的手段,而不是获取的经过分类的系统化知识。即将其视为一种人生手段,也可将其视为一种人生的目标。作为手段,它应使每个人学会了解他周围的世界,至少是使他能够有尊严地生活,能够发现自己的专业能力和进行交往。作为目的,其基础是乐于理解、认识与发现。”①

身处当今“知识爆炸”的时代,知识是学不完的,学得的知识有的也很快会过时,“我们今天知道的东西到明天就会过时,就会停滞不前。”②人类没有“一劳永逸”地获取知识的可能性了,唯有乐学、会学才能使人终身受益。而一个人通过学习获得了获取知识、探究解决问题的方法,那么他就有可能运用这些方法去寻求尚未知晓的知识,探求解决各种新问题的方法。

因此,进行学习方法研究就是要培养学生乐学、会学的精神和能力,为其掌握和运用科学的方法进行终身学习和发展奠定基础。

(二)学习方法研究是全面实施素质教育的需要

科学技术的迅猛发展,知识经济的加速到来,使得社会对于人的需求呈现出多样化的趋

① 国际21世纪教育委员会:《教育——财富蕴藏其中》,北京:教育科学出版社,1996年版,第76页。

② (美国)珍尼特·沃斯、(新西兰)戈登·德莱顿:《学习的革命》,上海:上海三联书店,1998年版,第72页。

势。当今世界，国际竞争日趋激烈，我国现代化建设将面临更为伟大、更为艰巨的任务。社会的发展迫切需要教育加快改革步伐，努力培养具有创新精神和实践能力的有理想、有道德、有文化、有纪律的全面发展的一代新人。

在这样的背景下，1993 年，中共中央、国务院颁发了《中国教育改革和发展纲要》，纲要指出："中小学要由'应试教育'转向全面提高国民素质的轨道，面向全体学生，全面提高学生的思想道德、文化科学、劳动技能和身体心理素质，促进学生生动活泼地发展。"然而，目前我国的基础教育现状还存在很多问题，如教育质量不稳定，学校教育行为出现不同程度的扭曲和失范；陈旧的传统教育思想，使学校教育不同程度上脱离社会的需要，学生课业负担仍然很重，课程教材"难、繁、窄、旧"；占主导地位的教育方法还是简单的灌输等。如不及时、有效地解决以上问题，提高民族素质、培养创新人才就无从谈起。1999 年 6 月，第三次全国教育工作会议提出了全面实施素质教育的要求，其灵魂在于面向全体学生、全面发展及培植人的主体性与创造性。

应试教育所要塑造的人才与素质教育所要培养的具有独立意识、创新精神的人才具有本质的区别，前者只能"学会"，而后者则强调"会学"。2001 年 7 月，教育部确立了《基础教育课程改革纲要(试行)》，针对基础教育课程体系本身的问题，从课程目标的设置、课程内容的选择、课程实施的方法和途径、课程评价的方式等方面进行改革与重构，改变过去更多关注学习的结果，强调了学生学习的过程与方法。因此，从学生的身心发展特点出发，通过对学生学习方法的探索，研究教师的指导策略，促进学生有效地学习和适宜地发展是全面实施素质教育的基本保障。

(三)学习方法研究是培养"会学习"的公民的保证

20 世纪 80 年代教育界提出了"学会学习"的口号，标志着教学方法由注重知识的传授到注重培养学生的自学能力。其本质是尊重学习者的主体地位，意味着"学习必须立足于学习者的理解、同化、分析的能力，对自己已经获得的知识进行分类的能力，轻松处理抽象与具体、一般与特殊之间关系的能力，以及阐述知与行、调整专与博的关系的能力。"①

其实，学会学习并不是一个新的思想，在我国，早在 2500 年前，孔子(公元前 551 年—前 479 年)就已经重视学习方法，他提出"温故而知新"，讲的就是学习中及时复习对于知识巩固的重要性。在西方，最早提出这个观点的是法国思想家和教育家卢梭，他指出，形成一种独立的学习方法要比获得知识更重要。

因此，重视学习方法研究正是在尊重学生是学习主体的理念下，探索学生进行有效学习应该掌握的基本方法，培养相应的学习能力，为培养"会学习" 的公民提供保证。

第二节　中小学生有效的学习方法及其辅导

学习方法总是与学生的身心发展水平紧密联系的，一方面儿童的身心发展制约着他对方法的理解和应用，另一方面适宜的学习方法又促进了学生的发展。

---

① 李秉德、李定仁：《教学论》，北京：人民教育出版社，1991 年版，第 427 页。

一、小学生常用的学习方法及其指导

小学阶段是儿童处于6、7岁到11、12岁这个时期，在心理学上称为学龄初期。这个时期儿童具有以下一些重要的特点：[①]首先是学习逐步成为儿童的主导活动；其次，儿童逐步掌握书面语言并向抽象逻辑思维过渡；第三，儿童有意识地参加集体生活。针对以上学习特点，对于小学生学习方法的指导应侧重初步学习方法和学习技能、良好的学习习惯以及思维习惯等的培养。因此，小学生常用的学习方法指导可从以下方面思考：

（一）制订学习计划

帮助小学生学会制定学习计划、掌握有效的学习方法、养成良好的学习习惯是十分重要的，教师应该注意以下几点：

（1）计划要明确具体、切合实际。在指导小学生设立目标、安排时间时，都要力求具体化。同时，目标的制订要切合实际，要避免对自己提出过于苛刻的要求。

（2）计划要具有弹性。计划应留有余地、富有弹性。在时间安排上不可过于死板，这样才能保证计划的顺利执行。学习计划有近期、中期、远期之分，而经验表明，按照远期学习目标而制订学习计划是不适宜的，因为长期的学习计划易流于大而空，既难以执行，也难以检查。因此，宜根据近期学习目标来制订。在执行计划的过程中，还要根据实际情况进行修改与调整。

（二）预习的方法

预习是指在教师上课之前，对所要学习的内容提前进行学习和理解的过程。教师指导小学生预习时应该注意以下几点：

（1）明确预习任务，妥善安排预习时间。应复习、巩固与新内容有关的旧知识，并找出预习中尚不懂的问题。同时，在时间安排上，最好选择在做完当天功课后的剩余时间里，根据时间的多少来确定预习内容的深度和广度。

（2）掌握一些预习方法。如“读、写、记”相结合，“读”即课前预读。也就是阅读新课教材及参考资料，必要时还需要阅读与新课相关的已学课文。“写”就是把自己的问题整理出来，写简单的预习笔记。“记”就是对重点知识进行记忆。如对重要的词、句和段落、重要的概念、定理和结论，要求能基本记住。同时还要引导小学生充分利用工具书帮助预习。

（三）听课的方法

听课是学生在整个学习过程中的中心环节，预习、复习、作业和考试等环节都是围绕着听课这一环节来进行的。教师指导小学生听课时应该注意以下几点：

（1）激发学生听课的积极态度。教师应该精心设计自己的教学内容和教学环节，调动学生学习的兴趣和积极性。

（2）帮助学生集中注意力，手脑并用。教师首先要督促小学生具有正确的坐姿，以保持

① 朱智贤：《儿童心理学》，北京：人民教育出版社，1993年版，第278页。

注意力的稳定性。其次，教师要充分调动小学生眼看、耳听、手写、脑想、嘴说等多种感官参与到学习中，理解教师讲课的内容及其表达方式的涵义。同时要培养学生养成勤思多问的习惯。

(3)学会记课堂笔记。一般来说，小学生做笔记的能力比较低，往往出现要么不加选择地把老师的话全记下来，要么注意笔记却忘记听课，“顾此失彼”。因此教师在讲课时，要适当放慢速度、重复重要信息、详细呈现笔记的线索或框架，教会学生使用自己熟悉的符号和缩写记笔记，甚至可以出示一些笔记的范本，供学生模仿和学习，以提高学生记笔记的能力。

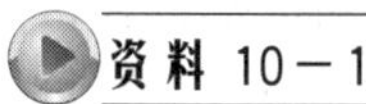
资料 10－1

5R 笔记法

5R 笔记法诞生于美国康奈尔大学，所以又名康奈尔笔记法，它几乎适用于一切课堂自学场合。5R 即指由 5 个“R”字母开头的术语：(1)记录(record)，在听讲或阅读过程中，在主栏内记下主要内容，多记有意义的概念、论据等；(2)简化(reduce)，随后(或课后)将主栏中内容恰当概括，并简明扼要地写进辅栏(回忆栏)；(3)背诵(recite)，即遮住主栏内容，以回忆栏中的内容为线索，叙述课堂上(或阅读中)学习过的东西(不要求机械地叙述，而是在充分理解的基础上用自己的话叙述)，叙述过后，再对照主栏，核实所述之正误；(4)反省(reflect)，即把自己听课或阅读时的想法、意见等，写在卡片或笔记本的某一单独部分(与课堂记录内容分开)，并加上标题和索引，编制成提纲、摘要，分门别类；(5)复习(review)，每周花一定时间快速浏览笔记，主要是看回忆栏。

(资料来源：张大均：《教育心理学》，北京：人民教育出版社，2004 年版，第 258 页)

(四)复习的方法

复习包括课后复习和系统复习两种。课后复习的主要目的在于理解和巩固当天学到的知识。系统复习的主要目的是对周、月、学期或学年学过的知识进行全面深入的复习，目的在于融会贯通，理解和掌握学科知识的体系。。

为此，教师指导小学生复习时应该注意以下几点：

(1)复习教材，整理笔记。

复习教材章节，回顾教师的课堂讲授，及时整理笔记，这样能及时有效地强化对新课知识的理解和记忆。

(2)运用记忆方法

1. 谐音法　谐音法是指利用不同字有相同或者相似的读音来提高学习效率的方法。谐音法能提高记忆效率，关键在于它的“一音双关性”。如圆周率 3.14159265358979323846264338327 9，有个聪明的学生把要背诵的数字编成了谐音语句：“山巅一寺一壶酒，尔乐苦煞吾，把酒吃，酒杀尔，杀不死，遛尔遛死，扇扇刮，扇耳吃酒。”。但谐音法不适合于有较强逻辑关系的材料，否则会适得其反。

2. 形象化　形象化是应用比喻、联想等方法，将无意义的材料转化成形象材料的一种记忆方法。如小学生在学习拼音字母“6 是(b)，反 6 是(d)，一扇门(n)，两扇门(m)，拐棍(f)，伞把(t)，小棍(l)”就是使用该方法。

3. 过度学习　在复习时，把初次能够达到完全正确回忆时的学习程度定为100%，表示已经全部学会，但此时仍较容易遗忘。为了避免学习后遗忘，经常需要在100%的学习程度之后再增加若干次的练习，这种增加的练习被称为过度学习。进行适度过量的学习，有利于提高记忆效率。

为此，教师应通过多方面的努力使学生尽快地掌握复述的本领。

4. 尝试回忆　研究证明，复习过程中采取部分时间复习、部分时间试图回忆的效果比全部时间复习得好。试图回忆的时间越多，记忆的效果就越好。全部时间用于反复诵读的效果最差，而用4/5的时间进行试图回忆的效果最好。回忆反思是一个思考和记忆过程，每一次回忆都要将学习的内容再现一次，使新课知识得到一次强化和巩固。另外，在试图回忆时能较快知道材料的难点所在，可以有针对性地进行诵读。

（五）写作业的方法

写作业是将学到的知识运用于实际的智力活动过程。为此，教师应该注意以下几点：

(1)先复习后作业，即在认真复习、充分理解的基础上完成作业。作业时应该仔细审题，明确习题的目的要求，弄清已知条件和未知条件及解决问题的关键所在，做到心中有数。

(2)认真表述，做好检查。

作业时要养成良好的书写习惯，保持作业的整洁、美观和规范。作业后要根据习题的目的要求细心检查，发现错误及时纠正；同时，对教师的批改、批语要认真思考，吸取教训，不断提高。

（六）考试的方法

考试是教学过程的必要环节，是对学生学业成绩进行总结性检查所采用的一种方法。因此，了解和掌握考试的技巧，这是学生学习方法中一个十分重要的问题。

1. 做好考前的知识、心理准备

首先，要制订复习计划。考前学生必须制订出自己的完整的复习计划。只有制订出符合自身情况的复习计划，才能在考前保持充分的主动。

其次，调整竞技状态。应试者需要注意学会适当的放松训练。应该将自己的生活安排得松紧有序，保证充足的精力投入到考前准备中；应避免过度疲劳，同时还要注意合理搭配饮食，同时要保持必要的体育锻炼，增强自己的体质。

最后，进行必要的考试技巧的训练。可以通过模拟考试寻找并填补知识体系的缺陷，也可以在一定程序上作为正规考试的预演。教师还应该引导学生详知考试细节，包括考试的时间、地点、内容、形式以及考试须知等。

2. 考场充发分挥

首先，将考生的身心调整到最佳的临考状态。为预防怯场现象的发生，考生可以采用以下方法进行调节：①学会自我鼓励，“我已经做了充分准备，只要认真审题就能考好”，使自己的情绪保持稳定。②深呼吸，缓和心理的紧张状态。③做眼睛保健操，可帮助恢复脑疲劳。

其次，引导学生了解答题应该注意的事项，主要有：试卷发到手，不要急于答题。等监考教师把答题的注意事项讲完，并说答题“开始”以后才进行；把整个试卷大体浏览一遍，估计一下回答每道题所需的时间，注意留出验算、检查试卷的时间；答题时，先易后难，这样可以减轻紧张情绪；审好题后再动笔；解答时要注意每种题型的特殊要求；全部做完后，要仔细检查。

3. 考后及时进行总结和调整

每一次考试之后，要帮助学生找一找错误的地方及其原因；对于尚不明白的问题，应该彻底弄明白；对于答错的题目，应该重做一遍；即使答对了，也应该进一步琢磨琢磨，以求深刻理解、熟练掌握。在每门学科考完后，不管考好考坏，不要忙于对答案，以免影响后面几门考试的情绪。

二、中学生常用的学习方法及其指导

中学阶段处于人生的11、12—17、18岁时期，这一时期是青少年的身体急剧变化、心理逐步成熟的时期。在心理学上称为少年期(11、12—14、15岁)和青年期(14、15—17、18岁)。与小学相比，这一时期的学生具有以下一些特点：首先，学生自我意识增强，自主性要求增长；其次，学生以抽象逻辑思维为主要特点，辩证思维开始发展；第三，学生具有强烈的求知欲。

同时，中学阶段的学习较小学阶段具有很大的不同，在学习任务上，中学生的学习科目从几个增加到十几个，教材数目从几本增加到十几本。学习内容上，中学阶段的各门学习科目都是各门科学知识的高度抽象概括，以基本概念、基本原理的形式系统地浓缩在各科教材之中，具有很强的逻辑性和概括性，这就需要中学生更多地运用抽象逻辑思维进行学习。因此，中学生的学习方法指导要着重培养学生掌握知识和运用知识的能力，促进其辩证逻辑思维的发展。

(一)阅读的方法

学生的学习离不开对学习材料的阅读和理解，阅读是理解知识和运用知识的基础，是学生获取知识的重要途径。有效的阅读能够提高学生领悟概念、掌握知识的效率。为此，引导中学生进行有效的阅读应该重视以下环节：

(1)加强阅读中的领会监控技能的训练。领会监控技能是指阅读者在阅读过程中对是否领会阅读目标(诸如发现某个重要细节，找出某个要点等)的一种认识。

教师可以使用以下方法来提高学生对阅读材料的领会：①变化阅读的速度。对于比较容易的章节读快点，抓住作者的整体观点；对于较难的章节，则要放慢阅读速度。②不急于得出答案。如某些地方不太明白，可继续往下读，文章的作者很可能会在文章的后一部分增加更多的信息，或在后文中有明确的说明。③猜测。当阅读某些段落不太明白时，可以试着猜测这部分的含义，并且继续读下去，看看自己的猜测是否正确。④反复阅读较难的段落。尤其是当信息仿佛自相矛盾或模棱两可时，就要反复阅读。

(2)掌握有效的阅读程序。阅读的程序可以帮助阅读者全面把握阅读材料，提高阅读的效率。可以采用“五步阅读自学法”进行训练。具体步骤是：①概览，即开始阅读时，从整体上大概了解文章的内容，对所学材料形成一个粗略的整体印象。②初读，开始第一遍的阅读，逐句逐段地理解阅读材料的字、词、句与段落，并通过做记号的方式将不理解的字、词、句划出来。③细读，通过查阅字典扫清阅读理解的障碍之后，开始细读，理解句子之间、段落之间的关系，以达到对学习材料连贯理解的目的。④提要，将文章中的主要内容用笔勾画出来，以达到浓缩知识，抓住精华，掌握文章结构的目的。⑤检测，根据阅读目标查看自己是否完成了任务，是否需要采取一定的补救措施。

(3)指导学生做好阅读笔记。俗话说，好记性不如烂笔头。读书笔记可以有以下几种：批注式的笔记，即学生直接在材料旁边做记号或概念解释；摘录笔记，即学生将描述细致、有特色的语句或段落摘录下来，以提高写作水平；心得笔记，即学生可以将自己在阅读后所思、所想、所获等记下来。

(二)记忆的方法

在小学阶段，学生已经基本掌握了一些记忆的基本方法，中学阶段应该在此基础上进行深化。下面再介绍两种。

1. 聚类组织法

聚类组织法也叫归纳法，是一种按照材料的特征或类别进行整理、归类的方法。聚类组织法有利于学习者将新学知识相互联系，形成一定的结构，因此是一种有效的学习方法。同一种材料可以按照不同的标准进行归类，采用的分类水平越高，其记忆效果越好。如果分成的组数和每组的个数控制在短时记忆容量之内(5—9 个项目)，则更有利于记忆。

2. 概括组织法

概括组织法是指以摒弃枝节、提取要义的方式组织信息的方法。布朗和戴维概括组织归纳出了五条原则：①略去枝节，即概括时省略不那么重要的材料。②删掉多余，即已涉及过的内容不再重复。③代以上位，代以上位有两种情况：一是以一个类别的标记去总括属概念，如以动物代替“鸟”、“狗”、“猫头鹰”；二是用一个更一般的行动(如“小兰起床”)去代替一系列的具体行动(“小兰止住闹钟声，手脚一蹬，便一骨碌下了床”)。④择取要义，指从学习材料中找出主题句。⑤自述要义，指对无现成主题句的段落，在阅读之后构思出一个主题或中心思想。

(三)解决问题的方法

根据问题解决的特征，学生做学科练习题、写作文、绘画等活动，都是典型的问题解决活动。为此，教师应该引导学生进行如下训练：

1. 简化

面对一个复杂的问题，一个重要的策略就是通过抓住这个问题的主要结构使这个问题得以简化。例如，我们要从下面方程组中找到 X 和 Y 的关系：

$R=Z$

$X=R+3$

$2M=3L+6$

$Y=M+1$

$R=3L$

如果我们去掉数字对这个问题加以简化，就有助于看出变量之间的关系：

R—Z

X—R

M—L

Y—M

R—L

这时再把上面的方程代入，问题就可以很容易得到解决：

X＝R＋3＝3L＋3＝2M－6＋3＝2(Y－1)－6＋3＝2Y－5

2. 解决问题的策略

我国学者在总结国内外有关研究的基础上，对中学生解答几何题的过程进行了考察和分析，细致比较了优等生和后进生解决习题过程中的差异，提出了解决问题的系统策略(张庆林等)。[①] 他们把结果加以总结，提出了七条解决问题的策略，应用于解决问题规程的三个阶段；表征问题、解答问题和思路总结。

表征问题阶段：策略一，准确理解习题的字词语句，不要匆忙回答；策略二，从整体上把握习题中各种数量之间的关系；策略三，根据对习题整体意义的理解判断习题的类型。

解答问题阶段：策略四，进行双向推理：充分利用已知条件进行顺向推理，运用未知条件进行逆向推理；策略五，克服思维定势，进行发散性思维；策略六，评价不同思路，选择最佳思路，进行集中性思维。

思路总结阶段：策略七，解题之后总结自己的思路，进行反思。

这套解决问题的策略虽然分成七项，但这七项构成为一个整体。

(四)自学的方法

自学的方法是指学生在有一定学习能力的基础上，通过自学独立获取、理解、整理、掌握和运用知识的一系列方法。当今世界，新科技、新知识日新月异，迅猛发展，不学习就要落后，所以培养学生(特别是高中生)的自学能力是教学工作的一个重要组成部分，也是培养学生多种能力的一个重要方面。下面介绍几种自学方法：

1. 卡片法[②]

就是将要记录的内容写在卡片上，它广泛应用于零散资料的收集，是非系统性自学最适宜的笔记形式。做卡片应做到：①一卡一“题”，即记一个相对独立的内容，否则，几方面的内容混记在一张卡片上，分类就困难；②在卡片的左上角或右上角，标明分类号、材料的性质等；③在卡片下方正中打孔，用线串卡成整，便于保存与查找。

2. 画线法

教会学生自学过程中在重要信息下面画线或标着重号，这样有助于让学生快速识别出学习材料中的重要信息或目标信息，增强对重要信息或目标信息的敏感性。下面是一些常用的方法：圈出不知其意义的词；标明定义或例子；在重要的段落前面加上星号；在混乱的章节前画上问号；写上自己的评论，记下事物或观念之间的异同点；标出总结性的陈述等。

---

① 沈德立：《小学儿童发展与教育心理学》，上海：华东师范大学出版社，2003 年版，第 235 页。

② 张大均：《教育心理学》，北京：人民教育出版社，2004 年版，第 259 页。

3. **制作知识结构网络图**

制作知识结构网络图就是先提炼知识点然后图解它们之间的关系。在作关系图时，应先识别主要知识点，然后识别这些知识点之间的关系，并能够用适当的图解来标明这些知识点之间的内在联系。制作知识结构网络图通常按以下步骤进行：①全面了解材料，掌握主要知识点；②将材料分成各个组成部分，找出每个部分的相互关系；③把各个部分按照它们的联系或关系联成一个统一的整体。

（五）反思学习法

反思学习是指对自己的学习目的、任务、要求、学习过程中学习方法的使用以及学习结果预测等环节进行自我觉察、自我评价和自我调节的一系列方法和程序。中学生已经具备了初步的自我反思的能力，但是还需要教师做进一步指导，具体方法主要有：

1. **言语引导法**

指通过学习者本人或教师、同学等他人的言语，对问题情境的特征及问题解决过程逐步描述，以促进学习者对自己的问题解决过程进行监控和调节。学习者本人可以通过自己的言语报告描述"我已经知道什么？要做什么？有什么更好的方法？为什么？"等，明确认知任务，不断反馈自己解决问题过程的有效性。也可以借助他人的言语提示，如"下一步你该做什么？为什么？""这种方法可行吗？"诱导学习者阐述和理解自己的思维过程，达到对问题解决的监控过程。

2. **提问单方法**

"提问单"的主要形式如下：

计划：①这个问题是什么？我打算做什么？②这个问题我现在知道些什么（已知任务信息）？有用吗？③我要达到什么要求，我该怎么做（初步确定计划）？④我该用什么方法（策略选择）？还有其他方法吗（策略判断、调节）？⑤下一步我该做什么呢？

监控：①我是按照上面计划中的策略行动吗？这些策略有效吗？②我需要新的策略吗？还有更好的方法吗？③下一步的目标是什么？我接近目标了吗？

评价：①我达到目标了吗？与计划中的目标一致吗？②哪些策略起作用了？哪些对解决问题起作用？③哪个策略是达到这个目标最重要的？④下次遇到类似的问题，我怎么办？

3. **写学习日志**

学习日志的内容包括：①学习的重要内容；②相关知识点和各知识点之间的联系；③对不明确的、有矛盾的问题的思考；④将一些容易混淆的概念列表对照、鉴别，并自己举例说明；⑤对自己处理某一件事的评价等。

总之，学习方法是学生学习的重要手段，教师应该加强学生学习方法的研究与指导，促进学生的发展。但同时也应该注意到，虽然学习方法有不同的分类，小学生的学习方法与中学生的学习方法侧重点不同，但是它们也存在着密切的联系，如自学的方法中就有阅读、记忆以及反思的方法；小学生的学习方法也同样适用于中学生，所不同的是后者是在前者基础上的深化。另外，对于学生学习方法的指导在统一要求的同时还要注意学生的个别差异指导，如对于学习能力强的小学生可以逐步引导他们学习和掌握中学生的学习方法，对于基础不理想的中学生也应该加强基本的学习过程方法的指导，如听课、笔记、复习、考试等方法。

因此，教师对于学法指导绝不能机械理解，应该综合加以运用。

第三节　中小学自主学习与学习习惯培养

《基础教育课程改革纲要（试行）》指出："改变课程实施过于强调接受学习、死记硬背、机械的现状，倡导学生主动参与、乐于探究、勤于动手，培养学生搜集和处理信息的能力、获取新知识的能力、分析和解决问题的能力以及交流与合作的能力。"我国著名学者郭沫若先生曾经说过："教学的目的是培养学生自己学习，自己研究，用自己的头脑来想，用自己的眼睛看，用自己的手来做这种精神。"由此可见，学生自主性学习是获得新知识的重要途径，也是新课程标准提倡"主动参与，乐于探究，交流与合作"的学习方式。当前，构建符合素质教育要求的基础教育课程改革，培养学生自主学习习惯及其能力已经成为促进学生学习方式变革的重要内容。

一、自主学习及其含义

所谓"自主学习"，是就学习的内在品质而言的，相对的是"被动学习"、"机械学习"和"他主学习"。

关于自主学习，国内外已经有大量的研究。行为主义心理学家认为：自主学习包括三个子过程：自我监控，自我指导，自我强化。认知建构主义学派认为，自主学习实际上是元认知监控的学习，是学习者根据自己的学习能力、学习任务的要求，积极主动地调整自己的学习策略和努力程度的过程。有西方学者提出："当学生在元认知、动机和行为三个方面都是一个积极的参与者时，其学习就是自主的。"他进而又从学习动机、学习方法、学习时间、学习的行为表现、学习的物质环境、学习的社会性等六个方面对自主学习的实质作出了解释。我国学者庞维国认为，如果学生在学习活动之前自己能够确定学习目标、制订学习计划、作好具体的学习准备，在学习活动中能够对学习进展、学习方法作出自我监控、自我反馈和自我调节，在学习活动后能够对学习结果进行自我检查、自我总结、自我评价和自我补救，那么他的学习就是自主的。他还将"自主学习"概括为：建立在自我意识发展基础上的"能学"；建立在学生具有内在学习动机基础上的"想学"；建立在学生掌握了一定的学习策略基础上的"会学"；建立在意志努力基础上的"坚持学"。

明确提倡自主学习的主张可以追溯到20世纪70年代，而涉及自主学习教育思想的观念可以追溯到更久远。

美国等发达国家在20世纪70年代提出自主学习，主要有两个原因：一是人本主义心理学的影响；二是学科教育研究对象和方法的转变。人本主义心理学强调人本身的情感和需要。以人本主义心理学为基础的教育哲学主张学习者与教育者分享控制权；主张以协商的形式进行学习；主张共同承担；主张学习内容要符合学习者自身的需要。以这种教育哲学为指导思想的教学大纲强调采用以学习者为中心的教学方法；强调教学目标的双重性，即情感发展目标和认知发展目标。在具体实践中，人本主义教学大纲强调学习者要为他们自己的学习负责，比如自我决策、自我选择并实施学习活动、表露自己的能力、需要和偏爱等。在这种学习模式中,教师的作用不再只是知识的传播者,而是学习者的指导者和顾问。人本主义教学大纲的远期目标是培养符合人本主义心理学标准的人才;其近期目标则是培养学习者自主学习的能力。在人本主义心理学对教育领域产生影响的同时,教育领域尤其是学科教育领域的研究对象和方法也正在经历重要转变。传统的教育研究侧重研究教育者、教育方法、教育内容以及教育目标,而忽视对受教育者本身的研究。这种研究为教育实践提出了很多具体的教学方法,但一个接一个被否定或放弃。在教育方法的研究进入停滞不前的情况下,一部分人认识到,既然研究教师“如何教”不能取得进展,为什么不研究学习者“如何学”呢?于是以学习者本体为中心的教育研究迅速发展起来。研究人员和教育实践者借助行为主义心理学、认知心理学以及社会心理学的研究成果和研究方法来研究学习心理,并在此基础上提出了很多学习理论。学习理论主要是研究学习过程的共性以及影响学习过程和学习结果的学习者个别因素,比如年龄、性别、智力、个性、态度、动机、学习潜能以及学习策略等。虽然这些方面的研究还远不成熟,但有一点是公认的,即虽然学习过程有共性而且总体学习目标可以是一致的,但是学习者个别因素差异较大,尤其是学习能力、学习风格和学习策略的差异使得每个学习者的学习过程存在较大差异。另外,不同的学习者有不同的学习需要;同一个学习者在不同的学习阶段也有不同的需要,因此,一刀切的教学内容和教学方法很显然不符合学习的客观规律。解决这一问题的途径之一就是自主学习。

综上所述,自主学习就是指学习者在总体教学目标的宏观调控下,在教师的指导下,根据自身条件和需要制订并完成具体学习目标的学习模式,是由学习者的态度、能力和学习策略等因素综合而成的一种主导学习的内在机制。从学习过程来看,是学习主体主导自己的学习,它是在学习目标、过程及效果等诸方面进行自我设计、自我管理、自我调节、自我检测、自我评价和自我转化的主动建构过程。

也有研究者从狭义和广义的角度对自主学习给予了界定,如韩清林(2000)认为狭义的“自主学习”是指学生在教师的科学指导下,通过能动的创造性的学习活动,实现自主性发展。教师的科学指导是前提条件和主导,学生是教育的主体、学习的主体;学生能动的创造性的学习是教育教学活动的中心,是教育的基本方式和途径;实现自主性发展是教育教学活动的目的,是一切教育教学活动的本质要求。而广义的“自主学习”是指人们通过多种手段和途径,进行有目的有选择的学习活动,从而实现自主性发展。

二、自主学习的意义

随着世界经济文化的发展,自主学习越来越引起学科教育研究领域的重视。有人甚至主张培养自主学习者是教育的根本目标(Water House,1990)。

(一)培养自主学习能力是社会发展的需要

面对新世纪的挑战,适应科学技术飞速发展的形势,适应职业转换和知识更新频率加快的要求,一个人仅仅靠在学校学的知识已远远不够,每个人都必须终身学习。终身学习能力成为一个人必须具备的基本素质。在未来发展中,学生是否具有竞争力,是否具有巨大潜力,是否具有在信息时代轻车熟路地驾驭知识的本领,从根本上讲,都取决于学生是否具有终身学习的能力,使学生在基础教育阶段学会学习已经成为当今世界诸多国家都十分重视的一个问题。正如联合国教科文组织出版的《学会生存》一书中所讲的："未来的文盲不是不识字的人，而是没有学会怎样学习的人。"而终身学习一般不在学校里进行，也没有教师陪伴在身边，全靠一个人的自主学习能力。可见，自主学习能力已成为21世纪人类生存的基本能力。同时，我们应该清醒地知道在当今知识大爆炸的时代，任何教育都不可能将所有人类知识传授给学习者，教育的任务必然要由使学生学到知识转成培养学生的学习能力，培养学生的学习能力是学习的本质。

（二）培养自主学习能力是课程改革的首要目标

传统学习方式过分突出和强调接受和掌握，冷落和忽视发现和探索，从而在实践中导致了对学生认识过程的极端处理，使学生学习书本知识变成仅仅是直接接受书本知识（死记硬背书本知识），学生学习成了被动地接受、记忆的过程。这种学习窒息人的思维和智慧，摧残人的自主学习兴趣和热情。它不仅不能促进学生发展，反而成为学生发展的阻力。是把学习建立在人的客观性、受动性、依赖性的一面上，导致了人的主动性、能动性、独立性不断被销蚀，严重压抑了学生的学习兴趣和热情，影响到了新生一代的健康成长，已到了非改不可的地步。因此，《基础教育课程改革纲要》提出要"改变课程实施过于强调接受，死记硬背，机械训练的现状，倡导学生主动参与，乐于探究，勤于动手，培养学生搜集、处理信息的能力，获取新知识的能力，分析解决问题的能力，以及交流与合作的能力。"就是要转变这种他主的、被动的学习状态，提倡以弘扬人的主体性、能动性、独立性为宗旨的自主学习。

（三）培养自主学习能力是学生个体发展的需要

首先，自主学习提高了学生在校学习的质量。经过检验，高成绩的学生也是自主学习能力较强的学生，因为自主学习能够促进学生对所学内容的深度理解，符合深度学习的特征。

其次，自主学习能力是创新人才必备的基本功。据我国学者调查研究，在1992年"中国大学生实用科技发明大奖赛"中获奖的学生的学习活动都具有很强的独立性、自主性、自律性，表明学生的创造性与他们的自主学习是密切相关的。也正如著名的数学家华罗庚的论述一样："一切创造发明，都不是靠别人教会的，而是靠自己想，自己做，不断取得进步。"

再次，自主学习能力是个体终生发展的需要。自主学习是个体走出学校后采取的主要学习方式，而没有自主学习能力，个体的终生发展会受到极大的限制。

（四）培养自主学习能力有助于提高课堂学习效率

学习效率的提高是实施素质教育的关键，更是课堂教学所必需的。课堂上的自主性学习并非独行其事，而是指学生不盲从老师，在课堂前做好预习，课堂上热情参与，课后及时查漏补缺，充分发挥主动性、积极性，变"老师要我学"为"我要学"，摆脱对老师的依赖感。真正意识到学习是自己学来的，而不是教师或其他人教会的，自己才是学习的管理者，这些有助于提高课堂学习效率。

三、自主学习的特点

学习的"自主性"具体表现为"自立"、"自为"、"自律"三个特性，这三个特性构成了"自主学习”的三大支柱。

(一)“自主学习”具有“自立性”

1.“自立性”是指

(1)每个学习主体都是具有相对独立性的人,学习是学习主体“自己的”事、“自己的”行为,是任何人不能代替、不可替代的。

(2)每个学习主体都具有自我独立的心理认知系统,学习是其对外界刺激信息独立分析、思考的结果,具有自己的独特方式和特殊意义。

(3)每个学习主体都具有求得自我独立的欲望,这是其获得独立自主性的内在根据和动力。

(4)每个学习主体都具有“天赋”的学习潜能和一定的独立能力,能够依靠自己解决学习过程中的“障碍”,从而获取知识。

学习“自立性”的四层涵义是相互联系有机统一的。具有独立性的学习主体,是“自主学习”的独立承担者;独有的心理认知结构,是“自主学习”的思维基础;渴求独立的欲望,是“自主学习”的动力基础;而学习主体的学习潜能和能力,则是“自主学习”的能力基础。可见,自立性是“自主学习”的基础和前提,是学习主体内在的本质特性,是每个学习主体普遍具有的。它不仅经常地体现在学习活动的各个方面,而且贯穿于学习过程的始终。因此,自立性又是“自主学习”的灵魂。

(二)“自主学习”具有“自为性”

学习主体将学习纳入自己的生活结构之中,成为其生命活动中不可剥落的有机组成部分。学习自为性是独立性的体现和展开,它内含着学习的自我探索性、自我选择性、自我建构性和自我创造性四个层面的结构关系。因此,自为学习本质上就是学习主体自我探索、自我选择、自我建构、自我创造知识的过程。

(1)自我探索往往基于好奇心。好奇心是人的天性,既产生学习需求,又是一种学习动力。自我探索就是学习主体基于好奇心所引发的,对事物、环境、事件等的自我求知、索知的过程。它不仅表现在学习主体对事物、事件的直接认识上,而且也表现在对“文本”知识的学习上。文本知识是前人或作者对客观事物的认知,并非学习主体的直接认识。因此,对“文本”知识的学习,实际上也是探索性的学习。通过自我探索而求知、认知,这是学习主体自主获取知识的方式之一。

(2)自我选择性是指学习主体在探索中对信息的由己注意性。外部信息只有经学习主体的选择才能被纳入认知领域;选择是由于被注意,只有经学习主体注意的信息才能被选择而被认知,(故有“视而不见、听而不闻”的状况)。因此,学习是从学习主体对信息的注意开始的。而一种信息要引起注意,主要是由于它与学习主体的内在需求相一致。由内在所求引起的对信息选择的注意,对头脑中长时记忆信息的选择提取运用,从而发生的选择性学习,是自为学习的重要表现。

(3)自我建构性是指学习主体在学习过程中自己建构知识的过程,即其新知识的形成和建立过程。在这过程中由选择性注意所提供的新信息、新知识,是学习的对象。对这一对象的学习则必须以学习主体原有的经验和认知结构为前提,而从头脑中选择提取的信息是学习新信息、新知识的基础。这两处信息经由学习主体的思维加工而发生了新旧知识的整合和同化，使原有的知识得到充实、升华、联合，从而建立新的知识系统。因此，建构知识既是对新信息、新知识的建构，同时又包涵了对原有经验和知识的改造和重组；既是对原有知识的保留，又是对原有知识的超越。

(4)自我创造性是学习自为性更重要、更高层次的表现。它是指学习主体在建构知识的基础上，创造出能够指导实践，并满足自己需求的实践理念模型。这种实践理念及模式，是学习主体根据对事物发展的客观规律、对事物真理的超前认识、对其自身强烈而明确的内在需求，从而进行创造性思维的结果。建构知识是对真理的认识，是对原有知识的超越；而实践理念模式则是以现有真理性知识为基础，并超越了它(即是对事物真理的超前认识)。这种超前认识是由明确的目标而导引的创造性思维活动，在这种活动中，学习主体头脑中的记忆信息库被充分地调动起来，信息被充分地激活起来，知识系统被充分地组织起来，并使学习主体的目标价值得到了充分张扬。可见，不管是探索性学习、选择性学习，还是建构性学习、创造性学习，都是自为学习重要特征显现，也是学习主体获取知识的途径。从探索到选择到建构、再到创造的过程，基本上映射出了学习主体学习、掌握知识的一般过程，也大致反映出其成长的一般过程。从这个意义上说，自为学习本质上就是学习主体自我生成、实现、发展知识的过程。

(三)“自主学习”具有“自律性”

“自律性”即学习主体对自己学习的自我约束性或规范性。它在认识域中表现为自觉地学习。

自觉性是学习主体的觉醒或醒悟性，对自己的学习要求、目的、目标、行为、意义的一种充分觉醒。它规范、约束自己的学习行为，促使自己的学习不断进取、持之以恒。它在行为领域中则表现为主动和积极。主动性和积极性是自律性的外在表现。因此，自律学习也就是一种主动、积极的学习。只有自觉到自己学习的目标意义，才能使自己的学习处于主动和积极的状态；而只有主动积极的学习，才能充分激发自己的学习潜能和聪明才智，而确保目标的实现。自律学习体现学习主体清醒的责任感，它确保学习主体积极主动地探索、选择信息，积极主动地建构、创造知识。

综上所述，“自主学习”就是学习主体自立、自为、自律的学习。学习的自立性、自为性和自律性是学习自主性的三个方面的体现，是“自主学习”的三个基本特征。其中，自立性是自主学习的基础，自为性是自主学习的实质，自律性则是自主学习的保证。这三个特性都说明了同一个思想：学习主体是自己学习的主人，学习归根结底是由学习主体自己主导和完成的。承认并肯定这一思想，对于改革矫正曾有的诸多不合理的教育教学手段、模式，从而探索创立崭新的教育教学手段、模式，无疑具有特别重要的现实功能和意义。

四、自主学习能力的培养

著名教育家顾明远指出：“学生自主地学、主动地学，其效果最好，质量最高。教育学、心理学的常识告诉我们，兴趣是学习之母，自主学习要比强迫学习的效率高出几倍、几十倍”。因而在教学中教师要有组织、有目地引导学生开展自主学习，自主学习可从以下几个部分进行：

（一）引导学生确定明确的自主学习的目标和方法

学生的自主学习，并不意味着放任自流，爱学什么就学什么，爱怎样学就怎样学。而要明确为什么学习，学习什么内容以及怎样开展学习等，是每个学生预先明确和了解的问题。因此，教师要有目的地、有组织地、有步骤地引导学生在学习过程中应该怎么做，需要解决什么问题——明确学习的内容；怎么学，怎样解决问题——明确学习的方法；要学到什么样的程度——明确自主学习的最终目标。这样，学生的自主性学习才是有效的学习。如语文学习中，预习课文时，教师应引导学生明确预习的内容包括：

（1）读通课文，读准生字新词，理解词语的意思；

（2）课文主要写哪些内容；

（3）还有哪些不理解的地方等。

还要引导学生懂得预习的基本方法：

（1）自读课文、朗读背诵；

（2）利用工具书：查找字典、词典、阅读课外辅导书；

（3）同伴交流等。这样，在教师的引导下，学生始终围绕着明确的学习目标展开自主学习，有效地提高自主学习的效率。

（二）培养学生探究知识的兴趣，在操作中学

操作是学生学习过程中重要的学习活动。新课程标准要求，在教学中创设一种学习研究的情境，通过学生自主独立的发现问题、实验、调查、收集与处理信息、表达与交流等探索活动，获得知识、技能、情感与态度的发展。学生愉快的操作不仅可以丰富感性知识，激发兴趣，同时也加深了对理性知识的理解。

例如在教学“梯形面积计算公式”时，一位教师作了如下设计：首先，引导学生操作，把读书、操作、思维、语言表达能力融为一体。让学生把两个完全一样的梯形，拼成已学过的平行四边形，并说出它的面积是怎样计算的？通过动手操作，把新旧知识串联起来，让学生初步感知到梯形与平行四边形的联系。接着，引导学生观察：两个完全一样的梯形拼成的平行四边形的底与梯形的哪两条线段有关系？有什么关系？拼成的平行四边形的高与梯形的高有何关系？这样，通过引导学生操作、观察、思维，让学生发现和概括出梯形的面积计算方法，同时也让学生在参与知识形成的过程中学到了探究知识的方法，培养了自主学习的意识。

（三）引导学生主动、合理地利用课程资源

“生活处处皆学问”，学生是学习资源的直接开发者。学生自主学习始终是围绕学习目标展开的，教师要引导学生懂得开发和利用身边的各种课程资源，从身边的一切文化环境中获取有效的学习资料。

如语文的教学，首先，教师要引导学生学习获得学习资料的途径和方法，如网络查询、阅读课外读物、查找学习工具书、同学之间互相交流等。同时，还要学会选择最直接而有效的方法进行自主学习。如语言学习中的运用字典、词典查找生字新词，懂得字词的读音和词语的涵义；联系课文插图学习古诗，理解诗句的意思，感悟诗歌的意境等方法。

其次，教师还要引导学生有选择性地获取有用的学习资料。学生收集的学习信息往往是繁杂多样的，甚至是五花八门的，可能会造成学生取舍不当或者不知道如何选择是好的现象，这就需要教师引导学生获取关键有用的学习资料，切不可让学生盲目而为之。只有教师正确引导学生综合利用这些课程资源，才能有效地提高自主学习的效率。

（四）对学生学习的重点、难点进行必要的指导和讲解

在学生自主学习的过程中，他们会遇到这样或那样的问题：或许是对教师所提的某一个问题疑惑不解；或许是对某一个问题的思考已经考虑成熟，却苦于无法表达，这时，教师应给予一些点拨，启发学生的思维，帮助学生整理思路，引导学生思考的方向，最终的目的是让学生不但能获得问题的答案，又能让学生学会思考的方法。著名特级教师支玉恒老师在执教《圆的联想》这一课时，当他问学生什么是联想时，学生回答不上来，他就提示学生："联想就是由一个事物——，"学生马上就可以接话题。教师这样做，既给学生留下思考的余地，又可以抓好关键引导学生有效学习。

再如《揠苗助长》这则寓言故事的寓意是：客观事物的发展自有它的规律，纯靠良好的愿望和热情是不够的，很可能效果还会与主观愿望相反，因此欲速则不达。这样深刻的寓意，二年级的学生在自主学习中是不可能领会得到的，教师此时就要给学生进行必要地讲解，结合学生的生活实例来理解，达到预期的学习目标，提高学生自主学习的效果。

（五）应引导学生进行经常性地自测与评价，学会反思

自测与评价是通过学生自己对学习的思考完成过程，实现自主学习后的实践与反思。这里既要使学生享受到获取知识后的愉悦心情，又要使学生感受到有待努力之处。在每节课的末尾留出一点时间，让学生自我反思、自我评价，说说："你学会了什么？怎么学会的？还想知道什么问题？努力方向是什么？"经常性地进行这样的自测与评价，能有效地增强学生的自主学习动力和能力。

（六）在学生自主学习的同时，应鼓励学生创新

教师在重视学习自主学习时，应鼓励学生敢于奇想和怪问，敢于发现和创造，而不应在学生提出与自己设计的教学方案相异的问题上加以制止，应当适当地加以鼓励，促使学生消除胆怯和依赖心理，让他们无拘无束地充分表现自己，培养他们的创新意识。

自主学习能力不是一朝一夕形成的，它需要在教学实践中反复训练逐步培养起来，也需要在学习实践中反复运用加以提高。要加强学生自身能力和合作发展能力，保证独立完成和小组合作完成作业相结合，培养学生自由、良好的学习习惯。

同时，还应该注意的是，传统教学强调的是接受式的学习方式，现在我们提倡自主学习，是否就是否定接受式的学习方式，一概采用自主学习的方式？根据《基础教育课程改革纲要（试行）》的精神，可以这样理解，我们只是要改变过去的那种"过于强调接受学习"的倾向，而不是完全否定接受式的学习方式，但要倡导学生学会自主学习的方式。

【教育名著简介】——《民主主义与教育》

《民主主义与教育》是美国教育家杜威的著作，西方学者将其与柏拉图的《理想国》、卢梭

的《爱弥儿》一起视为三部不朽的教育瑰宝。约翰·杜威(John Dewey,1859—1952),美国著名哲学家、教育家,实用主义哲学的创始人之一,功能心理学的先驱,美国进步主义教育运动的代表。杜威认为,教育是使各种哲学具体化并接受检验的实验室,教育的本质在于经验的改造,改造经验的过程与儿童的生活过程是一致的。把教育的本质具体化为“教育即生活”、“学校即社会”。因此,他尖锐地批判了传统教育,认为传统教育中的课堂仅仅是让学生“静听”的场所,“一堂课等于一种苦役”。并指出,旧学校机械地把学生集中在一起,用划一的课程和教法对待不同的学生,学校的重心不在学生,在教师、教科书或者其他方面。因此要进行彻底的改革,将教育的重心转移到儿童身上,教育的一切措施要围绕儿童而组织。他指出,个人是通过参加社会活动而得到发展的,儿童的生活是一个整体和总体,可是一到学校,多种多样的学科便把他的世界加以割裂和肢解了,因此教学不应是直截了当地注入知识,而应诱导儿童在活动中得到经验和知识。他提议学校要“安排种种作业,如园艺、纺织、木工、金工、烹饪等,把基本的人类事务引进学校,作为学校的教材”。

《民主主义与教育》一书共分26章。第一章“教育是生活的需要”;第二章“教育是社会的职能”;第三章“教育即指导”;第四章“教育即生长”;第五章“预备、展开和形式训练”;第六章“保守的教育和进步的教育”;第七章“教育中的民主概念”;第八章“教育的目的”;第九章“自然发展和社会效率作为教育目的”;第十章“兴趣和训练”;第十一章“经验与思维”;第十二章“教育中的思维”;第十三章“方法的性质”;第十四章“教材的性质”;第十五章“课程中的游戏与工作”;第十六章“地理和历史的重要性”;第十七章“课程中的科学”;第十八章“教育的价值”;第十九章“劳动与闲暇”;第二十章“知识科目和实用科目”;第二十一章“自然科目与社会科目:自然主义与人文主义”;第二十二章“个人和世界”;第二十三章“教育与职业”;第二十四章“教育哲学”;第二十五章“认识论”;第二十六章“道德论”。

在《民主主义与教育》中,杜威把儿童和青少年的学习分为三个层次:4—8岁为儿童通过活动和工作而学习的阶段,所学的是怎样做,方法是从做中学,所得的知识得到应用,并为了应用,不是为了储备;8—12岁为儿童自由注意学习阶段,这时儿童可以学习间接的知识,如通过历史地理学习涉及广泛的时间和空间的知识,但间接知识必须融合在直接知识之中,须应生活之需而为生活所用;第三阶段为12岁以后,属于反省注意学习时期,学生从此开始掌握系统性和理论性的科学知识或事物规律,并且随而习得科学的思维方法。在道德教育方面,杜威认为有用的就是真理,有用的就是善。并把学校的现实生活、教材和方法三者称为学校德育的三位一体。在方法方面最主要的是抓住学生的感情反应,培养学生爱善和好善的精神力量。

美国于19世纪末兴起了以杜威的理论为旗帜的进步教育运动,其实用主义的教育思想改造了美国旧教育和建立了美国新教育,并对后世起到了深远的影响。

【精彩片段选读】

教育是生活的需要

生物和无生物之间最明显的区别,在于前者以更新维持自己。石块受击,它抵抗。如果石块的抵抗大于打击的力量,它的外表保持不变。否则,石块就被砸碎。石块绝不会对打击作出反应,使它得以保持自己,更不会使打击成为有助于自己继续活动的因素。虽然生物容易被优势力量所压倒,它仍然设法使作用于它的力量变为它自己进一步生存的手段。如果它不能这样做，它不只是被砸得粉碎(至少在高等生物是这样)，而且不成其为生物。

……我们可以说，生物能为它自己的继续活动而征服并控制各种力量，如果不控制这些力量，就会耗尽自己。生活就是通过对环境的行动的自我更新过程。

在一切高等生物，这个过程不能无限期地继续下去。过一段时间，它们就要屈服，就要死亡。生物不能胜任无限期自我更新的任务。但是，生活过程的延续并不依靠任何一个个体的延长生存。其他生物的繁殖不断地进行着。虽然，正如地质学的记录表明，不仅个体而且物种都会消灭，但生活过程却以越来越复杂的形式继续下去。随着某些物种的消失，更加适合利用它们无法与之斗争的许多障碍的生物诞生了。生活的延续就是环境对生物需要的不断重新适应。

我们上面所讲的是最低等的生活，把它当作一种物质的东西。但是我们使用"生活"这个词来表示个体的和种族的全部经验。当我们看到以《林肯传》命名的书时，我们并不指望里面有一篇关于生理学的论文。我们期待有关于社会背景的叙述；有关于家庭的环境、情况和职业的描写；有关于性格发展的主要情节；重大的斗争和成就；个人的希望、爱好、快乐和苦难。我们以恰恰类似的方式讲一个原始部落的生活，雅典人民的生活，美国民族的生活。"生活"包括习惯、制度、信仰、胜利和失败、休闲和工作。我们以同样丰富的含义使用"经验"这个词。通过更新而延续的原则，适用于最低的生理学意义上的生活，同样适用经验。就人类来说，信仰、理想、希望、快乐、痛苦和实践的重新创造，伴随着物质生存的更新。通过社会群体的更新，任何经验的延续是实在的事实。教育在它最广的意义上就是这种生活的社会延续。社会群体的每一个组成分子，在一个现代城市和在原始部落一样，生来就是未成熟的，孤弱无助的，没有语言、信仰、观念和社会准则。每一个个体，作为群体的生活经验载体的每一个单位，总有一天会消灭。但是群体的生活将继续下去。

社会群体每一个成员的生和死的这些基本的不可避免的事实，决定教育的必要性。一方面，存在群体的新生成员——集体未来的唯一代表——的不成熟和掌握群体的知识和习惯的成年成员的成熟之间的对比。另一方面，这些未成熟的成员有必要不仅在形体方面保存足够的数量，而且要教给他们成年成员的兴趣、目的、知识、技能和实践，否则群体就将停止它特有的生活。……随着文明的发展，未成熟的人本来的能力和年长者的标准和习惯之间的距离扩大，仅仅身体的成长，仅仅掌握极少生存的必需品，还不能使群体的生活绵延下去。需要审慎的努力和周到的耐心。人生来不仅不了解、而且十分不关心社会群体的目的和习惯，必须使他们认识它们，主动地感兴趣。教育，只有教育能弥补这个缺陷。社会通过传递过程而生存，正和生物的生存一样。这种传递依靠年长者把工作、思考和情感的习惯传达给年轻人。没有这种理想、希望、期待、标准和意见的传达，从那些正在离开群体生活的社会成员给那些正在进入群体生活的成员，社会生活就不能幸存。如果组成社会的成员继续生存下去，他们就能教育新生的成员，但是这将是以个人兴趣为导向，而不是以社会需要为导向的任务。这是一件必须做的工作。如果一次瘟疫突然夺去社会全体成员的生命，这个群体显然将永远消灭。群体的每一个成员的死亡和瘟疫把他们全部弄死，同样明确无疑。但是，人的年龄有大有小，有些死去，有些出生，这个事实，使社会结构通过思想和实践的传递，得以不断重新组织成为可能。但是这种更新不是自动的。除非尽力做到真正和彻底的传递，最文明的群体将会进化到野蛮状态，然后回复到原始人类。事实上，初生的孩子是那样不成熟，如果听任他们自行其是，没有别人指导和援助，他们甚至不能获得身体生存所必需的起码的能力。人类的幼年和很多低等动物的崽仔比较起来，原有的效能差得多，甚至维持身体所需要的力量必须经过教导方能获得。那么，对于人类一切技术、艺术、科学和道德的成就来说，那就更需要教导了！

（资料来源：约翰·杜威著，王承绪译：《民主主义与教育》，北京：人民教育出版社，2001年版，第6—8页）

【教育名家简介】——马芯兰

马芯兰，女，北京人，1946年出生，1966年毕业于北京第二师范学校。全国著名特级教师。曾当选为中国共产党第十四次代表大会代表，全国劳动模范、荣获五一劳动奖章，是国务院任命的有突出贡献的专家。荣获"巾帼建功"标兵、首都十大杰出教师等荣誉称号。曾任北京幸福村小学教师和北京市朝阳区实验小学党支部书记、校长。

从19岁开始，马芯兰开始琢磨怎样根据儿童的心理特点和思维发展规律，突破传统教学的框框，摸索一条既能减轻学生负担，又能提高教学质量的新路子。她认真钻研大量中外小学数学教学资料，把现行小学数学教材中的重点、难点、共同点和不同点按照知识的内在联系及规律进行组合，将540多个概念归纳成十几个一般基本概念及"和、差、倍、分"四个重点基本概念，将十一类应用题总结成四个基本类型，组合成教学的中心环节，从纵和横两个方面重新调整，并组合成新的知识结构。从20世纪70年代开始，马芯兰积极进行小学数学教学改革实验，她于1977年开始进行小学数学教改实验，在总结自己多年教学经验的基础上，又根据小学数学内在的规律及儿童心理、智力发展的变化，将小学数学教材调整组合成新的知识结构，着重开发学生智力、培养和提高学生能力的系列训练为中心，创造了"以开发学生智力、减轻学生负担、提高教学质量"为主要目标的"马芯兰教学法"。这一独特的教学法使数以万计的学生受益，因而在国内外引起了广泛的反响；受到我国教育界前辈和专家的好评，她的教改实验被列为国家重点科研项目，国家教委和中央领导都对这一教学法给予重视和肯定。现在的北京市朝阳区实验小学已成为全国数学教改的实验基地，全国30个省、自治区、直辖市的教师以及国际友人经常来校学习、交流。"马芯兰教改经验"得到了国内外专家学者及教育同行的高度评价并荣获"北京市首届基础教学成果特等奖"。

"马芯兰教学法"在全国各地普遍推广，取得了显著成绩，学生能力也有了明显提高。1980年有关部门为检查她的第一个实验班的学习质量，曾用小学升初中的数学试卷，让实验班（当时为三年级）学生做，结果全班平均成绩达93分。1994年，由北京市教研部门命题、区县教研室监考阅卷，对10个区县20个实验班及对照班的基础知识和能力进行了全面测试对比，结果表明，马芯兰实验班基础知识答案正确率比对照班高3.2%，能力测查答案正确率比对照班高24%。值得一提的是，在整个教学改革实验中，由于提高了课堂教学效率和质量，使教学学时大大缩短，学生负担大大减轻，每个学期都可提前2—4周完成预定的教学任务。这样，也使学生有更多的时间参加学校的课外文体活动，实验班学生在学校的阅读、歌咏、乒乓球等活动或比赛中，成绩均居前列。另外，学生的语言表述、计算、操作、空间概念以及逻辑思维等能力也都得到了很大的提高。

马芯兰老师根据自己教学改革的实践撰写了《小学数学教学改革尝试》、《小学数学应用题教学中能力的培养》、《改进知识结构，加强能力培养》、《特级教师教案精选》和《学生学习与指导》等100余万字的论著。她教改的主要经验是：以思维为中心，抓概念教学，构建学生良好的知识结构；在基本概念和技能基础上，通过思维训练，培养学生的数学能力和创新能力。北京市朝阳区把马芯兰的数学教改经验概括为“渗透、迁移、交错、训练”八个字，其要点是：在渗透中突破；在迁移中掌握；动用交错激发兴趣；运用训练培养能力。

思考与探讨

1. 结合一个小学生的学习内容，设计一份指导小学生复习的指导方案。
2. 结合一个中学生的学习内容，设计一份指导中学生自学的指导方案。

第11章 班级管理与学业评价

☆培养学生的集体主义精神，最有效的方法便是吸引他为集体出力，为集体流汗，为集体贡献出一些个人的东西，吸引他为集体倾注心血。

——魏书生

☆一个人的价值，应该看他贡献什么，而不应当看他取得什么。

——（德国）爱因斯坦

☆评分宁可少些，但是每一个评分都要有分量、有意义，不能滥用，否则就失去了它的意义。

——（前苏联）苏霍姆林斯基

第一节　班主任与班级管理

班主任是受学校委托，按照学校的教育要求和班级教育目标全面负责一个班学生的思想、学习、健康和生活等工作的教师。班主任是一个班的组织者、领导者和教育者，也是一个班中全体任课教师教学、教育工作的协调者。

一、班主任的任务

（一）全面了解班级内每一个学生，深入分析学生思想、心理、学习、生活状况。关心爱护全体学生，平等对待每一个学生，尊重学生人格。采取多种方式与学生沟通，有针对性地进行思想道德教育，促进学生德智体美全面发展。

（二）认真做好班级的日常管理工作，维护班级良好秩序，培养学生的规则意识、责任意识和集体荣誉感，营造民主和谐、团结互助、健康向上的集体氛围。指导班委会和团队工作。

（三）组织、指导开展班会、团队会（日）、文体娱乐、社会实践、春（秋）游等形式多样的班级活动，调动学生的积极性和主动性，并做好安全防护工作。

（四）组织做好学生的综合素质评价工作，指导学生认真记载成长记录，实事求是地评定学生操行，向学校提出奖惩建议。

（五）经常与任课教师和其他教职员工沟通，主动与学生家长、学生所在社区联系，努力形成教育合力。

二、班主任的职责

中小学班主任的职责主要包括教育职责、管理职责、组织班级活动职责和协调其他教育者职责四个方面，后三个方面的职责是班主任特有的职责，也是完成教育职责的最佳手段。[①]

（一）教育学生的职责

1. 进行思想道德教育，培养学生良好的道德行为习惯和思想品德

班主任是德育工作的主要实施者。作为中小学的班主任要了解中小学德育目标，分阶段、有针对性地进行思想道德教育，逐步培养学生形成良好的道德行为习惯。

2. 激发和保持学生的学习兴趣，养成良好的学习习惯，掌握科学的学习方法

学习是学生的主要任务，指导学生学习是每个老师的职责。班主任在管理班级的过程中，一是帮助学生明确学习目的，端正学习态度，使学生乐于学习；二是要指导学生掌握科学的学习方法，养成良好的学习习惯，不断提高学习质量。

3. 关心学生身心健康，指导学生强身健体，培养学生养成良好的体育锻炼和讲卫生习惯

班主任要针对不同时期学生的年龄特点，进行生理和心理的健康教育。教育和督促学生做好课间操和眼保健操，协调体育教师组织学生开展课外体育活动，保证和鼓励学生每天一小时的体育锻炼；帮助学生解决成长过程中的心理困惑。使学生养成每天坚持锻炼的习惯，形成良好的积极健康的心理状态。

4. 关心学生课余生活，大力开展各种有益的课外活动，培养学生的广泛兴趣。

班主任要根据学生特点，组织开展丰富多彩的课外活动，满足学生的不同需求，培养学生的个性特长。同时，要帮助学生树立正确的劳动观念，养成劳动的习惯，并注重对学生进行职业生涯教育。

5. 关注每个学生的发展，做好个别教育工作

班主任要了解和熟悉每位学生的特点，善于分析和把握每一位学生的思想、学习、身体和心理的发展状况，科学、综合地看待学生的发展；要善于发现学生的优点或潜能，为每个学生提供发展的机会，让每个学生能体会到成功的喜悦；要倾听学生的心声，关注学生的烦恼，及时发现并妥善处理可能出现的各种问题。

6. 进行安全教育和管理

安全教育是班主任的重要岗位职责之一。要坚持以预防为主，经常性地通过安全知识讲座、竞赛活动和组织各种突发事件的安全演练等，有针对性地开展安全教育；要严格执行

① 邱淑慧编著：《班级管理与班主任工作技能》，广州：暨南大学出版社，2011年版，第16～21页。

学校的安全制度，加强与家长合作，主动让学生参与安全管理，提高学生的安全意识和自我防范能力，从而养成安全的行为习惯。

(二)管理班级的职责

1. 做好日常管理工作

班主任要管理好在校学生的日常生活和学习，使学生的生活和学习有序、协调、丰富多彩地进行。

2. 建立班级规章制度，对学生进行常规训练

班主任应据《小(中)学生守则》、《小(中)学生日常行为规范》、本校的校规和本班学生的特点建立班级规章制度，并对学生进行常规训练，使学生逐渐形成习惯。

3. 让每个学生参与班级管理，培养学生干部

班主任在班级管理中要学会放手，让学生在参与班级管理活动中发展能力。可根据班级管理的需要设置各种岗位，让每个学生都有参与班级管理的机会，激发学生的自主性。要教会学生管理的具体方法，发展和培养一批学生干部，使他们成为班主任的得力助手。

4. 做好班级工作计划和总结

在新的学期开始时，班主任要根据教育的要求和本班的现状，制订本学期班级的工作计划，包括本学期班级的奋斗目标、活动安排等。学期结束时，要根据班级计划实施的状况，总结班主任自身工作的成绩及存在的问题，并为下一阶段的工作提出建议和设想。

5. 做好学生的综合素质评价工作和班级评优奖惩工作

班主任在进行综合素质评价时，要在了解学生的基础上，真实、全面、客观地反映学生的优、缺点，突出学生的个性。评优和奖惩是激励和教育学生的重要手段，班主任要以奖励和表扬为主，惩罚和批评为辅，公正、公平地对待学生的评优工作，以促进学生主动健康成长。

6. 预防和处理班级中的偶发事件

偶发事件有其发生的偶然性，但更多地隐藏着一些必然因素。班主任要注意研究偶发事件的特点、成因、处理方法，努力防患于未然。当偶发事件发生时，班主任要及时、冷静、妥善地处理，本班秩序迅速恢复，将对学生的伤害降低到最小。

7. 搞好学籍管理工作

班主任在每个学期应熟知学生变更的情况，尤其是插班生的情况；做好学生的学籍变更工作；记录好学生在校的表现和成绩，撰写学生的操行评语并妥善保存；做好毕业考试及升学考试工作，做好毕业生的整档、填报志愿等工作。

(三)组织班级集体活动的职责

1. 组织班会活动

班会活动包括每周一次的班会课和每天早上的晨会，策划组织班会活动是班主任的职责之一。

2. 组织课外活动，培养学生的兴趣爱好和特长

班主任要关心学生的课余生活，通过课外的学科活动、科技活动、社会实践活动、文学艺术活动、文娱体育活动和劳动技术活动等，促进学生全面发展和培养学生的兴趣爱好与特长。

3. **指导团队活动**

共青团和少先队是青少年自己的组织，它既是学校教育不可缺少的有机部分，也是学校教育同社会实践密切联系的重要纽带。班主任指导团队工作主要包括以下内容：一是组织学生学习团队章程，做好团队组织建设和发展工作；二是做好团员、队员的思想工作；三是指导班级团队组织制订工作活动计划和开展各项活动；四是培养团队干部，指导干部处理和协调好各方面的关系，发挥班干部的积极性和带头作用；五是指导团队成员对团支部、队委会工作进行监督。

（四）协调其他教育者的职责

1. **与任课教师的协调**

班主任要密切关注学生各学科的学习情况，主动与任课教师协商学生学习中的问题，激发学生的学习兴趣，促进学生学习。处理好学生与任课教师之间的矛盾。

2. **与家长的协调，形成教育合力**

班主任可以通过家访、家长会、信件、电话、短信和网络等形式与家长保持联系，互通情况，认真听取家长的意见和要求，商讨教育学生的各种问题，指导家长正确教育子女，取得家长对学校和班级工作的支持和配合，形成教育合力。

3. **协调各种社会关系，充分利用社会教育资源**

班主任要充分利用社会的各种资源，通过“引进来”和“走出去”的方式，开阔学生的视野，使学生深入了解社会，成为社会需要的人才。

资料 11－1

中小学班主任的配备与选聘

1. 中小学每个班级应当配备一名班主任。

2. 班主任由学校从班级任课教师中选聘。聘期由学校确定，担任一个班级的班主任时间一般应连续1学年以上。

3. 教师初次担任班主任应接受岗前培训，符合选聘条件后学校方可聘用。

4. 选聘班主任应当在教师任职条件的基础上突出考查以下条件：

（一）作风正派，心理健康，为人师表；

（二）热爱学生，善于与学生、学生家长及其他任课教师沟通；

（三）爱岗敬业，具有较强的教育引导和组织管理能力。

中小学班主任的待遇与权利

1. 学校在教育管理工作中应充分发挥班主任的骨干作用，注重听取班主任意见。

2. 班主任工作量按当地教师标准课时工作量的一半计入教师基本工作量。各地要合理安排班主任的课时工作量，确保班主任做好班级管理工作。

3. 班主任津贴纳入绩效工资管理。在绩效工资分配中要向班主任倾斜。对于班主任承担超课时工作量的，以超课时补贴发放班主任津贴。

4. 班主任在日常教育教学管理中，有采取适当方式对学生进行批评教育的权利。

（选自2009年教育部颁发的《中小学班主任工作规定》）

第二节　班级管理的目标、内容与方法

一、班级管理的目标

（一）班级管理目标的含义和特点

班级管理目标是班级管理主体（一般情况下是指班主任和学生自己），通过一系列的管理活动在一定时期内使班集体达到一种所期望的状态。① 班级管理目标与学校管理目标方向是统一的。学校教育目标决定了班级管理目标的方向，班级管理目标体现了学校教育目标的要求。

班级管理目标具有指向性、社会性、层次性、可行性和集体性等特点。指向性是指班级管理目标体现了班级建设的基本理念，是班级管理者通过管理活动所希望达到的一种未来的结果和状态，可以为班级组织成员的行动指明前进方向。社会性指班级作为社会组织，它的管理目标要与社会性质、社会发展的总目标一致。层次性指班级管理总目标必须通过分解为各个层次的子目标才能有效实现。可行性指班级管理目标的制定必须结合班级的实际情况，符合班级管理的规律，具有可行性。集体性指班集体本身是由许多个体共同组成的，班级管理的目标不仅要考虑班级自身的发展，同时要兼顾班集体中每个成员的发展和需要。

（二）班级管理目标制定的依据

1. 管理思想依据

所谓管理思想，是人们对管理的本质和价值的认识，它规定了管理活动的方向，因而一定的管理思想是一定的管理活动的出发点。正确的管理思想，应当是体现素质教育要求和以学生为本。

2. 班级管理活动的规律

学校是特殊的社会子系统，班级是这个特殊子系统的组成部分。不论是哪个系统，它们首先应该是一个有机的整体，班级之所以能够避免分裂，正是因为系统中的每部分能够相安处之。所以一切管理活动都应该遵循管理规律的要求，管理目标的制定也一样。

3. 学校的培养目标

培养目标是据教育方针的要求，将教育目的转化为各级学校的受教育者质量和规格的要求。班级管理目标就是要把学校的培养目标转化为班级的发展目标和具体的育人要求。

① 张作岭主编：《班级管理》，北京：清华大学出版社，2010年版，第43页。

4. **班级实际情况**

目标指向未来，但要立足于现实基础。在制定管理目标时，必须分析班级现实的主客观条件。明确班级目前的优缺点，对班级的人力、物力、财力、学生、教师等方面的情况进行分析，力求在现实的基础上制定符合实际的管理目标。

(三)班级管理目标制订的程序①

制订班级的管理目标，是班级管理的起点。制订出明确、正确、具体的管理目标，是班级有效管理的先决条件。制订班级管理目标包括以下程序：

1. **全面收集信息，充分了解情况**

在制订目标之前，要对班级的外部环境有充分的认识，要收集国家的教育方针政策，掌握国家对教育发展的要求；还要收集班级所处地区的社会状况，掌握社会、家庭、家长对班级发展的要求与学生的需求；还要分析班级内部的现实条件，了解班级成员的各方面信息。只有全面掌握信息，才能制订出合理的、符合客观现实的管理目标。

2. **提出目标方案**

目标方案的制订要明确，首先明确要达到的目标；其次要说明达到目标的限制性条件，存在着哪些有利因素，哪些不利条件，以及达到目标所需要的人力、物力、财力资源；再次，要说明实现目标方案的途径、策略和步骤，这是目标方案最为关键的内容；最后，要对影响目标实现的不确定因素进行预计。

3. **评估目标方案**

确定备选的目标方案后就要对提出的目标方案进行分析和评估。要从班级的内外实际情况出发，具体分析目标方案是否具有科学性，特别要对目标方案的可行性进行分析和评价。

4. **比较分析，择优选定**

在对目标方案进行分析和评估后，要从备选方案中选择最优的目标方案。

二、班级管理的内容与方法

(一)了解和研究学生

班主任了解、研究学生是教育好学生的前提。班主任在制订和实施工作计划的过程中，只有熟悉、了解学生，从学生的实际水平出发，才能分层次、分阶段地确定目标，让每一个学生都找到适合自己的目标并为实现目标而不断努力。只有全面了解学生，才能做到心中有数，从实际出发，使教育工作具有针对性和目的性。

1. **了解、研究学生的内容**

了解学生应做到全面、经常、及时。包括了解和研究个人和学生集体两个方面。学生集体情况包括：班级学生的基本情况、班级学生的发展情况、班级集体发展的状况。学生个人

---

① 张作岭主编：《班级管理》，北京：清华大学出版社，2010年版，第48～49页。

情况包括:学生个人的一般情况、学生的个性心理特征、学生发展的资料卡、学生生活小环境的具体情况等。

2.了解的方法[①]

(1)观察分析法

是一种凭借感官感知学生及与学生有关的人和事,搜集学生有关信息材料,并进行分析与综合的方法。可以分为直接观察与间接观察,参与性观察与非参与性观察,自我观察与客观对象观察。

观察应有明确的目的,要明确观察的具体目标,准备好获得信息和保存信息的手段,进行多次、反复的观察,及时分析、处理观察所得信息。同时,要求观察者主动、敏锐,判断要客观、准确,分析要全面。

(2)资料分析法

通过对有关学生的书面材料的分析来了解学生的方法。有关学生的书面材料记载着学生各方面的情况,分析这些资料可以全面把握学生德智体美劳和家庭社会交往等方面的情况。这些情况既是班主任有的放矢教育学生的依据,又是与家长联系交流教育信息的重要内容,还可以让学生了解自己,以明确自己努力的方向。

有关学生的资料一般可分为三类:一是学生档案资料,包括学籍册、历年的学业成绩、操行评定、心理档案、体格检查表、有关奖励和惩罚记载等;二是班级记录资料,包括班级日志、班会和团队会记录、班团活动的计划和总结等;三是学生个人写的资料,如日记、作文各科作业、学习笔记、各种答卷、墙报资料等。使用这种方法了解学生,应尊重资料所提供的事实,正确认识和理解资料。

(3)统计记载法

这是了解学生最常用的基本方法之一。其中包括学业成绩统计,也包括其他各方面的统计,如参加劳动等为集体服务情况,迟到早退次数,教师与其谈心实施教育的记载等。成绩统计应该较为详尽,有时甚至要详尽到某科某题,为的是使之真正为教师的查漏补缺提供依据,而不是为成绩排队需要。通过记载统计,力求反映学生的思想素质和知识水平的全貌,以便有的放矢,达到扬长避短。我们要重视学生成绩,特别是要从成绩中看到我们本身工作的收获与不足,找准改进工作的突破口。但切忌一切以成绩为准绳,以偏概全。资料记载要尽可能具体、实事求是,避免主观地只看现象,不知本质。

(4)个别谈话法

谈话时要事先确定好谈话的内容和方式,包括事先了解谈话对象的个性特点;谈话的态度要诚恳,师生在民主的气氛中进行;要有启发性,调动谈话对象的主动性。使其积极反映有关的真实情况,要尊重事实,引导学生敞开思想,去掉顾虑。此外,切忌让学生形成有错误才谈话的印象,避免学生对个别谈话产生误解,影响谈话的真实性。

(5)调查评价法

对于一名学生的掌握了解,应广泛听取各方面的意见、评价与看法,尽可能达到全面、客观、公正。这就包括听一听周围学生的意见,从学生干部到普通学生,从男生到女生,从本班到外班;各科教师的评价,前任班主任教师及前任课的介绍,学校领导、工友的观察,还包括

① 涂光辉、雷晓波编著:《班主任工作技能》,长沙:湖南师范大学出版社,2000年版,第6~9页。

毕业母校教职工的意见;家访中倾听家长的说法,街坊邻居的谈论等等,这样的调查有利于客观地评价学生。

(二)组织和培养班集体

班集体是学校教育、教学的基本单位,是学生学习生活发展的直接环境。班集体不是学生的简单集合,一个健康、良好班集体的标志和本质特征是:一要有正确的思想方向;二要有共同的奋斗目标;三要有坚强的领导机构;四要有自觉的纪律;五要有系统的集体活动;六要有严格的规章制度;七要有正确的舆论与优良的班风。当具备以上条件时,说明该班集体已经完全建立起来,形成了一个成熟自主的教育主体。[①]

1. 班集体的形成和发展

一般认为,班集体的形成和发展大致要经过组建、初步形成和形成发展三个阶段。[②]

(1)组建班集体阶段

新组建班级时,同学之间、师生之间相互陌生,学生心中没有班级的概念,群体松散,班级吸引力差,共同目标和行为规范尚未形成。班主任在这一阶段如果不抓紧,教育引导不力,组织管理不严,班级很容易出现松弛、涣散现象。因此,在这一阶段,班主任必须尽快掌握班级和学生的整体情况,注意选择和培养积极分子;建立班级规章制度;对学生提出明确的集体目标;组织和开展班级活动,促进同学之间的交流,增进了解,提高班级的吸引力。

2.班集体初步形成阶段

经过一段时间了解、工作之后,班主任已经对学生集体心中有数,师生之间、学生之间有了一定的了解,产生了一定的友谊与信赖,学生中积极分子不断涌现,集体有了骨干力量,班级核心初步形成。但此时班集体还十分脆弱,班级行为规范尚未成为学生的共同需要,集体舆论还没有形成,班级目标还没有转变为全班同学共同的追求和行为的动力。所以,在此阶段,班主任要加强对班干部和积极分子的培养、教育和指导,逐步放手让学生干部自己组织开展班队工作,锻炼学生干部组织活动和独立工作的能力。另外要重视班级规章制度的贯彻执行,培养学生自觉遵守班级行为规范的习惯,为良好班风形成打下基础。

3. 班集体的形成发展阶段

在前两个阶段工作基础上,班集体的积极分子队伍不断扩大,学生普遍关心、热爱班集体,能积极主动承担集体工作,参加集体活动维护集体荣誉,形成了正确的舆论和良好的班风,有了正确的思想方向,班级群体已形成为班集体。在此阶段,班主任要根据情况提出更高层次的奋斗目标,争创优秀班集体;要努力提高班干部的各项素质,协助团组织、少先队发展组织,开展活动,提高各项活动的质量;要注意做好个别学生的教育转化工作,保证全体学生的全面发展;针对班内学生不同特点,充分发挥学生个性特长,从整体上提高全班学生的素质;要随时调查研究,及时发现和解决集体管理中的矛盾,使班集体的自我教育和自主活动能顺利地进行。

---

① 杨志恒、高岩主编:《教育学》,北京:中央民族大学出版社,2002年版,第288~290页。

② 黄济、劳凯声、檀传宝主编:《小学教育学》,北京:人民教育出版社,2001年版,第313~314页。

4. 组织和培养班集体的方法

(1)确立集体目标

有没有一个明确的奋斗目标,是班集体是否形成的重要标志。班集体的目标可分为远期、中期、近期三种。远期目标指全班同学经过较长时间的共同努力而达到的目标,它是中期、近期目标提出和设计的重要依据;中期目标是指阶段性的或者专项性的奋斗目标,是实现远期目标的条件和保证;近期目标是指当前的奋斗目标,它是远期、中期目标的具体化。

提出班集体目标时应注意遵循以下原则:一是全面性与关键性相统一。提出班集体奋斗目标时要考虑到班级的全面工作,使班级的各组织和每个成员都有统一的目标要求。同时要抓班级工作的主要矛盾,突出重点,不能搞包罗万象、面面俱到,使提出的奋斗目标既能体现全面要求,又抓住了关键。二是一致性与灵活性相统一。提出的班集体奋斗目标要同国家的教育目标、上级教育行政部门和学校的教育目标保持一致,以保证上级目标和学校目标的实现。还要从班级学生集体的实际出发,充分发挥本班的优势和长处,使提出的目标有一定的弹性。三是集体性和个体性相统一。提出班集体奋斗目标,应充分发动学生,发扬民主,发挥班级整个集体的智慧和力量,提出多种方案,择优决策。四是具体化与数量化要统一。提出的奋斗目标要具体、明确,多用可以量化的指标描述。对于难以量化的目标,也应尽量具体化,并定出衡量的标准,以便实施和考核。五是先进性和可行性相统一。先进性指奋斗目标要具有一定的难度,经过努力才能达到;或者具有一定的挑战性。要求不能过高,要符合学生的年龄特点、思想觉悟、生活经验、集体发展的水平,为多数学生认同,做到切实可行。

班主任在确定班集体的奋斗目标时,可以采用两种方法,一是师生共商法。由班主任同班干部或全班同学一道讨论提出集体目标的方法,此法多用于发展状况良好的班集体。二是班主任定夺法。此法要求班主任在提出要求之前,必须深入学生中进行细致的调查研究,使提出的目标尽可能地符合学生的实际,切不能脱离学生实际、随心所欲提班级目标。目标提出后,要向全班学生作反复的讲解、动员,使目标逐步转化为学生自觉奋斗的方向,切不可要求学生盲目地执行。

(2)建立班委会

班委会是班主任做好各项工作的有力助手。建立一个勤奋学习、团结友爱的班集体,必须组建好班级的领导核心,挑选能团结同学、办事认真、关心集体、乐意为班级服务的积极分子来参与班级领导工作。班委会管理机构可以参照以下模式:①

班委会中心成员,可采用一般的编制,即班长、副班长、学习委员、组织委员、宣传文娱委员、体育委员、卫生委员和生活委员。小学高年级的少先队干部和初、高中的团委主要干部也应该参与班委会议。班委会中心成员的主要职责:一是分管自己所负责的小组工作,组织本小组的成员定期述职,研究开展小组工作。二是商议研究班级工作,定期向全班同学和班主任汇报班级管理情况。班级最高的集体领导小组,由班主任直接管理,班上重大事项要由班委会议研究决定。三是参加学校指定的由相关班干部参加的会议,负责相关职责的对外工作。

班干部的选拔和培养要遵循如下几个原则:

① 黄可国主编:《班主任管理班干部的学问》,长春:吉林大学出版社,2010 年版,第 9~11 页。

第一，选拔任命班干部要遵循公平竞争、民主选举原则。班干部产生的形式和方式多种多样，如“选举制”，由学生直接进行民主选举；“委任制”，在广泛征求同学意见，通过全面了解基础上，由班主任直接任命；“竞争制”在自荐基础上，通过公平竞争选举班干部。第二，培养班干部要遵循指导性与实践性相结合、示范性与训练性相结合、实用性与合理性相结合、民主性与制度性相结合的原则。指导性，就是班主任要对民主选拔出来的班干部进行思想品德、工作方法等方面的适时指导；实践性，是班主任要放手让班干部在班级管理中各司其职，让他们在各自的岗位上大胆实践，做好本职工作；示范性，是班主任可以通过自己的管理行为给班干部的管理提供范例和标准，先让班干部“依葫芦画瓢”，在此基础上思考创新；所谓训练性就是班主任可以发动学生设置情境，以主题班会和课外小组活动的方式对班干部进行培训。实用性是班主任提供给班干部的方法和示范是容易操作的并且是有效的；合理性是班主任提供给班干部的方法和示范必须是合理的、科学的。

(3)建立班集体的正常秩序

班集体的正常秩序包括必要的规章制度、共同的生活准则以及一定的活动节律。[①] 健全而科学的班级管理制度是班级工作走向科学化的客观需要，是班集体形成和发展的标志，是做好班级工作的重要保证。健全的班集体规章制度不仅是建设优良班风的有力保障，也是实现班级团队目标的客观要求。为此，班主任必须加强制度建设，以规范班级工作，提高班级工作的透明度，引导班集体的持续健康发展。班级制度包括成文的制度与不成文的制度两个方面。班级组织制度主要是指成文的制度，而不成文的制度主要是指班级的传统、舆论、风气、习俗等，实际上属于广泛的文化环境。班集体的制度建设应遵循严格化和具体化的原则。班集体执行严格的规章制度，是班集体公正、公平的表现。这也有利于班集体形成积极向上的精神风貌。“具体化”是指班集体制度建设应具有细节标准，应具有较强的可识别性和可操作性。

(4)培养正确的舆论和良好的班风

正确舆论是根据是非标准所作出的符合客观事实的意愿和态度。形成正确的班集体舆论，有利于促进团结，鼓舞学生的上进心，发挥正气，有利于班级良好人际关系的建设和组织机构的健全与完善。正确的集体舆论是学生自我教育的重要手段，也是班集体形成的重要标志。作为班主任，可以通过以下几个方面来树立班级中正确的舆论导向。

一是及早进行养成教育。在班级形成之时，就应该向学生宣讲学生守则和行为规范，并要求学生严格执行。这个过程也就是培养学生良好习惯的过程。习惯的养成，对于人的性格、命运都起着重要作用，它对于一个良好班风的形成也起着至关重要的作用。二是正面引导，确立正确舆论形成的高标准。在要求学生明白什么事不该做，什么事该做的同时，还应该让学生明白为什么不该做，为什么该做，这就需要解决学生思想上的疑惑。班主任要通过课堂教学、班团队活动、课外活动向学生宣讲学校工作条例、规章制度、学生守则，进行思想品德教育，提高学生的认识，启发学生自觉地明白事理，使学生在思想上、理论上明确并掌握正确的价值观念和判断标准，为树立正确的集体舆论打下坚实的思想基础。三是树立优秀榜样，为正确舆论的树立创设良好氛围。正确的集体舆论是以先进的人和事所代表的精神内涵为表现的。班主任要注意发现典型，扶持先进，表扬好人好事，维护正义，为学生树立起

① 教育部人事司:《教育学考试大纲》，北京:北京师范大学出版社，2002年版，第181页。

学习的榜样和言行的楷模，利用先进的事迹与不良倾向和错误的思想行为进行斗争，把握正确的舆论导向。四是善于利用奖惩，发展巩固正确舆论。班主任要及时正确地表扬，发现好的典型，树立榜样、鼓励先进、弘扬正气。要能善于发现学生身上的闪光点，表扬好人好事，及时批评错误思想和言论，不文明行为，抵制歪风邪气，从而形成人人要求进步的好风气。

班风是班级成员的思想、言行、风格、习惯等方面表现出来的班集体特有的一种精神面貌，是班级"个性特征"的体现。形成良好班风要做好以下工作：

一是确定班风标准。班风标准就是要在班上树立什么样的风气，风气的主要特征是什么？一般用几个简明准确的词组概括表现出来，如"勤奋、团结、求实、创新"等。要简单明了，在行动中便于操作。二是要注重行为训练。学生的行为训练应据班风标准进行，在进行学生行为训练前，要将班风标准分解为具体的行为规范，并从班级的实际出发，将这些行为规范逐步提出，逐步实施。且规范一经提出，全班师生必须处处遵守，不能朝令夕改，不允许有任何违反规范的行为。三是要善于抓住时机。如新生入学、新学期或新年开始、节日活动、检查评比等，及时对学生进行班风的集中教育。特别是在班上出现一些涉及原则而学生又未能正确认识的事件时，班主任要及时抓住时机，通过积极的思想斗争，充分讨论、辩论，使大家分清是非，以推动正确舆论的形成，促进良好班风的发展。四是以身作则，骨干引路带头。班风是班级教师和学生骨干思想、作风的扩大和发展，其中班主任起着主导作用。班主任和班级骨干是班风的倡导者、先行者，要同学们做到的，他们应先示范、先做到，日复一日，坚持不懈，才能带出一种好的风气来。

(5)组织开展班级活动

班级活动是建设良好班集体的重要组成部分和最重要的内容。根据班级教育活动的时间分布，集体活动主要是由日常性的教育活动与阶段性的教育活动两大部分组成，所涉及的主题内容有教育活动、文艺体育活动、社会公益活动等。① 从班级活动内容看，班主任要有整体教育的考虑，要包涵德、智、体、美、劳诸方面活动，形成全面的信息网络，使学生得到多方面的教育和发展。从班级活动的全过程看，整体活动和个别活动是辩证统一的。就一次活动来看，只有从酝酿、设计、准备阶段发动学生全身心投入进来，活动实施才会有激情，教育性也就蕴涵其中了。② 以下主要介绍班级例会、主题班会组织与开展。

班级例会一般每周召开一次，会议内容主要是常规事务，包括对上一周情况总结和对下一周的事务安排，一般不同阶段有不同内容。

主题班会是对学生进行教育的专门班会。是在班主任指导下，由班委会组织领导，针对班上的某一倾向性问题，全班同学围绕一个主题开展活动而召开的班级会议。主题班会一般包括季节性主题班会，是在一年的时令、节日与纪念日里开展的主题班会。教育性主题班会，是针对班上学生中普遍存在的某一共同性问题而组织、设计的教育性较强的主题班会，一学期安排一至二次为宜。模拟式主题班会，据社会和班集体在一定时期的教育要求，通过设计、模仿某种具体的生活情境，组织学生扮演生活中的某种角色，让他们身临其境地感受到生活的丰富多彩，从中受到感染、启迪、教育的主题班会。知识性主题班会，使学生获得一定科学文化知识，同时进行思想教育的主题班会。实践性主题班会，指组织学生接触社会，

---

① 教育部人事司：《教育学考试大纲》，北京：北京师范大学出版社，2002年版，第181页。

② 王凯：《让班集体焕发出生命的活力》，南京：江苏教育学院学报(社会科学版)，2003年版，第3期。

了解社会,以参加社会实践为主题组织的班会,其特点是有较强的社会性和实践性。系列性主题班会,围绕一个总的教育主题开展多层次、多侧面的相互关联的多次完成的主题班会。

(三)做好个别教育工作

1. 教育转化后进生

后进生通常是指那些在正常生理状况下,班级中品行有不良表现或品行和学习成绩等方面都暂时落后的学生。

后进生心理具有复杂性和两面性,具体表现在以下方面:想做好事,但常因缺乏正确的道德认识,好心办坏事;想接受教育,但又对家长、教师心存戒备或疑惧;想学好,又旧习难改;想和错误决裂,又以义气为理,割不断旧情;外表傲慢,霸气十足,内心却又常常自卑、空虚,甚至自暴自弃;犯错误时常显得满不在乎,内心却时有羞愧或惶恐;对好学生表现出鄙视、嘲讽、瞧不起;稍有进步受到表扬时,内心会兴奋不已,但由于自制力薄弱,自觉性低,往往又会反复,重犯错误。后进生形成的原因较多,有客观的,如社会环境、家庭不良影响、家庭教育的失误和学校教育的不当等。主要是其主观原因,如缺乏正确的道德意识,行为受个人欲望和不正当需求所驱使;意志薄弱,自制力差,缺乏毅力;受不良行为习惯的支配等。

针对后进生心理的特点及其形成的原因,班主任主要做好以下转化工作:一是要树立正确的教育观,用发展的观点看待后进生。二是要以情感授人,和他们建立感情上的联系,做他们的知心朋友,消除他们的心理隔阂。三是要长善救失,扬长避短。四是培养学习兴趣,提高学习成绩。五是发挥集体教育力量。使班级同学、班干部向后进生伸出友谊之手,让他们感到集体的温暖,在集体中做好他们的思想转化工作。后进生的转变往往需要一个较长期的过程,教育要持之以恒,反复抓,抓反复。

2. 教育培养优秀生

优秀生一般是指那些在德智体诸方面都发展较好,品学兼优,可以作为学生学习榜样的好学生。

这类学生一般好胜心强,有较强的自信心,勇于进取,善于学习;有良好的道德行为习惯和学习、生活习惯,能自觉地根据道德行为准则支配和调控自己的言行;有良好的学习态度和学习方法,能自觉地发现和排除干扰学习的各种不良因素。但这类学生有时也会表现出虚荣心强,不敢正视自己的不足和错误,甚至易产生骄傲自满情绪等缺点。

班主任对这类学生既要充分肯定其优点和长处,又要严格要求,指出其不足之处,并采取有效措施,促使其更快地进步,将其中特别优秀的学生树为班上典型,带动全班学生积极向上,共同进步。

3. 教育提升中等生

中等生是相对于后进生和优等生而言的。一般指既不像优秀生那样思维敏捷,在各方面较为突出,又不像后进生那样惹事生非,学习困难,让老师伤透脑筋。他们安静、本分,品德表现、活动能力、学习成绩一般,优点和缺点都不大明显,没有出众的表现,平时不引人注目,是容易被忽视的群体。

对于中等生,班主任要不断对他们进行学习态度教育,经常对他们提出要求,并督促他们落实、完成。在保证他们不滑向后进的情况下,通过有效措施促使他们向先进方向转化。

(四)协调好各方面的教育力量

班主任、任课教师、团队辅导员、学生集体、学生家长、校处教育人员等都能成为班级教育工作的有效力量。各种力量在班级教育工作中的作用具有相对独立性。在自发状态下,他们间的作用方向可能一致,也可能不一致,甚至相反。在目标一致的情况下,可以做到相互协调、相互补充、相互促进,也可能在某时某事的处理上相互矛盾、相互拆台、削弱教育力量。因此,就必须改变这种自发状况,做好各种教育力量的组织、协调工作。

1. 加强与任课教师的联系,统一校内教育者的教育影响

任课教师不仅比较熟悉学生在学习过程中反映出来的各种问题,而且也在不断地教育和影响学生。班主任要经常与任课老师联系,一般在开学初,班主任要准备好班级学生名册、成绩表,编好座次表、学号,提出本班的上进生、中等生、后进生情况表,并把这些表册主动的在学期初就交给任课老师;同时召开任课老师会,把班上学生情况、班级的优点、缺点介绍给老师,使任课老师们心中有数,有的放矢的进行教育教学。在学期教学过程中要时时与任课教师沟通,在作业布置、辅导和课外学科小组的安排上,做到与任课教师统筹兼顾。要教育学生尊敬任课教师,树立任课老师的威信,培养学生对任课教师的感情。要为任课教师排忧解难。

2. 协调社会各种教育影响,争取社会各方面的积极配合

学生在学校学习,经常受到社会各方面的影响,这种影响不但很具体,有时还很强烈。尤其是在目前信息化社会,各种社会因素无一不对学生的思想品德产生着重大影响。班主任对学生的教育要获得良好成效,就应主动与社会各方面,特别是工厂、机关、街道、各个社会教育机构如文化宫、少年宫、博物馆建立经常的联系,有时还要与有关行政管理部门取得联系,共同研究制定学生社会教育的内容、方法、措施,遏制不利于学生身心发展的各种不良影响,共同抓好学生的学习、思想,保证学生的健康发展。

3. 协调家庭的教育影响,争取家长的积极配合

学生除在校学习外,很大部分时间在家庭度过,家长是学生的第一任教师。重视与家长联系,争取家长积极主动配合学校教育工作,是班主任工作的一项重要内容。班主任与学生家长沟通的目的是交流各方面的信息,沟通感情,创造有利于学生发展的家校合作条件。班主任与学生家长的沟通方式主要有面对面沟通和其他的信息沟通,其中面对面的沟通有家访或校访、家长会等形式;其他信息沟通是利用传统或现代的信息技术来传递信息的一种沟通手段,主要有家校联系手册、书信与便条、电话、短信、家校通、QQ 群、博客等。[①]

(1)家访

家访是为了协调学校与家庭的教育步调,统一学校教育与家庭教育对学生的要求,促进学生全面发展,班主任代表学校对学生家庭进行的具有教育性质的访问。家访是班主任与学生、家长建立联系的一种重要途径。

家访对于班主任工作具有重要意义:首先,班主任走进学生的家,才能全面了解学生的各个方面,尤其是学生在家的真实表现和影响学生的真实家庭环境。第二,家访可以拉近班

① 邱淑慧编著:《班级管理与班主任工作技能》,广州:暨南大学出版社,2011 年版,第 165 页。

主任与学生、家长的感情。班主任的来访，能使学生和家长深切地感受到教师的关心，拉近班主任与学生和家长的感情。第三，可以全面了解家长的教育观念、方式方法，纠正家庭教育中存在的不合理教育现象，帮助家长提高教育能力。

家访时应注意的事项：第一，应有明确的计划和准备。计划主要包括本学期家访的目的、要求、任务、家访阶段、家访步骤和家访方法。对于新接的班级，建议班主任采取普遍性家访。第二，要确定好每次家访的目标和内容。可以据学校的教育情况、学生在校的表现和想了解的家庭情况制定目标和谈话内容提纲。带着目标去，避免家访的盲目性。第三，要确定好家访时机，预约家访时间。班主任往往在学生出现问题时去家访，这种家访易被学生理解为告状，这点一定要注意。家访的时间应选择双方都有空的时间。第四，家访中班主任态度要诚恳，尊重学生和家长。要做到有礼有节，不以家长的地位区别对待，要尊重学生及家庭的隐私。第五，要做好家访记录和反思。家访记录有利于班主任与家长保持更好的联系，有利于对家访的实效进行反思，对学生的教育进行追踪。家访记录的内容包括家访对象、家访目的、家访时间、家访谈话的内容、家访的效果分析或反思等，一般在家访后完成。

(2)家长会

家长会是学校发起的，由班主任、任课教师和全体家长参与，共同探讨学生教育问题的会议。开家长会的目的：班主任向家长宣传学校的教育方针与政策、教育教学改革、教育目标与计划、教育教学内容和方式方法、学生在校的表现；班主任向家长了解学生在家的表现和家长的教育观念、方式方法；双方通过沟通，共同商讨与解决教育学生的各种问题。

家长会的形式和内容：一是向家长展示班风班貌和学生成果及其表现；二是让家长观看师生的汇报或听专家的讲座；三是让家长交流经验；四是让家长与学生共同参与丰富多彩的活动。班主任组织家长会议一定要目的明确、准备充分、中心突出、时间恰当，会议的内容、时间和地点应提前通知家长，在家长到校后做好组织接待工作。

(3)其他现代信息沟通方式

电话和短信是现代最简捷和方便的沟通方式，班主任可以据情况采用。

互联网与是当前家校联系的一种重要方式。主要有校讯通、班级网页或博客、QQ群等。

家校联系手册(卡、本)，由班主任、学生和家长共同完成。学生主要记录当天的作业，想对家长或老师说的话；班主任填写学生课内外的行为表现、作业完成情况、各科成绩、给学生的评语、给家长的留言或配合要求等；家长写学生在家的表现、家长想对孩子说的话，家长对学校或班主任的建议等。

以上方式各有长短，对于普遍性的问题可以通过校讯通联系；对于教育观念等宣传可以通过网页和博客，对于问题较多的个别学生应把电话联系与家访结合起来。

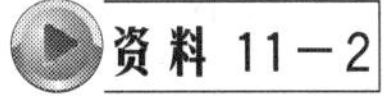

资料 11－2

如何把握家访的时机

关于家访的时机，我国优秀班主任武兴元老师把它归纳为10个方面：①学期初、学期中和学期末；②学生生病不能到校的时候；③学生生日那天；④“后进生”获得较好成绩的时候；⑤学生被评为优秀队员、优秀干部和三好学生的时候；⑥优秀学生考试成绩突然下降的时候；⑦学生精神不振、学习情绪低落的时候；⑧学生犯错误屡教不改的时候；⑨学生进入青春期初恋的时候;⑩学生突然旷课的时候。

(选自:http://yangkunhome.bokee.com/viewdiary.16289980.html)

(五)制定班级工作计划和总结

1. 班级工作计划

班级工作计划是对某一时期内班级工作的目标、任务、措施等预先作出的设想和安排。班级工作计划有很多种:从时限上分,有学段、学年、学期、月、周计划等;从工作目标上分,有德育计划、智育计划、体育计划等;从工作内容上分,有干部培养计划、后进生转化计划、家校联系计划、集体活动计划等。

一个完整的计划,从形式上说包括标题、开头、正文、结尾、落款、评估和检查等部分;从内容上说,主要包括依据、目标和措施几个要素。班级工作计划是具体计划,必须有操作性,要使活动、人物、时间、地点等因素落到实处,要明确实施的内容、责任、范围和时限,使之便于明确任务,便于上级检查和自我检查。

2. 班级工作总结

班级工作总结是对一定阶段班级各方面工作所作的整体回顾和分析评价。通过总结可以肯定成绩、增强信心、找出问题、看到不足,为班级工作检查评定提供依据。通过总结,可以对零碎庞杂的事实材料进行加工整理,从中整理经验教训,甚至得出规律性的结论,为下一轮工作计划提供宝贵的依据,帮助师生提高班级工作水平,有效地加强和改进班级工作。

在进行班级工作总结时注意以下方面:要有正确的指导思想;要有实事求是的作风;要以事实作为基础;要反映特点,找出规律;要发挥学生集体在总结中的作用;应注意语言简练、朴实、准确,结构严谨,条理清楚。

(六)操行评定和偶发事件的处理

1. 操行评定

操行评定是对学生在一定时期德智体各方面情况进行的综合评定,它是班级工作的一项重要内容。在进行操行评定时必须按照统一的评价标准,尊重客观事实,实事求是地反映和评价学生的操行状况;不只是把评定过程看成是某种目的,而要把它看成是对学生进行教育的过程和手段;要多正面表扬学生的优点和长处,把肯定性评价与否定性评价结合起来,但以肯定性评价为主;要写出每个学生的个性,突出每个学生的特点;从内容上要对学生德智体各方面情况进行整体的评定,不以偏概全;从时间上要反映学生本学期或学年的综合表现,不搞先入为主;从空间上不以点代面;要充分发挥学生、任课教师、学校领导、家长等各方面人员的作用,不搞主观武断和一手包办。

2. 偶发事件的处理

偶发事件是指班级工作中突然发生的、预料之外的不良事件。偶发事件主要是由于学生性格异常、感情障碍、人际冲突、不良道德行为等引起。其特点是:发生的突然性;事件的冲击性;后果的破坏性;处理的紧迫性。偶发事件发生,如果处理不当,就会产生很多危害:

(1)造成师生、生生之间的严重对立,影响班级组织的凝聚力;

(2)造成班级组织的混乱,影响正确舆论的形成;

(3)损害班集体的集体形象和声誉,降低班集体的影响力;

(4)造成学生的心理压力。

班级偶发事件处理的方法:

(1)降温处理法。是指班主任暂时采取淡化方式,把偶发事件先"搁置"一下或稍作处理,留待以后从容处理的方法。

(2)变退为进法。即班主任在遇到突发事件时发生"暂时遗忘",主动巧妙地把问题交给学生思考,自己争取时间来考虑对策,最后综合大家的意见来得出结论。以退为进,不是不处理,而是充分地相信学生,引导学生自我教育、自我管理,从而达到自我提高的目的。

(3)移花接木法。即班主任利用学生身上的某个"闪光点",根据学生注意力容易转移的特点,巧妙地把偶发事件的处理转移到另一件事情上去。作为班主任,一定要深入了解班里的每位同学的性格特点,尤其要关心那些性格内向、学习成绩并不出色的同学,因为他们最需要老师的关爱。班主任的关爱,将会改变他们的一生。

(4)幽默化解法。这种方法多用在那些注意力不集中、思想开小差、行为走极端的同学身上。

第三节 学生学业评价

一、学业评价的内涵及意义

(一)学业评价的概念和分类

1. 学业评价的概念

学业评价是指以国家的教育教学目标为依据,运用恰当的、有效的工具和途径,系统地收集学生在各门学科教学和自学的影响下认知行为上的变化信息和证据,并对学生的知识和能力水平进行价值判断的过程。

2. 学业评价的类型

学业评价可以从不同的角度分类,比较常见的有:按评价的目的,可分为选拔性评价、水平性评价、反馈性评价;按不同的认知维度,可分为知识评价、技能评价、能力评价;按在教学过程中的作用,可分为形成性评价、诊断性评价、终结性评价;按评价的主体,可分为他人评价、自我评价。无论哪种类型的评价,都要体现评价的科学性和有效性。也就是说,学业评价应在教学实践中尽可能符合实际需要,从而推动学生的学业进步。

(二)学业评价的意义

1. 学业评价是提高教育水平的有效杠杆

新课程关注教师成长的评价理念有助于提高教师的职业素养和教育教学能力,激发教师不断改进教学的主动性和创造性,促进教师自我价值的实现和提升。通过学业评价,学生公认的优秀教师,就会成为教师队伍的核心和骨干力量,激励有一定差距的教师向他们看齐,奋起直追,逐步形成一支合格的教师队伍。

2. **学业评价可以推动教育改革,提高教师教育教学能力**

教师在学业评价的基础上,开展互相观摩、互相评议等评价措施,实际地考察教师师德修养、业务知识、工作能力和工作实绩,从而激励他们学习教育理论,总结教育经验,进行教育研究,改进教育教学能力,提高教育质量。教师职业素养和教学水平的提高,必然有利于教师在教育活动中更好地发挥主导作用,促进学生德智体美劳诸方面的全面和谐发展,进而推动学校整体工作再上新台阶。

3. **学业评价可以发现和发展学生的各方面潜能,了解学生发展中的需要**

学业评价不仅要关注学生的成绩,更应该关注学生其他方面的能力,了解学生发展中的需要。教师可根据学生学习过程中的表现对学生进行评价,调动学生的积极性。对于学生而言,适当的赞美和鼓励会激发他们的积极性,即使一个平庸的学生,在鼓励的阳光雨露下也会变得鲜活起来。

二、学生学业评价的方法①

采用的评价方法,对学生的学业评价,既有量化方法,也有质性方法,这要视评价的目的、内容而定;同时,在这两种方法下,又可以根据教学活动的进程与要求适当采用诊断性评价、形成性评价和总结性评价;其间还可根据评价的价值标准与目的,灵活使用绝对评价与相对评价。当然,这些评价方法相互联系相互影响。无论是哪种评价方法,都需要使用一定的评价工具,即要有一定的评价技术。

常用的评价工具有:教师自制的各科测验;各类标准测验;行为观察记录;问卷法;交谈法;创作作品分析;技能实演;实验报告、研究报告、考察报告;个案分析;各类奖惩。当前,广大中小学教师在学生日常评价实践中使用较多的几种方法主要有作业、考试与测验,以及表现性评价等重要方法。其中,作业、考试与测验是发展中的传统评价方法,而表现性评价(如口试等)则是新兴的评价方法。

(一)作业

作业是日常教学中最常用、也是比较容易掌握的方法。作业既是教师教学活动的重要环节,又是学生学习过程中的必要组成部分,而其中尤为重要的部分是作业形式的设计及其评价。

对作业形式问题进行重新思考,进而设计新的作业形式非常有必要。西方一些教育先进国家的作业形式改革对我们很有启发意义。英国中小学生课程作业主要有四种类型:(1)实践作业,即指有教师指导的各种实验,独立观察、独立完成美术作品及各种动手能力的测试;(2)书面作业,即指客观性测试,其形式有回答简答题、抢答题、写随笔、论文、观察报告、评论、调查报告、科研项目等;(3)口头、听力作业;(4)表演作业。

在设计中小学作业形式时,从作业内容上看,可以考虑书面作业和口头作业、制作作业和表演作业相结合;从作业发生的场所角度分析,可以考虑课外作业、课堂作业和家庭作业

① 东北师范大学精品课教育类公共课:教师学与教学论,学生学业评价方法.http://edu.nenu.edu.cn/jpk/jiaoshi/ten_new/3-2.htm

相互结合;从做作业的时间方面分析,可以考虑短期作业和长期性专题作业相结合;从作业承担者的角度分析,可以考虑个人作业、小组合作作业和全班作业等不同的作业形式;从作业兴趣角度分析,可以考虑把传统的单一性作业方式和趣味性、多样化作业结合在一起,采取趣味性、多样化的作业形式。

还可以结合中小学各个学科特点,设计出一些新型的作业:①录音作业;②课本剧作业;③画示意图作业;④调查采访性作业;⑤分层作业,适合从学生的不同发展水平出发,确立一些有效的课程形式;⑥自主型作业,学生在教师的引导下;自主选择、参与作业内容的设计。作业可以自己留、互相留,学生自己出测试卷,交换做、交换批阅,课前自己质疑、自己设计学习思路,收集与新课有关的信息材料等,这类作业重在培养学生的主动学习态度和创新精神,各个学科都可以尝试。⑦养成型作业。教师把培养学生良好的学习、生活习惯作为作业,请家长、社会评价,向学校反馈,既有利于学生健康成长,又沟通了学校与家庭、社会的联系。

总之,要采取多种手段,通过形式多样的作业,激发学生的兴趣,让学生真正喜欢做作业,变"要我做"为"我要做"。

(二)考试与测验

考试或测验一般是指学校在学期和学年结束的时候对学生学习效果做出的最终检查,其目的是对学生在一段时期内完成的学业状况做一个总结性评价。考试与测验包括随堂测验、单元测验和阶段性测验等。教师通过平时测验检查和督促学生的学习,诊断学生对知识与技能的掌握情况,考查学生学习能力的发展,在测验内容与形式上也作了很多有益的改进。

(三)表现性评价

表现性评价是建立在对传统测验批判基础上的一种评价方式。它是指对学生在实际完成某项任务或一系列任务时所表现出的,在理解与技能方面的成就的评定,也指对学生在具体的教学过程中,所表现出的学习态度、努力程度以及问题解决能力等一些测验所无法反映的深层学习指标的评定。

1. 表现性评价的适用范围

进行表现性评价需要依附于特定的学习任务,这些学习任务,可以采取如下几种形式。

(1)结构性表现测验

结构性表现测验可以是纸笔表现,也可以是非纸笔表现。这里的纸笔表现不同于传统的纸笔测验,它是一种强调在模拟情境中应用知识和技能的评价方式。在纸笔表现任务中,经常用"设计"、"建立"、"创作"等行为动词,如设计一个流程图、电路图,创作一首诗、写一个短篇故事等。纸笔表现测量的成果是知识和技能两者的应用结果。例如,要求学生用图来表达文字题中的数学思想;研究了学生一天的作息时间的图表后,写出生活中一天的一个故事;解决一个故事中的问题,并说明是如何解决的等。

非纸笔表现是指使用除纸笔以外的表现。如要求学生用一套四个三角形拼出不同的几何图形并用适当的语言表达你所拼出图案的蕴意,拼出的几何图形越多越好;打电话询问一件工作并要一份申请表,尝试填写这张表格;演示如何将酸和水混合等都属于非纸笔表现。

(2)口头表述

口头表述反映和培养学生的表达能力、思维的逻辑性和概括能力，同时，还能在一定程度上反映学生的思维过程以及对所掌握知识的理解力。如课堂演讲、辩论等。

(3)模拟表现

模拟表现是为配合或代替真实情境中的表现，局部或全部模拟真实情境而设立的。例如，在社会课学习中，学生分角色扮演法庭审判、市政会议的进行、招聘工作的面谈等活动。数学课利用计算机解决日常生活中遇到的数学问题，也是一种模拟表现。在许多情境中，学生在模拟情境中所显示出来的技能，是其在未来真实情境下表现的一种准备。

(4)实验或调查

实验或调查包括自然的和社会学科，可以是实地调查、问卷调查和实验室实验。学生通过实验或研究去直接感知和体验事物，促进动作、心智的全面发展以及解决问题能力的提高。例如，做一系列研究寻找控制水土流失的办法；对阅览室内广告的配色作研究，颜色如何组合最能吸引读者的注意等。任务可以由个人或小组进行。

(5)作品

如，一首诗歌、一篇文章、一幅画或制作一件东西。这些都可以作为表现性评价的具体内容。

(6)项目学习

项目学习包涵个人、小组、个人和小组结合等多种形式。

个人项目。如要求学生写一份图书馆研究报告，必须运用收集和使用参考资料的技能、选择有用信息的技能、组织和规划报告的技能、书面语言表达的技能。项目通常需要创造性、讲究新颖和美感。

小组项目。需要两个以上学生一起完成的任务。目的主要是评价学生是否一起合作，用适当的方法创造一个高质量的作品。

个人和小组结合项目。通常是一个需要较长时间才能完成的项目。完成以后每个小组成员独立准备一份报告。这类评价既要评估小组的成功，又要考察个人达到学习目标的程度。以在学校同学中进行关于某个道德问题的调查为例，小组制定计划开展调查，并分析调查获得的数据，然后每人写一份报告，描述调查是如何进行的，并对结果作出自己的解释。

(7)扩展型项目

这是一种综合性的表现性评价任务。学生在解决“真实世界”问题或制作一件独特的作品过程中，把学术、思维和交流技能融为一体。扩展型研究项目可以有多方面的结果，且每一方面都有评价的标准。学生参与标准的制定、研究问题的选择、进行研究设计、开展研究、评价研究结果、撰写研究报告、口头交流并对研究发现进行答辩。项目自始至终强调问题解决中用到的分析、综合和评价的技能、交流的技能、自我评价的技能和独立学习的技能，在某些情况下还可以包含职业技能。扩展型项目进行的每一步都离不开教师的指导和师生之间的密切沟通。

尽管表现性评价在教师评价学生学习的过程中起着重要的作用，但它也有其局限性，主要表现为：第一，这种评价方法比较费时，仅适合单个人或小组评价，而不适合人数过多的学生评价；第二，表现性评价的信度问题，即在评分过程中，由于评分标准不一致而导致对同一学生行为给出不同的评判。解决的办法之一是增加观察次数，但这种多次观察需在一定时期内完成。为使描述学生行为表现的资料收集工作更好进行，建议教师将表现性评价与学生成长记录袋评价方法合并使用。这样，可使教师和学生共同参与到评价过程中来。

2. 表现性评价的评分方法

表现性评价的评分方法有整体评分法和分项评分法两种。

所谓整体评分法是指以整体的印象作为评分的基础，而不是考虑构成整体的个别细节部分，在整体判断确立之后，才给每件作品或成果评定一个分数或等级。

分项评分法需要针对构成每件作品或成果的每个重要细节部分进行判断。究竟使用哪种评分方法，取决于评价项目。如果教师要做的只是一般性决定（如分组、评选、或评定成绩等），使用整体评分法较为恰当；如果教师所作的决定具有诊断困难及了解学生精熟表现程度的功能，则用分项评分法为好。例如，写作技能的评分，对文章的组织结构、立论观点、词汇等都可以分别进行评分。

在日常教学中，表现性评价一般有如下标准：

3. 几种典型的表现性评价方法

(1)学生成长记录袋

学生成长记录袋又称为档案袋方法、“文件夹评价”、“另类评价”，是一种新兴的质性评价方式。这种方法是指学生把自己有代表性的作品汇集起来，以展示自己的学习和进步状况。其中收集的每份作品都是有意识地根据预先制定的标准选择的。所以，学生成长记录袋评价方法包含着自我评价的成分。

课程改革实施以来，各实验区的教师和研究人员在语文、数学、英语、科学、艺术、生物等多门课程领域中，积极开展了不同程度的理论研究与实践探索，创建和使用了多种多样的成长记录袋，成为当前中小学教育评价改革的新亮点。

一般来说，在班级使用的学生成长记录袋有三种类型：

第一种，作品型学生成长记录袋。指收集学生作品的学生成长记录袋，这些产品被评为是学生最好的作品，又被称为“展示型学生成长记录袋”或“成就型学生成长记录袋”，其内容可以是一盘表现录像带、一个模型，也可以是一篇作文或一件艺术品等。

第二种，过程型学生成长记录袋。这种记录袋中收集的材料是一些关于工作如何进展，如何达到优化的证据。它的内容可能包括产品完成之间的所有草稿；描述小组在实现共同目标的过程中，学生所扮演的角色等。

第三种，进步型学生成长记录袋。它是指保存那些学生不同时期同类作品比较的学生成长记录袋，这种学生成长记录袋中的内容包括学生首次和最后一次在实现任务中所完成的相似的作品或作业。

学生成长记录袋记录着学生成长的“故事”，能向教师、家长和学生本人反映学生的实际发展情况、学生的解决问题的能力和运用策略的能力。此外，学生成长记录袋还可以反映学生的毅力、努力、上进心以及自我监控能力和自我反省能力等。因此，应用学生成长记录袋的最大优点是为教师提供了许多其他评价手段无法获得的有关学生学习与发展的信息。

学生成长记录袋注重学生参与的积极性。学生是评价的主人，他可以选择将什么装进学生成长记录袋，可以参与学生成长记录袋标准的制订，可以把自己的作品和进步与他人分享。最重要的是，学生成长记录袋给学生提供了对自己作品进行自我评价和反省的机会。

(2)苏格拉底式研讨评定法

这一评定模式是美国教育学家莫蒂默·阿德勒(MortimerJ. Adler)在1982年提出的一种质性评价的方法。它把"班级参与"和"课堂讨论"中的表现作为学生学业成绩评定的一个部分,从根本上让学生更有效地思考,并为自己的见解提出证据。

"课堂讨论"的评分是建立在教师对学生的主观印象基础之上的,它所关注的焦点是如何引导学生参与讨论,如何来评定学生参与讨论的质量,如何才能促进更广大学生间的互动,怎样做才能使讨论成为对其进行可靠评定的依据。一般来说,苏格拉底式研讨评定法的步骤包括以下几个方面:

第一,明确教育结果。这种评价方法也注重结果评价,但它更关注的是评价如何才能真正实现这些结果,并且这些结果不是一般的技能,它可以是批判性思维、阅读理解技能、听说技能和多样的写作技能等。

第二,选定研讨采用的文本。为了达到教学目的,任何文本都可以被作为研讨文章。它可以是一本小说或一部电影,也可以是实验的一个步骤或者画的某一细节;它既可以是学科内的文本,也可以是跨学科的文本,只要能促进学生的学习,教师都可以把它选为文本。

第三,教师提出一个良好的问题。教师提出一个高质量的问题是很重要的,它直接影响研讨的质量与进展。一个好的问题往往不期待某个单一或最合适的答案与预期反应,而是开放式探索性的,能不断引发对话并引起学生对学习内容更深入的理解。

第四,选择记录研讨过程的方式或设计简明的记录表。记录应当完全客观地反映研讨进程,是进行评定的客观依据。通过一系列研讨记录的分析、对比,就可以对学生在各种教育结果上的成绩做出判断。

(3)口试评价法

"口试",就是将考察的基本内容,采用随机或抽题签的方法进行口试回答,通过学生对问题的思考、分析、解答,以及真实的操作,不仅可以考查学生对知识技能的掌握运用情况,而且可以使教师全面了解学生的思维过程,解决问题的方法以及动手操作的能力和个性创造力,为从多侧面、多角度评价学生提供真实有效的素材。

学生在回答问题时,可侧重考察学生对基本知识的理解和掌握程度,而且对实践性内容还可以采用技能考试、实际操作等方式,主要考察学生对实践性、技能性知识的理解、掌握及熟练程度,有利于培养学生的动手能力及实践操作技能。同时,口试过程中允许学生与同伴商议、交流。

口试作为表现性评价的一种重要方式,主要是针对正规纸笔考试不易体现的目标进行考查,以形成对学生多角度、全方位的评价,促进学生的全面发展。因而,对于卷面测试能够实现的一些基本概念及基本运算技能等的考查,在口试中不再重复,以保证口试的实效性,避免重复测试给学生带来的负担过重的现象。口试中的试题主要包括开放性试题、探索规律题、说理题、创意题、操作题等试题类型。口试的评分标准分为基本要求、提高要求和综合要求,同时需要灵活掌握,如,对于在口试中有独到见解,思维敏捷的学生,虽然解决问题的方法不够正规,也应给予高分;第一次口试成绩不理想的可给与第二次机会,以两次考试的平均分记入成绩,以便体现口试的开放性——试题开放、考场开放、考试次数开放等。

【教育名著简介】——《新教育之梦》

《新教育之梦》是我国当代教育名家朱永新的代表作之一。朱永新，1958年生，江苏大丰人。现任全国政协常委，民进中央常委，苏州市副市长，苏州大学教授、博士研究生导师，同济大学、北京师范大学、南京师范大学兼职教授，教育部教师教育专家委员会委员、高等学校心理学教学指导委员会委员，中国心理学会理事。先后求学于江苏师范学院、上海师范大学、同济大学、复旦大学。著作大多收入十卷本《朱永新教育文集》(人民教育出版社2004年版)。另主编《当代日本教育丛书》、《教育在线文库》等三十余种，并主持《新世纪教育文库》的编选与出版工作。在国内外学术刊物上发表论文二百余篇。曾多次主持联合国教科文组织委托研究项目、国家自然科学基金项目、国家社会科学基金项目及省级研究项目，并多次获奖。

【精彩片段选读】

理想的德育

德育，最重要的是研究人的德性的形成规律。人的德性必须在自然的活动中形成，这是德性形成的一个基本规律。抽象的道德戒律光靠说教是不能深入人的心灵的，是不能为人所掌握的。如在以往的家庭中，一般都有两三个子女，这些子女在良好的家庭教育氛围中，就会自觉地认识到自身的权利、义务和责任等。如吃苹果，几个小孩就会自觉地遵从优先法则，年龄大的要自觉少吃点儿，给年龄小的多吃一点儿。又如做家务，每个人都会自觉地分工合作，使每个人的权利、责任、义务得到统一。这本身就是一种自然而然的道德实践。这样自然的活动就可以让孩子学到许多道德规则，不少道德问题就已经解决了，不需父母的反复说教。但在当今社会，绝大多数孩子是独生子女，这些子女缺少相互交流的机会，上学前被关在"铁笼子"里，孩子们大多时间与外面的世界隔绝。上学后，尽管生活在一个集体的环境中，学生从七点钟到校，到下午五六点钟放学回家，其间的大部分时间也主要是忙于上课和做作业，仍不能随便交流和活动。有一点可以肯定，这种学生缺乏一种和别人相互交往的基本品德，他不知道怎样去处理矛盾，不知道怎样去面对挫折，不知道怎样去处理冲突，这些基本的德性不是靠简单的说教就能奏效的。在我们的德育工作中，我们一直热衷于搞道德教育课题，把道德教育文字化、大纲化，其实，这样的道德教育效果是很脆弱、苍白无力的。道德教育应该存在于活生生的生活中，在孩子与孩子的交往中，在孩子们与老师们的交往中德育才能收到良好的效果。

德育尤其需要一种宽松、宽容和温馨的环境。对学生偶然的错误和闪失，不要过分求全责备，即使是教师，偶尔也会有背离道德的言行。在学生形成良好品行的过程中，尤其需要教师的鼓励和表扬。鼓励和表扬的力量远远大于批评和处分的力量，学生在接受教师表扬和赞赏中，会自觉地把自己的优点无限放大发挥，对自己表现出强烈的自信，极力使自己更优秀，一些不良的品行会在不知不觉中消除。但在现实教育活动中，许多德育教师常常扮演的角色却是"警察"，他们最常用的"武器"就是批评，班会经常开成"批斗会"，批斗某一个同学的不良行为，批斗某一种倾向，把学生的缺点无限放大，而很少去发现和挖掘学生身上的闪光点，推动学生内心中那种积极向上的内在力量。那些经常受到教师批评和处分的学生，很可能只看到自己的缺点，找不到自己的优点，并会产生一种"破罐子破摔"的思想，放弃本身一些固有的良好品质,一直处于一种消极的防备状态。美国的教育心理学家盖杰和伯令纳在《教学心理学》一书中指出:“对于教师来说,表扬是最易使用和最自然的、有效的形成动机的方法。”他们还说:“有时,教师忘记了他们对于学生的评论是多么重要。我们看到一些教师从不对学生说一句好话,这种行为是不可原谅的。这对那些只会充当警察角色的教师不是最好的忠告吗?

理想的教师

一个理想的教师,他应该是个天生不安分、会做梦的教师。教育的每一天都是新的,每一天的内涵与主题都不同,只有具有强烈的冲动、愿望、使命感、责任感,才能够提出问题,才会自找“麻烦”,也才能拥有诗意的教育生活。写诗是要灵感、悟性和冲动的,真正的教育家也应具备这样的品格,永远憧憬明天。冲动停止,教育就会终结。一个优秀的教师,必须具有远大的理想,不断地给自己提出追求目标,同时又要有激情。对一个成长中的教师来说,平静的思考是需要的,但更要富有激情。人要会做梦,优秀的教师要永远伴随着自己的梦想。当生活没有梦时,生命的意义也就完结了,教育就没有了意义。

一个理想的教师,应善于认识自己,发现自己。生活中的一些人,为什么没激情,因为他发现不了自己的可爱之处和伟大之处。认识自己是自古以来人类对自己提出的一个很高的命题。在“认识自我”这个问题上,长期以来我们走进了一个误区。我们的媒体、老师要求我们正确对待自己。我们在评论、总结和交流的时候,总会自贬三分。当然,在交往中贬一些未尝不可,但在内心深处绝对不能贬。一个人永远不会超过他们追求的目标。同样,一个人也永远不会超过对自己的评价。一个人对自我的评价,往往是这个人事业、职业能否成功的标志。自信使人自强,适当的“骄傲”使人成功。只有自信,才能使一个人的潜能、才华发挥至极致,也只有自信才能使人得到“高峰体验”。培养人则培养他的自信,摧毁人则摧毁他的自信。

教师还应该努力理解孩子的世界。成人世界和孩子世界是不一样的,孩子们的世界有独特的色彩、旋律和内涵。教师要和他们一起喜怒哀乐,要和他们共同成长,要成为他们中的一分子。教师需要有一颗非常年轻的心,才能与他们沟通,才能理解他们,才能够得到他们的爱。可是我们一直主张师道尊严,鼓励师生之间有距离感。中国教育传统有很多好东西,也有很多不好的东西。过于强调师道尊严就不好。教师还应该有三历:学历、经历和阅历。这三历是一个有机的联系,不一定是将名山大川都走遍,行万里路和读万本书,其价值是一样的。我们要鼓励教师成为一个探索自然,热爱自然,热爱生活,热爱人类的人,要培养这样一种心境,才能教育好孩子们。

(以上内容选自 http://bd.tjjy.com.cn/LiLunXueXi/201110/13213.htm)

【教育名家简介】——霍懋征

霍懋(读音:mào)征,女,1921 年 9 月 18 日出生于山东省济南市教师之家,毕业于北京师范大学。霍懋征的主要著作有:《班主任工作札记》、《语文教学资料》、《霍懋征语文教学经验选编》、《霍懋征小学语文教学经验谈》等,她在全国各种报刊杂志上发表论文数十篇。有关方面为了介绍她的教学经验,录制了许多她授课的录音带和录像带,还拍摄了霍懋征讲授的《月光曲》一课的彩色教学影片,不仅在全国各地,还在美国一些城市放映,受到普遍赞誉,反响很大。多次荣获北京市模范教师，北京市“三八”红旗手、全国“三八”红旗手等多种荣誉称号，并先后担任北京市妇联副主任、全国妇联执行委员、中国教育学会常务理事、中国小学语文教学研究会常务理事等职务。曾当选为民进中央常务委员，第五届全国政协委员，第六、七、八届全国政协常务委员。第一次全国教育工作会议上被评为中国现代百名教育家之一。几十年来，霍老师受到了周恩来、温家宝等历届党和国家领导人的接见，周总理称她为“国宝”，薄一波副总理为其题词“一代师表”。温总理称她是“把爱心献给教育的人”，国务委员刘延东称她为“教育大家”。

教学贡献

从五十年代起，霍懋征在语文、数学教学中创立了有自己独特风格的“讲读法”，以“讲”为主，以“读”为辅，善于抓住教学规律的重点、难点部分，从学生实际、教材实际出发逐步进行引导，取得了很好的教学效果。凡是听过霍懋征讲课的领导和同志都给予了很高的评价，有的教育界的老前辈这样称誉霍老师的教学：“懋征的教学真是达到了炉火纯青的地步”。

“文革”以后，霍懋征被任命为副校长，但她根据语文教学中存在的弊端，决心在一个普通三年级班进行教学实验，她认真总结了过去的经验，也找到了不足之处。她说：“既要肯定自己过去多年行之有效的教学方法，也要敢于否定自己过去讲课过多过细，占用了学生课上多练的时间。”于是她提出了“速度要快，数量要多，质量要高，负担要轻”的十六字方针进行教学改革，把着眼点放在开发学生智力、培养学生实际能力上。经过一段时间的努力，霍懋征终于探索到一些带有规律性的东西，加快了教学速度。主要做法是：一是精讲，二是多练，三是合理的组织课文，改变了过去的“讲读课”为“读讲课”，以“读”为主，以“讲”为辅，给学生留下了大量的自学时间，基本上做到了当堂巩固所学的知识，课外留有大量时间开展多种课外活动。这样不仅丰富了学生的知识，培养了学生的学习兴趣，并且极大地调动了学生学习的积极性，变学生被动学习为主动学习，使他们成为学习的主人，经过三年的实验，这个班毕业时参加了北京市统一考试，都以优异的成绩升入中学。

班主任工作

霍懋征的班主任工作也很出色，她深深地感到自己所教的每一个学生将来都是祖国四化的建设者，他们品德、学习的好坏关系到祖国的前途，民族兴衰的大事。她针对每个学生的特点，进行耐心细致的正面教育。她因材施教，因势利导，善于发现每个学生的特点，为他们创造成功的机会，使每个学生都能有所前进，都能品尝到成功的喜悦。喜欢多变，喜欢新奇，喜欢参加各种活动，因此霍老师经常开展各种生动活泼的班队活动，利用一切机会教育学生、锻炼学生，为他们的健康成长打下良好的基础，多年来不管是多么调皮的学生，只要进入霍老师的班级里都会很快转变过来，她所负责的班级经常被评为优秀班集体，有的还被评为北京市优秀少先队。

创新教育

霍懋征认识到，任何领域中的任何一种创造，都与基础教育不可分开，尤其是语文教学。语文是基础教育中的一门主课，占课时最多，教材内容十分丰富，每篇课文都能使学生受到教育，它在培养学生创新意识、创新精神、创新思维方面有独特的作用，所以在小学语文教学中进行创新教育，是目前霍老师在语文教学改革中提出的一个崭新的课题。她认为在小学进行创新教育不是以发明创造为主要手段，更不是以此为目的，而是强调在整个教育教学过程中，充分发挥学生的主体作用，开发和发展学生的创新意识。充分发挥学生的主体作用，开发和发展学生的创新意识、创新精神、创新思维能力，为培养德智体美全面发展的具有良好素质的创新型人才打好基础。

她还认为创新教育的面很广，从培养目标、教育计划、教育大纲、课程设置、教材内容、教学方法、教材评估标准到社会教育、家庭教育等都要充实新的内容，都要有所改变。目前，霍懋征正与北京、河北、湖南、广东、浙江等地的同仁们共同探讨研究这一新课题。

社会活动

霍懋征不仅是一位著名的小学教育专家，而且是一位成绩卓著的社会活动家。她担任的社会职务很多，凡是党和人民交给她的任务，或是她认为对党对人民有利的事情，都勤勤恳恳认认真真地努力去完成，她认为参政议政是她应尽的职责。她还认识到只有知情，才能出力。所以把随政协外出视察或参观、访问、讲学等都看成是自己学习调查、掌握情况、了解民意的极好机会。

几十年来她每到一处，首先要开座谈会，了解详细情况，掌握第一手资料，凡是当地政府可以解决的问题，她一定尽力反映，请他们帮助解决。在每年的政协大会上，她都积极发言，书写提案，为我国的教育事业献计献策，其他方面的问题也积极反映。例如，有一次霍老师来到河北沧州，看到当地严重缺水，水位很低，不仅影响了农业生产，还严重影响了人民的身体健康，有些小孩骨质疏松，很容易骨折，还有很多学生满口氟斑牙。霍懋征立即在政协提案中建议研究解决水源问题。她看到前几年中小学生学习负担过重的情况后，一方面直接向教育部长反映情况，一方面和民进中央妇委会的同志撰写了《为孩子们呼喊》一书，呼吁全社会都来关心孩子们的健康成长。

（以上内容摘自：http://baike.baidu.com/view/316887.htm）

思考与探讨

1. 请为中小学某班设计一个主题班会，并模拟实施。

2. 某校高三学生孙某，父母从小就不要她，由爷爷、奶奶抚养，上六年级就被她的阿姨收养了（阿姨家的条件也不好，但她阿姨对她很好，她只听她阿姨的话）。在学校，人际关系非常地差，无论在宿舍、还是在教室，同学们都不喜欢她，因为在三年的高中期间，她和她的每个舍友都吵过架。女生们都不敢靠近她，在教室，她的同桌也与她吵架，并因这些事，同学们已多次去和班主任反映不愿和她住一个宿舍，也不愿和她坐一张桌子。就此，班主任也多次找她谈话，但还是没用。一天课上，班主任直接在班上批评了她，说希望她以后和同学们好好相处，她就此和老师赌气，几天没来上课，老师知道后告诉了她阿姨，她阿姨找了几天才找到她。

问题：试分析此班主任的做法？如果你是她的班主任你会怎么做？

第12章

教育研究方法

☆如果一个人在进行教育的同时也进行研究，那么他的教学效果一定会得到进一步的提高，即使他的研究工作不像他希望的那样有成就，但他可以继续有效地进行教学。

——(美)鲍林

☆教育是一种包括科学在内的活动。正是在教育过程，提出了更多的问题以便进一步研究，这些问题又反映到教育过程中去，进一步改变教育的过程，因此又要求更多的思想，更多的科学，循环往复以至无穷。

——(美)杜威

☆教育科学愈不研究几十种和几百种对个性产生影响的相互依存性和相互制约性，那它便愈赶不上形势。只有当教育科学探索和解答教育现象中最细微、最复杂的相互依存性和相互制约性的时候，教育科学才成其为真正名副其实的科学。

——(前苏联)苏霍姆林斯基

教育是人类的实践活动，自有教育活动以来，人类就不停地对其进行探索。目的是为科学地认识教育现象和探寻教育的客观规律。在教育改革过程中，要提高教育、教学质量，就要高质量地开展教育教学研究。教育研究是教育改革、教育发展的直接动力与有效保障。因此，掌握教育科学研究的方法不仅是专业教育科研工作者的职责，也是现代广大教师必须具备的基本能力。

第一节　教育研究概述

一、教育研究的概念及意义

(一)教育研究的概念

教育研究，主要有广义和狭义两种理解。广义的教育研究是人们在教育实践活动中对教育现象或问题进行观察、讨论及思考，对教育问题进行尝试性解答。从狭义上理解的教育研究主要是指采用系统的研究方法，对特定的教育现象或问题进行研究，从而获取教育规律，为教育理论提供支持，帮助解决教育实践问题，提升教育质量的一种活动。①

（二）教育研究的意义

1. 有利于提高教师素质

教育活动是一种创造性的复杂劳动，它要求从事教育活动的人必须具备一定的教育理论水平和良好的教育素质。社会对教育的要求，归根结底都是对教师的要求，无论是教育观念的更新，还是教育内容、教育方法的改革都将取决于教师的素质。教师参与教育科学研究，既是教师探索教育活动规律的过程，也是教师重新学习的过程，是教师知识不断更新、知识结构不断改善和趋向合理的过程。为此，教师应真正理解科学方法的重要性，自觉地学习或进修科学方法论的有关知识，在领会其精神实质的前提下，结合具体教育实践，有意识地灵活运用它来指导和改进教育，并在研究中提高自己。

2. 有利于推动教育教学改革，提高教育质量

教育工作是一门育人的科学，需要教师不断创新，不断探索教育的规律。教育改革是教育发展的原动力，而教育科研是教育改革的基础。把教育改革与教育科研工作结合起来，是现代学科教育改革与发展的一个显著特点。因而，只有通过教育研究，才能知道教育的特点与规律，也只有知道了教育的特点与规律，才能自己创造出独特的教育风格。如北京朝阳区幸福村中心小学的一位老师在数学教育实践中，据儿童学习过程的认知规律，运用学习迁移的原理，提出了在数学教学中突出重点知识的教学，给基本概念、原理、法则以中心地位，同时加强知识的内在联系，适时进行渗透，使学生形成一个良好的认知结构。通过这一改革，学生掌握的基础知识比较牢固。② 因此通过教育研究，可以使广大的教育工作者从当前教育教学实际出发，重新思考当前教育的基本问题，树立新的人才观和教育观，更好地认识教育规律，从而为提高教育质量打下良好基础。

3. 有助于促使教师掌握教育动态，深化教育改革

20 世纪 50 年代，美国首次提出，要让教师和学生获得科学研究的方法与能力，全面提高教师和学生素质。之后，日本、德国也在 20 世纪 80 年代提出应把教育改革的重点转移到教会学生学习，培养学生能力的目标上来，于是国外许多国家在教育改革中，对教育目标、教育内容、教育方法等多方面进行了改革。我国也开始了由“应试教育”向素质教育转变的改革，明确了我们的教育目的是要培养德、智、体、美、劳全面发展的社会主义的建设者和接班人。2001 年 6 月，在《国务院关于基础教育改革与发展的决定》中进一步明确了“加快构建符合素质教育要求的基础教育课程体系”的任务。于是，我国新一轮基础教育课程改革正式启动，目前，新课程改革在全国开展得轰轰烈烈。要深化教育改革，需要我们每一个教师能够改变传统教育思想，研究教育规律，掌握教育动态，熟悉新的教育理念、教育思想、教育方法，并转化为内在潜力，主动地适应教育改革的需要，才能全面提高学生的综合素质。

---

① 施传柱主编：《老师技能训练教程》，长春：吉林教育出版社，2008 年版，第 335 页。

② 何如栋主编：《小学数学教育科研》，杭州：浙江教育出版社，2001 年版，第 6 页。

4. **有助于普及教育科学知识,推广教育科研成果**

要开展教育研究活动,就必须掌握教育科学的基本理论和教育科学的最新研究成果,所以教育工作者积极参与教育科研,必然有利于推动教育科学知识的普及,有利于教育研究成果在教育教学中的应用,从而提高教学水平。这样把教育科学研究和教育科学知识的普及与应用结合起来,可以使二者相互促进,共同提高。在普及的基础上开展研究工作有利于提高研究的水平和科学性,在研究工作的指导下普及理论知识有利于发挥理论对教育实践的指导,如此循环往复,不断深入、不断提高,使理论不断地为教育工作者掌握,教育工作者在实践中不断丰富理论,使理论得以发展,形成教育科学知识普及、教育科学成果推广与教育科学研究的良性循环。

二、教育研究的类型

了解教育研究的类型,对于选择恰当的研究方式至关重要。根据研究的问题来源及假设的种类,大致可分为下列几类:

(一)基础研究、应用研究和发展研究

从研究目的来分,教育研究可以分为基础研究、应用研究和发展研究。基础研究是对教育现象及其过程的基本规律的研究,其指向具有普遍性,可以为现有学科的知识体系增添新的东西,如对教育本质的研究、教育评价研究、心理因素对教育的影响研究等。应用研究是为基础理论寻找各种实际应用可能性途径和对基础理论进行验证的研究,其指向特定的问题,具有直接的实用价值。如对新课标下学生评价的研究、心理因素对考试成绩的影响及解决办法的研究等。发展研究指运用基础研究和应用研究的成果,对某项教育内容和教育方法进行重大改革的创造性的研究。发展研究有明确的期限要求。如探索少先队教育社会化的新途径等属于此类研究。

(二)定量研究和定性研究

据研究的量化程度可以把教育研究分为定性研究和定量研究。定性研究是指采用语言文字来描述教育现象和教育问题,从而进行的研究,一般采用描述性的方法对所研究的教育现象进行整体的、发展的分析和把握。定量研究是用数字和量表来描述、解释、分析教育现象和教育问题,从而进行的研究,是用数量化的方式来描述和说明教育现象和问题。

(三)宏观研究、中观研究和微观研究

据研究的范围和内容可以把教育研究分为宏观研究、中观研究和微观研究。宏观研究指对重大理论和实践问题的研究,涉及范围广,人员多,影响大,难度高。一般由国家和省市级教育主管部门和业务部门承担。如国家基础教育课程改革研究。中观研究指研究问题界于宏观和微观之间的研究,既具有一定的理论性,又具有一定的可行性,具有一定研究实力的单位可以完成的研究。微观研究是对教育教学活动中某一具体问题的研究,可以是小的理论问题,也可以是具体的实践问题,目的是揭示教育活动的内部规律。

(四)纵向研究和横向研究

据研究的时间取向不同可把教育研究分为纵向研究与横向研究。纵向研究指研究者在一个相对较长的时间里对教育中的某种现象和问题进行系统的、定期的研究,也叫追踪研究,如"学前班教育对儿童小学学习的影响"。这类研究被试稳定,分析细微,但可能会出现被试流失现象,另外时间较长。横向研究是研究者就某一教育现象或问题在同一时间内对某一个年龄(组)或几个年龄(组)的儿童的行为表现进行考察和比较的研究,又叫横断研究。研究注重考察和分析某个特定年龄阶段的儿童或儿童在某个年龄段上行为的性质、特点和变化,这类研究的优点是在较短时间里能形成研究结论。但由于研究时间短、不系统,因而不能全面地反映问题或获得全面本质性的结论。

三、教育研究的基本原则

(一)操作原则

操作原则是指在教育研究中为了获得科学有效的研究资料而必须遵循的一般原则,包括客观性、可操作性、公共性、检验性、系统性、解释性等原则,分述如下:

客观性原则——是指在收集资料、分析和解释结果时,不允许带有价值偏见。任何的科学研究都要求真实地揭示客观事物的本质,但是研究者是一个社会的人,他有可能会受到社会的压力或者社会的诱惑,这就更要求研究者在收集、描述和解释事实的过程中,不能为了证实假说而任意剪裁、有意忽略甚至歪曲实证材料。

可操作性原则——即在研究中所使用的概念术语要有明确的可操作的定义规定,使其能够进行定性或定量的测量。从理论上讲,任何事物和现象都可以构造出操作性定义,寻找到能够对被定义事物进行观测的具有独特性的特征,这些特征使得我们能够对教育问题进行更具体和更具有可检验性的研究。

公共性原则——它是指用明确的语言清楚地表明研究工作的程序、方法和成果,以保证同行专家了解整个研究过程。这就要求在教育研究过程中使用规范的、科学的术语来表述或者解释教育现象,特别是对于一些尚有争议的或语义模糊的概念,在研究报告中必须进行自我定义并将这一定义贯彻到底。

检验性原则——它是指同行专家能在相同或类似的研究条件下,依照相同的程序和方法重演研究过程,并得到同样或类似的研究结论。检验性原则的核心是指教育研究的可重复性,尽管教育研究不可能像自然科学研究那样具有完全客观的属性并可受到研究者的完全控制,但是总体来讲,研究结论应该具有模式一致性。对于不一致之处也应存在相应的一些合理的解释。

系统性原则——它要求教育研究活动具有相应的中心概念、可检验的命题以及具有统帅作用的理论构架。即一方面要有中心概念和可以为实证性材料所检验的命题,另一方面,还要有能够将这些分离的命题联系起来的理论构架,以便使各项研究成果逐渐累积成为一个知识系统,获得对研究对象的整体认识。

解释性原则——指研究能够达到探索客观教育规律,揭示教育现象因果联系的目的,使其成为认识深化的知识基础。需要注意的是,不同类型的研究在解释性上有不同的要求,如观察与调查研究主要是以获得事实为目的，重点是对观察到的事物因果联系做出客观的描述和中肯的解释；而一些改革性和建设性的实验研究，除要说明因果联系外，还应以此为基础，陈述其效用及其产生的条件，而且在解释的方式上，也应该允许定量和定性相结合。

（二）伦理原则

由于教育科学研究的对象往往是儿童、青少年学习中的教育现象和教育问题，某些性质和方式的研究就有可能会妨碍他们的生活，侵犯他们的某些权利，甚至对他们的身心发展造成一些不必要的消极影响。因此，研究者应当遵守伦理的准则，以保证在对研究对象身心发展不造成消极影响的基础上，尽可能获取有效的研究资料。教育研究中应该遵循的伦理原则主要包括：

（1）尊重研究对象的权利。无论是儿童、青少年（如学生），还是成人（如教师、家长），研究对象都享有法律所赋予的权利和人身自由。所以，不论研究多么急需、多么紧迫，首先要考虑的就是研究对象的权利。其主要权利如下：有私人不参加协作权；有保持不署名权；有保密权；有要求实验者承担责任权。

（2）审慎解释研究成果。一般说来，社会公众对科研工作者正式得出的科研成果有一种信任感，也乐于成为成果的使用者。这就是说，以科学面貌出现的研究成果，能够对社会大众产生非常重要的影响。这就要求教育工作者本着高度的责任感，审慎地解释研究成果和结论。研究人员应该详尽解释成果有效性的条件和范围，不能因为私利或其他原因来曲解研究结果，骗取公众信赖，作为教育行政部门或教师，在推广某项成果前，应以科学的验证为依据。

（3）消除或避免不良后果。不同的教育方法、内容等会给研究对象产生不同的影响。比如，某研究者希望发现表扬、批评和无评价三种评价方式给学生的学习带来的不同效果，先确立三个小组分别进行控制；①有好的行为就表扬，不好的行为也不予批评；②好的行为不表扬，不好的行为给予批评；③各种行为都不予评价。在这个研究过程中，对这些行为的不同处理方式就可能对相应的研究对象产生不同的效果，比如对第③组的学生可能就会产生行为的好坏没有任何差别，随便怎样做都行的想法。这就要求科研人在研究的过程中，应该想办法消除研究可能给研究对象带来的不利影响，比如在研究结束之后，组织学生对教师的评价方式进行讨论，让学生明白应该怎样做。[①] 对于这些可能给研究对象造成不良影响的教育研究，必须想好处理的对策，应尽量想办法将可能的不利影响减少到最小。

第二节　教育研究的一般过程

一般而言，教育研究的开展过程主要包括选择课题、制定计划、实施研究、搜集资料、分析资料、成果表述等六个基本步骤。

---

① 朱德全等主编：《小学教育学》，重庆：西南师范大学出版社，2002 年版，第 361—362 页。

一、选择课题

选择研究课题主要解决的问题是“研究什么”。确定研究问题，是科研的真正起点，题目确定得如何，关系到研究工作的价值和成败。因此，选择研究课题是进行研究工作的第一步，也是非常关键的一步。选题包括确定研究方向和根据研究方向确定具体的研究问题两个方面。确定研究方向是研究者在教育教学领域中经过长期的研究与实践所认定的必须着手解决的某些问题，并依此形成自己的研究领域和稳定、明确的研究方向。具体的研究课题，是教育领域内尚未认识和解决的问题。这些问题既是研究的起点也是研究的目的。选题直接决定着教育研究的成败，因此在选定研究课题时，除了考虑课题大小、意义大小和工作量大小之外，还必须考虑自身的主观条件和客观条件。所谓主观条件，就是所选的课题必须是自己力所能及的，是符合自己水平、能力、经验、专长的，是能充分发挥自己优势的。所谓客观条件，就是要考虑自己的环境，看看在时间、资料、设备、协作等方面是否能够确保课题研究任务的完成。

二、制订计划

确定了研究课题，就要着手制订相应的研究计划，这是保证课题研究顺序进行的基础，它决定着整个研究的进程，而且还影响着研究结果的可靠性、科学性。制定研究计划主要解决的问题是“要怎样进行研究”，即是对研究内容和研究方法的基本设想和全面规划。具体包括明确研究目的和研究假设、选择研究类型、选择搜集材料的方法、确定研究变量、选取研究对象、制订研究程序等。研究计划的制订要简单、明确地指出研究的范围；研究的目的意义及打算解决什么问题；用什么方法进行研究；采取哪些具体措施，怎样进行；时间如何安排；成果形式、评价与鉴定；研究经费预算，等等。制订计划要注意，制订出的计划不是一成不变的，在实施研究过程中，研究者可以根据研究工作的需要对原计划进行修订完善，使研究工作能及时对研究条件的变化作出反应。

三、实施研究

实施研究是根据制订的计划进行具体落实的过程。实施研究主要解决的问题是“如何有效地施行研究计划”，即既要根据研究计划进行实施工作，又要根据实际情况适当调整研究计划。这一阶段的具体任务包括收集、获取资料，形成科学事实；分析科学事实或已有理论，形成新的科学理论；撰写论文或研究报告，客观地反映研究的过程及其成果。

四、搜集资料

搜集资料的工作贯穿于教育研究的整个过程。选择课题阶段需要搜集文献资料，以了解研究背景，确定研究课题；制订研究计划时需要搜集文献资料，以界定研究问题，论证研究假设，提供研究思路，制订研究方案等。搜集研究背景资料就是按照研究任务和研究对象的性质和特点通过不同的方法和手段，获得反映有关研究问题的材料。在获得初步资料后，还需进一步对资料进行加工，这包括对资料准确性的核实，并从原始资料中挑选出重要资料进行汇总统计，淘汰一些无关紧要的资料。使大量分散、零乱的同类资料综合起来，成为一个有机的整体。搜集资料的方法很多，有历史法、文献法、调查法、访谈法、实验法等。以下重点介绍文献检索法。

文献检索就是从大量的文献中检索出符合要求的文献的过程，这是教育研究中必不可少的步骤。它既是开展研究的基础性工作，同时又是一个全程性工作，贯穿于研究的全过程。

（一）文献的类型

教育文献是以记载、反映教育活动、人物、事件和理论为内容的文献。教育文献的类型丰富多样，根据不同情况有不同的分类方法。如，按内容加工方式可分为一次文献、二次文献、三次文献。①

1. 一次文献

一次文献也称原始文献，一般指直接记录事件经过、研究成果、新知识、新技术的文献，是最基本的文献资料。一次文献的表现形式主要有：经验报告、调查报告、实验报告、科学论文、专著等。这类文献是教育研究者获取文献信息最主要的来源。

2. 二次文献

二次文献又称检索性文献，是指对一次文献进行加工整理，包括著录其文献特征、摘录其内容要点，并按照一定方法编排成系统的、便于查找的文献，即是有关一次文献的文献。具有报告性、汇编性和简明性特点。二次文献主要表现形式有：书目、索引、文摘等。

3. 三次文献

三次文献也称参考性文献。它是在利用二次文献检索的基础上，对一次文献进行系统的整理并概括论述的文献。此类文献不同于一次文献的原始性，也不同于二次文献的客观性，它具有主观综合的性质。它反映了文献加工者对一次文献的主观见解，是对众多一次文献的综合研究成果。三次文献具有覆盖面广、浓缩度高、信息量大、内容新颖等特点。因此，这类文献便于研究者在较短时间里了解某一研究领域最重要的原始文献和研究概况。三次文献的表现形式主要有：研究动态、研究综述、专题评述、进展报告、数据手册等。

（二）文献的分布

1. 书籍

书籍是教育科学文献中品种最多、数量最大且跨越年代最久远的一种文献信息源。书籍主要包括名著要籍、教育专著、教科书、工具书等。名著要籍是指一个时代、一个学科、一个流派最有影响的权威著作，如我国的《学记》、夸美纽斯的《大教学论》等。教育专著主要是对教育领域内某一学科或某一专门问题进行系统、全面、深入的论述，其内容比较专深，多是作者多年研究成果的结晶；教育专著一般对某个问题的发展历史和现状、研究方法和成果、

① 施传柱主编：《老师技能训练教程》，长春：吉林教育出版社，2008年版，第349—350页。

不同学派的观点和争论以及存在的问题和发展趋势加以论述，并附有大量的参考文献和书目等，大多成为研究者进行学术积累的素材。教科书能比较全面、系统地阐述一门学科的基础知识、基本理论以及学科领域内的科研成果和有待讨论的问题，也是教育研究者使用较多的文献资料。工具书是依照特定方式进行编排，专供人们翻阅查检的一种图书，它是读者治学的向导、科学研究的指南、检索文献的工具，如《教育大辞典》等。

2. **期刊**

期刊是定期或不定期的连续出版物。期刊分为学术理论性期刊、情报性期刊、技术性期刊和普及性期刊。教育科学范围内的期刊主要有三类：第一类是教育杂志，如《教育研究》、《教育探索》等；第二类是汇报、集刊、丛刊、汇刊及高校学报；第三类是文摘及报刊复印资料，如《教育文摘》、各种人大复印资料等。报纸是以刊登新闻和评论为主的定期连续出版物，一般为日报或周报，如《中国教育报》、《教育文摘周报》等。报纸最大的优点在于报道及时、消息准确，因而成为传达国家相关政策和研究热点的通道。洞察力强的研究者能根据报纸传递的信息，敏锐地抓住教育研究中的热点和焦点问题。

3. **特种文献**

特种文献一般单独成册，有的不公开发行，有的则是需要保密的文献。如科技报告、专利文献、政府出版物、学位论文等。教育科学方面的学位论文主要有学士学位论文、硕士学位论文和博士学位论文，后两者具有重要的学术价值。有的学校公开，有的不公开。一般学位论文在高校间可以共享。

4. **电子资源**

随着现代科技的迅速发展，尤其是计算机技术的日益普及，人们利用网络搜集各种信息的机会日渐增多，网络资源在人们从事各种研究活动中的重要作用越来越突出。网络资源因其具有无限共享性、永不枯竭性、应用性等诸多优点，在教育研究中具有十分重要的作用。电子资源主要有图书目录、电子书刊、数据库、参考工具书等。互联网上有许多图书馆的图书目录，供研究者查阅。电子书刊是指在网络环境下可以阅读的书刊，包括在网络环境下编辑、出版、传播的书刊和印刷型书刊的电子版。互联网上有许多数据直接为用户提供信息服务，这些数据库的内容涉及不同领域、不同专业，可供研究者使用。许多传统和现代的参考工具书现已进入互联网供研究者使用。

需要指出的是，教育科学文献极其广泛，研究者在查阅文献时，应主要搜集有较高学术价值，在本学科领域中有一定权威性、信息量大、使用率高的重要文献。

（三）文献的检索

教育文献的种类很多，而且内容丰富，分布广泛。研究者如何才能快速、高效地从众多文献资料中检索出自己需要的文献，必须掌握文献检索的方式和过程。

文献检索通常可分为检索工具查找法与参考文献查找法两种方式。

1. **检索工具查找法——手工检索法和计算机检索法**

手工检索是指用手工方式来查找文献资料，这是最传统的检索方式。手工检索通常是根据文献的信息特征来进行检索。文献的信息特征包括书名、作者、代码、分类和主题等方面，研究者可根据五种特征进行相应的检索。“书名检索”是指根据文献名称来查找文献的方法，适用于已知文献名称的情况，它可以通过书名目录、篇名索引或论文索引来检索。此种途径针对性强，易于快速查找到已知书名的文献。“作者检索”是根据文献作者的姓名进行检索，较多应用于研究某个重要人物、评论某个教育家的教育思想或集中检索某个研究者已有成果的情况。“代码检索”是按已知文献的特定编号来检索文献，适用于对特定文献范围内的检索。“分类检索”是通过图书分类法的学科体系来查找文献的途径，适用于检索某一类问题或某一学科领域的文献。如要检索教育类的文献，就要寻找图书编号为 G4 开头的文献。“主题检索”是按文献的主题内容来进行检索，适用于有特定检索要求的情况，尤其适合于具体课题的检索，研究者不但可以查找到相关的文献，还可以从主题词的编排体系中了解到与主题相关的概念，从而拓展研究者的视野。需要指出的是，虽然每一种检索方法都有自己的适用范围，但在具体检索过程中常常要将几种方法结合起来使用。

计算机检索是用电子计算机来处理和查找信息的电子信息检索系统，通常由计算机、通讯网络、数据库、检索终端及其他外部设备构成。由于它具有检索速度快、处理信息量大、检索途径多、查全率高、可实现远程检索等特点，计算机检索正逐步成为主要的检索方式。计算机检索有多种类型，如联机检索、光盘检索、网络检索等。联机检索是指用户利用终端设备，通过远程通信线路与信息检索系统进行直接的人机对话，从联机系统的数据库中查找出用户所需要文献的过程。光盘检索是利用激光源产生的激光束在特种物质制成的记录介质上扫描，来实现“写入”或“读出”数据的存储载体，如《中国学术期刊（光盘版）》全文数据库、《人大复印资料》数据库光盘、《全国报刊索引数据库》等。网络检索是通过互联网来检索研究者所需要的信息资料，如远程登录、电子邮件、电子公告板、搜索引擎、网络数据库等具体检索方式。

2. **参考文献查找法**

参考文献查找法是根据作者文章和书后所列的参考文献目录去追踪查找有关文献资料的方法。使用这种方法时，最好从自己掌握的最新研究资料开始，据其后面的参考文献去查找过去的有关文献，然后根据过去的有关文献后面的参考资料再去查找更早一些的文献，如此类推。这种方法查找文献针对性强、集中、效率较高。

文献检索时要明确检索的主题与范围。因为教育研究资料非常庞大，在检索前界定检索的相关主题与范围，可以使检索更加有效。首先是确定检索主题。明确检索的核心概念，然后找出与核心概念相关的概念，再把有关概念进行组合，确定出检索关键词。如，对“校本课程与教师专业发展”的研究，核心概念是“校本课程”和“教师专业发展”；相关概念如“校本课程开发、校本课程实施、校本课程管理、专业知识、专业技能、专业情意、专业成长、专业化”等；最后将核心概念与相关概念进行组合，列出文献检索的关键词。二是明确检索范围。在确定文献检索范围时，既要考虑研究的学科范围，还要考虑研究的时间范围等。

五、分析资料

在进行文献检索后，研究者还要对检索到的文献进行分析整理。要充分利用检索到的文献，从中获取对研究有价值的信息、资料，就必须提高文献分析整理能力。从某种程度上说，文献检索的质量如何，直接反映研究者分析和整理文献的水平。分析整理文献资料主要包括对文献的阅读、记录、鉴别、分类处理和撰写文献综述。具体方法是：研究者通过阅读，剔除无关或价值不大的文献，筛选出与研究相关的文献；按其重要程度进行排序或分类；对相关文章进行批判性阅读，写好摘要或笔记；对与研究直接相关的研究问题做好文献综述或述评；列出完整的参考书目。其中文献综述是比较重要的环节，这是对研究者所了解到的内容写综合评论，其目的是为了告诉读者，对于预计研究的问题来说，哪些是已知的，哪些是未知的，并明确表述预计研究是如何与文献中所述的现有知识相联系，又是如何以它们为基础的。

文献综述是研究者在全面搜集和广泛阅读的基础上，通过归纳整理、分析鉴别和比较，就一定时间内出版发表的有价值的文献的主要内容所撰写的评述。

文献综述不能是对文献资料的简单摘录和拼接，而必须是研究者在对文献内容批判性阅读的基础上，据研究工作的需要从总体上对各种文献资料进行概括性叙述和评价。一般说来，对一个专题(或某个课题)的文献综述应有三个方面的内容：

问题提出部分，主要概括问题的性质、特点、研究的重要性等。

主要研究成果的概括和分析，这是综述的主要部分，主要应系统阐述某项专题研究活动的历史发展，概括各个研究阶段的成果和研究活动的特点，具体分析和比较不同国家、不同理论派别在研究方法、研究结论等方面的差异，并给以客观公正的评价，明确指出各自的优点和不足，并分析其产生的背景和原因。

研究趋势预测。在全面分析和概括已经完成或正在进行的研究活动的基础上，分析该专题的研究活动今后应该努力的方向或发展的趋势，明确提出目前的研究必须解决的主要问题。

研究者在撰写文献综述时要注意：首先，应坚持概括文献的全面性和代表性的统一，即点面结合。其次，综述文献既要客观、准确，又要有一定的针对性，能满足具体课题研究工作的需要。最后，综述时行文要简洁利落，提纲挈领，做到让人一目了然，印象深刻。

六、成果表述

如何将教育研究的有关成果进行整理加工，使之更为完善、更加系统化、理论化，使之成为可借鉴、学习的成果，这就是成果表述。成果表述即撰写研究论文或研究报告，它是教育研究工作的最后一个环节，也是最关键的一个环节。成果表述是提高研究能力、学术水平的一个重要途径，它能促使研究者更加刻苦钻研，更加自觉地进行教育改革的实践和探索。

一篇完整的教育研究论文一般由三部分构成：一是前置部分，指正文之前的有关内容，包括题目、作者署名、摘要、关键词等；二是主体部分，指论文的正文部分，包括引论、本论、结论；三是附录部分，指参考资料，包括注释和参考文献。

(一)前置部分

1. 题目

论文的题目是论文内容的高度概括，其作用是向读者说明研究的主要问题。题目一般要求确切、简洁、醒目、得体。题目不宜采用过多的文学性修饰词语，应避免使用非公认的缩写词、符号和术语。题目既要简明扼要，又要新颖别致，使人一看就感觉耳目一新。切忌文题相离，题目大而空。一般题目字数不得超过 20 个字，如果论文内容较复杂或针对性较强，可以用加副标题的形式对题目作补充。

2. 作者署名

作者署名包括作者姓名、通信地址和作者简介三部分。具体写法可以参照要投稿杂志的相关要求。

3. 摘要

摘要也称内容提要，是对文章内容的准确概括，并且不加诠释或评论的简短论述。其作用是帮助读者在阅读全文前了解论文的要点。摘要一般包括三个方面的内容：一是研究工作的主旨、目的、范围等；二是研究工作的对象及主要内容和过程，取得的新成果和观察的新现象等；三是结论及其价值和意义。论文摘要的写作要反复推敲，力求文字精练，内容全面，重点突出。具体要求是：短小、精悍、完整，原则上不超300个字；一般以第三人称立场对文中观点进行概括和提炼，避免以“本文认为”、“作者认为”等类词语表达；内容要准确、精练，能把全篇论文的主要内容概括出来，体现出整篇论文的精华。

4. 关键词

关键词是反映论文主要内容的核心概念，一般可选3—5个关键词。关键词的作用是表现论文的主题内容，为文献检索提供便利，方便读者通过计算机检索出相关资料。关键词可以从标题中选取，也可以从文中选择有代表性的词语。关键词要选用规范性的词语，切忌用不规范的简化词。

（二）主体部分

主体部分是论文的主要内容，是文章的核心部分。这部分内容必须根据论证题目的性质，充分运用证据和事实材料，详细而严密地论述清楚作者的全部思想和意图。写好这部分内容的准则，是以充分的事实材料为依据，真实、完整、全面、准确地反映作者的创造性工作，并且能够令人信服。主体部分通常包括引论、本论和结论三部分。

1. 引论

引论就是前言或引言，是正文之前的一段概述性文字，主要任务是提出中心论点和中心问题，确定论述的方向和范围，说明研究的情况和意义。引论的语言要简洁、明确、概括，切忌拖泥带水，起不到“引路”的作用。引论的写作不拘一格，形式多样。常用的主要有以下四种方式：第一，提出问题，引起读者兴趣，给结论定向；第二，开门见山，直接提出论文主旨；第三，引述谬误，树立批驳的靶子，从而引出论文的观点；第四，概括总体，交代研究背景，引出写作意图。一般来说，引论部分篇幅不宜过长，以免全文头重脚轻，主次不明。

2. 本论

本论是论文的主体部分，包括论点、论据、论证，是表达研究成果的核心部分。本论有很多种结构方式，而较常见的有下列几种。一是并列式。即围绕研究问题的中心论点设立若干分论点，这些分论点与中心论点是垂直关系，而各分论点之间呈并列关系，是从不同角度、不同侧面对中心论点的论证。对于并列式的论证，各论点次序交换对论文无任何影响，这种结构用得最多。二是递进式。即论证问题的各个论点前后有递进关系，由浅入深、层层深入，论点之间的次序不可变换。这种结构用得也比较多。三是总分式。先分别对论点论述、再总述;或者先总述,再分述。即先从局部入手、个别入手,进而把握问题的总体情况;或者先对问题的整体情况作论述,然后再将这些论述具体化、条理化、明确化。四是综合式。综合式就是并列式、递进式、总分式三种结构的综合使用,一般用于较长篇幅的文章。

3. **结论**

结论是学术论文最终解决问题的部分,是作者在对全部内容进行分析、综合、抽象、概括后的全面总结,是论题充分证明后得出的结果,是针对研究问题做出的答复,是整个研究工作的结论。结论部分的内容主要包括以下四个方面:第一,对研究总体性的判断,总结性的见解;第二,提出切实可行的问题解决策略和措施;第三,提出尚未解决的问题和研究的局限性;第四,提出进一步研究的建议。结论部分通常是对文章的归纳和总结,在整篇文章结束之前,把文章的结论作一点简略性的概括说明,起到画龙点睛的作用。结论部分要特别注意语言的简洁性和明晰性,文字要具体,不能模棱两可、含糊其辞,不用“大概”、“可能”之类的词语。

(三)附录部分

附录部分主要是参考文献和注释两种。注释是指对论文的引文标明出处和对正文中某一特定内容的进一步解释或补充说明。如果是转引,一定要说明是“转引自”或“参见”,要注明是采用了别人的理论观点或事实材料。参考文献是作者研究与写作时所参考的重要书目,一般集中列表于文末。参考文献的项目包括:序号;主要作者(多名作者,姓名之间用逗号分隔);文献题目及版本;文献类型及载体类型标识(著作[M]、论文集[C]、报纸[N]、期刊[J]、学位论文[D]、报告[R]、标准[S]、专利[P]、数据库[DB]、电子公告[EB]、计算机程序[CB]、磁带[MT]、磁盘[DK]、光盘[CD]、联机网络[OL]);出版项(包括出版地、出版者、出版年);文献出处或电子文献的获得地址;文献起始页码;文献标准编号。教育研究中常用参考文献的具体编排格式如下所示:

(1)著作、论文集、学位论文、报告

格式为:[序号]作者.文献题名[文献类型标识].出版地:出版者,出版年:起止页码.

例:[1]厉以贤.现代教育原理[M].北京:北京师范大学出版社,1987:243.

(2)期刊文章

格式为:[序号]作者.文献题名[J].刊名,年,卷(期):起止页码.

例:[2]马云鹏.小学数学使用学具的实验研究[J].江西教育研究,1998,(5):5.

(3)报纸文章

格式为:[序号]作者.文献题名[N].报纸名,出版日期(版次).

例:[3]谢希德.创造学习的新思路[N].人民日报,1998-12-25(10).

(4)电子文献

格式为:[序号]作者.电子文献题名[电子文献及载体类别标识].电子文献的出处或可获得地址,发表或更新日期/引用日期.

例:[4]王明亮.关于中国学术期刊标准化数据库系统工程的进展[EB/OL].http://www.-cajcd.edu.cn/pub/wml.txt/980810-2.html,1998-08-16/1998-10-04.

需要指出的是,并不是每一篇论文,无论内容如何、题材如何,都须生搬硬套地照这种格式去写,应该根据具体论文及所发刊物的要求进行增删。

第三节 教育研究的主要方法

所谓教育研究方法，是指在研究教育问题和构建教育理论时，研究者所采取的手段、措施、程序、途径和办法等的总和。目前常用的研究方法有调查法、实验法、经验总结法、比较研究法、观察法、个案研究法、行动研究法、测量法等。以下重点介绍调查法、实验法、经验筛选法、观察法、行动研究法。

一、调查法

(一)概念

调查法是研究者根据研究的目的和课题的需要，有计划地运用座谈、访问、测验、调查表等手段来收集研究对象的有关资料，并通过对资料进行整理和分析，来认识事物的现状及其发展变化规律的研究方法。它是目前比较常用的研究方法。调查一般有征询意见调查、综合调查、全面调查或非全面调查(包括抽样调查、典型调查和个案调查)。一般多采用非全面调查(包含资料调查)。例如，我们要调查某班学生学习的情况，在根据调查项目设计出调查问卷后，可以把该班学生按男、女分类，然后再按好、中、差分层，并从各类各层中按一定比例随机抽样调查。也可以某一个体、单位为对象进行调查。

(二)调查法的基本要求

(1)利用调查法进行调查时，目的、内容或项目必须明确具体。

(2)调查过程应尽量搜集能全面客观和正确地反映调查对象的材料，并最大限度地保证调查材料的可靠性和精确性。

(3)调查要在自然状态下进行，尽量不使学校的正常教学秩序和工作受到影响。

(4)要选好调查对象，系统地考虑调查的总体、样本数量、抽样方法等。调查对象的选择应当适合调查的目的任务，且要具有代表性。

(5)对于调查得来的资料，要认真地加以分析、研究，从中找出经验和规律性的东西。

(三)调查的基本方式

调查有各种各样的方式，其中，最常用的有以下几种：一是书面材料分析。教育研究往往要根据研究的目的任务，搜集各种有关书面材料，并对搜寻到的材料进行分析，从中提取有用的信息。二是访谈。访谈可以对被调查对象逐个进行，也可以利用座谈会进行集体调查。访谈时要注意取得被访者的信任，先问一般性问题，再问深入性问题；座谈的内容应事先通知与会者，使他们有所准备。座谈会要取得良好的效果，应有目的、有计划、有准备地进行。三是问卷法。研究者为了了解某些情况，可向有关人员分发事先印制好的表格或卷子，要求按题作答，然后将卷子收回整理统计，作为研究分析问题的依据。在教研中，问卷得出的材料，只能作为一种定量分析的材料，以便在定量的基础上，配合其他方式，做出定性分析，这样才能深入反映所要研究事物的真相。

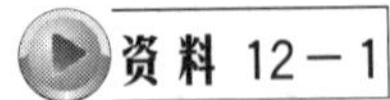

资料 12－1

大学生收支情况调查问卷

亲爱的同学：

您好，为了解大学生日常收入和消费的现状，为学校的助学政策提供帮助，同时为大学生消费市场的开发提供一定的参考，特设计此问卷，请配合我们完成以下调查问卷。您只需在符合您情况的选项下划“√”，不用署名。真诚感谢您的合作！

1. 您的性别：A.男　　B.女

2. 您的年级：A.大一　　B.大二　　C.大三　　D.大四

3. 您的月生活费支出在：

A.300 元以下　　B.300－400 元　　C.400－500 元

D.500－600 元　　E.600－700 元　　F. 700 元以上

4. 您的生活费主要来源依次是：

A.父母　　B.勤工俭学

C.助学贷款　　D.其他________(请注明)

请排序：

5. 您的各项开支为(单位：元)

A.伙食费　　B.衣着　　C.书本资料及其他学习用品

D.日化用品(包括护肤、洗涤用品及其他日用小百货)

E.娱乐休闲　　F.其他________(请注明)

请排出你本学期支出的前三项：

非常感谢您的合作！

(资料来源：http://space.cenet.org.cn/user1/704/archives/2006/4329.html，选用时有修改。)

二、实验法

(一)概念

实验法是为了解决或探索教育中的某一问题、规律，根据教育学、心理学的理论或设想，人为地控制某种实验因素或因子，创造实验条件，组成有计划的教研实践，经过一定时间后，对实践结果进行比较、分析，从而得出有关实践因素的科学结论。

运用实验法可以对事物加以适当控制，突出主要的实验因子，使人们能观察到自然情况下得不到的资料，还可以重复进行，便于详细的研究。因此，实验法是教育科研中最重要的一种研究方法。

(二)实验法的基本形式

实验法的基本形式有单组实验法、等组实验法和轮组实验法。

单组实验法就是对一组实验对象施加某一实验因子，测量实验后的某种变化，从而确定施加该实验因子的效果。如要研究口算练习对计算能力的影响,可取一个班的学生作被试,先测量其计算能力,然后进行一个月的口算训练,每天随堂练习 10 分钟,一个月后用难度相同的测验再次测量其计算能力,然后比较前后的差异。[①]

等组实验法就是在实验中,把实验对象分成两个(或两个以上)"相等"的实验组,然后每个实验组各引入一个自变量,最后比较两种自变量的优劣。如研究节奏游戏对提高幼儿唱歌能力的影响,采取一个控制组、一个实验组进行实验(两个组的基本条件一致),在实验组的唱歌教学中运用"节奏游戏"的方法,在控制组按常规进行。经过一定时间,对两个组的唱歌能力同时进行测定,比较实验效果。[②]

轮组实验法是以不同的顺序,对两组被试轮流施加两种不同的自变量,然后将两种自变量前后在两组实验后的测试结果进行比较,从而判断因果关系。如在政治课教学中,要比较讲授法和谈话法效果的优劣,可在同一教师任教的班级中选择两个各方面条件大体相似的班组进行比较,第一单元,甲班采用讲授法,乙班采用谈话法;第二单元甲班采用谈话法,乙班采用讲授法。每单元结束后,两班进行同样的测试,最后将甲、乙两班使用讲授法的成绩与使用谈话法的成绩进行比较,判断效果。[③] 这种方法能较好地控制不利因素,使研究结果更客观、科学,但操作过程比上述两种复杂。

(三)实验法的基本要求

利用实验法进行教育研究,要体现正面教育性,要保证对学生不会产生有害的影响;受试者必须保持正常状态;在实验之前和实验之后,都要对受实验者进行测验,以便与实验因子施加以后所产生的变化比较,探求实验结果,获得结论;通过实验得出的初步结论,一般还要经过多次反复实验检验,以排除可能存在的偶然性,求得较为精确的科学结论。对于小规模实验得出的初步结论,证实实验的方向和方法正确以后,可以扩大实验范围,以便通过大规模的实验,核对已得出结论的正确性,逐步形成科学的结论。

三、经验筛选法

(一)概念

经验筛选法就是对教育实践中创造出的经验进行思维加工、深化认识,筛去一些非本质的、非规律性的部分,对本质的、规律性的内容进行优化处理,从而得出具有普遍性和指导意义的教育规律和经验的一种方法。

教师在教育实践中积累的丰富经验对于提高教育教学质量、推动教育改革具有重要的作用,宝贵的教育经验既是教育理论的基础,又为深入进行教育研究提供了素材。教育经验一般可分为三个层次:一是心得体会的总结。这一层次的教育经验是指某一具体问题怎样解决好。二是具体经验的总结。这是对某一类教育问题或教育现象概括出的经验总结,且归纳出具体经验的特点和实施办法。三是科学地总结经验。这是在教育理论指导下的教育经验总结,能揭示教育的规律,

① 何如栋主编:《小学数学教育科研》,杭州:浙江教育出版社,2001 年版,第 83 页。
② 杨爱华主编:《学前教育科学研究》,南京:南京师范大学出版社,2001 年版,第 217 页。
③ 卢正芝等主编:《现代教育导论》,杭州:浙江大学出版社,1999 年版,第 344 页。

这种教育经验对教育实践具有普遍的指导意义。

(二)经验筛选法的基本步骤

教育经验总结的过程是对一个完整的教育活动的全过程进行回顾反思的过程。一般有如下步骤:确定研究课题与对象;制订总结方案;掌握有关参考资料;搜集具体事实;经验的分析和抽象;组织论证;经验的鉴定与推广。[①]

(三)经验筛选法的基本要求

对教育经验进行筛选要以教育科学理论为指导,选择的经验要有典型性和代表性,要先对教育经验进行归类、综合、比较和分析,制订出切实可行的筛选计划。对初步筛选出的教育经验,要进一步组织部分学校、班级进行教育验证,并组织有丰富经验的教师对其实效进行评价,并通过总结和优化,得出较为完善的教育经验,然后经过多次螺旋式的上升,从中总结出行之有效的科学经验。

四、观察法

(一)概念

观察法是教育研究者为了掌握教育中的某类现象而用自己的眼睛、耳朵等感觉器官去感知观察对象,或者借助于某些仪器设备或其他技术手段去进行有目的、有计划的观察,并把观察结果详细记录下来成为教育研究的第一手材料。

(二)观察法的基本要求

(1)明确观察的对象、内容。运用观察法首先要确定具体观察的对象。观察的内容必须与观察对象相联系。如观察对象是学生上某类课时的反应,观察内容就包括学生听课时的表情、举手发言和回答问题的人数和频率、讨论和练习的情况等。

(2)运用多种观察手段和途径。在观察时除用人的感官观察外,还可以充分利用录音、录像、摄影等现代化的观察手段。观察的途径可以有参观、听课、参与活动、列席会议、个别谈话等。

(3)及时处理、分析观察所得的材料。在观察前要事先设计好观察表,对观察到的材料应及时整理、分析。有的材料还须通过多次观察以查漏补缺,最后要形成观察报告。

五、行动研究法

(一)概念

教育行动研究是一种融教育理论与教育实践于一体的,通过教育实践者自身的实践,以解决教育实践中的实际问题为目的的一种研究方法。它具有四个特点:一是以解决某一实

---

① 谢春风等主编:《新课程下的教育研究方法与策略》,北京:首都师范大学出版社,2004 年版,第 363 页。

际问题为导向的现场研究；二是以实践经验为基础的研究；三是以小组成员间的相互合作方式进行研究；四是在动态环境下能在较短时间内显示出其在实际工作中的作用和效能。教育行动研究所追求的是实际成效。[①]

这种研究有利于教师分享经验，并且能在分享经验的过程中将教师的专业思考公诸于众，进而提升教师的自信，改善教师的效能与教师专业工作的满意度。

（二）行动研究法的一般程序与操作要领

行动研究一般由计划、实施、观察、反思四个环节组成。

计划是行动研究的第一个环节，这一阶段的主要任务是发现问题、分析问题、选题、设计方案。

实施是针对存在的问题，按预定的计划，有目的地采取实际步骤，是贯彻计划和解决问题的过程。

观察贯穿于搜集资料、监察行动的全过程中，借助于行动过程中的观察，不断发现问题，获得反馈信息，修改行动计划。观察时可采用文字描述或录音、录像等现代化技术；可采用直接观察，也可采用间接的调查访问进行多角度、全方位的观察，以保证资料的客观性。

反思是对行动的效果进行思考，并在此基础上计划下一步的行动。行动研究的具体展开在实践中会表现出不同的形式，研究者通过对行动进行反思能找到研究中存在的不足和问题，进而分析问题的原因，有助于使行动更加科学、合理。

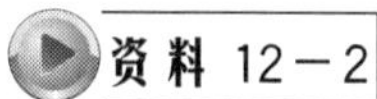
资料 12－2

解决大多数儿童歌唱走音问题的研究[②]

1. 问题

某老师在新学期接收了一个班后，发现该班大多数儿童在歌唱时严重走音，其中在唱某三首歌曲时特别严重。

2. 第一次诊断

经与年级教育小组其他老师共同讨论，推断其原因可能是：该班在小班阶段老师教唱歌曲的进度太快，致使儿童没有能够真正掌握方法。

3. 提出解决方案

经共同讨论后提出：该班暂时不教新歌，而将这三首歌曲全部重新教唱，并且在教唱时特别使用分名教唱、反复听、反复唱的方法，以避免唱错音和唱走音。

4. 施行方案

该班老师按计划认真地重新教唱三首歌曲。

5. 评价问题的解决情况

在施行过程中，教师注意观察并记录每次教唱的效果。发现儿童对反复学唱已学过的歌曲没有兴趣。在反复倾听、模唱个别句子或个别音的时候，儿童可以暂时达到不走音的要求，但一旦将全曲连贯起来，又会按照习惯的方式唱错。经一再反复训练后，仍旧不能改善

---

① 伍德勤：《高师教育学教程新编》，合肥：安徽大学出版社，2004 年版，第 395 页。

② 许卓娅编著：《学前儿童音乐教育》，北京：人民教育出版社，1996 年版，393—395 页。

走音的状况。

6. 第二次诊断

年级教育小组再次讨论，推断其原因可能是：因儿童对这几首歌曲已形成了错误的定势，很难予以纠正。

7. 再次提出解决方案

放弃对这三首歌曲的反复纠错训练，改教其他新歌曲。

8. 施行方案

该班老师按新方案教唱新歌曲，并请幼儿园比较有经验的老师到场旁听。

9. 评价问题的解决情况

在施行过程中，发现儿童仍旧容易唱错音和唱走音。同时，执教老师和旁听老师发现：该班儿童学习歌唱的方法有问题：没有倾听范唱的习惯，老师一唱，儿童马上就跟着一起唱；该班儿童没有倾听监测自己歌唱声音的习惯，一开口就用很大的声音唱，而不注意自己的歌声与范唱的歌声、伴奏的琴声是否一致。

10. 第三次诊断

经共同讨论推断：该班儿童不会倾听，总是在尚未形成正确、清晰的声音之前就开口唱；该班儿童不会用适中的音量歌唱，不会监听自己的歌声，总是只顾唱不顾听，没有反馈调节的过程，这是造成唱错音、唱走音的情况难以避免和纠正的重要原因。

11. 第三次提出解决方案

经共同研究后决定：从培养该班儿童良好的学习歌唱的习惯入手，坚持要求儿童先听，反复听，听熟了再开口唱；坚持要求儿童用适中的音量歌唱，并且反复提醒儿童边唱边注意倾听老师的范唱、伴奏和其他儿童的歌声，力求和大家的声音协调一致。

12. 施行方案

该班老师认真实行新方案，并请幼儿教育比较有经验的老师经常到场旁听，指出老师指导中没有注意到的问题。

13. 评价问题的解决情况

经过一段时间，该班老师和旁听老师一致同意：问题基本得到解决。

14. 总结

该班老师与有关人员一起总结研究工作的全过程，撰写研究小结，并将研究结论向有关人员报告。

附一：

2008年度国家教育研究课题指南(节选)

一、国家重点招标课题

1. 建设创新型国家背景下的青少年创新能力认知神经基础及其培养研究

研究要点：(1)青少年创新人格；(2)青少年创新思维品质；(3)青少年创新能力的认知与脑科学机制研究；(4)青少年创新教育；(5)青少年科学思想、科学方法和科学实验教育；(6)青少年创新能力的评价与测量研究；(7)青少年创新环境与成才机制。

2. 民族教育质量保障和特色发展研究

研究要点:(1)民族教育发展现状;(2)民族教育办学特色;(3)跨境民族教育比较;(4)民族教育发展国际经验;(5)民族教育质量保障与监测体系;(6)民族教育融入社会生活;(7)民族教育与文化保护和国家安全;(8)民族教育制度创新。

二、会议评审课题

(一)教育理论研究

中国特色社会主义教育理论体系;和谐社会视野下的教育基本矛盾;现代教育的民生意义;现代教育对社会分层和流动的影响;工业化、信息化、城镇化、市场化、国际化对现代教育的影响;现代教育国际化与本土化的关系;非义务教育公益性和产业属性;信息社会中的教育文化传承;教育与幸福;特色学校建设;现代师生关系;信息社会中小学生社会性发展问题(情感、集体观念、公众意识、合作与竞争、防范意识等);当代社会文化对校园文化及学生人文素养的影响;教育学科体系建设;教育学名词术语;教育学研究新方法;教育学科发展前沿问题等。

(二)教育管理研究

乡镇合并下的基层公共教育服务体系;发展性教育指标在政策和管理中的有效运用;学校办学标准与适度规模;义务教育均衡发展督导评估;高中课程改革与高考改革关联;幼教、社教和外教师资准入制度;学校治理结构变革;教师评价体系创新;学校社会实践长效机制;学校公共安全教育模式等。

(三)基础教育研究

1. 课程与教材——义务教育课程标准修订;新教材特点比较;教材编审出版选用制度;课程目标的情感、态度、价值观综合评价;高中课改推进与发展;高中课程改革试验等。

2. 学与教——汉语拼音教学有效性;母语、外语、数学、科学等学科教学;教学模式、教学方法改革有效性;教育教学实验;学生综合素质和学生学习活动的分析;学生课业负担和学业成就的关系;师生教学互动模式;提高课堂教学质量;教师专业化发展;教师综合素质的发展;教师培训模式与实效性的调查;农村教师教学质量调查等。

3. 幼儿教育——适龄儿童入园率调查;中西部农村幼教事业发展现状与对策;幼小衔接教育;民办幼儿园发展现状与可持续发展调查;幼儿入学准备与适应性的调查与干预;幼儿课程资源开发;幼儿游戏、童谣、卡通、儿童剧等寓教于乐活动;家园合作等。

4. 特殊教育——特殊教育发展思路与对策;特殊教育师资;特殊儿童教育资源开发;特殊教育教学模式;特殊儿童学习状况;特殊儿童生存能力、生活能力和职业技能培训;特殊儿童融合教育;义务教育后的特殊教育等。

(四)德育研究

1. 学校道德教育——青少年思想道德素质发展状况的实证研究;道德教育的理论创新与实践探索;教师职业道德素养;媒体时代的学校德育;学校德育一体化;德育教材的比较;学校道德环境及其建设;教学活动中的德育;城市化进程中的农村学校道德教育;学校公民道德教育;学生励志教育;学生感恩教育;德育实践模式案例等。

2. 家庭美德教育——新时期的家庭伦理观与家庭道德教育;家庭变革与家庭德育;家校合作的道德教育;家庭生活方式与家庭德育的关系;家庭传统美德教育的案例等。

3. 社会公德教育——特殊教育对象(如单亲家庭、弱势群体的子女)德育工作;和谐社会建设中的青少年道德发展与道德教育;大众文化对青少年价值观的影响及教育对策;多元文化背景下的青少年思想道德发展状况;农民工子女的道德发展与道德教育;社区道德教育;教师职业道德;民族精神教育等。

(五)教育心理研究

1. 教学心理与学习心理——学科教学中学生创造力培养及评价;学生学科能力发展和学习潜能;有效学习策略与效能感;发展性评价策略与方法;基于网络环境下的学习心理等。

2. 儿童青少年心理发展的特点和规律——青少年的情绪调适与学业情绪;青少年的自我认知和社会认知;影响学生身心发育的环境因素;学生的记忆机制与记忆能力培养;超常儿童的心理特征;青少年社会性发展与教育;学生品德发展及评价的心理分析;网络对青少年人格发展的影响等。

3. 弱势群体学生心理发展特点与干预——学习不良儿童心理发展新的特点与教育对策;孤残儿童的心理状况调查及其心理援助;离异家庭子女心理行为问题与教育对策;农村留守儿童的心理发展特点与教育对策;学生网络性心理障碍的分析与干预等。

附二:

部分省市中小学教育教学课题的选题指南(节选)

1. 基础教育课程改革研究

新课程实施的研究;优化基础教育课程结构的研究;课程现代化的研究;义务教育阶段课程设置为当地社会、经济发展服务的研究;改革普通高中课程适应办学模式多样化的研究。

2. 教学论研究

课堂教学的理论与实践研究;教学方法论的实验与研究;改进教学方法提高学科教学质量的研究;各种教材(特别是地方教材)应用研究。

3. 教学手段现代化研究

计算机辅助(整合)学科教学研究;运用多媒体技术优化教学的研究。

4. 教学管理研究

学科教学评价研究;教师工作评价研究;学校教学工作评价研究。

5. 学生心理教育研究

学生生理、心理发展研究;儿童潜能开发研究;青少年健康人格培养研究;学生创新能力培养的研究。

6. 师资队伍建设研究

教育现代化对中小学教师素质目标要求的研究;中小学教师培训方式及途径的研究;先进教师选拔与培养的研究。

7. 农村教育研究

中外农村教育理论与实践的比较研究;农村教育评价与督导的研究;农村教育资源整合的研究;城乡教育互动协作的研究;农村学校布局结构的研究;农村学校教师生存状况的研究;有效控制农村初中学生辍学的研究;农村学校现代教育技术使用情况的研究。

【教育名著简介】——《陶行知教育名篇》

陶行知出生于1891年10月18日，1906年，他进入本县的教会学校崇一学堂免费读书，在崇一学堂读书的时候，就写下了“我是一个中国人，要为中国作出一些贡献来”的座右铭。1914年远渡重洋赴美国留学，于1917年学成归国，他一方面介绍西方的教育理论，另一方面也反对盲目“仪型他国”，提出要以科学方法进行教育改革和创新，为实现中国教育的普及化和近代化踏出一条新路。他于1926年与东南大学教授赵叔愚等人一起筹建乡村师范学校，校址选在南京远郊偏僻荒凉的晓庄。在晓庄师范，和师生同劳动、同生活，共同探索中国教育的新路，并逐步形成了他的“生活教育”理论。其要点是：“生活即教育”，“社会即学校”，“教学做合一”等。他还先后发表了《实施民主教育的提纲》、《民主教育之普及》、《社会大学运动》等文章，无情地揭露和抨击国民党推行的法西斯教育，提出了生活教育的四大方针，这就是民主的、科学的、大众的、创造的教育。

陶行知是“五四”前后中国教育改造的旗手，他坚持从中国国情出发，办中国人民所需要的教育。本书汇集了陶行知先生平生教育教学研究与实践的精髓，行文深入浅出、通俗易懂，从“教学合一”、“学生自治”、“平民教育”、“学校观”、“创造的儿童教育”、“民主教育”等各个方面集中体现了陶行知先生的“生活即教育”及“知行合一”的独特教育思想。经过八十多年的考验，他的教育思想不仅仍有很高的学术价值，而且对今天的中国教育改革具有很强的借鉴价值和指导意义。

【精彩片段选读】

创造的儿童教育

创造的儿童教育，不是说教育可以创造儿童，儿童的创造力是千千万万祖先，至少经过五十万年与环境适应斗争所获得而传下来之才能之精华，发挥或阻碍，加强或削弱，培养或摧残这创造力的是环境。教育是要在儿童自身的基础上过滤并运用环境的影响，以培养加强发挥这创造力，使他长得更有力量，以贡献于民族与人类。教育不能创造什么，但它能启发解放儿童创造力以从事于创造之工作。

我们晓得特别是中国小孩，是在苦海中成长。我们应该把儿童苦海创造成一个儿童乐园。这个乐园不是由成人创造出来交给小孩子，也不是要小孩子自己单身匹马去创造，我们造一个乐园交给小孩子，也许不久就会变成苦海，单由小孩子自己去创造，也许就创造出一个苦海，所以应该成人加入小孩子的队伍里去，陪着小孩子一起创造。

一、把我们摆在儿童队伍里，成为孩子当中的一员

我们加入到儿童队伍里去成为一员，不是敷衍的，不是假冒的，而是真诚的，在情感方面和小孩子站在一条战线上。

我们要加入儿童队伍里，第一步要做到不失其教子之心。做成小孩子队伍里的一分子。

二、认识小孩子有力量

我们加入儿童生活中，便发现小孩子有力量，不但有力量，而且有创造力，我们要钻进小孩子队伍里才能有这个新认识与新发现。

从前当晓庄学校停办的时候，晓庄的教师和师范生不能回小学任职，私塾先生又被小孩拒绝，农人不好勉强聘请，不得已，小孩自己组织起来，推举同学做校长兼教员，自己教，自己

学，自己办，并自称自动学校。这是中国破天荒的创造。

三、解放儿童的创造力

（一）解放小孩子的头脑

儿童的创造力被固有的迷信、成见、曲解、幻想层层裹头布包缠了起来。我们要发展儿童的创造力，先要把儿童的头脑从迷信、成见、曲解、幻想中解放出来。

（二）解放小孩子的双手

人类自从腰骨竖起，前脚变成一双可以自由活动的手，进步便一天千里，超越一切动物。自从这个划时代的解放以后，人类乃能创造工具、武器、文字，并用以从事更高之创造。假如人类把双手束缚起来，就不能执行头脑的命令。我们要在头脑指挥之下用手使用机器制造，使用武器打仗，使用仪器从事发明。

在爱迪生时代，美国学校的先生也是非常的顽固，因为爱迪生喜欢玩化学药品，不到三个月就把他开除！幸而他有一位贤明的母亲，了解他，把家里的地下室让给他做实验。爱迪生得到了母亲的了解，才一步步地把自己造成发明之王。那时美国小学的先生不免也阻碍学生的创造力。我们希望保育员或先生跟爱迪生的母亲学，让小孩子有动手的机会。

（三）解放小孩子的嘴

小孩子有问题要准许他们问。从问题的解答里，可以增进他们的知识，小孩子得到言论自由，特别是问的自由，才能充分发挥他的创造力。

（四）解放小孩子的空间

从前的学校完全是一只鸟笼，改良的学校是放大的鸟笼。要把小孩子从鸟笼中放出来，放大的鸟笼比鸟笼大些，有一根树，有假山，有猴子陪着玩，但仍然是个放大的模范鸟笼，不是鸟的家乡，不是鸟的世界。鸟的世界是森林，是海阔天空。现在鸟笼式的学校，培养小孩用的是干腌菜的教科书。我们小孩子的精神营养非常贫乏，这还不如填鸭，填鸭用的还是滋养料让鸭儿长肥胖的。我们要解放小孩子的空间，让他们去接触大自然中的花草、树木、青山、深水、日月、星辰及大社会中之士、农、工、商、三教九流，自由地对宇宙发问，与万物为友，并且向中外古今三百六十行学习。解放了空间，才能搜集丰富的资料，扩大认识的眼界，以发挥其内在之创造力。

（五）解放儿童的时间

现在一般学校把儿童的时间排得太紧。一般学校把儿童全部时间占据，使儿童失去学习人生的机会，养成无意创造的倾向，到成人时，即使有时间，也不知道怎样去发挥他的创造力了。创造的儿童教育，首先要为儿童争取时间的解放。

四、培养创造力

把小孩子的头脑、双手、嘴、空间、时间都解放出来，就要对小孩子的创造力予以适当培养。培养创造力，需要以下几方面的内容：

（一）需要充分的营养

小孩的体力与心理都需要适当的营养。有了适当的营养，才能发生高度的创造力，否则创造力就会被削弱，甚至于夭折。

（二）需要建立下层的良好习惯

以解放上层的性能，俾能从事于高级的思虑追求。否则必定要困于日用破碎，而不能够向上飞跃。

(三)需要因材施教

松树和牡丹花所需要的肥料不同,你用松树的肥料培养牡丹;牡丹会瘦死,反之,你用牡丹的肥料培养松树,松树受不了,会被烧死。培养儿童的创造力要同园丁一样,首先要认识他们,发现他们的特点,而予以适宜之肥料、水分、太阳光、并须除害虫,这样,他们才能欣欣向荣,否则不能免于枯萎。

(资料来源:方明编:《陶行知教育名篇》,北京:教育科学出版社,2005年版,第321—327页)

【教育名家简介】——华应龙

华应龙,男,1966年6月出生,江苏南通人,1984年7月毕业于江苏省如皋师范学校,分配到乡村工作,先后任乡镇中心小学教导主任、中心初中副校长、乡镇教育助理等职,1995年11月,调至江苏省海安县实验小学任副校长,2002年3月,调至北京第二实验小学任教学处主任、党总支委员。先后在《光明日报》、《人民教育》、《中国教育报》、《江苏教育》、《北京教育》等20多家省级以上报刊上发表了400多篇文章,主编、参编了20多本教学用书。先参加了"苏教版"(第一、二、三册)国家义务教育课程标准实验教材的编写和审定工作,后参加了国家义务教育课程标准组实验教材("北师大版")的编写(第八册主编)和实验指导工作(东北三省、内蒙片的负责人)。1994年破格晋升为南通市最年轻的小学高级教师,1998年被评为江苏省最年轻的特级教师。下面着重介绍他的人文化的数学教学思想与实践。

"尊重、沟通、宽容、欣赏"是他的课堂教学重要特点。华老师认为,"师生之间的关系决定着学校的面貌。"因为师生关系是教育教学活动的核心问题,是每一位教师和每一名学生每一天都要去感受和经历的事情。师生关系对于教育质量、教学效益和学生成长的重要意义,丝毫不亚于空气对人的价值。"教学是教师的教与学生的学的统一,这种统一的实质是交往。教学是一种对话,一种沟通,是合作、共建,是以教促学、互教互学。教师不仅传授知识,而且与学生一起分享对课程的理解,没有交往就不存在真正意义上的教学。"要变革学生的学习方式,就要改善教学中的师生交往。良好的交往,既是教学的核心和条件,也是教学的内容和手段。

华老师的人文化思想,突出反映在他用精湛的教学艺术和健全的人格魅力促使课堂教学中的诸多因素处于一种和谐的关系和状态,并由此带来了课堂教学的活力——师生全面、和谐、可持续的发展。

华老师在其数学教学课堂中让枯燥、抽象的1、2、3、4、+、-、×、÷等符号会显示出其主动性、真实性和丰富性。他在引入抽象的数学概念时,十分重视学生的生活经验,即某个数学概念的引入尽量从学生的生活实践出发。如"分数"概念的引入,他设计了小头爸爸买凉席,大头儿子用领带作工具测量的情境。在课堂教学中十分重视对学生的人文关怀。把每个学生都亲切地称呼为"孩子",把师爱落实在对每个学生的尊重上。这使他的课堂教学充满人情味。他的数学教学很个性化,即数学人文素材及东方文化的有意识而又自然的渗透。如教学分数、负数等概念时,他善于给学生呈现数学概念的发展历史;又如在"我会用计算器吗?"这一节课的教学中,他不仅介绍了计算工具的发展史,而且在"挑战自我"的环节中还给学生出了一道"22222222×55555555=?"的题,让学生独立尝试解决。学生在尝试中碰到了这样或那样的困难,大家感到这题目很难,迫切需要得到老师的帮助。这时,华老师请学生打开装有"祖传秘方"的信封:"我相信你算完这三题后就会明白的:1个2乘1个5,2个2乘

2个5,3个2乘3个5,能算吗?试试看!”学生在探索中得出答案后,体会到难题可以化难为易,从而找到了解题思路。此时此刻,华应龙就很自然地介绍我国古代哲学家老子的话:“天下难事,必作于易,天下大事,必作于细”。这一哲理对学生来说是终身受用的。

他的教学设计很明显地体现出“以学论教”的理念,这首先体现在他的教学设计的引入总是设法从学生的经验出发,或是给学生一个适当的先行组织者,以便学生主动建构。在学生的探索过程中,教师不仅确保学生有足够的时空,而且十分重视开放环境中的选择、调控、升华和激励。他能恰当地处理课堂上教与学过程中的预设和生成的关系。教师的预先备课可以看成是一种预设。预设是课堂教学有效性的必经之路,但预设的更高境界是生成。当学生在课堂上答错题时,华老师总会从中找到肯定之处,让每个学生既能勇敢地站起来表达,又要让他能体面地坐下,以保护每个孩子的自尊心。他对课堂教学中发生的一些问题都能有正确的归因,并能真诚地接受学生的批评。他的课堂总是充满着和谐的气氛。

以下是华应龙老师教学案例欣赏:

巧搭数学与生活之桥

刚一上课,只听华应龙老师满怀激情地说:“踢球的11个,赢球的13亿。”这是一句电视广告常见的用语,华老师用这样一句话,一下子激发起学生的兴趣。接着,华老师说:“同学们,喜欢踢足球或看足球吗?2002年的世界杯上终于有了咱中国人的身影。虽然比赛成绩不尽如人意,但我们相信中国队会有灿烂的那一天。假如下届世界杯上,中国队获得了一个罚点球机会,如果你是主教练,你会安排哪位球员?”

孩子们的兴致可高了,他们七嘴八舌,纷纷提出自己崇拜的球星:郝海东、范志毅……并且说出了理由。正相持不下之际,老师出示了下表:

运动员	罚点球总数	进球数
1号	25	22
6号	20	18
15号	50	43

老师启发:我们从表中看到了什么?让我们用数学来解决问题。

学生开始把目光集中在“谁进球最多”上。有学生反对:“这个不公平,15号进球数最多,可是他踢点球的机会也最多呀。”于是,大家改变了思路,从看“进球数谁最多”改为看“失球数谁最少”,来决定由谁去踢。全班同学都同意了这个办法。

这时,华老师很幽默地说:“如果教练让我去踢,我只踢一次,而且踢飞了,失球数是1,最少。让我去踢合理吗?”同学们都笑了,笑过之后,陷入了沉思。

这时有学生发言:“如果每人都踢100次,那么1号按‘踢25个进22个’计算,100次会进88个;6号按‘踢20个进18个’计算,100次可进90个;15号照‘踢50次进43个’计算,踢100次可进86个。这一比较,我主张安排6号去踢,把握更大些。”这个发言博得了满堂彩。

掌声过后,另一个学生抢着说,用数学的眼光看,这个问题就先要求进球总数与踢球总数的百分比,1号是88%,6号是90%,15号是86%,6号进球的把握最大。循着同学的回答,华老师把这些百分数填在表上,并给出进球率。看了这张表,大家一致同意派6号去踢点球,数学爷爷告诉我们:6号踢点球“十拿九稳呀。”

在学生初步构建起百分数的基础上，华老师又让学生举出生活中的百分数，并说明它的含义。学生说：某种药品的有效率是95%，说明这种药品的疗效不错，100人服了有95人会痊愈；一种衣服的商标上标明100%棉，就是说这种衣服是全棉的……

思考与探讨

1. 试分析教育研究中为何要遵循伦理性原则？
2. 试用观察法对学生的某一行为进行观察并分析。
3. 查找一个实验研究的案例并分析该研究的特点。

参考文献

1. 顾明远:《教育大辞典》,上海:上海教育出版社,1990
2. 袁振国:《当代教育学》,北京:教育科学出版社,2004
3. 王道俊、王汉澜:《教育学》,北京:人民教育出版社,1999
4. 卢正芝:《现代教育导论》,杭州:浙江大学出版社,1999
5. 扈中平:《现代教育理论》,北京:高等教育出版社,2005
6. 靳玉乐:《现代教育学》,成都:四川教育出版社,2006 年第 2 版
7. 周金浪:《教育学》,上海:上海教育出版社,2006
8. 吴华细、林天卫:《教育学教程》,广州:广东高等教育出版社,2005
9. 郑金洲:《教育通论》,上海:华东师范大学出版社,2000
10. (英)沛西·能著,王承绪等译:《教育原理》,北京:人民教育出版社,1992
11. 全国十二所重点师范大学联合编写:《教育学基础》,北京:教育科学出版社,2002
12. 睢文龙:《教育学》,北京:人民教育出版社,1994
13. 胡德海:《教育学原理》,兰州:甘肃教育出版社,1998
14. 石鸥:《教育学教程》,长沙:湖南师范大学出版社,1998
15. 邵宗杰:《教育学》,上海:华东师范大学出版社,2000
16. 陈梦稀:《教育学》,长沙:湖南教育出版社,2006
17. 伍德勤:《高师教育学教程新编》,合肥:安徽大学出版社,2003
18. 朱德全等:《小学教育学》,重庆:西南师范大学出版社,2002
19. 周国韬等:《现代教育理论研读》,北京:中国轻工业出版社,2008
20. 毛礼锐:《中国教育史简编》,北京:教育科学出版社,1985
21. 孙培青:《中国教育史》,上海:华东师范大学出版社,2000
22. 孟宪承编:《中国古代教育文选》,北京:人民教育出版社,1979
23. 中共中央宣传部理论局编:《科学发展观学习读本》,北京:学习出版社,2006
24. 马凤岐:《教育政治学》,北京:人民教育出版社,2002
25. 瞿葆奎:《教育与社会发展》,北京:人民教育出版社,1989
26. 郑金洲:《教育文化学》,北京:人民教育出版社,2000
27. 鲁洁:《教育社会学》,北京:人民教育出版社,1990
28. 吴华细、林天卫:《教育法规读本》,广州:广东高等教育出版社,2005
29. 殷世东、李齐全、贾艳红:《中小学教育法规的理论与实践》,合肥:合肥工业大学出版社,2005
30. 赵祥麟:《外国教育家评传》,上海:上海教育出版社,2002
31. 单中惠、朱镜人:《外国教育经典解读》,上海:上海教育出版社,2004
32. 毕淑芝、王义高:《 当今世界教育思潮》,北京:人民教育出版社,1999
33. (前苏联)瓦·阿·苏霍姆林斯基著,杜殿坤编译:《给教师的建议》(上下册),北京:教育科学出版社,1981
34. 赞科夫著,杜殿坤等译:《教学与发展》,北京:人民教育出版社,1979
35. 联合国教科文组织国际教育发展委员会编著:《学会生存——教育世界的今天和明天》,北京:教育科学出版社,1996
36. (法)德洛尔著,国际 21 世纪教育委员会联合国教科文组织总部中文科译:《教育——财富蕴藏其

中》,北京:教育科学出版社,1996
37.(美)布鲁纳著,上海师大教育系编译:《教育过程》,上海:上海人民出版社,1973
38.(美)霍华德·加德纳著,沈致隆译:《多元智能》,北京:新华出版社,1999年
39.(格鲁吉亚)山·A·阿莫纳什维利著,朱佩荣译:《学校无分数教育三部曲》,北京:教育科学出版社,2002
40.(罗马尼亚)拉塞克著,马胜利等译:《从现在到2000年教育内容发展的全球展望》,北京:教育科学出社,1996
41. 陶行知:《陶行知教育名篇》,北京:教育科学出版社,2005
42. 江山野:《简明国家教育百科全书·课程》,北京:教育科学出版社,1991
43. 教育部颁发:《基础教育课程改革纲要(试行)》,2001
44. 李秉德、李定仁:《教学论》,北京:人民教育出版社,1991
45. 林崇德:《教学与发展》,北京:北京师范大学出版社,2001
46. 张大均:《教育心理学》,北京:人民教育出版社,2004
47. 路海东:《学校教育心理学》,长春:东北师范大学出版社,2005
48. 朱智贤:《儿童心理学》,北京:人民教育出版社, 1993
49. 殷炳江:《小学生心理健康教育》,北京:人民教育出版社,2003
50. 冯维:《小学心理学》,重庆:西南师范大学出版社,2003
51. 沈德立:《小学儿童发展与教育心理学》,上海:华东师范大学出版社,2003
52. 靳玉乐:《现代课程论》,重庆:西南师范大学出版社,1995
53. 吴立保、汪明、杨虎民:《中小学新课程改革的理论与实践》,合肥:合肥工业大学出版社,2004
54. 朱家存:《基础教育新课程的理论与实践》,合肥:安徽教育出版社,2006
55. 王斌华:《校本课程论》,上海:上海教育出版社,2000
56. 许卓娅编著:《学前儿童音乐教育》,北京:人民教育出版社,1996
57. 教育部师范教育司组编:《李吉林与情境教育》,北京:北京师范大学出版社,2006
58. 窦桂梅:《听窦桂梅老师讲课》,上海:华东师范大学出版社,2006
59. 余映潮:《听余映潮老师讲课》,上海:华东师范大学出版社,2006
60. 李镇西:《听李镇西老师讲课》,上海:华东师范大学出版社,2005
61. 赵伶俐:《文理艺大综合实验教材·中学下》,北京:中华书局,2005
62. 丁广举:《忠信教育法及其评要》,北京:华夏出版社,1999
63. 施传柱:《教师技能训练教程》,长春:吉林教育出版社,2008
64. 时伟、高伟、刘红艳:《中小学班主任工作的理论与实践》,合肥:合肥工业大学出版社,2004
65. 魏书生:《班主任工作漫谈》,桂林:漓江出版社,1993
66. 张治勇、张杰、杨新宇:《中小学德育工作的理论与实践》,合肥:合肥工业大学出版社,2005
67. 钟祖荣:《学习指导的理论与实践》,北京:教育科学出版社,2001
68. 郑显亮、方兴武、李晓侠:《中小学学习方法的理论与实践》,合肥:合肥工业大学出版社,2004
69.(美)珍尼特·沃斯,(新西兰)戈登·德莱顿:《学习的革命》,上海:上海三联书店,1998
70. 袁振国:《教育研究方法》,北京:高等教育出版社,2000
71. 裴娣娜:《教育研究方法导论》,合肥:安徽教育出版社,2003
72. 孙菊如、周新雅:《学校教育科研》,北京:北京大学出版社,2007
73. 杨爱华:《学前教育科学研究》,南京:南京师范大学出版社,2001
74. 何如栋:《小学数学教育科研》,杭州:浙江教育出版社,2001
75. 刘电芝:《教育与心理研究方法》,重庆:西南师范大学出版社,1997
76. 谢春风等:《新课程下的教育研究方法与策略》,北京:首都师范大学出版社,2004

77. 熊川武、郑金州、周浩波:《教育研究的新视域》,沈阳:辽海出版社,2003
78. 陈鹤琴:《家庭教育》,上海:华东师范大学出版社,2006
79. 赵忠心:《家庭教育学》,北京:人民教育出版社,2001
80. 李天燕:《家庭教育学》,上海:复旦大学出版社,2008
81. 黄焕山、郑柱泉:《社区教育概论》,武汉:武汉出版社,2005
82. 历以贤:《社区教育原理》,成都:四川教育出版社,2003
83. 石玚、卓思廉:《社区教育与学习型社区》,北京:中国社会出版社,2005
84. 胡德海:《教育学原理》,兰州:甘肃教育出版社,1998
85. 伍德勤、贾艳红、袁强:《中外教育简史》(第二版),安徽:安徽大学出版社,2005
86. 吴式颖:《外国教育史教程》,北京:人民教育出版社,1999
87. 桑标:《当代儿童发展心理学》,上海:上海教育出版社,2003
88. 刘金花:《儿童发展心理学》,上海:华东师范大学出版社,1997
89. 王悦群:《国外教育法规体系建设对我国的启示》,《高等教育研究》2010 年第 11 期
90. 林存华:《教学策略、教学模式等概念辨析》,《上海教育科研》2001 年第 10 期
91.(美)泰勒著 罗康等译:《课程与教学的基本原理》,北京:中国轻工业出版社,2008
92. 李晓文、王莹:《教学策略》,北京:高等教育出版社,2000